파리특파원의 소묘첩

나남
nanam

나남신서 1485
파리특파원의 소묘첩

2010년 6월 20일 발행
2010년 6월 20일 1쇄

지은이_ 鄭宗植
발행자_ 趙相浩
발행처_ (주) 나남
주소_ 413-756 경기도 파주시 교하읍
출판도시 518-4
전화_ (031) 955-4600 (代), FAX : (031) 955-4555
등록_ 제 1-71호(79.5.12)
홈페이지_ http://www.nanam.net
전자우편_ post@nanam.net

ISBN 978-89-300-8485-7
ISBN 978-89-300-8001-9 (세트)
책값은 뒤표지에 있습니다.

파리특파원의 素描帖

정종식 지음

나남

머리말

이 책은 내가 파리에 신문사 특파원으로 머무는 동안 겪은 일들을 스케치하듯이 엮어 놓은 글이다. 내가 직접 보고, 듣고, 겪었던 다양한 일들을 원고지에 그림그리듯 그려 놓은 기록물이다. 책 제목을 '소묘첩'이라고 정한 이유가 바로 여기에 있다. 이 책에 담긴 한 편, 한 편의 일화들은 내 손을 거쳐 탄생한 '소묘'인 셈이다. '소묘첩'(素描帖)이란 말을 '스케치북'으로 표현하는 것이 어떠냐는 얘기도 들었지만 그런 대로 내가 소묘한 것이니까 '소묘첩'이라고 이름붙이기로 했다.

이 글의 내용은 모두 신문사 특파원으로 발령받고 파리에 머무는 동안 생긴 일로서 지금 생각하면 좀 아득한 먼 얘기를 늘어놓은 것이 아닌가 싶다. 나는 장기영(張基榮) 전 한국일보 사주가 파리특파원으로 임명했던 1968년 4월부터 1975년 10월까지 7년 반을, 그리고 김승연(金升淵) 전 경향신문 사주가 임명했던 1991년 4월부터 1997년 10월까지 6년 반 동안을 파리에 머물며 취재하였다. 14년간 파리특파원으로 지내며 겪었던 의미 있는 경험은 모두 책 안에 담고자 애썼다. 허나 아직도 다 '소묘'하지 못한 것이 많고 또 소묘하자니 시간적 · 물리적 거리가 너무 벅차 그대로 둔 것도 있다. 이 소묘가 끝나면 언젠가 웅장하게 전경을 그려볼까 한다. 여하간 이 소묘는 일이 닥칠 때마다 조금씩 그려놓은 그림을 밑바탕으로 하여 순서 없이 색칠하였다고 보면 된다.

지금 생각해보면 안중근(安重根) 의사의 종부성사를 맡았던 빌헬름 신부 생질과 그들이 보관했다던 '재떨이'의 행방을 그 후에도 추적하여 볼 것을 끝내 하지 못한 아쉬움이 있다. 또 영국의 조드럴뱅크 취재와 관련해서는 천문과학의 비약적 발전을 우리나라에서도 가능케 했으면 하는 바람이 남는다. 그리고 학생데모에 가담한 학생, ENA(국립행정대학원)의 반엘리트 선언을 한 학생들의 졸업 후 취업결과를 충분히 취재하지 못한 것이 큰 아쉬움으로 남는다. 용두사미격으로 마무리되었다는 생각이 인다. 그뿐 아니라 프랑스의 중소기업들을 좀더 많이 캐보는 것도 필요할 것 같다. 그리고 이 '소묘첩'에는 담지 못했지만 그 '데생'들이 남은 것이 더러 있다—병인양요 때 강화도에 프랑스 함대를 이끌고 온 함대사령관 G. 로즈 제독의 침략전말보고서, 또 꺼져가는 프랑스 농촌의 불을 일구려고 젊은이들이 활기차게 부활의 투쟁에 나선 일들. 이들도 언젠가 완성해야 할 '데생'이다.

나는 이 소묘첩을 5개 편(篇)으로 나누어 놓았는데 편간의 큰 차이는 없다. 제1편은 내가 겪은 여러 가지 취재상의 일들을, 제2편은 두 가지의 긴 특집용 일들, 제3편은 내가 경향신문에 〈정동칼럼〉으로 보낸 것을 다시 실었으며, 제4편은 프랑스 중소기업의 억척같은 성장을 담았고, 제5편은 내가 취재를 위하여 회견한 여러 인사와 드골 대통령의 조그마한 평생기록, 그리고 우리나라 장면 박사의 유(柔)하나 굴하지 않던 민주투사 기질을 썼다. 글 가운데 거론된 분들 중 이 글로 말미암아 번거로움을 받았다면 먼저 본인의 고의가 아니었음을 밝히면서 사죄를 구하는 바이다.

나도 어느덧 유구(踰矩)를 마다할 나이를 벌써 넘어 내일 모레면 여든을 헤아리게 되었다. 이 작은 책자를 하나 낸다고 몇 해째 깔아뭉개고 있었는데 이제야 내보이게 되었다. 이 책이 나오게 된 데 나남출판의 조상호 사장과 방순영 편집부장에게 감사 드린다.

내가 파리에서 생활하게 된 것은 앞서 말한 장기영 한국일보 사주의 찰나적인 결정과 또 서슴지 않고 "파리에서 글을 써서 보내라"고 촌탁해준 경향신문의 전 사주였던 김승연 회장의 지시가 절대적 역할을 하였다. 일찍 타계하신 장 사주와 나날이 번창하는 한화그룹의 총수인 김 회장, 이 두 분께 지면을 통하여 깊은 감사를 드린다. 그리고 이 책이 발간되기를 아침저녁으로 빌어준 내 안사람과 혜원(惠元), 은원(恩元), 희원(禧元) 세 자매와 응원해 준 손자 구본희(具本熹), 손녀 허신혜(許信惠)에게도 고맙다는 말을 전하고 싶다. 또 내 처남인 고규석(高圭錫) 사장이 물심양면으로 후원해 준 덕분에 이 책이 발간케 되었음을 덧붙인다. 마지막으로 관훈클럽의 신영(信永)기금이 또 여러모로 힘써준 덕택임을 밝히는 바이다.

2010년 봄

정 종 식

파리특파원의 소묘첩

차례

제 1 편 유럽대륙을 소묘하다

제 2 편 끝나지 않는 전쟁, 전쟁

제 3 편 정동칼럼

제 4 편 탐방, 프랑스의 중소기업

제 5 편 특파원이 만난 사람들

제1편

유럽 대륙을 소묘하다

빌헬름 신부의 질녀

1969년 초. 파리의 우리 대사관에 들렀더니 안진생(安珍生) 공사(전 버마주재 대사)가 사람을 찾고 있다고 했다. 누구를 찾느냐고 물었더니 안중근(安重根) 의사(義士)가 여순감옥에서 순사(殉死)하기 전 마지막 가톨릭성사인 종부의식에서 올리브 성유를 안 의사 머리에 찍어주고 최후의 고해를 들어준 프랑스 신부라 했다. 그 신부의 살아있는 혈육이 어디엔가 있을 것이라고 말했다.

안 공사는 안 의사의 친조카이다. 때때로 안 공사를 사석에서 만나면 안 의사의 비범했던 사람 됨됨을 곧잘 얘기했다.

이 프랑스 신부가 조셉 빌헬름 신부이다. 1909년 10월 26일 만주의 하얼빈 역두에서 일제의 거괴였던 이토 히로부미(伊藤博文)를 한국의 한 젊은 의인이 권총으로 쓰러트렸다는 소식이 전해지자 무릎을 치며 "아… 안도마(重根)가!" 하고 와락 외쳤던 사람이다. 안 의사는 감옥에서 사흘 밤 사흘 낮을 침식을 끊고 기구(祈求)로만 보내다가 이듬해 3월 26일 형장의 이슬로 사라졌다.

안 공사는 빌헬름 신부의 혈육이 프랑스 어디엔가 살고 있으리라고 믿었고 이 연고자를 찾아내어 빌헬름 신부에게 다하지 못한 인사를 안 의사의 혈육인 자기라도 치르고 싶다는 것이었다. 이 얘기를 들었을 때 절로 가슴이 뭉클해졌다. "나도 나서서 찾아보겠습니다" 라고 말하고 그때는 물러섰다. 그러나 이 안 공사의 말은 그 후 잊히지 않고 어디서 누구를 만나든 내 머릿속에 맴돌았다. 물론 안 공사를 대할 때마다 무슨 소식이라도 있었느냐고 묻는 것을 잊지 않았다.

안 의사의 최후성사를 봐주고 나서 빌헬름 신부가 어떻게 되었는지에 관해 기록에 남은 것은 없다. 다만 그가 대한제국(大韓帝國)의 애통스러운 종말을 슬퍼하면서 프랑스에 돌아와 쓸쓸히 일생을 마쳤다는 것만이 소문으로 전해지고 있었다.

그러다가 그해 가을, 뜻밖에도 파리 '외방 전교회'에서 연락이 왔다. 빌헬름 신부의 생질(甥姪)이 스트라스부르 시에 생존해 있다고.

곧 스트라스부르의 튀드리어 로(路) 3번지로 편지를 내어 확인했다. 생질 되는 할머니는 10월 10일자로 곧 회신을 보내 주었다. 이름은 요한나 비트만(Johanna Wittmann). 편지에서는 프랑스 할머니답게 꼬치꼬치 잔글씨로 파리 북역에서 10번 열차를 타고 스트라스부르 역의 1번 홀에 내려 몇 번 출구로 해서 광장에 나와 어떻게 건너서 어느 쪽으로 구부러지면 … 하는 식으로 친절히 집까지를 글로써 안내했다.

나는 편지를 받자 곧 그 길로 스트라스부르로 달려갔다. 파리에서 동쪽으로 5백 킬로미터 떨어진 이 알자스의 옛 수도까지 달리는 길가와 들판에는 벌써 추색(秋色)이 속속들이 배어 있었다.

빌헬름 신부의 생질이 가르쳐 준 대로 찾아갔다. 집은 스트라스부르 교외에 있었다.

만나보니 비트만 여사는 일흔세 살의 할머니였다. 한국의 기자가 왔다고 알자스의 명포도주를 광속 깊숙한 데서 끄집어내어 환대를 했다. 40년 만에 한국인을 처음 만나본다고 했다.

비트만 여사는 기억을 더듬어가며 그가 외운 한국말 몇 마디를 했다. "하나, 둘, 셋, 넷…."

너무나 뚜렷했다. 그의 발음은 나무랄 데 없이 분명했다.

이 노부인은 빌헬름 신부가 지니고 다녔다는 안중근 의사의 사진이며 여순감옥에서 일본관헌과 함께 안 의사를 면회하던 사진들을 꺼내 보여주었다.

면회사진은 우리나라 책에서도 자주 볼 수 있는 것이지만 사진 설명에서는 빌헬름 신부의 이름을 밝힌 것이 하나도 없었다. 책에 따라서는 안 의사와 대면하여 등을 보이고 앉아있는 사람을 형무관이라고 설명하기도 했다. 지금 보면 씁쓸해짐을 금할 수가 없다. 그러나 필자도 비트만 부인이 설명을 해줘 비로소 등만 보이고 있는 검은 옷의 사람이 형무관이 아니라 빌헬름 신부란 것을 알았다.

그 외에도 안 의사의 사촌인 안봉근(安奉根) 씨의 사진과 안봉근 씨가 보낸 책자 등을 1·2차 대전의 험한 전화(戰禍)를 치르면서도 소중히 간직해 왔다고 찾아내 보여주었다.

비트만 부인은 빌헬름 신부를 "홍 신부"로 불렀다. 그는 우리나라에 있을 때 홍석구(洪錫九)라고 한국 이름을 써왔다. 이 홍 신부가 1914년 한국을 떠나간 후로는 아무하고도 얘기를 나누려 하지 않았고 매일을 울적하게 조용하게만 지내고 있었다고 비트만 여사는 알려지지 않은 그의 은퇴생활에 대해 차근차근 얘기하기 시작했다.

안중근 의사를 가르쳐 15세 때 가톨릭 영세를 받게 한 사람이 이 홍 신부였다. 홍 신부는 안 의사에게 영세를 준 성직자이자 또 그의 마지막을 봐준 신부가 된 셈이다.

안중근이 하루는 비장한 얼굴로 홍 신부를 찾아왔다. 홍 신부 앞에 오랜만에 나타난 것이다.

안 의사는 '5조약', '7조약'으로 국운이 기울고 나라가 일본의 침략의 손길에 휘어 잡히는 것을 보다 못해 블라디보스토크와 만주벌판을 쏘다니며 의병(義兵)을 일으켜 일본의 제국주의 세력과 싸우고 있었다. 때마침 안 의사는 부친상을 당하여 은밀히 고향인 진남포에 잠입해 왔었다.

홍 신부를 찾아온 안 의사는 이대로 가면 한국은 아주 일본의 야욕에 제물이 되고 말 것이며 이에 저항하여 싸우기에는 앞으로 더욱 더 어려워질 것이라고 분통해했다. 안 의사는 이 지경이 되면 이젠 침략정책의 괴수를 실력으로 직접 제거하는 수밖에 없지 않겠느냐고 은연히 홍 신부의 마음을 떠보려 했다. 홍 신부는 담담히 듣고 있다가 조용히 한마디만 했다. "살인만은 안 된다"고.

이 말이 떨어지자 안 의사는 부르르 몸을 떨고 일어서면서 앞에 놓인 재떨이를 내동댕이쳤다. 홍 신부는 '사람을 죽이지 말라'는 십계명(十誡命)을 타일러준 것이다.

안 의사는 소리를 높였다.

"그건 평소에 신부님이 하시던 말씀과는 다릅니다. 비스마르크의 횡포나 이토의 야심이 무엇이 다릅니까."

비스마르크는 1870년대의 보불(普佛)전쟁 당시부터 프랑스 국민에게는 원한의 대상으로 통했다. 빌헬름 신부는 때때로 안중근에게 비스마르크의 정책과 행동에 대해 마땅치 않은 얘기를 들려주곤 했다 한다.

안 의사는 이 한마디를 남기고선 밖으로 뛰쳐나가 그 후 다시는 홍 신부 앞에 나타나지 않았다.

그러다가 어느 날 홍 신부는 안 의사가 하얼빈에서 의거를 했다는 소식을 전해 듣고 곧이어 이토가 절명했다는 말을 들었다. 홍 신부는 안 의사가 마지막으로 만났을 때 박살을 내고 간 재떨이의 부스러기를 가만히 끄집어내 보았다. 홍 신부는 그 후로도 이 재떨이 조각을 어디를 가나 간직하고 다녔고 안 의사의 생각이 날 때마다 이 꾸러미를 끌러보더라 했다. 그러나 이 재떨이 조각들이 지금은 누구의 손에 가 있는지 비트만 부인도 몰랐다.

빌헬름 홍 신부는 1860년 3월 20일 프랑스 동부지역인 모젤의 슈피케른에서 태어났다. 그는 성직자가 된 후 한국이 포교하기 어려운 곳이고 과거 많은 순교자를 낸 곳이라는 말을 듣고 한국에 가서 포교사업을 하겠노라고 나섰다. 그의 희망이 이루어져 1884년 한국땅에 첫발을 디디게 되었다. 그는 황해도 신천 청계동에서 첫 포교를 시작했다. 이 마을은 안중근 의사의 부친인 안 진사가 다스리는 고을이었다. 안씨 문중이 가톨릭에 귀의하게 된 것이 바로 이때였다.

홍 신부는 다시 해주로 옮겨 거기에 조촐한 작은 성당을 하나 세웠다. 홍 신부는 신부복인 수탄 위에 한복을 껴입는 것을 좋아하여 그런 복장으로 마을을 돌아다녔다.

안 의사가 일본관헌에 붙들려 모진 고초를 당하고 있으리라는 것은 누구나 짐작할 수 있었다. 홍 신부는 안 의사가 당하고 있는 고생을 생각하자 가만히 앉아 있을 수가 없었다. 그는 사방으로 뛰어다니면서 안 의사를 면회할 수 있게 해달라고 탄원했다. 드디어 일인(日人)들한테서 허가가 났다. 그러나 뜻밖에도 가톨릭교회 내부에서 그를 가로막았다.

그것은 미텔(閔) 주교였다. 당시 홍 신부는 민 주교의 관할교구

내 본당신부였기 때문에 주교에게 중요한 일은 허가를 맡아야 했다. 그러나 민 주교는 한일 간의 관계와 한국 천주교회의 장래문제를 고려한 결과 성직자가 일인들의 눈에 나는 짓을 하지 않는 것이 좋다고 판단하고 있었다. 그는 그렇게 홍 신부를 설득한 것이다.

그러나 홍 신부는 민 주교의 만류를 뿌리쳤다.

"내 본당 신자가 죽음을 앞두고 마음으로 괴로워하고 있고, 또 나더러 와서 신앙심의 불을 돋우어달라고 하는데 위험하다고 가보지 않아야 합니까?"

결국 민 주교의 권고를 무시하고 홍 신부는 단신 여순감옥으로 달려갔다. 홍 신부에게는 평생 벗어지질 않는 멍에가 씌워졌다. '순명'(順命)이란 성직자의 준엄한 계율을 파기했다는 멍에를.

홍 신부는 여순의 옥사에서 안 의사를 만나 그를 위로했고 오랜만에 성사도 봐주었다. 옥사에서 안 의사와 마주앉아 있을 때 찍은 사진의 뒷면에는 홍 신부의 육필로 이렇게 적혀 있었다.

> 1910년 3월 9일과 10일 여순감옥에서 처음으로 안도마를 만났다. 그는 보름 후인 1910년 3월 26일 형의 집행을 받았다.

홍 신부가 들어온 후 민 주교와의 관계는 나날이 나빠져 갔다. 그러나 홍 신부는 민 주교와의 마찰 정도는 꾸준히 견디어 나갔다. 그러면서 기울어 가는 한 나라의 외로운 처지를 죽은 안도마의 운명처럼 비통히 여기면서 감싸주고 변화하고 또 때로는 꺼져가는 이 불꽃을 찬양해 주었다. 홍 신부의 이런 반일(反日) 행동은 민 주교의 공개적인 경고를 받기에 이르렀다.

홍 신부는 여태껏 주교의 뜻에 반하여 행동했고, 또 한국을 비호하게 된 경위를 소상히 적은 다음 한국이 어떤 형편에 놓여있다는 것까지 곁들여 직접 로마교황청의 교황 앞으로 호소장을 발송했다.

비트만 여사의 말에 의하면 이 편지에다 홍 신부는 “내 마음 속에서 우러나오는 일을 했습니다. 내 교회의 한 신자가 아무리 어려운 처지에 있었다 해도 이를 돌보는 것이 나의 의무라고 생각했습니다”라고 적었다는 것이다.

그 후 교황청에서 홍 신부 앞으로 회장(回章)이 내려왔다. 그 내용은 “양치기가 자기의 양을 지킨 것은 잘한 일이다. 그러나 사제가 주교의 명령을 거역했다는 것은 불미스러운 일이다”라는 것.

2, 3년을 더 한국에서 봉직하다가 1914년 홍 신부는 프랑스로 소환되었다. 돌아와서는 로렌의 메스에 있는 자기집에 들어박혀 나날을 보냈다. 그는 1938년 3월 18일 사랄브의 노인병원에서 외로이 세상을 떠났다.

홍 신부는 우울한 나날을 보내면서도 만나는 사람이 있으면 꼭 한국의 얘기를 잊지 않고 했으며 한국을 자기 고향처럼 아끼며 회상에 잠기곤 했다 한다.

홍 신부가 메스와 모르빌르에서 은거생활을 하는 동안 안중근 의사의 사촌인 안봉근이 비트만 부인집에 묵으며 홍 신부를 찾아보았다 한다.

내가 비트만 부인과의 회견을 마치고 일어서자 비트만 내외는 함께 일어서면서 한길까지 같이 가자고 따라나섰다. 나도 그의 얘기에 감격했지만 비트만 부인도 감회가 깊었던 모양이다.

안봉근 씨가 자기집에 들른 뒤 처음으로 한국사람이 들렀다고 하면서 필자와 헤어지는 것을 너무나 아쉬워했다. 비트만 내외는 불편한 몸을 이끌면서 3, 4백 미터를 필자 곁에 붙어 걸었다. 필자가 열차에 오르자 비트만 부인은 손목을 꽉 쥐면서 또렷또렷한 우리말로 "대 한 만 세"라고 외쳤다. 그 순간 필자의 온 피는 뜨겁게 용솟음을 쳤다.

* * *

이 기사는 1969년 10월 26일자 한국일보에 보도되었다. 바로 안 의사가 하얼빈 역에서 의거한 그날부터 만 60년이 되던 때이다. 필자도 가능하면 이 날짜에 맞춰보려고 송고를 무척 서둘렀던 것이다.

이듬해인 1970년 8월이다. 그때 필자는 중동에 잠정휴전이 성립된다 하여 이를 취재하려고 카이로에 출장을 가 있었다. 어느 날 저녁 취재를 마치고 숙소인 나일 힐튼으로 돌아오자 서울 본사에서 한 통의 전보가 와 있었다. 펴보니 뜻밖에도 이런 소식이 담겨 있었다.

> 귀하는 안중근 의사에 관한 기사로 의양(義洋)언론문화재단〔설립자 고 정재호(鄭載護)〕의 제4회 독립신문기념상의 국제보도부문 장려상 수상자로 선정되었음. 심심으로 축하함.

배설의 옥중수기

1968년 7월 23일 좀 더운 날씨였지만 짐을 든 채 나는 히스로공항에서 주영 한국대사관으로 직행했다. 하루 전날 우리 공관에 배설(裵說) 씨 유가족이 나타나 배설 씨의 귀중한 유품들을 기증했다는 소식을 들었기 때문이다.

배의환(裵義煥) 대사에게 인사를 하고 대충 경위를 들은 다음 영사를 만나 상세한 설명과 유족들이 간직해 왔다는 유품을 보았다.

배설은 영국사람이다. 그의 본명은 어니스트 토머스 베델(Earnest Thomas Bethel). 우리나라에 건너와 대한매일신보와 영자신문 코리아 데일리 뉴스를 창간·발행한 사람이다. 그는 일본의 한국 합병을 반대했고 일본인들의 한국 안에서의 행패를 두 신문지면을 통해 사정없이 폭로하고 널리 알렸다. 이것이 화근이 되어 그는 영국정부에 의해 영사재판에 회부되어 금고형을 받았다. 옥고를 치르고 나자 건강이 몹시 상하여 그는 기어이 한국 땅에서 37세의 젊은 인생을 마치고 말았다.

외국인으로서 기울어가는 한 약소국에 건너와 이 비애를 같이 나누며 같이 싸우다 목숨까지 잃은 그를 우리 언론인은 누구나 잊지 않고 있다.

유족이 대사관에 기증한 유품은 점수로 따져 많은 편이었다. 배설 씨의 유해를 덮었던 태극기, 그리고 또 영국기, 양화진 외인묘지에 세웠던 배 씨 묘비의 비면(탁본), 그리고 영문 각자(刻字)의 원본, 고종황제가 〈대한매일신보〉 창간을 돕기 위해 모든 편의를 봐주라고 내린 칙명과 발간 인가장, 사진첩 그리고 배 씨의 사망을 보도한 당시의 영국신문 발췌와 기사철 등이었다.

배 씨의 유족이 나타난 경위는 이해 3·1절을 기해 정부에서 배설 씨의 공적을 찬양하여 건국공로훈장을 수여하기로 결정한 데 있다.

처음 주영 한국대사관은 배 씨 유족의 소재를 파악할 수 없어 이것을 영국신문 지상에 광고로 수소문했다. 이 광고를 보고 유가족인 도로리 부인이 간직하고 있던 유품들을 들고 우리 대사관에 나타난 것이다.

나는 유족들이 갖고 온 유품들을 정리하여 우선 제1신을 서울에 타전하고 곧 유족들을 회견하기로 했다. 그 전날 파리에서 영국공관으로 전화로 인터뷰 알선을 요청해 놓았었다.

그러나 공관에 닿아보니 배 씨의 며느리인 도로리 베델 여사는 부득이하게 이날 런던을 비울 수밖에 없었다는 전갈을 남겨놓고 있었다. 그는 정중하게 이 쪽지에서 모든 사람에게 감사하다는 말부터 적었었다.

> 나와 그분의 손자들은 한국정부가 뜻밖에도 호의를 베풀고 또 돌아가신 어른의 공적을 높이 찬양하여 주는 데 대해 무어라고 감사할 말이 없습니다. 돌아가신 시어머님이 계셨으면 얼마나 기뻐하셨을지 모르겠습니다. 한국정부와 국민에게 새삼 감사를 드립니다.

나는 인터뷰를 하루 더 미루기로 하고 유족이 간직하고 있었던 배 씨의 유품들을 자세히 검토해보기로 했다. 그 가운데 영문판인 〈코리아 데일리 뉴스〉의 1909년 5월 1일자가 있었다. 이날이 바로 배 씨가 별세한 날이다.

부음을 알리는 기사는 '베델 씨의 죽음'이라는 제목을 붙여 길게 흘러내려가고 있었다.

> 본지의 발행인이며 주필인 어니스트 베델 씨의 서거를 깊은 애도 속에서 발표한다. … 베델 씨는 오늘 아침 11시 30분 조용히 그리고 고통 없이 숨을 거두었다. 베델 씨는 지난 8주 동안 병석에 있었으며 지난 2주 전부터 병세는 특히 악화되었다. … 고인에 대해 잊지 못할 위대한 일은 고인이 투쟁으로 일관된 일생을 보냈다는 것이다. 고인은 마지막 순간까지 투사로 종사했다. 굴복을 자인한 것은 오직 악화된 심장병에 대해서 뿐이다. … 37세의 젊은 나이로 그가 요절함으로써 한국인들은 그들의 가장 진실하고 굳건한 친구 한 사람을 잃어버렸다. … 고인은 많은 다른 사람처럼 한국에서의 일본의 행태를 규탄하지 않을 수 없었다. 이것이 자신에게 불리한 결과를 가져오리라는 것을 충분히 알면서도 그가 항일운동을 중단하지 않은 이유다. …항일운동 때문에 그가 목숨을 잃었다는 것은 의문의 여지가 없는 일이다. 어떠한 사람도 이보다 더 훌륭한 기록을 후세에 남길 수는 없을 것이다.

도로리 여사가 기증한 자료를 다시 종합해보면 배 씨는 1872년 11월 3일 영국의 브리스틀에서 탄생하여 1900년 5월 29일 일본 고베에서 은행가인 존 게일 씨의 장녀 메리 모드 게일 양과 결혼했다. 이들 사이에는 외아들 휴버트 오언 친키 베델이 탄생했다. 휴버트는 1964년 8월 9일에 사망했다.

배설 씨의 부인인 게일 여사는 아들이 사망한 다음에 9개월을 더 살다 1965년까지 생존하여 92세라는 장수를 누렸다. 이들 유품을 게일 여사가 생시에 하나도 손상되지 않게 여생의 반려로 고이 간직해 왔다고 한다.

24일 나는 배설 씨의 유족이 살고 있는 런던에서 떨어진 밀힐 마을을 찾았다. 이 지대는 그린벨트로 지정되어 자연환경이 아름답고 아늑했다. 집들마다 오종종한 정원을 아담하게 가꾸어 놓았고 장미가 곱게 피어 낮은 담장 위로 철철 넘치고 있었다.

초인종을 누르자 배 씨의 며느리 되는 도로리 여사와 배 씨에게 손자, 손녀뻘 되는 토미 군(당시 9세), 수잔 양(당시 12세)이 대문 밖까지 뛰어나와 반가이 맞아주었다. 도로리 부인은 다리를 몹시 절고 있었다.

부인은 마주앉자 한국 국민들과 정부에 대해 먼저 고맙다는 말부터 했다. 어제의 편지 사연과 같은 말이었다. 나도 부인에게 배 씨가 한국 국민들에게 얼마나 고마운 분이며 그의 업적에 대해 우리가 아직도 얼마나 높이 우러르고 있는가를 설명해 주었다. 나는 도로리 여사를 위해 일부러 이병도 선생이 지은 《국사대관》을 들고 가 그 책에 적혀 있는 배설 씨와 〈대한매일신보〉에 관한 구절을 영어로 번역하여 읽어주었다.

응접실 안을 둘러보니 한국의 조그마한 장롱 하나가 눈에 띄었다. 그것을 보자 도로리 여사는 그 장롱이 배 씨의 부인 모드 게일 여사가 한국에서 남편을 잃고 단신으로 영국에 건너올 때 남편과의 결혼생활 기념으로 배에 실어온 것이라고 설명해 주었다.

모드 게일 여사가 영국으로 돌아온 후에도 한국에서는 이 미망인에게 간곡한 서신들을 띄웠던 것 같다. 도로리 여사는 시어머니가 모아놓으신 거라 하면서 엽서첩을 들고 나와 보여주었다. 그중에도 가장 소중하게 간직된 것이 대한제국의 황실에서 보낸 엽서들이었다. 그 하나는 영문으로, 대한제국황제 이탁(李拓)이라고 쓰인 고종의 어필로 된 엽서다. 또 다른 하나는 이씨조선의 마지막 황태자이던 이은(李垠) 공이 보낸 엽서였다. 이은 공의 엽서는 발신지가 일본으로 되어있어 일말의 비애를 느끼게 했다. 또 고종 황제의 엽서는 서대문우체국의 소인이 찍힌 데다가 시베리아 철도편 경유로 되어 있었다.

도로리 여사에게 먼저 그의 부군이 되는 배 씨의 독생남 휴버트 씨에 관해 물어보았다. 도로리 여사의 말에 의하면 부군은 한국에 대해 그리 많은 것을 기억하지는 않았다 한다. 한국을 떠나던 때 그의 나이가 9세였기 때문이라고. 그러나 한국의 바닷가에서 수영하던 일과 맨발로 땅에서 달음박질하며 놀았다는 기억은 하고 있었다고 말해주었다.

그의 남편은 제 2차 세계대전이 터지기 직전인 1939년까지 인도차이나에서 무역업에도 종사하고 또 벨기에에서 창고업도 경영하다가 영국의 지금 살고 있는 집으로 돌아왔다는 것이다. 전쟁 때는 육군에 입대했다가 종전 후 돌아와 밀힐의 관공서에서 공무원으로 내내 일했다 한다.

한국에 관해서는 시어머니인 게일 여사가 더 많은 것을 기억하고 있어 손자손녀들에게도 얘깃거리로 일러주곤 했다고 한다.

"어머님은 한국을 떠날 때 한 인생이 끝났다고 생각하고 계셨지요. 나이가 들수록 현재보다도 과거의 기억이 더 생생하게 소생되는 듯했습니다. 그분은 아름다운 별채 집이며 대문소리가 삐거덕하고 나는 것이 벨소리보다도 더 다정스럽다는 말씀을 늘 하셨지요."

일본에 대한 감정은 그의 시어머니도 배 씨에 못지않게 오래 지속되었다고 한다.

"시어머니께서는 일본 관헌이 시아버님을 체포하려 했을 때 그분은 영국기를 몸에 감고 영국시민이라고 외쳤다고 저에게 말씀해 주셨어요. 시어머니께서는 항상 일제가 자기 남편을 죽였다고 생각하고 계셨죠. 아마 일본을 공격하다 상하이의 감옥에 갇히게 되었고 그것이 탈이 되어 돌아가시게 되었으니까 그럴 겁니다."

우리 대사관에 넘겨준 유품 가운데 영국의 〈사우드 바크스 스탠더드〉 지가 1910년 8월 19일자로 배설 씨의 행적에 관해 대대적으로 특집보도한 기사가 끼어있었다. 이 기사는 미망인 게일 여사가 영국으로 갓 돌아와 그의 외아들과 함께 벡스힐 온 시아에서 외롭게 생활하고 있을 때 가진 회견내용이었다.

〈스탠더드〉는 배 씨가 한국에서 발간한 〈코리아 데일리 뉴스〉의 보도를 칭찬하면서 〈데일리 뉴스〉가 다룬 토막 기사들도 아울러 소개했다.

예컨대 1907년 9월의 어느 일요일 저녁 아기를 등에 업은 아낙네가 무심히 일본인 주거지를 지나치는데 이때 일본군인 하나가 그의 총기를 만지작거리다 이 아낙네를 시험삼아 겨누고선 그대로 거리낌도 없이 방아쇠를 잡아 당겼다는 얘기 ….

또 일본 천황의 특사로 한국에 온 다나카는 천년 전 중국의 왕실이 한국에 보낸 풍덕군(豊德郡)의 한 석탑을 보고는 그날 당장 밤을 새가면서 이것을 헐고 도쿄의 자기집 뜰로 훔쳐갔다는 얘기 등….

〈스탠더드〉의 기사에 의하면 배 씨는 1900년 초에 일본 고베로 건너가 거기서 결혼한 후 3형제와 어울려 베델 브러더스 회사를 차려 한국에서 마대(麻袋)를 수입하고 있었다. 그러다가 배 씨는 영국 로이터통신의 알선으로 〈런던 데일리 크로니클〉의 특파원에 위촉되어 한국에 파견되었다. 배 씨가 〈코리안 데일리 뉴스〉와 국문지인 〈대한매일신보〉를 발간한 것은 이때 일이다.

배 씨 내외는 서대문의 성벽 아래에 있는 언덕바지에 아담한 한국식 기와집을 짓고, 언제나 삐거덕하는 대문소리를 자랑삼아 들으며, 단란한 생활을 했다.

〈스탠더드〉는 '일본측이 베델 씨를 공공연히 박해할 수는 없어 언제나 첩자를 시켜 그를 미행케 하여 괴롭혀왔다'고 보도하고 있다.

일본정부의 감정을 상하게 한다는 것이 '화근'이 되어 서울에 있는 영국 총영사 코크빈이 도쿄로 불려갔고 서울에 돌아온 후 그는 특별 영사재판소를 설치하여 배 씨를 환문(喚問) 했다. 그때가 1907년 10월이었다.

배 씨가 뒤집어쓴 혐의는 안녕질서를 문란케 했다는 것이었다. 그 후 1908년 6월 다시 영국영사관은 배 씨를 소환했다. 이때는 상하이에서 특별히 판사를 서울까지 출장 나오게 했다. 재판결과 배 씨는 에드워드 7세의 칙령을 위반했으므로 상하이의 감옥에서 3주간 금고형을 치르게 언도되었다. 그가 인천에서 수인(囚人) 을 실은 배를 타고 3주일 만에 상하이에 닿아 그쪽 감옥에서 3주간 옥살이를 한 기록이 바로 그때 유품과 함께 발견된 그의 옥중기(獄中記) 였다.

기사를 잘라놓은 것이라 어느 신문에 언제 게재했는가는 알 수 없었다. 제목은 '나의 3주간의 옥중수기'라고 되어 있고 전부 7천 자에 달하는 분량이었다. 4장으로 구성되어 제 1장은 '클리오 함상의 첫날', 제 2장은 '수인은 잠을 깨다', 제 3장은 '상하이의 영국 감옥', 제 4장은 '옥중생활'로 되어 있다.

그가 '미스터'라는 칭호가 떨어진 세계에서 이 '미스터'를 다시 찾았을 때의 감동, 그리고 첫날밤 모진 모기떼의 밥이 되던 일, 무엇보다도 '만사에 일관성이 있다고 자부할 수 있는 인물은 아니지만 적어도 담배를 피우는 일에만은 꾸준한 사람'이던 이 애연가가 '절대 금연'이란 현판 아래서 절망의 현기증을 느끼던 일, '신체검색 1호실'에서 호주머니 속에 있는 물건을 다 끄집어 낼 때 입담배, 성냥, 컬러 단추와 함께 한국의 묵은 엽전이 굴러 나오던 일 등 수기는 리얼한 필치로 엮여 있었다.

그가 상하이의 감옥에서 석방되어 나오기 조금 전에 일본인들은 〈대한매일신보〉의 주필 양기탁(梁起鐸) 씨를 일본에 있는 한 감옥에다 집어넣었다.

상하이의 감옥살이를 마치자 그의 건강은 일시에 나빠졌다. 그래도 그는 양 씨의 행방을 몰라 동서로 수소문했다. 겨우 일본 내의 한 감방에 영어(囹圄)의 몸이 되어 있다는 소식을 듣고 백방으로 손을 써서 우선 양 씨를 감옥의 병동으로 옮겨놓는 데 성공했다. 그러던 중 그의 병세는 회복할 수 없을 정도에 이르러 출옥 후 얼마 못가 숨을 거두고 말았다.

배설 씨의 유족이 영국에 남아 있다는 사실이 파악되어 우리 정부에서는 주영공관으로 훈장을 보냈다. 그러나 이제는 색다른 문제가 발생했다. 영국의 국내 법규정에 따라 수훈자가 고인이 되었을 경우에는 절대로 수훈을 할 수 없다는 것이다. 그래서 공관에서는 안을 궁리하여 정부에 품신했다. 한 가지는 직계손인 토머스 베델 군에게 주는 방법, 또 다른 한 가지는 '훈장'이 아니라 '기념품'으로 고인의 유족에게 전달하는 것 두 가지였다. 그러나 토미 군에게 전달하려면 영국정부의 사전내락이 있어야 한다. 그때 9세밖에 되지 않고 아무런 공적도 없는 소년이 외국의 비중이 큰 훈장을 받은 선례가 없다고 난색을 표명할 수도 있다. 결국 고인의 공적을 추모하고 기념한다는 뜻을 살려 이 건국공로훈장을 '훈장'이 아니라, '기념품'으로 유가족에게 전달하기로 했다.

벌써 사늘한 기운이 감도는 9월 27일 나는 도로리 여사와 그 일가족이 런던의 우리 대사관에서 우리나라의 건국공로 훈장을 받게 되었다는 주영대사관의 연락을 받고 다시 런던을 향해 도버해협 위를 날았다.

파리의 학생운동 ①

'2차대전 후 프랑스를 누가 재건했느냐?' 하고 물으면 보통 대답은 이렇게 나온다. 첫째로는 젊은 레지스탕스, 둘째로는 종전 후 1958년까지의 장 모네를 중심으로 한 장기계획 입안자, 셋째로는 농촌청년들, 그리고 드골 대통령의 통치와 정치적 안정이 곁든다.

대전 후 1960년대 중반까지 20년간은 프랑스가 급속도로 현대사회체제를 갖추고 경제적으로 신장하려고 노력하던 때다. 그래서 '위대한 프랑스'라고 드골 장군이 자랑할 정도가 되었다. 농촌도 나아지고 기업들도 번창했으며 핵개발도 하여 국제정치에서 동서양 블록의 세력권 형성에 정면도전을 하기도 했다.

이런 프랑스가 1968년 5월, 전후 최대라고 할 수 있는 파란에 휩싸여 들어갔다. 20년간의 노력이 바벨의 성으로 무너지는 듯했다.

필자는 파리에 도착하자마자 이런 폭풍에 휘말리게 되었다. 특파원으로 부임하기 위해 가족들을 이끌고 서울을 출발한 것이 1968년 4월 19일. 4·19날이었다. 파리에서 기거할 곳도 채 마련하기 전이었는데 학생가(카르티에 라탱)의 소요는 날로 심해가고 있었다. 뭘 정리할 틈도 없이 우선 거리로 학원으로 뛰어다녀야 했다. 게다가 5월에 접어들 무렵부터 월남(越南) 평화회담이 파리에서 열린다고 하여 이것 또한 맡아야 하기 때문에 모든 일이 뒤죽박죽이 되어버렸다. 그러나 나보다도 학생가가 더 뒤죽박죽으로 되어가는 형편이었다.

사회가 고루 발전하지 않든지, 손을 써야 할 곳에 미리 손을 쓰지 않으면 이 사회의 사각지대가 무서운 풍우를 몰고 온다는 것을 그때 절감했다. 니체의 말대로 대사건은 비둘기의 발에 묻어오는 법이다.

현대 프랑스를 젊은 청년들이 이룩했던 것처럼 이런 프랑스의 명성을 무너뜨린 것도 젊은 학생들이었다. 물론 좌파계열의 극렬분자가 주동한 것이지만 연동작용을 일으킨 것은 전 프랑스의 학생들이라고 보아야 한다. 우리는 여기서 또 하나의 다른 프랑스 젊은이의 상을 보게 된다.

1968년 5월의 사태를 사람에 따라 '혁명'이라고도 부르고 '반란'이라고도 부른다. 학생혁명, 학생반란이란 것이 그것이다. 때로는 '폭동'이란 말을 쓰기도 한다. 드골 대통령 자신은 '소란', '소요' 대신 '*Tentative*'란 용어로써 이를 가리켰다.

그만큼 보는 사람의 견해에 따라, 정치적 신조에 따라 제각기 달리 부르는 것이 이 5월사태다. 바꾸어 말하면 한 가지로 그 성격을 다지기가 어려운 사건이 이 68년 파도(波濤)였다.

발단은 단순한 데에 있었다.

프랑스의 명문대학인 소르본이 낭테르라는 파리 서쪽 외곽의 신개발도시에 분교를 냈다. 강철과 유리만을 써서 현대식 건물을 지어 대학생들을 일부 이동시킨 것이다. 프랑스의 대학마다(다른 초급, 중급 학교도 마찬가지지만) 학생이 철철 넘치고 있었기 때문이다. 프랑스 문부성은 1980년대까지는 파리 서부의 몽테송, 서북부의 퐁토

와즈, 동남부의 티즈리와 리어셍, 동부의 놔지 르 그랑 등 외곽도시에 분교 등을 세워 학생들을 상당수 분산시킬 계획이었다.

낭테르 분교가 1964년에 맨 먼저 준공되어 파리의 부유층이 많이 사는 16, 17구, 그리고 뉘이와 불로뉴에서 다니는 소르본 학생들을 여기에 흡수, 처음 1차로 2,300명이 분교에 들어갔다. 이들은 대부분 학교 기숙사에서 숙식을 했다. 그러나 68년까지 불과 4년 동안에 학생수는 6배로 불어나 버렸다.

학생수가 이처럼 불어난 데는 두 가지 원인이 있었다. 하나는 2차대전 후의 베이비붐이 마침 1960년대에 와서 10대층의 인구를 급격히 증가시켜 놓은 것. 둘째는 프랑스의 대학입학제도가 잘못되어 있었다는 것이다.

프랑스의 대학은 문호가 개방되어 있다. '바칼로레아'라고 하는 대학입학 자격시험에 합격하면 그것만으로 어느 대학이든지 들어갈 수가 있다. 응시자의 4할이나 반 정도가 이 시험에서 떨어진다고 보면 된다(1967년의 경우 응시자 22만 2,227명 중 14만 9,430명이 바칼로레아에 합격했으므로 합격률은 67.24%이다. 75년도에도 67%). 문제는 학생수가 해마다 엄청나게 불어난다는 데 있다. 대학생 수가 얼마나 심한 인플레를 일으키고 있는가를 보자.

1930년 7만 8천 명, 1946년 12만 3천 명
1961년 20만 2천 명, 1968년 51만 4천 명

1966년 프랑스 전국교육자대회가 열렸을 때 당시의 문교장관이던 크리스티앙 푸셰는 이렇게 경고했다.

"수수방관만 하다가는 언젠가 이 댐은 터질 것이다."

사실 프랑스의 대학은 전처럼 아담한 엘리트의 클럽, 상아탑이던

모습은 다 잃어버리고 소르본부터 요란스러운 교육공장으로 전락해 버렸다. 학생은 역사강의를 듣기 위해 그 전 시간의 수학강의부터 들어야 겨우 자리를 차지할 수 있었다.

대학을 마칠 때도 참담하다. 졸업생 중 학위취득시험에 합격하는 학생은 전체의 3분의 2이거나 심할 때는 반수밖에 되지 않았다. 이웃인 영국에서는 95%가 학위를 따고 졸업한다.

1967년, 새로 취임한 알랭 페이레피트 문교장관은 이렇게 한탄했다. "이건 마치 가장 헤엄을 잘 치는 사람을 골라내기 위해 배를 가라앉히는 것과 같다."

정부로서도 기를 쓰고 불어나는 학생수에 모든 것을 맞춰나가려고 했다. 1968년까지 15년 동안 교육예산은 6배로 불어났고 60년부터 68년까지만 해도 2.5배나 증가했다. 그러나 이런 교육투자도 번져나가는 화염에 물을 몇 방울 더 끼얹는다는 정도밖에 되지 않았다. 교육제도를 근본부터 바꾸지 않으면 해결될 문제가 아니었다. 대학에 대한 문교정책은 한마디로 말해 "모든 학생이 강의를 들을 수 있게 하기 위해 모든 학생을 희생시키는" 정책이었다.

대학의 연구실이나 도서실이라는 것도 학생 마라푼다 앞에서는 아무 구실을 하지 못했다. 대학행정 역시 장터의 흥정붙이기 같은 것이었다. 교수와 학생의 사제지간(師弟之間)이란 관계는 아예 전무한 형편이었다. 입학해서 졸업할 때까지 교수와 맞대고 얘기 한번 해보지 못한 학생이 수두룩했다.

정부는 낭테르에 분교를 내는 것처럼 파리시내에도 문학부, 이학부의 교사를 새로 짓고 루앙, 아미앵, 오를레앙, 랭스 같은 4개 지방 도시에 따로 지방대학을 설립했다.

이렇게 대학의 수를 증가시켜가면서 팽창하는 학생수를 어떻게든 소화해보려고 했던 교육당국의 시책은 너무나 산술적인 데다가 문제의 핵심과는 동떨어져 있었다.

제일 큰 흠점은 문교당국 스스로가 중앙집권적인 문교행정의 제도를 개혁할 생각을 조금도 하지 않은 데 있었다. 프랑스의 각급학교 중 90%가 국립이다. 전국대학 23개(1968년 당시)는 모조리 국립이었다. 모든 학교는 규격화, 표준화가 되어 있어 심지어 파리에서 라신의 〈앙드로마크〉를 배우면 멀리 타이티에서도 꼭 같은 것을 배우고 있다는 정도다. 한 가지를 가르치더라도 문교성의 허가가 없는 것은 되지 않으며 보수공사를 하나 하거나 고용직 하나 임용하는 데도 중앙의 문교부까지 상신해야 한다.

교육자치 같은 것은 어림도 없는 일이다.

문교부의 권위라는 것도 대단했다. 가히 절대적이다. 중앙의 정책에 대해서는 티끌만큼도 비판을 가해서는 안 된다는 것이 불문율이 되어 있다. 대학 총장이라고 문교시책을 시시하게 보았다가는 큰코다친다.

노르망디 지방 캉 시의 마르탱 총장은 평소 푸셰 문교장관의 교육제도 개혁안에 비판적이었다. 그가 한번은 도쿄에서 개최되는 학술회의에 참가하려고 비행기를 오르고 있었는데 장관이 황급히 공항으로 차를 보내 그를 비행기에서 내리라고 명령했다. 내리지 않으면 해임하겠다고 으름장을 놓으면서. 이유는 마르탱 총장이 프랑스교육의 대사(大使) 구실을 하기에 적격자가 아니기 때문이라는 것.

낭테르 분교의 과밀상태는 이상적인 교육시설이란 문교당국의 푸른 꿈을 깡그리 깨트리는 결과가 되었다. 낭테르는 결국 미래의 대학을 위한 청사진이 아니라, 혁명을 위한 청사진이 되어버렸다. 낭테르는 프랑스교육의 문제를 농축하고 있는 화약고(火藥庫)였다.

분교이기 때문에 학생 식권(食券)을 하나 갱신하는 데도 파리시내의 대학행정처까지 가야 한다. 시내의 대학은 학생들이 마음껏 젊음을 즐길 수 있는 기회를 주지만 낭테르에서는 기숙사 밖 한 발걸음도 나갈 데가 없다. 품팔이 외국인 노무자들의 바라크들만 다닥다닥 늘어서 있는 대학 담 밖의 슬럼가에 1만5천 명의 학생들이 즐길 수 있는 시설이라곤 하나도 없었다. 낭테르대학이야말로 좋게 말해 쓰레기통 속의 장미였고 나쁘게 말해 잃어버린 환상의 묘지이다.

낭테르대학 구내를 돌아보면 문학부, 법학부, 경제학부의 각 건물이 있고 무인지대를 사이에 끼고 남녀 기숙사가 늘어서 있다. 그리고 올림픽 규격에 충실한 풀장이 하나 있을 뿐, 남녀학생이 어울릴 수 있는 살롱이나 문화시설, 도서실이 완공되지 않은 상태로 내버려져 있었다. 이것이 낭테르의 1968년도 얼굴이다.

그러자 이 과밀 인간동물원의 풍기가 사회적으로 물의를 불러일으켰다. 낭테르 학생은 프리섹스를 하고 상습적으로 마약을 하며 퇴폐의 온상이 되어가고 있다는. 심지어는 춘희격 여대생을 '레 드모아젤 낭테르'라고 부른다는 은어까지 생겨났다. 게다가 간간히 유령학생이 적발되었다.

낭테르대학생의 전형적인 외모를 볼까? 장발에, 체 게바라 수염에, 네모진 색안경, 이렇게 쭉 갖추었으면 우선 므슈 낭테르라고 알아 무방하다. 부유층 출신의 학생이 많은 낭테르인 탓으로, 발산에 대한 욕구도 다른 데보다 더 강하고 도련님 기질도 어느 곳보다 유별난 것이 당연하다.

학생들은 묘한 데서 불만해소의 씨를 찾았다. 남녀기숙사 간에 왕래를 자유롭게 하자는. 대학규정상 기숙사 간의 교류는 엄금되어 있었다. 기숙사 내의 자유왕래문제는 1965년 가을 프랑스에서 가장 오래된 앙토니 기숙사에서 먼저 터졌다. 학생들은 이 문제로 석 달은 학교당국과 다투었고 나중에는 여기에 개입한 경찰과도 충돌했다. 기어코 학장이 경질되고 새 학장 자크 발랑이 수습하여 가라앉았다. 발랑 학장은 '비공식'으로 21세 이상 되는 학생에 한해 부모의 허가서를 받아오면 기숙사 상호방문을 허가해 준다고 융통성을 보였다. 그러자 90%의 학생이 부모의 허가서를 받아왔다.

낭테르의 기숙사 자유방문 요구는 1968년 2월 14일, 성발렌티노일에 본격화되어 학교와 문교당국에 공식 건의문을 전달했다. 일주일 뒤 페이레피트 문교장관이 새로운 시달을 보내왔다.

> 남학생과 여학생이 겪는 위험도는 똑같을 수가 없다. 여학생이 자유로운 행동선택권을 갖지 않으면 안 된다. 남학생에게 여학생기숙사 방문을 허용함은 모든 여학생을 위험에 빠트리는 결과가 된다.

학생들은 이 시달에 반발했다. "남학생을 야수(野獸) 취급한 것은 유감이다. 우리는 성(性)의 자유화 요구를 하고 있는 것이 아니라 성인(成人) 대접을 해달라는 것이다."

이보다 조금 앞서 1968년 초 문교부의 자랑거리의 하나인 풀장이 낭테르 구내에 완공되어 프랑스 미소프 청년스포츠 장관이 준공식에 참석했다. 이 풀장은 500만 프랑(=약 100만 달러)을 들여 시설한 야심적인 종합 운동시설 중 하나다.

미소프 장관이 막 준공식을 마치고 가슴을 펴고 식장에서 작별하려는데 한 붉은 머리칼의 학생이 성큼성큼 다가와 질문을 던졌다.

"장관님, 장관께서는 얼마 전 프랑스 청소년에 관해 600페이지나 되는 긴 보고서를 공표하셨더군요. 그런데 그 속에 우리의 성문제에 관해서는 한마디도 언급이 없습니다. 왜 그렇습니까?"

"그런 문제는 그런 문제를 다룰 수 있는 사람하고 의논하는 것이 바람직하다고 봐. 헌데 자네는 아무리 봐도 그런 사람이 아니잖아. 나 자신은 성교육보다도 스포츠를 중시하는 사람이 아닌가? 자네한테 무슨 성적인 문제가 있다면 저 풀장에 덤벙 뛰어들라고 말해주고 싶군."

"바로 그 말씀은 히틀러 유겐트가 곧잘 씁니다."

이런 말을 지껄인 장본인은 다름 아닌 5월 혁명의 주동자 다니엘 콘벤디트였다. 독일계 국적을 갖고 있는 콘벤디트도 장관 앞에서 함부로 입을 놀린 것이 두려웠던지, 그 후 긴 사과편지를 미소프 장관 앞으로 보냈다. 또 낭테르대학에 다니는 미소프 장관의 딸이 주선하여 콘벤디트를 집으로 초대하여 장관과 차도 나누고 했다.

이런 사건을 내무부에서는 중요시했다. 내무부는 콘벤디트에게 2월중 특별사문위원회에 출두하라고 소환장을 보냈다. 그러나 미소프 장관이 이 사실을 알고 조정했다. 그 덕분에 '어떤 징벌이든 대학당국이 알아서 할 일이지 국가의 소관사항은 아니다'라는 결말을 지었다. 그러나 이 고위정부기관끼리의 결론이 일반에게는 잘 알려지지 않았고 학생들 간에는 "낭테르학생의 성문제 때문에 콘벤디트가 곧 국외로 추방된다"는 소문이 쫙 퍼졌다. 드디어 이런 루머가 불을 질러 사회학부 학생 50명이 사회학관에서 대책회의를 열었다. 대학구내에서 불법집회를 연 셈이다. 그라팽 학장이 곧 해산하라고 명령해도 막무가내였다. 드디어 경찰을 불러들였다.

경찰과 학생이 처음으로 대결했다. 양자 간에 희생자가 생긴 것은 물론이고 연행된 학생도 있었다. 좌파의 전국학생조직인 UNEF(프랑스 학생전국동맹)이 정식으로 학생측을 지지하고 나서 이 사건은 장기화될 기미를 보이기 시작했다. 파리시내에 있는 일부 좌파학생들이 낭테르에 동정하여 산발적으로 지지시위를 벌였다. 3월초까지 이런 실랑이가 계속되었다. 그리고 3월 19일 극좌파 학생들이 파리시내의 체이스맨해튼 은행, 미국 은행 아메리칸익스프레스, TWA 항공사 등 미국기관과 상점에 사제 플라스틱폭탄을 던져 유리창을 깨는 사건이 발생했다.

경찰은 곧 수색망을 펴 청년 2명과 학생 3명 등 극좌파특공대 5명을 검거했다. 이 중 하나가 낭테르 학생이었다.

3월 22일 오후 낭테르대학 안에서는 콘벤디트가 선동하여 이때 구속된 청년들을 모두 석방하라는 집회가 열렸다.

'성'이라는 문제에 불만을 결부시킨 것은 당시를 풍미한 미국의 철학자 허버트 마르쿠제의 발상법이었을지도 모른다. 당시의 학생들은 마르쿠제의 저술과 이론에 공명하고 있었으니까. 여하간 성이란 하찮은 데서 발단한 소동은 20년간 쌓인 문제를 모조리 둘러엎고 폭풍의 날개를 펴기 시작했다.

파리의 학생운동 ②

정치사학자 고겔은 프랑스의 정치현상을 기성질서와 운동의 대립에서 찾아야 한다고 말한 일이 있다. 일종의 프랑스적 정치변증법이다. 프랑스의 1968년 5월의 일대 소요사건을 어떻게 해석해야 옳은지, 아직도 석연하게 정의하기가 어렵다.

전술한 것처럼 학원 내부의 교육제도와 문교행정에 묵은 문제는 있었다. 이것은 크리스티앙 푸셰 문교장관 때부터 개혁안을 추진 중에 있었으므로 언젠가 돌파구를 찾게 될 문제였다. 사회적으로도 문제는 있었다. 당시 실업자는 약 48만 명으로 늘어나 있었다. 지스카르 데스탱 재무상의 경제과열화를 막기 위한 성장억제책 때문에 서부유럽의 다른 국가보다 실업률이 높은 편이었다(1968년 5월의 장기 스트라이크가 끝나고 다시 경제적 붐이 일자 37만 명으로 줄어들었다).

그리고 전해부터 사회보장비의 출혈지급과 재정의 주름을 펴기 위해 이용자 부담액을 늘려 서민층에게 부담을 전가시키고 있어 이에 대한 불만이 컸다. 또 노동자들의 수익은 4%밖에 늘지 않았는데도 소매물가는 이것을 상회했다는 등….

이만한 사회적 불만은 어디서나 있을 수 있다. 이때마다 노동자와 시민들이 거리로 뛰쳐나오고 파업에 돌입할 수는 없는 일이다.

그런데도 불구하고 1968년 5월 프랑스의 학생과 노동자와 일반시민들은 사회 전체를 파국으로 몰아넣을 정도로 어울려서 데모와 난동과 태업의 혁명을 일으켰다.

왜 그랬을까? 프랑스에서 거주해 온 7년 반의 전 생활을 통해 생각해 보았지만 앞서 말한 고겔의 견해가 맞는 것이 아닌가 싶다. 얼마를 가만있지 못하는 것이 프랑스 국민들의 성미다. 하나의 정치질서(혹은 사회질서나 경제질서)가 서면 언젠가 그것을 고치는 운동을 치열하게 벌인다. 질서의 대소를 따질 것 없다. 국가의 통치질서에서부터 빵값의 고시에 관한 것까지.

그렇다고 밑뿌리부터 들어서 모조리 바꿔치우는 환골탈태식은 아니다. 프랑스 사람만치 또 '정통성'(*Légitimité*)을 존중하는 국민도 없을 것이다. 그러니 기성질서를 바꾸어놓는다 해도 정통성은 그대로 유지되어있어 결국은 그것이 그것이란 결과가 된다. 그래도 또 가만앉아있지 못해 내일은 어디에서든 플래카드가 거리를 휩쓰는 것이다.

또 하나의 프랑스 사람들의 기질을 말한다면 왼쪽으로, 왼쪽으로 쏠리려는 경향이 있다는 사실. 프랑스인을 일러 "심장은 왼쪽에, 호주머니는 오른쪽에 달고 다닌다"고 한다. 프랑스 정치를 깊이 연구한 지그프리드 교수 같은 이도 프랑스 사람은 언제나 자기의 상대편보다 왼쪽에 서지 않으면 안 된다고 생각하는 백성들이라고 썼다. 사람들이 누구를 가리켜 흔히 '고셔'(*gauche*, 좌파)라고 말하는 것은 들어도 '드루아트'(*droite*, 우파)라고 부르는 것은 들어보지 못했다. '드루아트'라고 꼬집어 말하면 이상하게도 대부분 그 뜻은 '파시스트'를 지칭하게 된다.

모리스 뒤베르제 교수는 이것이 바로 좌파가 성공을 거둔 일 중의 하나라고 말한다. "나는 '드루아트'이다" 라고 내놓고 말하는 사람을 필자는 아직 한 번도 본 일이 없다. 그러니 프랑스에서 사람들을 만나면 우선 그중 한 사람은 '좌파'로 보아도 큰 잘못은 아니다.

급진적인 철학자인 알랭(에밀 샤르티에)이 한번은 이렇게 말했다. "나에게 누군가가 좌파인사, 우파인사라고 나누는 것이 아직도 무슨 의의가 있는 일이냐고 물어오기에 나는 '하, 이 사람은 틀림없이 좌파인사는 아니구나'라고 생각했다."

이런 경향 때문에 많은 시민이 가슴마다 붉은 깃발을 꽂고 다닌다는 것은 아니다. 선거 때 보면 공산당이 받는 표는 절대 200만을 넘지 않으니까. 그러나 누군가가 붉은 깃발을 들고 한길에 뛰어나왔다고 이를 말릴 시민이 아닌 것만은 사실이다. 5월 혁명의 물결이 거세질 수 있는 바탕은 충분히 있었다.

낭테르대학 내 좌파학생 단체가 우후죽순으로 생겨났다. 앞서 말한 3월 22일의 콘벤디트 주동의 학생집회에서는 구속학생 석방을 위해 행동으로 나서자는 동의가 제기되었다. 흥분한 학생들 간에는 새벽이 될 때까지 토론이 전개됐다. 드디어 표결에 부친 결과 찬성 142, 반대 2, 기권 3으로 행동에 들어가자는 안이 가결됐다. 이것이 내내 난동의 방아쇠가 되었던 '142 세력' 혹은 '3월 22일 운동'이라는 극좌학생단체이다. 명명 자체도 카스트로가 '7월 26일 운동'이라고 직계행동대에 붙인 것을 그대로 본떴다.

콘벤디트는 시내 소르본대학의 문학부로 원정가 거기의 좌파학생들에게 동정을 호소했다. 리셔리으 강의실의 문을 부수고 들어가 거기서 집회를 열었다. 깜짝 놀란 소르본의 로셰 총장은 처음 경찰을 부르려고 하다 신중을 기했다. 극렬분자의 선동은 파리시내로 침투하는 데 성공했다. 4월에 들어서서 이들은 거리에서 시위한 후에는 행패를 부리기 시작했다. 학생단체 중 극우파에 속하는 '옥시당'(서방)이 좌파학생들의 집결지를 습격하여 서로 충돌하는 사건이 벌어졌다.

5월 3일 좌파이나 정통적인 프랑스 학생단체인 UNEF(프랑스 전국학생동맹)가 이런 충돌사태에 처음으로 학생 편을 지지하고 나섰다. 소르본대학의 안뜰에서 집회를 가졌으나 로셰 총장이 또 다른 불상사를 우려하여 경찰에 요청, 이들을 해산시켰다. 경찰의 출동에 자극받은 집회학생들은 해산 후에도 학생가인 '카르티에 라탱'을 야밤까지 쏘다니며 소란을 피웠다.

이런 소동에 가담한 학생 중 596명이 경찰에 체포되었는데 그중 27명이 자전거 체인, 돌, 몽둥이를 가지고 있었고 6명은 도끼를 속에 품고 있었다. 경찰이 도끼는 무엇 때문에 갖고 다니느냐고 묻자 실비 라라셰라는 여학생이 생글생글 웃으며 하는 그 대답이 기막힌 것이었다. "크리스마스트리를 베러 갑니다(이 5월에!)." 이 여학생은 즉결심판에서 100프랑의 과료를 물고 풀려나왔고 대부분의 학생도 100프랑에서 200프랑의 과료만 물고 집행유예로 나왔다. 그중 마르크 르메르라는 남자는 학생도 아닌 자가 학생 행세를 하여 800프랑의 벌금을 물었다. 가장 중범을 받은 학생은 6명. 공무집행방해죄로 2개월의 금고(그중 2명은 집행유예)의 언도를 받았다.

다음날인 4일 낭테르의 그라팽 학장은 당국의 지시에 따라 무기휴교를 고시했다.

이런 휴교고시는 프랑스에서 그리 흔한 일이 아니었다. 5일 UNEF는 무기한 학업 스트라이크를 선언하고 또 다른 데모계획을 발표했다. 학생들한테 동조하고 있던 SNESUP(고등교육자 전국조합)의 극좌분자인 알랭 제스마르는 소르본 점령을 외쳤다. 데모, 점령, 충돌, 파괴, 유혈…연일 이런 일이 파리를 뒤덮었다.

교육제도의 개혁과 학생생활에 관계된 문제를 해결하라고 나선 학생운동은 점점 편향된 정치적 성격이 짙어졌다.

10일의 데모는 양상이 완전히 달랐다. 난동을 부리던 학생들은 시내 곳곳에서 가로수를 자르고, 자동차를 뒤엎고, 도로에 깔린 포석을 파내어 바리케이드를 쌓았다(파리시내의 길은 아스팔트가 아니라 벽돌만 한 돌을 예쁘게 깔아 포장했다. 데모가 멎은 뒤 파리 시청당국은 하룻밤 사이에 시내 전 도로를 재빨리 두꺼운 아스팔트로 덮어버렸다).

이날 저녁 시내 곳곳에서 불길이 솟고 최루탄이 날라 다니며 '시가전'이 벌어졌다. 이 바리케이드가 다 함락된 것은 날이 훤히 밝은 14일 오전 5시였다. 콘벤디트는 방송국의 보도중계 마이크를 빌려 학생들에게 해산을 지령했다.

6시에 각료들은 엘리제궁으로 달려가 드골 대통령에게 소란은 진압되었다고 보고했다.

루이 16세가 시민들의 봉기를 보고 리앙쿠르 공작에게 "저건 폭동이냐?" 하고 물었을 때 그는 "아닙니다. 폐하. 저것은 혁명(*Révolution*, 레볼리시옹) 입니다" 라고 대답했다. 이날 각료들은 드골이 "혁명이냐?" 라고 물었더라도 "아닙니다" 라고 대답했을 것이다. 정부는 이 사태를 너무 안이하게 보고 있었으니까.

드디어 노동조합이 학생들에게 가세하기 시작했다. 5월 13일 24시간의 스트라이크를 단행하고 대대적인 시위집회를 갖기로 결정했다. CGT(노동총연합), CFDT(프랑스민주노동총연합) 등 노동조합의 양대 근간과 공산당, 사회당의 수뇌가 학생들과 더불어 레퓌블리크 광장에서 정부를 규탄하는 대집회를 가진 다음 데모를 벌였다. 공칭 100만 명, 경찰추계 20만 명이란 엄청난 인원이었다.

허다한 벽보가 시내에 나붙기 시작했다. 레몽 아롱 교수가 비난했듯이 중공식 문화혁명의 홍위병이 파리에 창궐하게 되었다. 벽보의 한 구절을 보면,

> 우리는 굶어죽는 일은 없다는 보증과 권태로워 죽게 되는 위험을 맞바꾸려는 그런 세계를 거부한다. 소비사회는 폭력으로 말살되어야 하고 소외된 사회는 역사에서 뭉개져야 한다.

현대판 볼셰비스트들은 기아(飢餓)에서 일어선 것이 아니라 포만(飽滿)에서 일어서고 있었다.

세계의 노동운동사를 펼쳐보면 최초의 노동자 단체행동은 프랑스의 리옹에서 전개되었다고 나와 있다. 1813년 견직공장에서 일하는 3만 명의 직공들이 '노동으로 못 살면 투쟁으로 죽겠다'는 슬로건을 내걸고 검은 깃발을 흔들며 고정임금제를 요구했다. 이것이 단체교섭의 효시를 이룬다. 그다음 여기에 자극되어 영국에서 차티스트 운동이 벌어졌다. 그러나 노동운동을 제일 먼저 벌인 프랑스가 그 후 노동운동의 발전에서는 서구의 어디에도 비길 수 없을 만치 뒤떨어졌다.

처음부터 프랑스의 노조(勞組)는 정치적 이데올로기의 대립으로 군소조합들로 분열되어 발달했다. 프랑스 사람들의 기질이 클럽활동 같은 것을 꺼리는 개인주의 의식이 강했던 것이 그 원인이다.

게다가 노사 간에는 오래도록 계급관념이 강인하여 원활한 관계를 유지하지 못했다. 1960년대에 들어와서 젊은 경영자들이 비뚤어진 노사관계에 혁명적인 운동을 일으켰다. CJP(청년경영 대표자 중앙회) 운동이 그것이다. 이들은 가톨릭의 노동운동 정신을 본떠 노사 간의 인간관계 정립부터 부르짖었다. 전국적으로 경영주 10%에 해

당하는 3,500명의 회원을 가졌다. 드골 대통령도 이 운동을 크게 지지했다. 드골 대통령은 자신은 그전부터 노사관계의 원활을 바라 각 기업체 안에 '기업위원회'라는 것을 설치, 노사 양자가 협의해서 운영해 나가도록 권고했다.

드골 대통령이 1967년 새로운 기업이론으로서 '참여'(*Participation*, 파르티시파시옹)의 원칙을 내건 것도 이런 데서 뿌리를 두고 있다. 그 전해에 그는 각 기업체 내에 서구의 다른 나라 경우처럼 노동자들을 위한 사무실을 내어주라고 권했지만 각 기업주는 하나같이 거들떠보지도 않았다(1968년 5, 6월 데모 이후 처음으로 각 기업체마다 노조회원을 위한 독립된 연락실을 만들어주었다).

1968년 당시의 노동자들의 실태는 어떠했는가? 임금노동자 중 4분의 1이 매달 550프랑(약 100달러), 3분의 1 정도가 720프랑을 받았으며 50만 명의 비숙련공은 400프랑이 고작이었다. 그 위에 유럽공동시장(EEC) 안에서는 이탈리아를 제외하고 시간당 수입이 최하위에 머물러 있었다. 사회당 당수인 프랑수아 미테랑의 출신구인 뷔르강디에서는 25세 이하의 청년 중 29%가 실직하여 빌빌거리고 있었다. 데모의 구실은 완벽했다.

이런 데모와 스트라이크는 지방으로도 번졌다. 보르도, 캉, 클레르몽페랑, 디종, 낭트, 루앙, 툴루즈 등….

전국이 마비상태에 들어갔다. 시내의 택시, 버스, 지하철조합이 스트라이크를 단행하여 모든 교통이 두절되었다. 필자도 취재를 하기 위해 발이 퉁퉁 붓도록 온 거리를 종일 뛰고 걷고 해야만 했다. 이따금 다니는 개인 승용차 등도 주유소가 덩달아 파업에 들어가는 통에 뚝 끊겼다. 시골에서 시내에 들어오는 식료품공급 트럭이 이따금 다닐 뿐.

끊긴 것은 그뿐이 아니다. 공항도 스트라이크라 비행기 이착륙이 멎었고, 체신노동자가 스트라이크라 편지와 전보마저 다 끊겼다.

방송국이 파업에 들어가 처음에는 TV에서 영상이 사라지고 음악만 나왔고 나중에는 라디오도 끊겼다. 국영라디오가 끊겼던 때가 퍽 인상적이다. 라디오나 텔레비전은 모두 국영으로 ORTF(프랑스 라디오 텔레비전방송국)라는 기관이 독점운영하고 있다. 라디오에는 일반, 문화, FM 세 가지가 있으나, 일반 라디오를 '프랑스 앵테르'라고 부른다. '프랑스 앵테르'는 학생데모를 시종 잘 보도했다. 텔레비전하고는 달랐다. 그래서 어느 각료는 "꼭 패킹방송을 듣고 있는 것 같군" 하고 못마땅하게 말한 일도 있다.

5월 31일 천지를 진동시킨 난동의 쇼크로 퐁피두 수상은 내각 개편을 단행했다. 그때 방송기자들과 노상 마찰을 일으켜 오던 조르주 고르스 국장은 드디어 경질되고 그 후임으로 체신장관으로 있던 이브 게나가 임명됐다. 방송국 직원들은 뉴스의 공정한 취급을 위해 독립된 위원회를 하나 두자고 요구해왔다. 새로 부임한 게나 국장은 이해하려니 하고 부푼 기대로 그를 맞이했다. 그러나 그도 몇 가지 이유를 들어 "농!"하였다. 그 대신 자기대로의 방송국 운영개선안을 내놓았다. 청취자들에게 보도시간에 공표해주라고 지시했다.

저녁 7시. 뉴스시간에 게나 국장의 긴 운영개선안을 아나운서는 또박또박 전파에 실어 보냈다. 이 원고를 다 읽은 아나운서는 그다음 자기의 원고를 끄집어내 읽어 내려갔다. "… 지금 여러분께서는 신임국장의 운영방침을 잘 들으셨을 줄 압니다. ORTF 합동노조는 이 순간부터 무기한 파업에 들어가기로 결의했습니다."

그리고 방송은 뚝 끊겼다.

엘리트의 反엘리트 선언

1972년 5월 31일, 파리의 국립행정대학원(ENA)에서는 예년처럼 라신느 원장이 졸업반 '샤를 드골'의 학생 한 사람 한 사람을 원장실로 불러들이고 있었다.

이 해의 '샤를 드골' 반 학생은 모두 100명. 원장은 이들을 개별적으로 접견하고 관례대로 졸업 후 10년 동안 국가기관에 봉직하겠다는 각서에 서명을 받고 그다음 학업성적에 따라 배정되는 행정기관 중에 희망부처를 선택케 했다.

초여름의 햇살이 뜰의 포석과 잔디, 그리고 높이 치솟은 활엽수에 찬란하게 쏟아지고 있는 조용한 한낮이다. 이처럼 좋은 계절에 프랑스 제1급의 명예로운 학부이자 출세가도로 직행하는 행정대학원을 졸업하는 학생들의 얼굴은 마냥 즐거움에 빛나 있었을 것이다. 그들에게는 높고 밝고 훤히 트인 사회가 기다리고 있을 것이고, 그들은 평생을 프랑스 사회의 유수한 엘리트로서 마음껏 활약하는 생활을 즐기게 될 것이다.

그러나 이날 그들의 얼굴은 그러한 즐거움과 행복에 넘쳐있지 않았다. 모두가 긴장된 얼굴빛을 띠고 있었다. 5월의 티 없는 햇살도 그들에게 아무런 매력이 되지 않는 듯했다.

100명의 '샤를 드골' 졸업반 학생 중 향후 10년간 국가기관에서 일하기로 서약하는 각서에 서명하기를 거부한 학생은 5명뿐이었다. 이런 서명거부는 해마다 이만큼은 된다. ENA는 학비 전액이 국고부담이고 장학금이 지급되기 때문에 졸업 후 10년간은 의무적으로 국가기관에서 일해야 한다는 것이 규칙으로 되어있다. 그러나 ENA를 졸업하는 이 수재들을 스카우트하고 싶어 하는 곳은 국가기관뿐이 아니다. 이런 인재는 사기업체에서도 탐을 내 졸업생 중 몇몇은 이런 사기업체하고 졸업 전에 고용계약을 맺는다. 그리고 그동안의 학비며 장학금 등 국고부담을 이 기업체가 송두리째 환불해 주는 것이다.

ENA나 파리의 고등사범학교나, 혹은 폴리테크닉학교 같은 이른바 '그랑드제콜'은 입학부터 어렵다. 우리나라의 고등학교과정이라 할 '리세'를 마치고 보통은 '바칼로레아'라고 하는 대학입학 자격시험에 합격한 후 대학으로 올라간다. 그러나 자기 학력에 자신이 있는 수재, 천재들은 곧장 대학으로 진학하지 않고 그대로 주저앉아 2년 동안 그랑드제콜 입학준비반에 들어가 입학공부를 다시 한다. 그 후 치열한 경쟁시험을 거쳐 그들 중 일부만이 그랑드제콜의 문턱을 넘어서게 된다.

ENA를 졸업한 학생은 1945년 창립 후 1999년 말까지 약 5,085명. 현 프랑스의 관료와 업계에서 4,300여 명이 고급 공직자로서 근무하고 있다니 공직자 3명 가운데 2명은 ENA 출신이라고 보면 틀림없다.

이 ENA 졸업반의 프랑스 엘리트들이 라신느 대학원장 앞에 나아가 자신들의 출세코스를 진지한 어조로 거절해 버린 것이다. 졸업반

학생의 성적순위에 따라 국가기관 중 가장 좋은 자리를 차례로 선택할 수 있는 정당한 혜택을 이들은 한결같이 거부하고 나섰다. "좋은 자리는 싫습니다"라고.

이 소식이 전해지자 정부도 놀라고 일반 시민들도 깜짝 놀랐다. 그들의 선배격인 고급 공무원들도 적지 않게 놀랐다. "무슨 바보 같은 짓을…"하고 탓하는 사람도 있었다. 그러나 이들의 동기를 알고 난 사람들은 모두 ENA 학생들의 이런 결연한 태도에 감탄하고 칭송을 아끼지 않았다. 프랑스의 양식과 지성은 이지러지지 않고 온전히 살아있다는 점에서.

이들 100명의 학생 중 68명은 벌써 전년 연말에 수상 앞으로 연서로 탄원서를 제출했다. 그 탄원서 속에서 이들은 ENA 졸업생에 대한 과거의 공직선택 방법이 "프랑스 공무원사회의 고질을 조장하며 정치제도나 사회기능의 분화 발전에 행정기구가 따라가지 못하는 고질의 온상을 이루어왔다"고 비판했다.

학과성적의 순위에 따라 기계적으로 좋은, 높은 자리가 보장되고 그 자리에서 일신의 권세와 명예와 안락을 누리면서 평생을 프랑스 관료기구의 정상부에서 맴돈다는 것. 개인적으로는 더할 나위 없이 행복스러운 일이다. 그러나 ENA 학생은 이것이 바로 프랑스 관료사회의 침체와 비능률과 위계질서의 절대화와 비민주화 등을 조장하고 있다고 배격한 것이다.

프랑스정부는 1972년 2월 1일부터 그해의 각급 공무원 봉급을 1.5% 인상하기를 결정하고 이를 공표했다. 프랑스의 공무원 봉급체계는 어디에도 그 유례를 찾아볼 수 없을 만치 복잡하고 방대하다. 이런 봉급체계는 재무장관도 다 외우지 못한다. 봉급체계가 개정되어 공표된 것을 보면 알 수 있다. 이 개정된 공무원 보수규정을 실은 관보(官報)는 계수만 늘어놓은 것인데도 무려 150페이지에 달하는 엄청난 것이다. 이것을 공무원들은 '성서'라고 부른다. 정말 마음으로 가난해야 행복을 알 수 있는 성서이다.

일률적으로 몇 퍼센트 오른다 하더라도 촐촐함이 가시지 않는 것이 봉급자들인데 프랑스의 경우는 또 다른 요인들이 얼기설기 이 봉급인상에 얽혀들어 봉급자들을 심히 자극하게 된다. 그것은 직종과 직급에 따라 지급되는 수당이란 것이 서로 간에 엄청난 차이를 벌려놓기 때문이다. 1946년에 제정된 이 봉급체계는 그동안 봉급인상을 단행할 때마다 직종 간, 직급 간 간격을 늘어뜨리기만 했다.

〈르몽드〉의 행정제도 전문기자인 앙드레 파스롱은 봉급체계가 바로 프랑스 관료사회에 하나의 신분계급(카스트)을 구축해가고 있다고 통탄했다. ENA의 졸업반 학생이 말하는 고질도 바로 이것이다.

보수면에서나 출세코스로서 그리고 사회적 평가에서도 가장 인기 있는 공직은 '그랑 꼬르'라 불리는 세 가지이다. 즉 재무성의 '재정감독관', 심계원의 '심계관', 그리고 참사원(최고행정재판소)의 '참의관'이다. ENA 100명 졸업생 중 이 세 자리는 수석에서 12번째까지가 독점하는 것이 관례이다.

도대체 프랑스의 고급공무원쯤 되면 그가 매달 받는 총수입이 얼마나 되는지 봉급을 주는 재무당국도 다 파악하지 못한다.

ENA를 우수한 성적으로 졸업하고 '재정감독관'이 되면 공식 초봉이 1972년 당시에 4,200프랑(약 48만 원)이었다. 이 보수는 본봉에 해당하는 2,700프랑 외에 수당 1,500프랑이 포함되어 있다. 다음 참사원의 참의관은 이보다 좀 낮아 초봉이 3,983프랑(약 43만 원—수당 1,088프랑, 주택비 429프랑 포함)이다. 심계관은 양자의 중간쯤 된다. 이 세 가지 직종 간에도 초임부터 크게 차이가 날 뿐 아니라 그중 수당에서는 철저한 격차를 두고 있다.

이 세 가지 기간(基幹) 직종이 아닌 다른 부서는 초봉이 훨씬 떨어진다. 똑같이 ENA의 문을 나섰지만 공공사업부로 떨어진 사람은 3,165프랑(그중 수당 665프랑)을 받고, 문화부로 간 사람은 3,100프랑(수당은 600프랑)을, 국방부로 낙찰된 사람은 2,750프랑(수당 500프랑)을 받게 된다.

ENA를 나와 공무원으로서의 '출세'가 보장되었다 할지라도 부서가 다르면 이처럼 1,500프랑씩이나 차이가 생기는 것이다. 이런 격차는 연공(年功)이 가산되면 더욱더 벌어진다.

그뿐 아니라, 봉급 외의 수입이 공공연히 생긴다. 파스롱 기자는 연말이면 으레 흰 봉투가 지체 높은 간부급 공무원들에게 전달되며 그것도 직종이 좋을수록 더욱 액수가 커진다고 밝혔다. 이 액수는 연봉으로 통산한 합계의 4분의 1을 보통 넘는다.

ENA에서 졸업성적이 12등 안으로만 들면 졸업 후 이처럼 격차 높은 봉급을 받으며 윤기 나는 인생을 약속받는 것이다.

또 한 가지 같은 공무원, 같은 부서일지라도 장·차관 직속하(비서실 같은)에 근무하면 그의 승진은 다른 국·과에 근무하는 사람보다도 훨씬 더 빨라지고 과외수입이나 수당이 더 불어나게 된다. 그래서 과거에는 재무부라도 장관실에 근무하는 것을 '같은 값이면 다홍치마' 격으로 서로 경쟁했다. 그 때문에 장·차관실(혹은 원장실) 주변에는 측근자로 구성된 별의별 직급이 덤으로 많이 달라붙게 마련이었다.

참사원의 경우 정원 255명 중 본청근무가 161명인데 그중 10분의 1인 18명이 원장실 근무로 되어있다. 심계원에도 본청근무 168명 중 원장실을 10명이 채우고 있다.

이 장·차관 비서실이라고 하는 공무원사회의 오아시스 그늘에도 ENA 같은 '그랑드제콜' 출신이 쉽게 기어들어가게 되어있다.

차별적인 보직, 월등히 나은 보수, 가장 빠른 승진·승급… 학벌 하나 좋다고 이렇게 엄청난 행복이 보장되어 있다는 것이 과연 합리적인가?

여기에 ENA 학생은 오랜 전통을 깨뜨리고 스스로를 희생하더라도 공무원사회의 고질을 없애버리자고 일어선 것이다. 이들이 수상에게 제출한 탄원서 속에서는 "우연히 학년말 시험에서 0.5점이나 0.25점이 부족하다 하여 평생을 차별받을 수는 없다"고 내세웠다. 이들은 또 공무원제도의 개선, 수당제도의 개혁, 직무분담의 조절, 보직선택 방법의 수정 등 공무원사회의 해묵은 '전통'에 큰 수술을 가할 것을 건의했다.

"국가를 위해 일하는 공무원의 일 가운데 좋고 궂고가 있을 수 없다"고 모두가 외치고 나섰다. 그리고 엘리트만이 차지하던 '좋은 자리'를 이들은 박차버린 것이다. 현대국가는 재정관이나 심계관, 혹은 참사관만의 힘으로 움직이는 것도 아니며 또 그것이 그렇게 꼭 우대를 받아야 할 만큼 요긴하지도 않은 상황으로 발전하고 있다. 오히려 컴퓨터의 대량정보처리가 더 아쉽고, 에너지 개발이 더 시급하며, 각종 공해제거에 한층 심혈을 기울여야 할 형편이다.

낡은 사고양식의 타파, 공무원사회의 신분계급화 방지, 행정행태의 민주화·현대화 등—이런 데에 눈을 뜨고 ENA 학생들은 문자 그대로 살신성인(殺身成仁)으로 나왔다.

이들 ENA 샤를 드골 졸업반 100명은 어떤 코스를 택해갔는가. 1972년 6월 2일의 〈르몽드〉는 이렇게 보도하고 있다.

> 이른바 고급공무원이란 말의 의미가 바뀌어버렸다. 사상 처음으로 수석 졸업자가 말석 졸업자나 택했던 지방행정관서를 지망했고, 차석자・3위자도 지방관서에 봉직하기를 희망했다. 11위・15위도 그랬다. 학생들은 이제 파리를 벗어나 지방에서 봉사하겠다고 마음을 먹었으며 그것이 거의 과반수에 달했다. 그 외에도 30석차까지의 학생 중 적어도 5명이 사회복지, 문화, 체신, 교통, 보건관서를 택해 나갔다.
> 재무성은 올해처럼 지망 학생을 불만스레 여긴 일도 없을 것이다. 21번째의 석차를 딴 학생이 비로소 심계원을 지망했고 재무성의 재정감독관 지망 학생은 그다음인 22번째 석차가 들어왔다. 이것은 전에 재무성의 평공무원으로나 지망하던 그런 석차다. 외무성은 그보다 더 심한 흉작이었다. 8개의 좋은 자리에 40등에서 88등까지의 석차를 지닌 학생을 맞아들여야 했다.

프랑스정부로서도 이런 엘리트의 '의거'(義擧)를 방관만 할 수는 없었다. 그해 7월 21일 각의에서 규정을 고쳐 ENA 졸업생에 주어지던 '특혜'를 시정하고 공무원사회의 불평등을 제거하기로 의결했다. ENA 학생은 졸업 후 4년 동안 한 부서에서 다른 부서로 옮기지 못하고 더구나 처음 4년 동안은 장・차관실의 측근이 되지못하게 했다. 4년이 지나면 의무적으로 새로운 다른 부서로 옮기도록 강제규정도 신설했다. 또 입학할 때부터 각자의 적성에 맞추어 다음 어느 부서로 진출하겠다는 목표를 세우게끔 만들었다.

그러나 공무원제도 자체나 보수규정에 대해서는 근본적인 개혁을 하지 못하고 지엽적인 데만 손댔다. 그렇다 하더라도 1972년의 ENA 샤를 드골 졸업반학생이 해마다 쏟아져 나오고 프랑스 구석구석에 박히게 되면 프랑스 공무원사회의 미래는 밝지 않은가?

조드럴뱅크 답사기

1968년도 다 저물었을 때다. 하루는 본사에서 전보가 왔는데 한참을 들여다보아도 의미를 알 수가 없었다. 문면(文面)은 이렇다.

조드럴뱅크로 급히 가서 러벌 경을 만나기 바람.

지금 보면 이 전보 내용을 그렇게도 몰랐을까 하고 얼굴이 화끈해지지만 그때만 해도 그런 말은 생전 처음 듣는 말이라 전보를 놓고 무던히 고민했다.

"조드럴뱅크 … ? 러벌 경 … ?"

무슨 은행 같기도 하고 방조제 같기도 하여 갈피를 잡지 못했다. 러벌 … 이라니 은행장 아니면 수리조합장이겠지. 두꺼운 지도책을 놓고 아무리 색인을 다 뒤져도 이런 곳은 나타나지 않았다. '은행에 무슨 일이 있다고 나더러 고사(考査)에 나서게 하지?' 하고 여러 번 생각했지만 조드럴은행 운운은 들어본 일조차 없다.

이름으로 보아 프랑스에 있는 것 같지는 않고 영국 쪽에 무언가 걸릴 것 같아 런던의 한국대사관으로 다이얼을 돌렸다. 마침 영국인

여비서가 전화에 나오기에 숨차게 조드럴뱅크가 무어냐고 물었다. "무슨 은행요?" 하고 되묻는 통에 이쪽이 힘이 쭉 빠졌다. "은행인지 둑인지 잘 모르겠으니 좀 알아봐주시오" 하고 전화를 끊었다.

한 5분 뒤 전화가 걸려왔다.

"조드럴뱅크란 맨체스터 시 근처의 천문관측소라 합니다. 아주 유명한 천문대요. 러벌 경은 거기 소장이고요."

아주 유명한 것을 이제 알았느냐고 말하고 싶었겠지만 그런 핀잔은 나한테도 해당이 될 것 같아 말문을 닫았다.

때마침 오를리공항에 코리아 타임스의 유일연(劉日演) KT편집국장이 도착한다고 연락이 와 우선 부랴부랴 공항으로 달려갔다. 시간이 좀 남아 공항로비에서 런던행 비행기표를 끊었다(요즘은 파리-맨체스터 간 정기항공편이 있지만 당시에는 아직 이런 직행편이 없었다).

유 국장을 시내 호텔까지 안내하여 방을 잡은 다음 전보쪽지를 내보였다. 아주 미안한 일이지만 나는 지금 곧 런던으로 가야 한다고. 멀리서 모처럼 찾아온 손님을 호텔에 들어서기가 무섭게 팽개쳐놓고 빵소니치겠다는 것이 말이 되지 않는 일이지만 하는 수 없었다. 신문기자의 비리(非理) 비정(非情).

런던에서 기차를 타고 곧장 맨체스터까지 달렸다. 거기서 다시 셰필드까지 가는 시골기차를 잡아탔다. 도중에 하차하여 택시를 불러 타고 조드럴뱅크로 가자고 일렀다. 날은 벌써 어둑어둑해 오고 있었다. 조드럴뱅크에 가면 호텔이 있느냐고 물었더니 아마 거기는 천문대밖에 없을 것이라고 일러주었다.

하는 수 없이 "그럼 제일 가까운 마을의 호텔로 가자"고 주문했다. 어두운 하늘에서는 눈이 후드득 쏟아지기 시작했다. 차창을 와이퍼가 연신 닦아내지만 모질게 내리는 눈을 당할 수가 없을 정도다. 어느새 길도 하얗게 덮어 들도 하얗게 변했다.

멀리 마을 같은 것이 보였다. 운전사는 조심조심 핸들을 꺾으면서 마을로 들어섰다. 그는 마을 어귀에서 차를 잠시 세워놓고 지나가는 사람에게 길을 묻는 것 같았다. 여기 호텔이 어디 있느냐고. 그러자 저쪽에서는 손을 가볍게 내젓더니 뭐라고 말을 한다.

운전기사가 돌아서서 하는 말이,

"여기 서너 개 있긴 해도 오늘이 크리스마스이브라서 재워주지는 않을 거라는군요."

그제야 나는 '아차!' 했다. '오늘이 12월 24일이구나' 하고 생각이 났다. 그것도 모르고 달려 나온 것이 경망스럽고 후회스러웠지만, 한편 취재 중 가라고 명령한 사람의 입장을 생각하면 이럴 수밖에 없지 않는가 하고 이런 생각, 저런 생각으로 잠시 동안 마음이 착잡해졌다.

"아, 오늘이 크리스마스이브군요. 그렇지만 호텔에 방이 없을 라고요. 한번 찾아봅시다."

무슨 '*Inn*'이라고 쓴 집을 운전기사가 내려가 두들겨보았다. 마나님이 나와 정중히 거절했다. 눈만 듬뿍 둘러쓴 운전사는 다시 차를 몰아 다른 집으로 갔다. 역시 손님은 받지 않는다는 얘기였다. 또 한 집을 갔으나 거기도 마찬가지. 이런 조그마한 시골에서는 크리스마스 때는 손님이 전혀 없기 때문에 아예 손님은 받지 않는다고 한다. 허구한 날 다 두고 명절에 집을 나와 객지를 도는 사람은 나 정도일까.

눈은 연신 쏟아진다.

또 차를 돌려 다른 골목으로 접어들었다. 운전사는 헤드라이트에 떠오른 순경을 발견했다. 그는 냉큼 뛰어 내려가 순경한테 여기 사정을 얘기했다. 그와 순경이 눈발 속으로 사라졌다. 둘이서 어디를 찾아가나 보았다. 한 10분을 나 혼자 차 안에서 기다렸을까…. 운전사만 자주 뛰어 내려가게 한 것이 미안하기도 하여 나도 내려가 볼까 하고 망설이던 차에 운전사와 순경이 나타났다.

"아, 방이 하나 났습니다. 잠을 잘 수 있지만 저녁식사는 되지 않겠다는 걸 그것도 잘되었습니다. 이 순경아저씨가 심심 부탁해서 식사도 겨우 이야기가 된 겁니다."

나는 내려가 그 순경한테 극진히 고맙다고 사례를 했다. 다시 차에 올라타 한 500미터를 갔다. 운전사는 "바로 저 집입니다" 라며 나지막한 2층집을 하나 가리켰다. 아래층 창문 하나에 뽀얀 불빛이 새어나올 뿐 온통 어두웠다.

노파가 문 앞에 나와 나의 짐을 받으려 하자 운전사가 가로채 집 안으로 들여다 주었다. 나는 운전사에게 아주 수고가 많았다고 참 고마웠노라고 몇 번이나 감사하면서 약속했던 택시요금에 얼마를 더 얹어주었다.

그러자 운전사는 웃으며 웃돈만큼을 나에게 내어주며 더 받지 않아도 된다고 사양했다. 나는 고마워서 팁으로 주는 거라고 말했지만 그는 그대로 한사코 내 손아귀에 그 돈을 도로 돌려주면서 차에 훽 올라타 버렸다. 그리고선 "자, 이젠 나도 꼬마들한테 가야지요. 크리스마스 잘 지내세요" 하면서 자기 옆자리에 있던 조그마한 선물 꾸러미를 추켜들어 머리위로 흔들어 보이고 다시 한번 더 활짝 웃은 다음 차를 달려 눈 속으로 사라졌다.

"메리 크리스마스!"

어두운 눈발 속에다 나도 그를 향해 축복을 보냈다.

조드럴뱅크 — 거대한 전파(電波) 망원경이 있는 세계적으로 유명한 천문관측소다. 전파로써 천체를 관측한다. 1968년대만 해도 시설의 규모면에서는 조드럴뱅크가 최대였고 제일 오래되었다.

전파망원경이란 거대한 접시를 하늘을 향해 받쳐 들고 그 접시에 담기는 전파를 분석하여 천체의 존재와 그 성질을 규명하는 망원경이다. 광선으로는 붙들리지 않는 천체를 전파로 받아 우주를 들여다본다고 생각하면 된다. 인간의 우주관측은 종래 육안에 의존했기 때문에 파장이 아주 짧은 광파를 내는 별 외에는 광학망원경을 통해 더 다른 별을 볼 수 없었다. 게다가 이렇게 파장이 아주 짧은 광파도 지구로 오는 도중 천체들 사이의 먼지와 가스 그리고 지구의 대기권 속에 있던 가스와 먼지, 구름 때문에 흐려져 희미해지고 만다.

결국 가시광선(可視光線)을 통해서는 천체를 제대로 볼 수 없다. 이런 결점을 보완하기 위해 나타난 것이 바로 전파망원경이다.

지금까지 아무리 거대한 광학망원경이라도 20억 광년 이내의 거리에 있는 천체밖에 관찰하지 못했지만 이 전파망원경은 최고 파장 20미터의 전파를 수신 또는 중계하게 되어 수백억 광년이나 떨어진 천체를 볼 수 있다. 인간이 파고들 수 있는 우주가 그만큼 넓어진 것이다.

조드럴뱅크에는 직경 76미터의 망원경 하나와 38미터의 망원경 하나가 더 있다. 그때만 해도 세계 최대의 전파망원경으로 푸에르토리코의 아레시보에 있는 미국의 것을 친다. 1963년에 착공하여 74년부터 가동하고 있다. 이의 직경은 300미터. 그다음에는 서독 본 근처에 있는 100미터 직경의 망원경. 그리고 프랑스에도 루아르 지방의 낭세이에 직경 90미터의 망원경을 설치했다. 모두 조드럴뱅크의 시설보다 규모가 더 커졌다. 현재 건설 중에 있는 것으로는 소련의 코카서스 지방의 망원경. 세계 최대가 된다. 직경만 600미터.

이것은 7×4미터의 유리판 1,500개를 연결한 망원경이다.

필자는 조드럴뱅크에서 수석 연구관인 헨리 P. 파머 박사의 안내를 받고 관측소 내의 여기저기를 구경했다. 활짝 갠 크리스마스 날이었다.

크리스마스 축제일이지만 아폴로 8호가 처음으로 달의 궤도를 돌고 지구로 돌아오는 때다. 관측소에서 비상근무를 하고 있었다. 전 세계가 흥분해 있을 때다. 마침 버나드 러벌 소장이 연구실에 들러 인사를 하고 몇 마디를 나누었다. 그는 파머 박사에게 상세히 가르쳐주라고 이르고는 연구소를 떠났다.

파머 박사는 천체관측이나 전파망원경에 대해 지식이 없는 필자에게 친절하게도 책자를 챙겨주며 자기가 그림을 그려가면서 알아듣기 쉽도록 설명해 주었다.

전파와 다른 파장의 비교, 전파로써 관측할 때의 이점, 지금까지의 관측을 통해 새로 밝혀진 사실, 현재 조드럴뱅크의 연구팀이 숙제로 삼고 달라붙어 연구하고 있는 문제 등 강의하듯이 차근차근 말해 주었다. 조드럴뱅크란 말조차도 잘 모르던 문외한을 일약 천문학 전문가로 만들어놓았다고 할까? 여하간 파머 박사한테 많은 것을 배웠다(나중에 파리로 돌아와서도 러벌 박사와 파머 박사의 저술을 들추어보기는 했지만 아무래도 문외한의 경지를 벗어나기는 어려웠다).

지금이야 달에 사람이 몇 번씩이나 왕래했고 화성까지도 무인탐사선이 착륙했으니 야단스레 생각할 것이 없겠으나 1968년쯤에는 사람이 띄운 기계가 그 먼 달을 완전히 돌고 그놈이 지구로 돌아온다 하여 모두 흥분해 했던 것이다. 10년 안팎의 일이지만 금석지감(今昔之感)이 든다. 과학이나 인지의 발달은 무서운 속도를 지녔다.

파머 박사와 당시의 아폴로 8호에 대한 획기적인 사건을 놓고 이것저것 얘기를 나누어 보았다. 이야말로 지금 와서 무슨 '시대착오'적인 질문이냐고 탓할 수도 있겠지만 전문적인 과학자의 답변만은 지금 들여다보아도 흠잡을 곳이 없다는 데서 소개할 가치가 있지 않나 생각된다.

— 아폴로 8호가 거둔 성과는?
"주요 성과는 수 톤에 달하는 장비와 사람을 싣고 그동안 별다른 궤도수정을 받지 않은 채 완전무결하게 달 위를 예정대로 순회한 기술적 성공에 있다. 또 다른 성과는 사람이 미지의 상황에 도전하여 이겼다는 사실이다. 폐쇄된 상태에서 전혀 경험이 없는 영역에 뛰어들 수 있도록 훈련한 것이 완전히 성공을 거두었다. 이것이야말로 인간이 거둔 최대의 승리이다."
(버나드 러벌 박사는 미국 아폴로 8호에 대해 이렇게 논평했다. "모든 계획은 미국의 기계공업과 기술, 그리고 관리능력이 월등하다는 것을 명백히 증명했다. 아폴로계획이 이처럼 성공리에 반복된다면 미국은 1969년에 달착륙을 실현할 수 있을 것이다." 버나드 박사는 소련의 우주계획은 그 시간표만 보아도 미국을 따라가지 못하리라고 말했다.)

— 인류가 우주를 개발하려는 동기를 어떻게 보아야 하겠는가?
"나는 두 가지 동기에서 나온다고 생각한다. 첫째는 인류의 무한한 호기심이다. 둘째는 가공할 일이지만 군사적 목적에서이다."

— 화성이나 금성정복도 그런 목적에서일까?
"물론 호기심과 군사적 우위의 두 면에서 볼 수 있다. 그러나 이것은 전혀 다른 문제를 안고 있다."
(버나드 러벌 교수는 최초에 화성이나 금성에 착륙하면 사람은 아주 오래된 역사의 유적을 발견하게 될지도 모른다고 추측하고 있다. 어떤 내용의 역사인지는 우리의 상상을 넘어선다.)

— 조드럴뱅크의 관측기재(전파망원경)로 우주궤도상의 물체는 다 포착할 수 있는가?

"그렇다. 여기 전파망원경으로는 아주 미약한 전파까지도 볼 수 있다. 그러나 두 가지 전제되는 상황이 먼저 파악되어야 한다. 하나는 궤도상의 위치, 또 하나는 그 물체의 발신 파장이다. 이것을 모르면 추적하기가 대단히 곤란하다."

— 소련이 발표하지 않은 사실을 여기서 포착한 것이 있는가?

"물론이다. 그중 두 가지만 예를 들면 하나는 루나2호가 달에 명중하던 때다. 이때는 소련이 아무것도 발표하지 않았지만 이 관측소에서 루나의 궤도, 속도, 파장을 발표했다. 또 하나는 사베나가 발신하는 전파를 알아낸 것이다."

— 우주전파 가운데 커뮤니케이션의 내용이 담긴 것을 발견한 일이 있는가?

"아직 없다. 전파 가운데는 파장이 10센티미터에서 20~30미터에 이르는 것까지 있다. 왜 이렇게 종류가 많고 또 갈라지는지 모른다. 그렇게 파장이 다른 전파가 많아도 아직 지적 요소가 엿보이는 것은 하나도 없었다."

— 다른 혹성에 생명이 존재할 가능성은?

"태양계의 혹성 외에 생명체가 있을 가능성은 드물다. 태양계 안에서도 금성은 고온이다. 우리 같은 탄수화물로 이루어진 생명체는 존재할 수 없고 화성은 너무 추워 또 어렵다."

— 우주의 모든 것이 신비롭겠지만 조드럴뱅크가 특별히 공을 들여 연구하는 것은 무엇인가?

"우리는 우주의 구조와 방사선, 우주선 등을 꾸준히 연구하고 있다. 지금은 은하구조와 '퀘이사'(*Quasar*)의 연구에 집중하고 있다. 1963년에 처음으로 나타났는데 파장은 아주 짧다. 이 퀘이사는 심한 적색편위(赤色偏

緯)를 나타내고 있어 허블법칙대로 하면 우주의 극한에서 멀어져 간다고 해야 할 것이다. 즉, 100억 광년 이상의 거리에서 신호를 보내고 있다. 아직도 정체를 알 수 없다. 전파는 20초 동안 발사되다가 끊어진 것이 20~30종이나 된다. 우주란 분명하지만 분명히 알 수 없는 존재다. 그것이 신비다."

나는 전날 저녁 땅위의 눈 속으로 사라져간 운전사를 문득 생각했다. 눈 속에 비친 그의 웃음 띤 얼굴. 그것도 신비롭지 않았던가.

한국의 파리만국박람회 참가

우리나라가 1900년에 파리에서 열린 만국박람회에 참가했다는 사실을 아는 이는 드물 것이다. 1900년이라면 대한제국(大韓帝國) 말엽으로 국운이 기울어가던 때이다.

파리의 만국박람회는 19세기 말부터 세계 어디서 열린 박람회보다 규모가 컸고 전시품종이 당시의 최첨단을 가는 것이라 세계의 눈과 귀가 온통 쏠리던 국제적 제전이었다. 비록 큰 규모의 박람회라 할지라도 기울어 가는 나라사정을 두고 머나먼 파리까지 어떻게 왔는지 자세한 자료는 아직 발견되지 않았다. 그보다 왜 참가했을까?

프랑스정부는 당시의 53개 동·서 국가에 대해 '만박'(萬博) 참가 초청장을 보냈다. 그중 43개국이 참가하겠다고 응낙했으며 실제로는 40개국이 참가했다.

당시의 만국박람회는 런던의 것을 효시로 한다. 즉 세계 최초의 국제적인 상품전시회는 1851년에 있었다. 그때 참관인원수가 600만 명이었다니 대단한 인기였던 모양이다. 그다음이 1853년 뉴욕에서, 세 번째가 1855년의 파리박람회, 이때는 참관인원수가 520만을 헤아렸는데 그다음 1867년에 두 번째 파리박람회가 개최되었을 때는

1,500만 명이 구경했다고 기록에 남아 있다. 이어 1878, 1889년에도 파리에서 열렸는데 1889년에는 만박 기념으로 당시로서는 경이로운 성과를 자랑할 셈으로 에펠탑을 건립하고 철강제만으로도 높은 구조물이 가능하다는 것을 과시했다.

그다음에 열린 것이 1900년, 20세기의 막이 오른 해에 열리는 거대한 계획의 만국박람회였다. 나중에 집계된 기록에는 5,100만 명이 이 박람회를 참관했다고 돼있다. 이는 이후에 반세기가 지나도록 어느 만국박람회도 이런 참관자 기록을 깨뜨리지는 못했다. 겨우 1964~65년에 와서 뉴욕박람회가 6,500만, 67년의 몬트리올박람회가 5,000만, 그리고 70년의 오사카박람회가 6,400만 명으로 1900년의 파리박람회 때에 근접했던지 약간씩 상회했을 뿐이다.

대충 이런 기록만 비교해 보아도 20세기 초두(初頭)의 파리 만국박람회가 얼마만 한 규모였는지 짐작이 간다. 이때의 기념사업으로, 그리고 전시장으로 쓰기 위해 센강 오른쪽 기슭에 지금도 웅장한 모습을 자랑하는 대궁전(그랑 팔레), 소궁전(프티 팔레)을 건립했으며, 제정 러시아에서는 길이 110미터의 예쁜 철강제 교량 하나를 프랑스정부에 기증, 니콜라이 2세가 직접 주춧돌을 놓았다. 대·소 궁전을 끼고 센강 건너의 앵발리드 궁(宮) (나폴레옹황제의 무덤이 있는 곳)을 향하는 지금의 '알렉산드로 3세교'가 그것이다. 이 박람회는 이처럼 당대 호화의 극치를 이루었다.

이 '렉스포지숑 위니베르셀 드 1900'을 위해 마련한 전시장의 면적이 223만 7,724제곱미터(파리시내의 112만, 뱅센 숲의 111만 제곱미터)에 달했다. 이 전시장에 제출된 물품들을 보면 19세기 기술문명의 정화에 해당하는 것이었으며 전기용구, 증기기관차, 자동차가 당시의 대종품으로 선보였다. 또 전시품을 분류한 표를 보면 일반적인 상품 외에 교육, 육해군, 식민지에 관한 항목이 있어 그 당시 열강들의 세계를 무대로 한 도약상을 가늠할 수 있다.

아시아에서 여기에 참가한 나라는 일본, 중국(淸代), 태국 그리고 한국으로 통틀어 4개국이었던 것을 보면 한국도 꺼져가는 숨을 돌려 다른 이웃나라와 어깨를 같이하려 했던 것이 아닌가 싶어 가슴이 뭉클해진다.

1900년이라면 대한제국이 처음으로 만국우편연맹에 가입하여 외국과 직접 우편물을 교환하게 되었고, 종로에 처음으로 전등이 시설되고, 또 여름에 한강교가 준공되어 서울과 인천 간의 철도 경인선이 완전 개통되던 때다. 그해는 또 일본의 어업회사에 동해 연안의 포경권(捕鯨權)을 허가하고, 제정 러시아에 마산(馬山) 남쪽(栗九味)에 대한 조차(租借)를 허용한다고 한 해이다.

필자는 1970년 오사카박람회가 열린다고 세상이 법석을 떨 때 파리에서 만국박람회의 기록을 조사해 보았다. 우리나라가 1900년의 파리박람회에 참가했다는 소식은 우리 대사관에 자주 드나드는 고서상을 하는 미셸 씨가 K공보관에게 발굴해 준 옛날의 〈프티 주르날〉 부록인쇄를 보고 알고 있었다. 그러나 이 신문에는 파리박람회에 세운 '한국관'(파피용 드 라 꼬레)만 타블로이드판에 석판인쇄로 소개하고 있고 한국의 참가에 관한 상세한 기사가 없었다. 그러나 당시 이 신문사에서 스케치해서 인쇄로 한국관을 내었다는 것은 우리 건축이 얼마나 우아하고 또 얼마나 웅대했던가를 증명한 것이다. 한국관 외에 지면 하나를 인쇄부록으로 낸 것은 미국, 러시아, 그리스, 페르시아, 독일관뿐이다. 이 신문은 격주로 이 부록을 내느라고 3개월을 소비했다.

국내자료 가운데는 1900년의 만국박람회 참가기록을 찾아볼 수 없으나 파리의 프랑스 국립고문서보관소(아르시브)에 가면 웬만한 기록들은 다 보관돼 있어 지난날의 사건·역사를 엄밀한 자료에 의해 재편성할 수 있다. 필자도 일말의 희망을 가지고 여기를 찾았으나 만박 자체가 국가공문서로 처리될 성질의 것이 아니라서인지 보고나 자료가 국한되어 있었고, 크게 참고할 수 있는 것은 재정성의 만박 재정보조보고, 그리고 통상성의 참가국들에 대한 현황조사자료 정도였다. 이 정도의 자료뿐이지만 당시의 대한제국의 긍지와 비애를 살리는 데는 흡족했다.

1900년은 일본이 한참 한반도를 거쳐 중국대륙으로 손을 뻗치려 하던 때다. 1875년에 일본은 운양호사건을 일으켜 불평등조약 제1호인 한일수호조약(강화도조약)을 맺었고 이에 제물포조약으로 일본군대의 한국 내 주둔권을 얻었다. 1885년에는 톈진조약을 맺어 소국 일본이 일시에 대국 청나라와 대등한 자리에 올라앉았다. 1894년 동학란이 불씨가 되어 청일전쟁이 일어나고 일본 시모노세키에서 강화조약을 맺으며 일본의 한국 진출권을 청한테 양해시켰다. 1895년에는 을미사변으로 명성황후가 일본공사 미우라 고로 등에 의해 시해되었다. 이어 1904년에는 삼국간섭을 뒤집어 러일전쟁이 일어났고, 1905년에는 굴욕의 을사보호조약이 맺어졌다. 1908년 8월 대한제국은 사라져 갔다.

이렇게 국운이 급박하던 때에 고종 황제는 파리의 만박에 참가하라는 어명을 내렸다. 뒤숭숭한 나라 안 사정을 되돌아보지 않고 참가어명을 내린 황제의 명을 받들어 수륙만리 마음에 없는 만박에 참가하던 대표들의 심정은 상상하고도 남음이 있겠다.

프랑스 재무성(財務省) 문서에 나타나 있는 “대한 만박사절 대표단”(大韓萬博使節代表團)을 보면 다음과 같다.

명예단장 민영찬(閔泳瓚)(음역) 공 각하
단장 파리주차총영사 루리나 씨
총참사 들로르 드 글레옹 남작
부참사 미므를 백작
건축사 페레 씨

여기 명단이 우리 대표단의 전원이었는지 확인할 수는 없다. 만약 전원이었다면 단신 민영찬 공만이 한국 사람으로 참가한 셈이다.

한국관은 전시장으로 내어놓은 연병장(샹 드 마르스)의 서면에 길게 남북으로 뻗은 쉬프랑 대로 자리였다. 쉬프랑 중간쯤에 한국관이 자리잡고 있었다 한다. 그때 우리가 쓴 경비 중 일부가 재무성 자료에 기재되어 있는데 항목은 전시품의 수송비로 되어있다. 액수는 20만 프랑. 이것이 우리가 쓴 돈으로는 제일 많이 차지하는 몫인지 다른 비용이 얼마나 나갔는지는 알 수 없다.

일본은 총단장으로 소네(曺根) 농상대신이 따라왔고 일본인 하야시(林) 모가 총참사로 실려 있다. 또 기록은 박람회 개막 직후 황태자가 프랑스를 방문하고 엘리제궁에 예방갔다는 등 수선스러움을 적고 있다. 그들의 경비 중 자료에 실려 있는 것을 보면 일화 132만 엔을 썼다고 되어있다. 프랑화로 환산해놓은 것이 340만 프랑이므로 일화 엔(円)이 약 2.5프랑에 해당한 것 같다.

든 비용에서는 미비했지만 프랑스 통상성이 첨부해 놓은 대한제국에 관한 보고서를 보면 이렇게 적고 있다.

… 인구 967만 명의 대한은 그 국민성이 강직하고 절조를 지키며 검소하고 부지런하다. 그 도덕관은 건전하고 국토는 비옥하다.

〈프티 주르날〉이 박아낸 한국관의 그림을 보면 괘(卦)가 좀 틀리기는 하나 거의 정확한 태극기, 무궁화, 흰 두루마기, 지게, 여성의 족두리, 노인의 갓, 장죽, 핫바지, 삿갓 등 우리의 습속을 곁들여 소개하고 있다. 그중에 특히 눈길을 끄는 것은 긴 장대에 헝겊 잉어를 매달아 있는 '잉어걸이'. 이 잉어걸이가 한국관 옆에 세워져 있다. 계절적으로 봐 파리의 전시기간이 우리의 4월 초파일에서 단오까지에 걸치는 아주 적절한 우리 풍습 소개가 아닐 수 없다. 일본이 자기들의 특유한 풍습이라고 말하는 그들의 '고이노보리'가 실은 우리의 옛 풍습에 연유한다는 것을 한국관이 주장하고 있는 것 같아 아주 흥미롭다. 한국관 자체는 기대(基台)를 높이 쌓아 그 위에 2층으로 지은 한식 기와집. 덕수궁의 근정진(勤政殿)을 방불케 하는 모습이었다.

〈프티 주르날〉이 곁들여 '한국관의 개관식'이란 제목으로 보도한 것(1900년 6월 26일 자)을 보면 다음과 같다.

> 한국황제—그전에는 왕이었으나 이제는 황제라 하고 있다—는 한국관 건축의 수고를 페레 씨에게 일임했다. 페레 씨는 저명한 건축가로서 인도차이나의 중요한 공공건축물의 공사계획을 맡아왔다. 사이공 대극장도 그의 손으로 세워진 것이다. 페레 씨의 이번 공사는 그 양식이 화사하여 한 유럽사람이 소화하고 또 조화시켜 놓은 한국건축의 우아한 모습에 누구나 강한 인상을 받는다. 전시물은 먼 동방에 있는 한 제국의 생활을 알 수 있도록 일깨워주고 있는데 전문가들은 한결같이 한국이 크게 개화되고 있고 보다 더 발전할 수 있는 나라라고 높이 평가한다.
>
> 어떤 면에서 특히 주목을 끌고 있는 부분은 한국 사람들이 자기들의 낙후의식을 불러일으키게 하는 중국인들과는 판이하다는 점을 애써 나타내려고 한 것이다. 즉, 한성(漢城)정부는 전시관 안에 순 한복 차림의 마네킹을 갖다놓고 한국의 복식과 한국 사람의 용모인상이 어떤 것인가를

이해하도록 깊이 배려하고 있다. 전시관 안에는 그 밖에 요즘 상용하는 제왕의 곤룡포 한 벌, 여러 벌의 다른 예장(禮裝), 고대의 무관복장, 황제의 용상, 나전칠기의 고운 황실 조도품, 그리고 지방색이 짙은 순백색의 소복 등이 주의를 끌었다. 만일 한국의 회화미술이나 인쇄된 서적을 진열해 놓은 장을 둘러본다면 가일층 흥미를 돋울 것이다.

대한황제의 어명을 받든 만국박람회 사절단의 명예단장인 민영찬(閔泳瓚) 공은 미므를 백작, 페레 씨, 그리고 파리(駐箚)총영사 루리나 씨와 함께 어제(1900년 6월 25일) 개관식을 가졌다. 민 공은 소령계급의 젊은 장교로서 용모에 영기가 서려있고 영어를 유창하게 구사했고 개관식 연설에서는 조금도 불편함이 없는 프랑스어를 말했다.

그러나 유감스럽게도 이 만국박람회는 한국에 너무 짐이 무거웠던 것 같다. 누렇게 색이 바랜 만박 결산서(1902년 프랑스재무성 작성)를 보면 결손항목에 대한의 이름이 끼어있다. 나라이름이 이 항목에 끼어있는 것은 한국뿐이다.

만박 비용으로 프랑스정부에 물어주어야 할 돈이 부채로 되어 남아있는 것이 5만 4,400프랑이었고 이 중 1만 8천 프랑이 상환되어 3만 6천 프랑의 결손이 났다고 적어놓았다. 결국 이 빚은 '꼬레'라는 이름과 함께 결손처분되었다.

모로코의 반란

"바람의 씨를 심는 자는 태풍을 거두리라."

이것은 모로코 국왕 핫산2세가 1971년 여름 국내의 쿠데타 음모를 분쇄한 다음 신문기자들에게 한 말이다. 원래 경전에 있는 말이라지만 핫산2세가 노기를 띠고 날카롭게 이 말을 쏘아붙일 때는 몸이 오싹해짐을 느낀다.

그해 7월 10일, 군부의 쿠데타가 일어났을 때 핫산2세는 정말로 '태풍'을 안겨다 주었다. 군부 일부에서는 바람을 사려고 태풍의 씨를 뿌렸지만!

쿠데타가 발생했다는 소식이 전해진 직후 서울의 본사에서는 파리의 필자에게 전화를 걸어왔다. 모로코의 현장으로 직행하라고.

마침 라바트의 공항이 폐쇄되지 않고 비자발급이 중단되지 않아 비교적 빨리 '직행'할 수 있었다. 라바트의 시내는 살벌했다. 온 시내에는 탄대(彈帶)를 몸에 칭칭 감고 중무장한 군인들의 경계망이 삼엄하게 펼쳐져 있고 곳곳에 중화기가 한길에 총구를 겨누고 곧 불을 뿜을 듯이 박혀 있었다.

현시학(玄時學) 대사에게 전화를 걸었다. 직접통화가 되어 현 대사가 겪은 모로코의 변란을 상세히 송고해 놓았다. 현 대사는 군의 반란이 일어났을 때 핫산2세의 바로 근처에 있었다. 난리를 치르고 집에 돌아와 보니 온 옷이 핏자국과 흙먼지로 엉망이 되었다고 한다.

모로코에서 공보처로 찾아가 기자등록부터 마쳤다. 일부 발표문만 얻어 곧 숙소로 돌아왔다가 현 대사를 방문했다. 당시의 상황을 다시 상세히 들었다. 현지신문 중 프랑스어로 되어있는 것과 통신문을 얻어 호텔로 돌아왔다.

쿠데타는 국왕의 친위대장인 모하메드 메두부 장군과 아헤르무무하사관학교 교장인 아바부 대령에 의해 꾸며졌다. 7월 10일 오후 2시가 조금 넘었을 때다. 핫산왕의 42회 생일축하 파티가 라바트 남쪽 24킬로미터의 스키라트해변 왕궁에서 성대히 벌어지고 있었다. 모로코 국내의 중진은 물론 외교사절들도 다 초대되었다.

잔치가 무르익어가고 있을 때 현 대사는 대사관에 전화를 걸 일이 생겨 국왕 의전실장에게 갔다. 핫산왕이 앉아있는 자리에서 불과 7~8미터밖에 떨어지지 않았다. 그때 왕의 바로 뒷좌석에 마련되어 있는 군악대 앞을 누군가가 지나가다 별안간에 푹 쓰러졌다. 멀리서 아랍의 폭죽이 터지는 듯한 요란한 소리가 몇 번 울려왔다. 그러나 모두 경축행사의 하나로 생각했다.

그러던 중 폭죽소리는 점점 가까이 다가왔다. 다시 왕이 앉아있는 바로 옆에서 다른 한 사람이 땅바닥에 휙 하고 나가 떨어졌다. 그제야 모두 무슨 변이 생겼구나 하고 짐작했다. 그래도 왕은 태연히 앉아 아무 일도 없는 양 기색 하나 변하지 않고 있었다.

잠시 후 총소리가 나고 여기저기서 사람이 마구 쓰러져 죽고 뒹굴었다. 기관총 소리에 바주카포 소리도 섞여 식장을 요란스레 뒤흔들었다.

현 대사도 무언가 이상하다고 생각하고 몸을 도사리는 게 좋을 것 같아 두리번거렸다. 리셉션 장소 옆에 조그마한 공간 하나가 있어 그 자리에 있던 사람들이 허리를 굽히고 그 속으로 뛰어 들어가고 있었다. 달려가는 도중에도 사람들이 쓰러지고, 피를 뿜고 하여 아수라장을 이루었다. 모두 쓰러진 옆사람을 일으킬 생각도 않고 건물을 향해 뛰기만 했다. 건물 속으로 간신히 변을 피해 들어가 숨을 헐떡이고 있는데 총알이 건물을 향해 쏟아지기 시작했다. 유리가 박살나고 벽에는 벌집을 만들 듯 총알이 박혔다.

현 대사는 건물 속에서 쭈그린 채 주변을 두리번거렸다. 평소에 차량의 통행문이 되어있던 별궁의 한 문이 활짝 열려있고 그 문으로 무장한 군인 20~30명이 총을 마구 난사하며 뛰어 들어오는 것이 보였다. 그 뒤에 연이어 집총한 군인들이 구보로 달려들었다.

그들은 건물 속으로 뛰어 들어와 리셉션의 내빈들에게 총을 겨누면서 "모두 손을 머리 위에 얹고 나오라"고 고함을 쳤다. 건물 속에는 왕과 왕실측근 그리고 가교들이 함께 피신하고 있었다. 총을 겨누고 있는 것이 아차하면 쏘아붙일 것 같은 기세라 현 대사도 다른 사람들과 함께 손을 머리에 얹고 밖으로 나갔다. 왕도 두 손을 들고 밖으로 함께 나가고 있었다.

군인들이 시키는 대로 따라가는데 땅위에 널린 시체가 발길에 툭툭 차였다. 그래도 비켜갈 수가 없었다. 따라가는 도중에도 총알이 날아 옆으로 앞으로 픽픽 쓰러지는 사람이 생겼다. 그러나 옆사람 누구도 이를 부축하거나 일으켜 세울 수도 없었다. 따라가기만 했다. 손을 내리는 듯한 기미만 보여도 무장군인은 총을 쏘아댔다. 넓은 밖으로 나가 모두 땅바닥에 엎드렸다. 손을 등에 얹고 한 20~30분 동안을 숨도 죽인 채 배와 가슴을 땅에 납작 대고 있었다. 군인들이 달려들어 엎드린 사람들의 호주머니를 뒤졌다. 그리고는 얼굴을 들지 말라고 버럭버럭 고함을 내질렀다. 그렇게 3시간 정도가 지났다.

그사이에도 별궁 안에서는 총소리가 콩 볶듯 울려 퍼졌다. 한 3시간 지나자 총성이 별안간 멎었다. 땅에 엎드린 사람들이 무슨 일인가 하고 생각하는데 왕이 엎드린 사람들 옆에 와 서 있었다. 그 옆에 각료까지 거느리고 있었다. 멀리서는 총소리 대신 국왕의 만수무강을 비는 군가가 요란스레 들려오고 만세소리도 간간이 났다. 엎드린 사람들은 무슨 영문인지 사태를 분간할 수 없었다.

이윽고 왕이 프랑스말로 땅에 엎드려 있는 일동에게 말했다.

"일어나십시오. 군인들은 내가 위급한 지경에 있다 해서 달려왔다고 합니다."

각국 외교사절들과 축하객들은 그제야 일어서서 손과 옷을 털고 먼지투성이인 채 왕궁을 하직했다.

반란의 주모자들은 처음부터 교묘한 수법으로 거사계획을 실현해 나갔다. 하사관학교의 교장인 아바부 대령은 생도들에게 갑자기 기동연습을 한다고 하고 무장을 명령했다. 동원돼 달려가는 생도들에게 '급보'를 전달했다. 왕궁에서 변이나 국왕이 현재 위태로운 지경에 있으니 곧 구원차 출동해야 한다고.

일반 서민들에게 국왕은 절대적인 존재였다. 국왕은 '아미르 알'이라고 모로코 이슬람교의 수장이며 동시에 유일한 세습통치권자이다. 정신적인 지주이며 현세의 최고 지도자이다. 따라서 그의 권위 권능은 감히 누구도 거역할 수 없는 것으로 믿고 있다. 사실 국민들은 왕을 마음속 깊이 추앙하고 있었다. 하사관 생도들에게 왕이 위급하니 구원하러 출동해야 한다는 것은 그들의 충성심에 불을 지르는 격이 되었다. 해안 별궁 안에서 어른거리는 자는 모조리 사살하라고 명령이 내렸다.

한편 반란의 주동세력은 라바트 시내의 내무성, 육군본부, 방송국을 재빨리 장악했다. 점령된 국영방송에서 흘러나온 제일성은 '모로코공화국'이라는 말이었다. 그리고 인민의 군대가 새로 정권을 장악했다고 전했다.

스키라트해변 별궁으로 돌진해 간 하사관생도 등은 그 많은 하객들 중 누가 왕이고 누가 반란자인지 분간할 수가 없었다. 그들은 국왕을 구원하기 위해 국왕을 찾았다. 국왕은 그들이 총알을 퍼붓고 있는 '불충분자' 틈에서 나타났다. 생도들도 어리둥절했지만 왕도 어리둥절했다.

핫산왕은 흐트러지지 않은 목소리로 무장난입자들에게 소리쳤다. "내가 왕이다. 보호하라!" 왕의 기지가 모든 사태를 180도 뒤바꾸어 놓고 말았다. 그리고 반란군 하나하나에게 다가서서 왕에게 충성하느냐고 따졌다. 물론 생도 등은 '국왕만세!'를 핫산 2세 앞에서 소리높이 외쳤다. 왕은 반란군에 가담했던 하사관 생도들은 그 자리에서 준열히 꿇어앉았다.

적어도 별궁 안의 반란만은 왕의 영기(英機)가 맥을 눌러버렸다.

곧 정부군의 출동명령이 내리고 육·해·공 3면으로 비상망이 쳐졌다. 도처에서 반란군은 대거 투항했다. 미수 쿠데타로 희생된 사람은 150명을 헤아렸다. 반란군의 총수는 약 1,400명. 11일까지 수도 라바트는 완전히 평온을 회복했다.

검거선풍은 전국을 휩쓸었다. 왕은 지체 없이 그의 친위대장인 메두부 장군과 아바부 대령을 체포 감금하고 체포하지 못한 주동자급 장성 3명을 곧 찾아내 단시일 내에 처형하겠다고 발표했다. 검거나흘 동안에 벌써 천 명 이상의 반란가담자들이 붙잡혔다는 소문이 나돌았다.

그러나 정부는 몇 명이 검거되었고 어떻게 조사받았으며 앞으로 어디까지 검거가 확대될 것인지 이런 질문에는 일체 말문을 닫았다. 공보처에서 기자회견이 있으리라고 발표하고서도 취소되기 일쑤였고, 돌아서서 나오면 누가 체포되었고 어떻게 음모했다는 짤막한 발표문이 배포되는 등 기자들을 종잡을 수 없게끔 만들었다.

국왕에게 절대충성하는 국민들 간에 일말의 실망이 감도는 것을 느끼지 않을 수 없었다. '뭔가 달라져야 하지 않았을까? 어느 구석에서부터건 쇄신의 바람이 일어나야 하지 않을까?' 하는 기대가 무너지는 그런 분위기를 엿볼 수 있었다. 사석에 모인 몇몇 식자들도 모로코의 현상타파가 절대적으로 필요하며 왕의 대정(大政)이 혁신을 가져와야 한다는 것을 눈치껏 비치었다. 이번 쿠데타가 그런 쇄신을 가져오는 데 한 동기가 될 수 있지 않았나 하는 감정을 애써 감추면서.

그러나 핫산 2세는 쿠데타 기도에도 아무런 심경의 동요가 없는 듯했다. 그는 "광기에 찬 만행이고 미숙한 흉계"라고 아랍어신문들에 발표했다. 그로서는 당연한 표현이었다. 그리고 프랑스 신문에는 "나는 정책을 바꾸지는 않을 것이다. 다만 나의 통치방법을 바꿀 따름이다"라고 말했다. 핫산 2세한테서 앞으로 기대할 것은 과연 근본적인 개혁이 아니라 국민통치술의 변경뿐이었다. 그것이 바로 국민들이 원하고 있는 정치였을까?

국왕은 기자들에게 엄숙히 선언했다.

'바람의 씨를 뿌린 자는 태풍을 거두리라'고. 반란 발생 48시간 내에 왕은 '약속한 대로' 음모 주동자 10명(장성 5명, 영관급 5명)을 처형했다. 공보당국은 형장으로 가는 메드부 장군 등 장성일동의 사진을 공표했다. 눈망울을 크게 뜨고 초점을 잃고 있는 참담한 표정의 얼굴들이 손은 뒤로 묶인 채 모두 호송차 바닥에 쭈그려 앉아 있었다. 관영통신은 총살형이 집행될 때의 광경을 뒤이어 흘려보냈다. 몇몇 사람은 죽기 직전, "국왕만세! 핫산 2세 만세!" 하고 외쳤다고.

또 국왕 스스로 말한 것을 보면 국왕은 형장 멀리 떨어져서 이들의 처형을 자기 눈으로 보고 있었다고 했다.

태풍이 스쳐가는 것을 보고 있었을까?

파리에 되돌아가기 전 필자는 '황금의 모래'라는 아름다운 이름이 붙은 해변가의 포장도로를 달려 카사블랑카로 갔다. 물론 검문검색이 엄격했다. 미확인 정보는 주모자 메드부 장군 부인이 아이들을 양팔에 끼고 야음을 틈타 모로코 안의 스페인령으로 도망쳐 가려던 차에 붙들렸다고 했다. 이 부인의 아버지, 즉 주도자 메드부 장군의 장인이 되는 메지아네 원수는 한때 사건당시 피살되었다고 알려졌는데 다음날 아침신문에는 국왕과 나란히 반란으로 희생된 진압지휘관의 장례식에 참가하고 있었다.

전국의 요소요소에 쳐진 이 검문소에서 또 얼마나 더 반란혐의자를 검거하려는 것인지 그것은 알 수 없었다. 그렇지만 군인들은 자동차 안과 차 뒤의 트렁크까지 열어보고 통과시켰다.

얼마간 해변가를 달리다 보니 하얀 집들의 군집이 숲속에서 모습을 드러냈다. 언덕 위의 하얀 집은 그야말로 노래로라도 불릴 만큼 아름다운 그림이다. 운전사는 문득 거기에 홀려있는 나를 보더니 큰 소리로, "캬르티에 드 볼레르!" 하고 외쳤다.

'도둑촌'이라는 뜻이다. 필자는 깜짝 놀랐다. 어쩌면 저렇게 우리와 닮은 어휘가 있을까 하고….

4만 5천 명의 모로코 친왕군 중 거의 30명에 한 사람꼴로 음모에 가담했는데도 이들이 왜 쿠데타에 가담했는지 아무도 설명하지 않았다. 그 대신 군당국에서는 메드부, 아바부 등 주모급을 처형한 직후 이들이 얼마나 '부패'해 있었는가를 재빨리 발표했다.

메드부 장군은 가장 호화로운 생활을 했으며 곳곳에 농장과 별장을 갖고 있고, 아미라케 장군은 수도 근처에 별장과 농장을 지니고 있을 뿐 아니라 파리에 아파트를 사두었고, 자가용 자동차로 메르세데스 벤츠 외에 피아트, 르노 등을 갖고 있었다는 등. 나머지 반란자들도 대소간에 농장과 별장과 차를 가지고 있었다.

부패했기 때문에 쿠데타를 일으킨 것이 아니라 부패했기 때문에 그럴 자격이 없었다는 뜻일까? 그러나 '부패'란 이 정도만도 아니었을 것이고, 이 사람들만도 아니었을 것이다.

쿠데타 당시 주모의 한 사람인 하사관학교 교장 아바부 대령은 땅에 엎드린 각국 외교사절에다 대고 지폐쪽지를 높이 들고 펄럭거리면서, "우리가 이것 때문에 이런 짓을 하는 줄 아느냐? 썩어 빠진 작자들을 쓸어버리는 게 우리의 목적이다" 라고 고함을 쳤다는 것이다.

모로코의 비극이다. 그러나 그다음 희극이 벌어졌다. 반란에 동원된 사병들이 엎드린 사람들을 '수색'하면서 연신 남의 호주머니에서 끄집어낸 돈을 자기 호주머니에 쑤셔 넣었다. 어느 쪽이 비극이고 어느 쪽이 희극일까.

모로코에서 이따금 부패가 큰 사회문제로 떠올랐다. 그해 4월 말에 네 사람의 각료급 인사가 외국기업체한테서 수뢰한 것이 발각되어 세상을 놀라게 하더니 결국 총살형에 처해졌던 사건이 있었다.

파리에 돌아온 후에도 '태풍'은 계속 모로코에 불고 있다는 소식이 들렸다. 이듬해(1972년) 2월 29일 반란분자에 대한 재판에서 최종

언도가 내렸다. 기소자 수는 모두 1,081명. 이 중 한 사람이 사형선고를 받았고 나머지는 중형이 선고되었다.

그 후 '바람의 씨'는 한 번 더 뿌려졌다. 1972년 8월 국방상 우프키르 장군이 주동이 된 반란미수사건이 라바트 공항에서 일어나 10명이 죽고 50명이 부상을 입었다. 그때도 왕은 간신히 위기를 모면했다. '태풍'은 또다시 불어 220명이 검거되어 11명이 처형되었다. 우프키르 장군은 자결하고 말았다.

태풍의 씨를 심어 바람을 거둔 것이다.

동양학자회의의 한국인

1973년 7월. 파리에서는 세계동양학자회의가 열렸다. 일주일 동안 소르본대학을 송두리째 빌려 2,900명의 학자들이 동양문제를 주제로 한 토의를 벌였다. 우리나라에서도 이숭녕(李崇寧), 김원룡(金元龍), 손보기(孫寶基) 교수 등 40여 명의 국문학, 역사, 고고학, 경제학자들이 참가했다.

이 회의에서 한국에 관한 토의는 총회의제 제10과A에 속했다. 따라서 한국에 관한 문제를 토의할 학자는 국적이 미국이건, 영국이건, 일본이건 제10과A 그룹에 신청하면 되었다.

제10과A의 참가자 가운데는 아무래도 우리나라에서 간 교수들이 많았고, 외국에 귀화한 한국인 학자들이 그다음을 차지했다. 이 참가자 가운데 북한 학자도 12명 정도가 끼어 있던 것이 눈에 띄었다. 그런데 '학자'라고 소속기관을 밝히고는 있지만 그런 학술기관의 존재여부를 확인할 수 없었다. 도대체 이 '학자'들의 이름을 우리나라 교수들은 전혀 들어보지 못했다고 말했다.

북한대표들은 이북의 고분발굴보고 정도를 격에 어울리는 토의자료로 내어 놓았을 뿐 언어학문제, 사학문제, 경제사문제 등에서는 학술이 아니라 평양의 대남선동방송과 다를 바 없는 그런 내용이라 사회자한테서 뻔질나게 주의를 듣곤 했다.

제 10과A의 참가자 중 진짜 눈길을 끈 학자가 한 사람 있었다. 소련의 한국문제 연구가로 이름난 게오르기 F. 킴 교수였다. 우리 대표단에서는 이미 이 킴 씨가 인도에서 열린 동양학자회의에도 참가한 일이 있었기 때문에 서로 안면이 있어 '이번에도 게오르기 교수가 오겠지'하고 예상하고 있었다. 과연 킴 씨는 우리나라 학자들을 만나자 서글서글하게 웃으며 다정스레 인사를 나누었다. 물론 북한 대표들하고도 말을 건넸지만 두드러지게 친밀히 접촉한다는 인상을 풍기지 않았다.

소련의 한국인. 그래서 필자도 상당히 관심이 쏠렸다. 그는 토의 때는 적극적으로 발언하여 진지하게 문제를 파악하려는 학자적 성실성을 여실히 보였다. 하루는 회의가 다 끝나고 책상 위의 자료들을 주섬주섬 가방 속에 챙겨 넣고 있어 필자가 그에게 다가가 시간이 있느냐고 물었다. 물론 나의 가슴팍에는 '기자증'이 붙어있고 '대한민국 한국일보 소속'이라고 적혀 있어 내가 어떤 사람이라는 것을 단번에 보고 알 수 있다. 그는 또렷한 우리말로 "네. 좋습니다" 라고 대답했다.

그는 이날 '제 3세계의 문제'라는 논제의 주제 발표자로 다른 그룹에 가서 토론을 마치고 난 후 한국문제를 다루는 회의실에 건너와 토의를 듣고 있었다. 그의 논문이나 공식대화는 언제나 소련어였지만 우리나라 사람을 만날 때는 꼭 우리말을 생각해 내어가며 대화했다.

그의 우리말은 함경도 낱말에 충청도 억양을 붙인 것 같았다. 그리고 곧잘 영어단어도 섞어가며 어휘를 보충했다. 그의 공식직함은 모스크바에 있는 '소련 과학아카데미 동양문제연구소의 과주임'. 소련의 정교수인데다 역사과학박사의 학위를 갖고 있다.

필자는 정식으로 그와 인사를 나누었다.

— 김 선생 집안은 언제 소련으로 건너갔습니까?

"우리 할아버지 때지요. 1882년에 모두 러시아로 건너갔습니다."

— 소련 안에는 김 선생처럼 고위 직책을 맡고 있는 한국사람이 많습니까?

"암, 많고말고요. 소비에트연방 내각의 건설성 차관이 강씨고 산림청 차관이 김씨로 다 우리 동포디요. 또 박씨라는 분도 차관까지 지냈는데 디금은 할아버지가 되어서…. 각 공화국에 내려가 보면 공화국 장관을 지내는 분도 많습니다. 카자흐스탄공화국의 재무장관이 김일리아 씨이디요. 이 사람은 경제학박사까지 했고 우리당(소련공화당) 중앙위원회 위원이고 또 최고소비에트회의의 의원입니다."

— 소련 안에 우리 동포가 몇 명이나 살고 있습니까? 우리나라에서 오래전에 건너가 소련국적을 갖고 있는 분들이…

"한 40만 명이 됩니다. 모스크바 안에만 2천 명을 넘디요. 사업하는 사람도 있고 학자도 있고."

필자는 1959년에 소련이 실시한 인구조사통계를 그에게 보이면서 이 숫자에 지금도 큰 변동은 없느냐고 물었다. 그 통계는 우리 동포가 카자흐스탄에 7만 4천 명, 우즈베키스탄에 13만 9천 명이 살고 있음을 가리키고 있다.

"네, 그 숫자는 지금도 대충 맞고 아직도 우즈베키스탄과 카자흐스탄에 많이 살고 있지요."

필자는 그가 우리말을 또렷또렷하게 잘하는 데 놀랐다. 19세기 말 조부 때부터 러시아 땅으로 건너갔으면 벌써 한 세기가 흘렀다.

— 김 선생은 러시아로 건너간 지 그렇게 오래되어도 우리말을 참 훌륭히 하십니다.
"그렇디 않아도 우리 민족문화를 지키려고 모두 많이 애를 쓰고 있습니다. 우리뿐이 아니라 소련정부에서도 그것을 권장하디요. 전에 미코얀 위원장을 만났더니 나를 보고 '당신은 아르메니아 일은 잘 알면서 아르메니아의 조선사람 일은 잘 모르니 야단입니다' 하면서 웃었지요. 나는 내 전공이 대외문제라 우리 동포들 문제는 사실 관심을 갖고 있지 않지요."

— 그렇다면 우리 동포들끼리 우리 문화를 살리기 위해 무슨 운동을 하고 있습니까?
"네, 활발히 하고 있습니다. 알마티에는 조선극장도 있고 우리말로 연극도 합니다. 그 극단이 여기저기 동포들이 사는 지방을 돌기도 하지요. 그 극장은 우리가 세운 건데 7, 8백 명이 들어갈 수 있습니다. 우리말로 찍은 신문도 나오고 있고요."

남의 땅으로 건너간 지 100년이 지났으면서도 우리말과 우리 피를 잊지 않으려고 애를 쓰는 이 사람들에 필자는 가슴이 뜨거워왔다. 그는 말을 이었다.

"한 가지 어려운 일이 있습니다. 우리 생각으로는 앞으로 많은 젊은이들이 사범대학에 진학해 주었으면 좋겠는데 어디 사범학교에는 가려고 해야 말이지요. 선생을 많이 키워내서 우리말도 좀 많이 보급하고 더 잘 가르치려고 해도 요새 젊은 새 사람들은 모두 공과대학에나 가려고 하니 야단입니다."

— 김 선생 댁에는 식구가 모두 몇이십니까?

"우리 집에는 아이가 셋이지요. 다 대학을 졸업했습니다. 우리 마누라도요. 됴선사람이야요. 처음 우리 집에는 매일 웃지 못 할 일들이 많이 벌어졌습니다. 내 어머니는 러시아말을 하나도 못하시고 내 딸녀석은 러시아말만 알았지 우리말은 모르고 해서 서로가 서로 통역해 준다고 법석을 떨었습니다."

아무리 보아도 우리나라의 투박한 시골 중년 같은 인상을 주는 킴씨는 그해로 48세라고 말했다. 본관이 어디냐고 물었더니 선뜻 알아듣지 못하는 것 같아 다시 설명하자 그제야 그는 "난요, 청풍 김씹니다"라며 껄껄 웃었다.

소련땅에는 언제부터 우리교포가 건너가 어떤 생활을 했는가? 또 얼마나 파란을 겪었을까? 필자는 게오르기 킴 씨를 만난 후 이 문제를 혼자서라도 조사해보고 싶었다.

파리의 국립도서관에 뛰어가 관계서적을 알선해달라고 부탁했다. 그러나 도서관에도 소련 안의 소수민족에 관한 자료는 헤아릴 정도밖에 없었다. 있는 자료를 다 훑어보고 한국교포 관계만 다시 정리해나갔다.

한국과 러시아가 공식관계를 수립한 것은 1884년. 그러니까 게오르기 킴 씨의 집안은 이보다 2년 전에 이미 소련땅으로 이주했던 셈이다. 이것은 국립도서관의 자료로서도 고종 때의 조·로(朝露)통상조약 이전에 연해주에 한국인이 상당수 들어가 살고 있었다고 나와 있었다.

1868년 우수리 지방을 돌아본 탐험가 프르제발스키는 이곳에서 한국인이 1,800명이나 살고 있었다고 보고했다. 그리고 러시아인은 한국인의 3배 남짓 되는 6,200명이었다 하니 한국사람이 얼마나 많이 침투해 갔는가를 짐작할 수 있다.

우리의 침투도 침투지만 러시아 역시 13세기 말엽부터 모스크바를 중심으로 하여 끊임없이 동진서점(東進西漸) 남공북정(南攻北征)을 일삼아 1558년 6년전쟁 후에는 카스피해까지 도달했고 82년에는 우크라이나에 손을 뻗었다. 1839년에는 중앙아시아를 휩쓸었고 47년에는 드디어 북만주의 아무르 계곡에 와 닿았다. 이런 팽창의 역사는 정복된 땅에 이미 살고 있는 이민족을 포용해야 하고 다민족국가로 발전해야 한다는 대가를 요구하는 법이다.

러시아땅에 흘러들어간 한국사람들이 처음에는 이런 추세 속에서 별다른 차별을 받지 않았으나 연해주란 지정학적 상황이 이민족에 대해 다수 정주를 용인하지 않게 되었다. 한국사람이 이 중앙아시아(카자흐스탄, 우즈베키스탄 등)로 뻗었다는 것은 아무래도 이런 타의적인 동기가 우세했다.

프르제발스키도 그의 우수리 유역 여행기 가운데서 한민족을 접경지대에 집결해둔다는 것이 결코 좋은 일이 아니라고 경고했다. 과연 1930년대에 와서는 한인계 주민에 대한 소개명령(疏開命令)이 본격적으로 내렸다.

한인부락이 집단으로 이동했다는 것은 1871년 기록에 나타나 있다. 우리 교포들은 하바롭스크에서 217마일 떨어진 곳으로 옮겨 브라고스로벤노예(후예란 뜻)란 마을을 세웠다. 그로부터 30년 뒤 시베리아 횡단철도가 부설될 때 이 마을의 한교(韓僑)들은 적극적으로 이 공사를 거들었다. 세묘노프가 쓴 《시베리아 — 그 정복과 개발》에 보면 이때 한국인의 노력관계가 소상하다.

우리 교포가 거주하던 이 마을은 도시 근처의 유태인 마을과 병합하게 되었다. 우리가 수적으로 우세했으나 강제이주가 실현되었다.

이주지역 내에서는 한국인이 3,200명, 유태인이 2,700명이었다.

1952년의 《소비에트대백과사전》 개정판을 보면 연해주지역의 한국인 이주자수는 한일합방이 되어가면서 급속도로 많아졌다. 1898년 2만 3천 명, 1907년 4만 6천 명, 1910년 5만 2천 명 하는 식으로. 그러다 제1차 세계대전이 발발했을 때는 한국인이 장교로 150명, 사병으로 4천 명이 러시아군인으로 참전했다.

블라디보스토크가 개항지로 선포되던(1872년) 당시에는 중국인이 압도적으로 많았고(3,470명) 한국이나 러시아인은 수백 명에 불과했다. 1926년에 와서는 단연 러시아인이 많아지고(6만 5,500명) 그다음이 중국인(2만 2000명)이고 한국인은 세 번째였다(6,900명). 이해의 공식집계는 전 러시아 내에 한국인이 17만 명이 된다고 나타났고 다른 비공식통계는 25만 명을 기록하고 있다.

그리하여 블라디보스토크 근처에 있는 수찬스크 마을과 소만(蘇滿) 접경지대에는 '한국인 지역'이 설정되어 있었다. 마을은 모두 12개. 이들의 생업은 쌀농사, 어로(漁撈) 그리고 벌채(伐採)였다.

1937년에는 전 소련 안에 한국인 초등학교가 300개, 중등학교가 3개, 기술대학이 2개, 사범학교가 2개, 교육연구소가 1개 설치되었다. 동포 중 학문을 더 하려고 했던 사람은 모스크바의 손일선(孫逸仙) 대학에도 입학했다.

그러나 이해 세계정세가 급박해지면서 한인에 대한 우대정책은 끝났다. 〈프라우다〉는 4월 23일 보도에서 한인이 동부시베리아에 많이 깔려있는 것은 부당하다고 썼고, 9월 24일에는 〈이즈베스차〉도 한인을 가장한 사람이나 또 한인 자신이 간첩행위를 한다고 비난했다. 이해가 다 저물 무렵인 12월 25일 한 장의 포고와 함께 NKDV(소련비밀경찰)의 G. S. 뮤추코프가 파견되어 한인을 소련 오지인 무인초택지 중앙아시아로 대거 이주시켰다.

한국인은 가는 곳마다 쌀농사를 참 잘 지었다. 연해주의 불모지에서도 쌀생산에 성공했고 중앙아시아 우즈베키스탄의 타슈켄트, 구르렌, 코레즘에서도 크게 수확을 올렸다. 2차대전 후에는 사회주의노동영웅 훈장까지 중앙정부에서 여러 사람한테 내렸다. 말과 글과 피를 잊지 않은 우리나라 사람은 또 벼농사를 천직으로 삼았던 것 같다.

> — 이렇게 해외여행도 자주하십니까? 필자는 다시 킴 씨에게 물어보았다.
> "네, 일이 생기면 언제든 나갑니다. 내가 맡고 있는 일이 대외문제이기 때문에 자주 드나듭니다. 작년(72년)에도 내 혼자 미국을 쭉 둘러보았디요."

소련에 살고 있는 한국계 사람은 그래도 바깥세상을 자주 볼 수 있는 기회라도 있으니 무언가 생각하는 게 상통할지도 몰라 '정치적인 문제'를 질문해 보았다.

> — 현재 진행되고 있는 남북한 간의 접촉을 소련에서는 어떻게 보고 있습니까?
> "소련은 둘이서 대화를 진행하고 있으니 그대로 보고 있자는 입장입니다. 그동안 가만 보고 있었지만 별로 … "

별로 … 하면서 말끝을 흐렸다. 남북대화가 만족스러운 진전을 보이고 있지 않다는 견해를 말하려고 하다가 그만둔 것 같다.

회의 후 파리에서 필자는 게오르기 킴 씨에게 안부편지를 보냈다. 그러나 그에게서는 아무런 회답도 없었다.

베토벤 탄신 200주년

특파원(그냥 기자라도 좋다)으로 지내다보면 독자에게 전해주고 싶은 것이 많다. 그러다 때로는 쓰고 싶어 쓸거리를 찾아나서는 수도 있다. 필자가 베토벤 탄생 200주년을 맞아 본(Bonn) 시를 찾아보고 비엔나를 다녀오고 한 것이 어떻게 보면 덧없는 일에 속한다. 따라서 그 기사도 기사가 아니라고 탓할 사람도 있을 것이다.

사실 본을 가고 비엔나를 간 것은 기자로서 부리기 쉬운 객기(客氣)를 부리고 싶고 외도를 즐기고 싶어서 그랬다는 게 지금 나의 고백이다. 베토벤이 살았다는 집을, 베토벤이 거닐었다는 숲을 가서 보고 걷고 그러다 귀 언저리에 새소리, 물소리가 나면 귀를 기울이고 그러다 누가 베토벤 이야기를 하면 그 옆에 멎었다가 가고 할 셈이었다.

나의 그런 객기, 외도가 기사로서 인정이 되었는지 몰라도 신문사 데스크는 신묘하게도 깎지도 줄이지도 않고 고맙게 르포를 지상에 내보내 주었다. 신문사 데스크도 꽤 객기나 있었던 게 아닐지.

그런데 여기 이 책을 위해 쓰는 이 글 또한 책 안에서는 객기 서린 객담(客談)쯤으로 알아줘야겠다. 진실로 책을 읽는 분에게 모래

알을 씹히는 짓이 되지 않을까 두렵다. 더구나 음악도도 아닌 필자가 음악 언저리를 더듬는 것을 너그러이 보아달라고 첨가하고 싶다.

베토벤(1770~1827) 탄생 200주년 기념행사는 독일의 여러 지방에서 모두 가장 호화롭고 알차게 진행됐다. 1970년의 초여름과 가을과 연말, 세 번으로 기념행사 기간을 설정하여 그때마다 세계의 거장(巨匠)과 명지휘자와 정상급 교향악단, 앙상블 등이 등장하는 연주회를 열었다. 학술회의, 경연대회, 축제행사 같은 다채로운 기념사업을 벌여나갔다.

본에서는 먼저 시의 문화담당관 빌헬름 헤크만 씨를 찾아보았다. 헤크만 씨는 2년 전부터 베토벤 탄생 200주년 기념행사를 추진해 왔다. 그것도 혼자서. 거창한 위원회도 없고 협의 자문단도 없이 혼자 구상하고 계획을 세우고 연락을 취하고 교섭하고 프로그램을 짜고 예산을 편성해서 집행까지 하는 1인 10역, 20역을 맡고 있다. 사람이 필요할 때 시청직원을 간혹 동원했을 뿐 별로 힘들지도 않은 일이라고 헤크만 씨는 예사로이 말했다. 혼자 하는 일이지만 프로그램은 1년 전 가을에 다 짜버렸고 출연자들도 한 번 교섭에 모두 OK하여 프로그램을 힘들이지 않고 짤 수 있었으며 세계 각처에서는 좌석 예약이 쏟아져 들어와 입장권이 겨울 들어서 완전히 매진되었다는 것이다.

헤크만 씨는 한국일보가 계획하는 연중 17회에 걸친 베토벤 탄생 200주년 기념행사 계획에 대해 얘기를 듣더니 본 시가 도울 일이 있으면 뭐든 협조하겠노라고 바싹 달라붙으면서 고마워했다.

그는 베토벤 생가가 행사를 앞두고 보수 중이라 닫아놓았다고 말하면서 특별히 관람이 되도록 연락해 놓겠노라고 약속했다.

베토벤 생가는 본가세(Bonngasse) 20번지이다. 유럽 여느 집이나 마찬가지로 문 앞에 '20'이라는 숫자가 적혀 있다. 옛날에도 20번지였던 것이 아니라 베토벤이 날 무렵에는 515번지였다고 한다. 집은 그렇게 높지 않고 3층밖에 되지 않는 독채이다. 길쪽 벽을 분홍색으로 칠하고 대문이나 문지방을 짙은 갈색 페인트로 모두 새로 단장해 놓아 번질번질한 품이 보기에는 거북스러웠다. 벽에 '베토벤 생가'라고 쓴 팻말을 붙여 놓았는데 '1770년 12월 17일 출생'이라고 생년월일까지 적어놓았다.

그러나 이 날짜는 정확하지 않으리란 이론이 많다. 12월 17일이란 날짜는 베토벤이 탄생한 날이 아니고 첫 영세를 받은 날이므로 꼭 17일이 아니라는 것이다. 이 영세사실을 기록한 베토벤의 교적(教籍)증명은 생가 바로 옆에 있는 베토벤 문헌보관소에 보존되어 있다.

베토벤이 고고의 소리를 지른 방은 3층 지붕 밑 방이다. 그 자리에는 베를린의 볼프 교수가 조각한 베토벤의 흉상이 서 있다. 2층에는 방이 3개 있는데 첫째는 본 시, 둘째는 오르간, 셋째는 비엔나로 각각 이름이 붙어있다. 이 방들에 각종 보청기, 악보 초고, 피아노, 바이올린, 비올라가 진열되어 있다. 피아노의 보면대에는 1804년에 작곡된 〈크로이처 소나타〉가 얹혀 있었다. 그러나 그가 보청기를 사용하고 〈크로이처 소나타〉를 쓰고 한 것은 비엔나에 있을 때이므로 생가와는 아무 관계도 없다.

생가는 1889년 4월에 와서 한 번 경매한다는 공고가 신문에 났다. 베토벤 사후 62년쯤 되는 때였다. 이 공고를 본의 출판업자인 노이서가 보고 음악가와 음악애호가들을 찾아다니며 이 생가의 구제운동을 벌였다. 그가 주동이 되어 베토벤협회를 조직하고 약 3천

마르크의 기금을 만들어 이 집을 사들였다. 그 후로 본가세의 생가는 이 협회가 주인이 되어 옛 모습대로 보존되어 왔다.

필자가 비엔나의 하일리겐슈타트의 숲을 찾아든 때는 5월이었다. 한참 숲속에 봄이 무르익을 때였다. 목련꽃이 피고 백화(白樺)가 순을 돋우고 실버들이 늘어지고 그리고 또 발아래 민들레가 소복하던 계절이었다. 숲속에 들어서면 온갖 자연의 소리가 귀를 간지럽게 한다. 뻐꾸기, 꾀꼬리, 시냇물의 소리들, 빠끔히 햇살이 스미는 수풀 사이로 할미꽃이 뾰송뾰송한 얼굴을 내밀고 있는 모습은 문득 머나먼 향수를 느끼게 했다.

베토벤은 산보를 무척 좋아했다. 하일리겐슈타트의 산책로, 비엔나의 숲속을 어슬렁어슬렁 거닐면서 생각에 잠기는 것을 무척 좋아했다는 것이다. 숲속을 거닐면서 쓴 글 가운데 이런 것이 있다.

> 나무는 다 말하고 있다. 거룩하도다. 거룩하도다(하일리히! 하일리히!). 숲속에 들면 황홀해지는구나.

그는 나무가 말하는 것을 들었고 시내가 조잘대는 것을 마음에 새겼다. 그리고 뻐꾸기가 노래하는 것을 〈전원 교향곡〉에다가 받아 적었다. 〈전원 교향곡〉은 그가 보고 듣고 만진 숲과 들과 시내와 먹구름의 재현이었다고 한다. 스스로 악장마다 소재를 달았다고 하니 자연의 하나하나가 그에게 그토록 소중했던 것 같다. 솟구치는 감동과 감사, 그리고 환희를 전원 속에서 엮어내는 자연의 커다란 조화 속에서 찾았다. 마지막의 몇몇 악장을 숨 돌릴 틈도 없이 하나로 이어나갔다고 하는데 진실로 감격스러우면, 수유(須臾)의 단절도 용납

되지 않는 모양이다. 하일리히! 하일리히!

베토벤이 여러 해를 두고 봄부터 가을까지 찾아들어 작곡을 했다고 소개해 주는 하일리겐슈타트 마을에는 관광객이 연이어 찾아드는 명소가 되었다. 그가 오래 묵었다는 화르플라츠의 집은 옛날의 모습 그대로 지니고 있고 뒷산의 비탈진 언덕에서 영그는 청포도를 따 빚은 포도주는 혀가 짜릿하도록 맛있고 향기로웠다.

그린칭(Grinzing)의 그리 넓지 않은 길을 올라가면 그 일대가 베토벤과는 깊은 인연이 맺어졌던 곳으로 백포도주를 파는 목로주점의 현판도 베토벤과 음악과 관계없는 것이 없었다. 화르플라츠의 베토벤 하우스의 한쪽 벽에 새겨놓은 '베토벤의 연고지 안내'라는 석판(石板)에도 베토벤이 1802년, 1808년, 1817년… 하며 몇 차례 옮겨가면서 머물렀던 집들이 잘 그려져 있다.

베토벤은 1787년 봄(17세 때)까지 본에서 살다가 비엔나로 건너갔다. 어머니가 위독하다는 소식을 듣고 그해 7월에 본에 잠시 돌아왔다가 다시 비엔나의 시내에서 베토벤이 옮겨다녔다는 집이 기록에 남아있는 것만 쳐도 마흔 군데가 넘는다.

그는 서른 살이 될 때부터 귀가 멀기 시작했다. 점점 더 멀어지는 것을 참을 수가 없어 의사의 권고대로 한적한 마을에서 요양이나 하기 위해 하일리겐슈타트로 찾아들었다. 폐인이 될까 두려웠던 그는 그렇지 않아도 어릴 적부터 성미가 유달랐고, 폭풍이나 격랑처럼 곧잘 거칠어지던 자기를 가누지 못해 절망해버리고 벼랑 위를 몇 번이나 헤매었던 모양이다.

그의 사후에 발견된 '하일리겐슈타트의 유서'가 그것을 잘 말해주고 있다. 1802년 가을 그가 서른두 살이었을 때 그의 두 형에게 두 차례에 걸쳐 유서를 썼다. 한 인간이 생명의 극한을 마주하고 자신을 훌훌 털어버리는 고별의 인사였다.

그러나 그는 아무도 모르게 이 고비를 이기고 넘겼던 것 같다. 이듬해에는 프랑스의 나폴레옹에 심취하여 '영웅교향곡'(제3번)을 작곡했으므로(그는 기어이 나폴레옹한테서 자유의 상징을 얻어내지 못해 이것을 그에게 바치려던 계획을 그만 두었다는 얘기는 너무나 유명하다). 베토벤은 인간의 자유와 공화사상을 사랑했다.

제5번(운명교향곡)의 작곡에 착수했을 때 그새 한 여성과 깊이 알게 되었다. 그는 단숨에(4번과 8번의) 두 교향곡을 완성해 버렸다. 베토벤에게 여성은 언제나 잡힐 듯 잡힐 듯하면서 잡히지 않는 먼 존재였다. 한 남성으로서 이성에 대해 가지는 그의 정감은 다른 사람과 달리 착잡했던 게 아닌가 싶다. 길을 가다 아름다운 여성이 지나치면 한참 멀거니 쳐다보고 있다가 돌아서서 멋쩍은 듯 웃었다는 일화가 있다. 그가 1809년에 쓴 서한과 1817년에 쓴 일기 중의 구절들은 얼마나 여성이란 존재를 멀리서만 갈구하고 있었는가를 말하고 있다.

> 내 색싯감을 하나 골라주지 않으련? 흔한 여성이 아니고 내 음악 속에 상시 있는 여성 같은 동경할 수 있는 아가씨를. 그러나 아름답지 않으면 안 돼. 아름답지 않은 것은 사랑할 수가 없어. 그렇지 않으면 나는 차라리 내 스스로를 사랑할 수밖에 없으니까.

> 사랑만이, 다만 그것만이 너에게 행복을 가져다줄 수 있다. 오, 신이여. 언젠가 그것을 찾도록 해주십시오. 나의 인덕을 높이는, 내것으로서 허락되는 사람을.

그러나 이렇게 아름다운 이성을 찾던 베토벤에게 끝내 한 사람의 이성도 반려가 되어주지 않았다. 그가 죽은 뒤 사서함 속에서 발견된 이른바 '불멸의 애인'에게 보낸 편지의 상대가 누구였는지에 대해 아직도 정설이 없다.

그의 메워지지 않던 고독은 오직 예술에 몰두하는 것만으로 잊으려 했을지 모른다. 예술 속에서 고독을 절연시킬 수 있고 인간으로서의 힘을 되찾고 승리에 다다르는 신앙을 지녔던 게 아닐까? 교향곡 제 7번을 쓴 다음 그는 이렇게 적었다.

> 힘! 그것만이 만인 위에 뛰어나게 하는 사람의 덕(德)이다.

만년에 가서 인간을 구가하게 되던 그는 신을 경건하게 찬미했다. 고뇌 끝에 찾은 환희. 베토벤의 전기를 쓴 프랑스의 로망 롤랑은 베토벤을 일러 "환희를 거절당한 사람이 환희를 만들어내어 인류에게 선물을 보였다" 라고 적었다. 그의 마지막 교향곡인 제 9번 '합창-환희'는 바로 고뇌를 꺾고 일어선 인간의 환희를 신에게 바치는 노래였다.

사실 필자는 비엔나에는 베토벤 탄생 200주년이 되기 전에도 가고 그 후에도 몇 번씩 들렀었다. 그러나 200주년에 들른 것은 하나의 기념이 되기 위해서였다. 너무 욕심을 부렸다고 할까?

1974년 비엔나에서 IOC(국제올림픽위원회) 총회가 열리고 있을 때였다. 한국출신 IOC위원이던 장기영 한국일보 사주가 한번은 필자더러 회의장 근처를 떠나지 말고 기다리고 있으라고 일렀다. 나는 당부한 대로 총회장 옆의 기자실에서 대기했다. 잠시 후 장 사주가 "헤르 정" 하고 기자실에 나타났다. "따분하단 말이야. 계수 같은 건

들으나 마나한데 ….” 그때 아마 IOC의 의제는 재정보고였을 게다. 시내나 돌아보자고 하는 것을 그린칭으로 올라가보면 어떻습니까? 제의했다. 장 사주는 쾌히 동의했다.

비가 조금씩 뿌리는데 그린칭까지 가긴 했으나 베토벤의 집들은 대낮이라 그런지 열어둔 데가 하나도 없었다. 여기가 어디고, 저기가 베토벤의 무엇 하던 곳이란 식으로 필자는 들은풍월을 몇 마디 옮겨놓는 것으로 안내자 구실을 했는데 장 사주는 “음, 음”하면서 열심히 귀를 기울였다.

다시 차를 몰아 ‘비엔나봘트’—비엔나의 숲속을 굽이굽이 틀면서 산꼭대기의 조망대까지 올라갔다. 숲속을 지나면서 장 사주는 왕초의 이야기를 꺼내었다. 요한 슈트라우스에 대해서도 많은 것을 읽은 듯했다. 산마루에 올라가서 멀리 안개 같은 빗속에 다뉴브강이 유연하게 굽이치고 있었다. 장 사주는 말없이 서서 강과 들판과 숲을 한참 쳐다보았다. 옷이 촉촉이 젖어드는 것도 잊고. 산에서 내려오면서 장 사주는 한마디를 했다. “모두가 음악이군!”

그러면서 빨리 돌아가자고 부리나케 재촉했다. 빨리 가서 회의에서 뭣을 했는가 알아봐야지, 하며. 그때의 그 모습은 사보타주한 중학생 같았다.

비엔나의 숲을 더듬으며 필자가 이 생각 저 생각한 것도 사보타주였다. 이런 얘기를 장황하게 쓴 것 또한 사보타주가 아닐지. ‘빨리 돌아가자’고 불현듯 재촉하던 고인의 모습이 지금도 생생하다. 무엇이 그리 급했으면 고인은 그다지도 빨리 돌아가셨는지 …

고요한 밤, 거룩한 밤을 찾아서

크리스마스까지 며칠밖에 남지 않은 어느 날, 파리의 동부역에서 오스트리아의 잘츠부르크행 야간완행열차를 탔다. 그때는 호주머니 사정이 좋지 않아 잘츠부르크까지 기차로, 그것도 2등(우리나라 3등) 좌석으로 가기로 했다. 기사를 크리스마스 때 맞춰 내려면 출발날짜를 더 늦출 수도 없고 하여 내 딴에 크게 작심하고 결행한 것이다.

눈이 펑펑 쏟아지는 파리의 동부역을 기차는 밤 아홉 시 정각에 떠났다. 바깥은 어두워 눈이 차창에 와 미끄러지는 것 외에는 아무것도 보이지 않는다. 밤새 앉은 채 시달려야 할 판이지만 발밑의 스팀 히터가 좌석을 훈훈하게 해주어 우울한 마음을 엷은 여수(旅愁)로 감쌌었다.

그해따라 온 유럽에 폭설이 내려 곳곳에서 눈사태가 나고 교통이 마비되는 일이 속출했다. 그런데 또 눈이 저렇게 쏟아지니 혹시나 가다가 이 기차도 서버리지 않을까 하여 은근히 조바심이 일기도 했다.

프랑스를 지나고 독일에 들어선 모양이다. 역이름을 봐도 모두 생소하다. 과연 슈투트가르트 역에 와서 기차는 30분을 멎었다. 선로의 제설작업을 해야 한다는 차내 방송이다. 30분만 지체했으니다행이지 만약 거기서 밤을 새운다고 했으면 나로서는 모든 계획이 어긋나는 것이다. 나로서는 오전 중에 잘츠부르크에 닿아 곧 목적지인 오베른도르프 마을에 가서 취재를 끝내고 돌아서서 야간열차를 다시 잡아타고 파리로 되돌아 올 수 있었다. 내 호주머니 사정도 그렇게 맞추어 나왔다. 기차가 여러 시간 연착하면 나로서는 일대 낭패가 아닐 수 없어 슈투트가르트 역에 차가 서 있는 동안은 졸음조차 가시고 마음만 설레었다.

'이렇게 고생이 될 줄 알았다면…' 하고 일말의 후회도 따랐다. 여하간 열차는 오래 지체하지는 않고 떠나주었다.

오후가 되어서야 잘츠부르크 역에 닿았다. 하얀 구름이 둥실둥실 떠있고 햇살이 나지막한 구릉 위의 호헨잘츠부르크성이며 붉은 지붕의 집, 그리고 하얀 눈을 인 돔 위에 쏟아지는 광경은 피로에 지친 나의 눈을 너무나 부시게 만들었다. 모든 것이 찬란하고 휜칠하다.

택시를 전세 내 오베른도르프 마을까지 달렸다. 잘츠부르크에서 북으로 20킬로미터.

어릴 때 어느 책에서 오베른도르프 마을의 이름을 알았다. '고요한 밤, 거룩한 밤…' 하는 크리스마스캐럴이 처음 울려 퍼진 곳이 이 마을이라는 데서 강한 인상을 받았다. 시골에서는 성가대가 밤새껏 골목골목 찾아다니면서 캐럴을 부른다. 잠결에 그 노래를 들었을 때, 그리고 성가대의 발자국 소리가 골목 밖으로 사라졌을 때 나는 황홀해진 마음을 어쩌질 못했다. 1년에 한 번이지만 그 노래를 듣고 감동하지 않은 사람이 있을까?

택시는 허리까지 오는 눈길을 달렸다. 꼭 차 한 대 지나갈 정도로 눈을 헤쳐 놓았다. 까만 전나무 숲이 길게 넓게 뻗어 있었다. 치솟은 가지 위에서 한 덩이 눈덩이가 굴러 떨어지면 하늘에서 하얀 눈

보라가 일었다. 그때마다 전나무는 부르르 몸을 떨었다. 산 중턱에 다다르자 운전사는 달려온 길을 뒤돌아보며 손짓한다. 손끝을 따라 보니 구름이 벗긴 파란 먼 하늘 끝에 알프스의 하얀 준봉들이 선명한 한 폭의 그림을 이루고 있었다. '그로스글로크너', '바츠만', '운테르스베르크', '호허 펠' 등의 연봉(連峰)!

오베른도르프 마을은 서쪽에 잘츠바흐강이 흐르고 북쪽에 높지 않은 구릉이 이어지는 산허리에 자리잡고 있었다. 크리스마스캐럴이 처음 울려 퍼진 성 니콜라스 성당은 마을의 한복판을 차지하고 있었다. 지금 그 성당은 강이 범람했을 때 씻겨 내려가 그 자리에 조그마한 8각형의 사당을 하나 지어두었다.

사당 속에는 조그마한 제단이 하나 있고 그 옆에는 〈고요한 밤 거룩한 밤〉의 작곡자, 작사자의 부조(浮彫)가 걸려 있다. 작사자인 요제프 모르 신부는 앉아서 귀를 기울이고 있고 그 뒤에 작곡자인 프란츠 그루버 교사가 서서 기타를 켜고 있는 조각이다. 마을 사람들은 이 사당을 성야(聖夜)의 성당이라고 이름붙이고 있었다. 누가 다녀갔는지 성당 안의 촛대에는 촛불들이 켜져 있었다. 별다른 조명이라고 없고 창문도 크지 않은 이 사당 안을 촛불이 더욱 은은한 빛을 고여 놓는다.

거기서 〈고요한 밤 … 〉의 원보(原譜)라는 복사된 악보를 기념으로 샀다. 원보라고 할 수 있는 그루버의 곡은 모두 7개라고 전해지고 있다. 멜로디는 같으나 이것을 혼성곡(混聲曲)으로 혹은 기악곡으로 편곡했기 때문이다. 이 중 자필로 된 첫째 것과 여섯째 것은 분실되고 나머지 다섯 개가 여기저기 보관되어 있다.

이 노래가 처음 성 니콜라스 성당에서 불리기는 1818년 12월 24일이었다 한다. 기타 반주로 처음에는 남성2중창으로 불렀다. 성

니콜라스 성당의 주임신부이던 모르 신부가 24일에 작사하여 그것을 그의 친구이던 그루버 교사에게 가져가 그로 하여금 즉석에서 작곡케 한 것이 이 성야의 노래이다. 그때 모르 신부는 26세였고, 그루버는 31세였다.

사당을 지키고 있는 할아버지한테서 이 노래의 유래를 듣는다. 산골짜기지만 잘츠부르크가 가까워 그런지 적잖은 관광객이 오베른도르프 마을을 찾아든다고 한다. 이 마을이 예전에는 찢어지게 가난한 사람들만 모여 살았던 곳이다. 오베른도르프는 바바리아에도 가깝고 이탈리아에도 가까워 전쟁이 일어났다 하면 그 바람이 세차게 불어닥쳤다. 한때는 먼 코르시카족의 말굽 아래 유린당하기도 했으며 1816년까지는 독일 바바리아에 짓눌려 살기도 했다.

1816년에 이르러 좌절이 가시고 이 지역이 오스트리아 영토로 확장되었으나 마을은 강을 사이에 두고 둘로 갈라서게 되었다. 강의 동쪽은 오스트리아로, 서쪽은 독일땅이 되어 마을이름도 라우펜으로 바뀌어 버렸다. 비록 서로 몸담고 있는 나라가 달라져 남남이 되었을지라도 해묵은 철교 하나를 사이에 두고 마을사람들끼리는 자주 왕래했다. 지금도 양쪽은 서로 시민증 하나만으로 걸어서 건너다니고 있다.

1818년 2년 동안 전화(戰禍)가 잠잠했기 때문에 오베른도르프 마을은 그새 평화로운 옛 모습을 되찾았고 사람들마다 새로운 생계를 일구어 나가려고 힘을 기울이기 시작했다. 이런 마을사람들에게 뭔가 감동을 불어넣어야 하겠다고 생각한 모르 신부는 크리스마스 이브인 24일, 책상머리에 앉아 영감이 솟구치는 듯 짧은 시 여섯 구절을 적어 내려갔다. 시가 다 되자 모르 신부는 그것을 들고 정신없이 아른스도르프 마을의 초등학교까지 뛰어가 그루버 교사 앞에 내놓았다. 그 시를 읽어본 그루버는 그 역시 앉은 자리에서 작곡을 해 내려갔다. 그날 성당의 성탄절 자정미사에서는 이 노래가 처음으로 크리스마스 축하곡으로 연주되었다. 그날 밤 성당에 모인 마음이 가난한 마을사람들은 이 캐럴에 홀린 듯 귀를 기울였다. 사람들은 이날의 성탄절 미사부터 어디서든 모두가 이 노래를 감동을 되새겨가며 불러 젖혔다. 그러나 이 노래가 몇 해 사이에 전 세계를 맴돌리라고는 생각지 못했을 것이다.

이 노래를 오베른도르프 마을 밖으로 가져나간 최초의 인물은 가난한 오르간 수리사였다. 티롤 주의 칠레르탈 마을에 사는 마우라헤르는 성당의 오르간을 수리하면서 이 노래를 듣고 외웠다. 자연히 외웠을지 모른다. 수리사 마우라헤르는 이 노래를 자기마을에 가서 퍼뜨렸다. 티롤 지방에는 삽시간에 이 노래가 번져나갔다. 13년 뒤에는 저 북쪽의 라이프치히 대성당에서 크리스마스성가로 〈고요한 밤 거룩한 밤〉을 부르게 되었다. 다시 8년 뒤에는 미국 쪽으로 바다를 건너갔다. 뉴욕의 성 트리니티 성당에서 크리스마스캐럴로 이 노래를 채택했다. 이 노래는 완전히 지구를 돌고 돌았다.

36년 뒤 베를린 궁전의 왕실관현악단이 이 노래를 연주하면서 사방으로 원작자를 수소문했다. 이 소식을 듣고 그루버는 궁정악단 앞으로 정중한 편지를 띄웠다. 그 곡을 짓게 된 동기와 곡의 내용과 자기가 아는 보급경위 등을 상세히 썼다. 그리고 그 편지와 함께 36년 전 작곡된 원곡을 하나 베껴서 보냈다. 사람들의 입에서 입으로 전해지는 동안 원곡에서 어느 부분은 많이 바뀌기도 했다는 것을 아울러 적었다.

이 편지는 지금 그가 여생을 보낸 할라인 시의 시립박물관에 보존

되어 있다. 잘츠부르크에서 남쪽으로 10여 킬로미터 떨어진 도시다. 그가 편지를 쓴 일자는 1854년 12월 30일로 되어 있고 장소는 할라인으로 되어 있다.

오베른도르프의 뒷산 마루에 올라가 마을 전경을 내려다보고 나서 갈라서게 된 마을인 라우펜을 일부러 지나보기로 했다. 마침 독일과 오스트리아 양국의 비자를 복수로 받아놓았기 때문에 국경을 넘나드는 데는 아무런 지장이 없었다. 철교를 건너가 독일령이 된 라우펜 마을로 들어갔다. 다리 앞의 조그마한 서독측 출입국관리사무소의 창구 안으로 차를 탄 채 여권을 내밀어 주었다. 비자가 있다는 것만 확인하고는 도로 내주었다. 10초도 걸리지 않았다. 물론 운전사가 잘츠부르크로 돌아가는 길이라고 설명해준 탓도 있었겠다.

라우펜도 오베른도르프처럼 인구 3천 정도밖에 되지 않을 촌락이었다. 한 20킬로미터를 남으로 강줄기를 따라 달리다가 다시 오스트리아 땅으로 넘어와 또 10여 킬로미터를 달렸다. 그루버의 무덤이 있는 할라인 마을을 거쳐 다시 남으로 얼마를 더 달려 모르 신부의 무덤이 있는 봐그라인 시에 이른다. 이 두 곳을 들르며 작사와 작곡자의 얘기를 더 들었다.

시(詩)를 쓴 모르나 곡(曲)을 지은 그루버나 다 비천한 사람이었다. 겨우 가난을 벗어난 소시민이라고 하는 것이 알맞다. 근세 중부 유럽의 시민생활, 특히 벽지에 파묻혀 햇빛을 보지 못하던 사람들의 생활이라는 게 어떤 것이었나를 이 두 사람의 내력을 듣던 중 새삼스레 느끼게 되었다.

요제프 모르 신부는 편물여공인 안나 쇼이버의 세 번째 사생아로서 1792년 12월 11일, 잘츠부르크의 셔타인가세에서 태어났다. 그의 생부는 요제프 모르. 그래서 그도 그 이름을 그대로 땄다. 생후 사흘 만에 영세를 받는데 누구도 이 천한 아이의 대부(代父)가 되어 주려 하지 않았다. 하는 수 없이 잘츠부르크 시에 있는 교수집행인에게 대부를 부탁했다. 모르는 착하게 자랐다. 성당에서 곧잘 노래를 멋들어지게 불러 성가대의 수석대원이 귀엽게 보아 그에게 악보 보는 법, 노래 부르는 법을 가르쳤다. 그의 음악에 대한 재질은 뛰어났다. 곧 베네딕트 수도회의 성가학교에 발탁되어 본격적으로 노래공부를 시작했다.

이 학교를 나오면서 그는 성직자가 되기를 희망했다. 23세에 사제서품을 받은 후부터 그의 어머니의 생활은 주름이 다소 펴지게 되었다. 그는 오베른도르프의 한적한 성당에 배치되었다. 그 후에는 건강이 좋지 않아 20년 동안 11군데의 작은 성당만을 돌아다녀야 했다. 1837년부터 봐그라인의 성당이 좋다하여 거기서 죽을 때까지 살았다. 그가 죽은 것은 1848년 12월 4일. 응달의 한평생을 마친 것이다. 봐그라인 성당 옆의 그의 보잘 것 없는 묘지에는 녹이 슨 쇠십자가가 하나 꽂혀 있을 뿐이었다. 그러나 봐그라인의 시민들은 여태껏 이 묘지에 꽃을 잊지 않고 꽂아주었다.

작곡자 프란츠 그루버는 1787년 11월 25일 잘츠부르크 북쪽에 있는 호프부르크에서 태어났다. 그의 아버지는 면포업자였고 그루버가 크면 같은 면포업을 계승시킬 생각이었다. 그러나 그루버는 초등학교 선생님한테서 오르간이며 노래 부르는 것을 익히고 있었다. 그는 음악가가 될 생각이었다. 그의 아버지는 이것을 몹시 못마땅하게 여겨 그루버가 바깥출입을 하는 것을 막아버렸다. 그러나 그루버의 어머니는 아이의 재질을 이해하고 있어 몰래 음악도 가르치고 선생을 불러들이기도 했다. 그루버는 나무판자에 오르간의 키를 그려 숨어서 그것으로 운지법을 혼자 공부해 나갔다.

하루는 성당에서 오르간 연주자가 쓰러졌다. 그때는 대첨례라서 미사곡이 길고 장중했다. 그루버가 오르간 연주자 자리에 살며시 올라앉아 미사곡을 치기 시작했다. 누구 한 사람 성당 안에 무슨 일이 일어났는지를 눈치 채지 못했다. 미사가 끝난 후에야 열두 살의 그루버 소년이 이 어려운 미사곡을 틀리지 않고 다 연주해 낸 것을 사람들이 알았다. 자기 아버지마저 아들을 얼싸 안아주었다.

그는 교사자격증을 따 아른스도르프의 초등학교에서 교편을 잡았다. 〈고요한 밤…〉을 작곡한 장소가 바로 여기다. 1863년 6월 7일 그가 작곡할 때까지 그는 할라인으로 옮겨 교편을 잡는 일방, 성당의 성가대 지휘자로 일했다. 그의 묘도 할라인 성당묘지 안에 있다. 그 무덤 뒤의 건물벽에는 구리로 된 한 패가 붙어있다. 1934년 미국 로스앤젤레스의 학교교사 일동이 그들의 이름으로 붙여놓은 것이다.

> 온 세계로 퍼진 평화와 착한 마음의 메시지를 쓴 한 교사의 명예를 빛내기 위해 이 패를 바칩니다.

달팽이 양식장에서

프랑스사람들의 식성은 다양하고 화려하고 까다롭다. 그 다양성은 개구리에서 시작하여 달팽이, 곱창, 우족, 쇠꼬리, 산토끼, 말, 부어오른 거위간 등에 이르고, 그 화려함은 슈퍼마켓의 양념전을 들여다보면 안다. 후추, 고추, 마늘가루는 흔한 축이고 무슨 풀잎, 무슨 나무껍질인지도 모를 푸르고 누르고 거무스레한 가루들이 소복이 담긴 병들이 줄줄이 늘어서 있다. 전통 있는 고급 레스토랑일수록 자기네들이 쓰는 양념이나 향료의 배합방법은 독특한 가풍(家風)으로 이어지자 철저한 비밀로 되어 있다. 이런 전대의 비결 때문에 좋은 음식집의 요리는 월등히 맛이 두드러지게 마련이다.

또 까다롭기로는 세계 어느 민족도 여기에 따르지 못할 것이다. 프로마주(치즈)의 종류만 해도 얼마가 되는지 알 수 없다. 드골 대통령마저 푸념을 늘어놓은 일이 있다. "치즈만 260여 종을 먹는 프랑스 국민만큼 다스리기 까다로운 백성도 없을 것이다"라고. 포도주에서는 더 까다로워 산지(産地) 따지고, 거둔 연도를 따지고, 묵힌 햇수로 따진다. 코냐크 지방에 가보면 같은 코냐크 군의 포도라도 밭 곬에 따라 달라 새끼줄 하나 넘어서면 그 밭에서 거둔 포도로

빛은 코냑은 바로 옆 밭의 코냑과 같은 'VSOP'란 영예를 기입할 수 가 없다. 그래서 맹물보다 싼 포도주가 있는가 하면 금값과 맞먹는 포도주도 있다.

프랑스 사람들이 즐겨먹는 것 중에 가장 별난 것은 뭐라 해도 달팽이 요리다. 달팽이의 맛은 아주 연한 고둥 같다. 겸해서 개구리 요리맛을 소개하면 꼭 마른 새우 같다고 할까. 개구리는 뒷다리만 잘라 팔자 형으로 접시에 담아서 내어놓으며 그 뒷다리의 허벅지에 붙은 살을 떼어 먹는다. 맛 중에 일품인 것은 오리, 거위 따위. 간이 부풀어 오르도록 먹여 키워 그 간을 떼어 이겨놓은 '푸아그라'라는 것. 음식 중에서는 가장 잔인한 것 중의 하나가 될지도 모른다. 먹지 않겠다는 가금(家禽) 등을 억지로 먹여 간이 부어오르도록 만들었으니까. 알자스 지방에 가면 꼭 한 번은 음미하기를 권하고 싶다. 값은 엄청나지만.

달팽이를 자기가 잡아와도 좋다. 들에 나가면 달팽이는 얼마든지 있다. 잡히는 달팽이는 다 먹을 수 있다. 단 가정에서는 들에서 주워온 달팽이를 그 즉시로 먹지는 않는다. 잡은 달팽이를 가는 그물을 씌운 상자에 넣고 한 여드레쯤 그늘에 둔다. 말하자면 먹이를 끊고 단식을 시킨다. 그러면 그동안에 먹었던 것을 다 소화하거나 배설하고 또 군내를 뺀다.

그런 다음에도 큰 통에 물을 철렁철렁 붓고 여러 번 씻고 헹군 다음 한 시간쯤 식초를 푼 간물에 담가 달팽이가 머금고 있는 것을 다 뱉게 한다. 그다음 맹물에 또 씻고 냄비에 넣어 뭉긋한 불 위에 얹어 뚜껑을 덮고 한 5분쯤 끓인다. 그 후 냉수에 담가 알맹이를 껍질에서 빼낸 다음 잘 씻어 물기를 빼고 그제야 요리를 시작한다.

달팽이는 달팽이맛도 있지만 양념맛으로 먹는다. 보통 양념으로는 마늘, 기름 혹은 버터, 양파가루, 후추, 아스파라거스 분말 등 다양하다.

필자는 1971년 가을 달팽이의 집산지인 남프랑스의 카바용 시를 찾아볼 기회를 가졌다. 당시 파리의 KOTRA(무역진흥공사) 관장이던 고일남(高一男) 동문이 마침 '달팽이 역수출'을 한번 해볼까 계획하고 있다면서 달팽이 시장조사에 나서야겠는데 함께 가보지 않겠느냐고 권유했다. 재미있는 견학이 되겠다 싶어 동행했다.

아침에 파리를 자동차로 출발, 교대로 운전해가면서 저녁 늦게 프랑스 중부 산악지대인 마시프 상트랄의 어귀에 닿았다. 포장은 되었어도 가파르고 굴곡이 심한 산길을 한참 달리다가 달팽이 도산매 협회장이란 R씨의 집이 있는 조그마한 마을에 어두워서 다다랐다. 고산지대에 솟아오른 가을 달은 한결 맑고 둥그렜다. 풀벌레소리가 요란스러운데 마을 안에는 인기척도 없다. 모두가 집안에 들어앉아 길에는 강아지 한 마리 나돌아 다니지도 않는다. 공기는 차가워 옷속으로 냉기가 자꾸 스며든다.

뿌연 불빛이 배어나오는 카페에 들러 커피를 한잔 하고 R씨의 집을 물어서 찾아갔다. 그러나 R씨의 집에는 처녀아이만 남아있고 R씨는 파리에 올라갔다는 것. 이것저것 달팽이 얘기를 하다 그 집을 물러섰다. 달팽이 수집하는 것을 볼 수 있느냐 하니까 새벽 3시께면 벌써 등불을 들고 산동(山童)과 아낙네들이 고원(高原)의 숲을 헤치기 시작한다는 것이다. 그러나 요즘처럼 맑은 날씨가 계속되면 달팽이는 찾아볼 수 없어 새벽에 일 나오는 사람도 없다는 것이다. 달팽이 시장이 아직도 서는 데가 어디냐고 물어 그 장 가까이 가서 숙소를 잡기로 하고 산을 내려왔다.

우리는 카바용 시에 찾아들었다. 피자피츠 집을 찾아 화로구멍에서 바로 구워내는 뜨끈뜨끈한 피자를 백포도주와 함께 먹고 훈기를 되찾았다. 커다란 쟁반만 한 피자가 가장자리는 잘 구워져 누르스름하게 타 있어도 가운데는 숯불 위 인절미처럼 부글부글 끓어오른다. 젓갈멸치 몇 마리 혹은 새끼홍합 몇 점을 듬성듬성 얹어서 구운 피자의 맛은 지금도 잊히지 않는다. 짭짤하고 고소하고 누룽지 냄새가 나는.

카바용의 달팽이 시장은 개장이 아침 9시로 되어있지만 새벽부터 장꾼들이 모여든다고 들었다. 그래서 우리는 모두 날이 새기가 무섭게 호텔을 빠져나왔다. 장이랬자 한길이다. 이 한길에 상인들이 모여들면 장이 서는 것이다.

아침 7시가 넘어서자 여기저기서 부대 등을 지고 들고 한 장수들이 모여들기 시작했다. 부대 안에는 달팽이들이 꼭꼭 들어있지만 아무도 부대를 끄르지는 않는다. 부대를 든 사람들을 보면 이상하게도 아낙네와 노인이 많다. 카바용 마을에서는 달팽이장이 월요일 아침마다 서고 아비뇽에서는 매주 토요일 오전에 선다. 남프랑스나 프로방스 지방에는 달팽이 시장이 곳곳에 선다. 아를 시와 몽펠리에에서도 다섯 손가락 안에 드는 큰 장이 선다.

한길 양옆으로 한쪽에는 달팽이를 팔러온 사람들이 자루를 자기 앞에 내려놓고 서며 길 건너 다른 쪽에는 저울대와 손가방 등을 든 달팽이 도매상들이 마주 보고 늘어선다. 모두 인사와 잡담에 부산하여 조용하던 한길이 일시에 왁자지껄해졌다.

정각 9시가 되자 시장에서 서성거리던 순경이 길 끝 한복판에 차렷 자세로 서서 한 손을 높이 들고 호각을 불었다. 그러자 얘기에 정신없던 사람들이 얘기를 끊고는 기민하게 움직이기 시작했다. 과자 따먹기 경주에 나선 사람들처럼 도매상인은 날래게 길을 가로질러 건너편의 달팽이 장수들에게 달려간다. 장수들은 그제야 꼭꼭 묶어둔 부대를 끄르기 시작했고 달팽이들을 손으로 휘저어 뒤섞어서 자루를 활짝 열어놓았다.

도매상들은 우선 눈대중을 한다. 껍질의 크기와 윤기와 고르기 등을 후딱후딱 보고 지나간다. 지나가다가 마음이 내키면 손을 자루 속으로 쑤셔 넣어서 밑바닥까지 휘저어본다. 한 움큼 바닥의 달팽이를 움켜쥐어 햇볕 아래 꺼내어 면밀히 검토한다. 그리고 빈 껍질이 얼마나 섞였다느니, 속이 차지 않았다느니 하며 탈을 잡기도 한다.

한 15분쯤 지나자 벌써 거래는 마무리되었다. 길 이쪽의 부대들이 속속 길 저쪽으로 건너가고, 건너가서는 어느새 나무상자에 재포장하기 시작하여 못질이 한창이다.

달팽이는 난데없는 천지요동이 무서웠던지 껍질 깊숙이 파고들어 잘 보이지 않는다. 그날의 시세는 대개 1킬로그램에 5프랑(5백 원) 내지 5.5프랑. 1킬로그램에는 대개 달팽이 100~120개가 포함된다. 카바용의 시장에서 거래되는 달팽이만도 한 번에 2, 3톤에 달하고 한창일 때는 5톤까지 이른다. 달팽이의 시세만큼 철따라 변동이 심한 것도 없다. 한창인 여름에는 3~3.5프랑으로 폭락하고 연말연시의 비생산기에는 9~10프랑으로 뛴다. 어떤 시세로 샀건 여기 도매상은 700킬로미터 떨어진 파리까지 가서 넘길 때는 산 값의 배를 받고 팔게 된다.

파장이 가까웠는데도 젊은 청년들이 들고 온 달팽이 자루는 도무지 팔리지 않는지 가만 그대로였다. 아무리 보아도 장사꾼 같지 않고 유복한 집안의 형제 같은 인상이다. 장사할 줄 모르는 사람이 역시 다르다고 생각하며 그 젊은이들한테 다가서서 학생이냐고 물어보았다. 혹시 용돈 마련 겸 장난삼아 달팽이를 잡았나 싶어서. 그러나 이 젊은이들은 무슨 말씀이냐는 투로 “Non!” 하고 한마디로 부인했다. “우린 달팽이 장사합니다” 하고 큰 청년은 웃었다. 여기 카바용시장뿐 아니라 장이 서는 데면 100킬로미터건, 200킬로미터건 달팽이를 둘러메고 팔러 간다는 것이다. 알고 보니 전문적인 달팽이꾼이었다.

왜 팔지 않고 그렇게 서 있느냐 하니까 값이 맞지 않아 팔지 않고 있다고 한다. 이들은 6.5프랑을 받기 전에는 절대 팔지 않겠다는 것이다. 자신만만한 말투다. 젊은 사람치고 상혼(商魂)이 대단하다고 생각되었다. 이들은 몇몇 도매상인을 눈여겨보더니 날렵하게 이들 상인 틈바구니에 뛰어들어 차례로 뭣인가 소곤거리면서 시장을 한 차례 훑었다. 그사이에 거래가 이루어졌다. 1킬로그램당 6프랑으로. 이날 카바용시장의 거래액치고는 최고값을 형성했다. 두 젊은이는 타고 온 자동차 속으로 달팽이가 든 마대를 6개나 끌어내었다. 거래량으로서도 제일인 셈이다.

이 젊은이들의 상술이 어찌나 앙그러진지 거래가 끝나자 우리는 카페로 이들을 유인했다.

그 당시 우리나라에서는 수출제일주의 구호 아래 뭐든 수출할 수 있는 것이면 수출해 보자고 뛰고 있을 때였다. 그런데 수출아이디어 뱅크에 ‘달팽이 수출’이라는 것이 날아들어와 채택되기에 이르렀다. 한 뜻있는 사람이 파리의 KOTRA에 부탁하여 프랑스산 달팽이 100마리를 골라 산 채로 서둘러 공수(空輸). 그것을 곧 강화도(江華道) 들판에 뿌렸더니 얼마가지 않아 2만 마리로 불어났다는 것이다. 프랑스 고급요리가 되는 달팽이를 우리나라에서 대량 양식하여 프랑스로 역수출하면 외화획득에 상당히 이바지할 것이라는 아이디어였다. 문제는 대량사육의 방법과 그 시장성이었다. 고 관장은 이런 달팽이 양식의 기본정보를 얻는 것이 문제였으므로 이 청년들을 한번 부딪쳐보자는 생각이 들었다.

카페에 들어온 이 젊은이들은 자기 아버지가 20여 년을 달팽이 사육에만 전념해왔고 이 달팽이로 재산을 이루었다는 얘기를 들려주었다. 우리의 달팽이 정보수집에는 이 젊은이의 아버지보다 더 나은 대상도 없을 것 같았다. 우리는 이 젊은 '달팽이 사업가'를 따라 120킬로미터 떨어진 달팽이 사육장으로 달려가기로 했다.

보통 시장에 들고 오는 달팽이는 야산에서 손으로 하나하나 주워 온 것이다. 그러나 이 젊은이들의 달팽이는 양식한 것이기 때문에 양도 많고 또 곧 식탁에 올릴 수 있다. 왜냐하면 달팽이를 미리 많이 훑어다가 상자에 넣어 며칠씩 단식을 시킨 것들이기 때문에 "이 부대의 달팽이는 며칠 단식한 것" 하고 도매상에게 알려주면 도매상은 영락없이 덤벼들어 산다는 것이다.

프랑스 사람들이 먹는 달팽이는 크게 나누어 두 종류가 있다. 우리가 찾아든 남프랑스의 야산에서 나는 거무스레한 달팽이는 프티그리(*petits gris*)라는 것이고, 프랑스동부 산악지대에서 나는 것은 부르고뉴(*bourgognes*)라고 한다. 이 두 종류 중 맛은 프티그리가 훨씬 나아 값도 부르고뉴보다는 갑절이 더 나간다.

이 젊은 달팽이꾼의 아버지는 크리스토폴이라는 이였다. 크리스토폴 씨는 약 10헥타르의 야산을 빙 둘러가며 약 2미터 높이의 블로크 돌담을 쌓고 '달팽이밭'으로 가꾸고 있었다.

크리스토폴 씨의 설명에 의하면 달팽이의 백 퍼센트 인공사육은 없고 들판에서 노는 야생의 굵직굵직한 놈이라야 맛이 난다고 설명했다. 따라서 '달팽이밭'이라고 해야 야산을 둘러쳐서 달팽이가 빠져나가지 않고 달팽이를 해치는 들짐승이 스며들지 못하게만 하면 된다는 것이다. 그가 이 달팽이밭에 투자한 돈은 땅값, 블로크담값만으로 약 5만 프랑(5백만 원). 처음 질이 좋은 달팽이를 몇 킬로그램만 사다가 밭 한가운데 부어놓으면 얼마 안 되어 밭은 달팽이로 뒤덮이고 멀리 블로크담 밑에까지 번져 까맣게 담을 기어오르고 있다 한다. 1제곱미터에서 거두는 달팽이는 1년 동안에 2~3킬로그램 정도. 따라서 연간수익은 적어도 10만 프랑(천만 원) 내지 15만 프랑이 된다. 수집은 보통 꼭두새벽에 칸델라 불을 켜고 돌아다니면서 하지만 비가 온 이튿날은 대낮에도 수집할 수 있다고 한다.

프랑스 사람들이 1년 내내 먹어치우는 달팽이가 2만5천 톤(1970년 통계). 이렇게 먹으니 공급이 달리게 되어 부족분 8천 톤은 터키, 시리아, 서독, 스페인, 그리스, 알제리 그리고 동유럽 등 17개국에서 수입했다. 가까운 곳에서는 산 채로 수입하지만(달팽이는 2개월을 먹이 없이 살 수 있다) 먼 데서는 냉동해 온다. 냉동해 오는 것은 대부분 껍질을 버리고 알맹이만 통조림해서 보낸다. 그러면 각 레스토랑에서는 이것을 요리하여 빈 껍질 속에 다시 재는 것이다. 따라서 빈 껍질의 수요가 또 대단하여 연간 천만 개의 껍질이 달팽이와는 별도로 거래된다. 한 껍질을 가지고 보통 세 번까지 쓴다고.

크리스토폴 씨는 달팽이가 좋아하는 서식처는 풀이끼 속, 개양귀비잎 뒤, 삼목나무가 덥수룩한 곳 등이라고 했다. 그리고 달팽이의 대적은 들쥐, 메뚜기, 바람. 달팽이가 예민하고 연한 동물이긴 해도 최고 25도의 더위와 최저 영하 10도까지의 추위를 이겨낸다. 산란은 4월과 9월의 두 차례. 한 번에 100~200개의 알을 깐다. 겨울의 동면기가 되면 땅속을 3~4센티미터 파고 들어가는데 이때 영양을 듬뿍 먹고 있기 때문에 제일 맛이 있다는 등….

우리나라 함경도의 어느 고을에서는 까만 달팽이를 먹는 옛 풍속이 있다는 말을 들었다. 우연인지 몰라도 크리스토퐁 씨가 달팽이의 원산지는 아시아라고 말한 것과 연관시켜 보면 우리도 먹는다는 것이 가당찮은 말만은 아닌 것 같다.

파리의 망명 노인, 전 영감

러시아로, 미국으로 혹은 중국대륙으로 이민을 떠난 동포들도 그의 유랑(流浪)의 전말을 들어보면 눈물겨워진다. 하물며 이민도 아니고 유랑도 아닌 망명(亡命)의 길에 오른 사람들은 더 큰 파란을 겪어야 하고 더 모진 시련을 당해야 했다는 말을 들으면 비통하고 애절한 마음이 인다.

망명.

그렇게 있다가 해방된 조국에 금의환향이라도 했다면 그의 한은 그래도 풀릴 수 있었을 것이다. 경우에 따라서 아마 조국의 당당한 직책을 맡고 건국에 평생을 보내며 빛나는 한평생을 마칠지도 모른다.

그러나 파리의 전 노인은 기어이 조국으로 돌아가지 않았다. 그러다 지난 1971년 말 중풍으로 쓰러졌다. 2년 뒤 가까스로 일어났으나 그의 기력이며 기억은 전만 못하게 망가졌다. 전 노인 스스로 자신에 관한 얘기를 하지 않으면 이젠 어디서도 알 데가 없다. 한 사람의 조그마한 망명가로서도 전 노인의 얘기는 훌륭히 독립운동사(獨立運動史) 속에 담겨질 만한 것이지만….

필자는 전 노인이 쓰러진 직후 어느 정초 그에 관한 얘기를 기사로 만들었다. 전영희(全永禧) 노인이 쓰러졌을 때 그의 나이는 72세였다. 바로 그믐날 하루 전이었다. 연례적으로 이날 밤엔 프랑스의 한국교포들의 연말 만찬회가 베풀어졌다. 프랑스 땅에 사는 모든 교포들이 모처럼 한자리에 모여 또 한 해를 이역에서 보낸다는 감회에 젖는 자리였다. 전 노인도 이날의 만찬회에 참가했다. 그리고 만나는 교포마다 "서울을 다녀왔더니 힘이 난다"며 망향(望鄕) 수십 성상(星霜) 만에 고국에 다녀온 것을 자랑하고 다녔다. "이제 서울도 몰라보겠어. 많이 달라져 버렸어" 하며 교포들에게 서울 얘기와 시골의 얘기들에 열을 올리고 있었다. 떠나온 지 얼마 되지 않은 교포는 옆에서 웃음만 머금고 오래 묵은 교포들은 바싹 다가앉아 귀를 기울이기도 했다.

그러다 만찬회가 파하고 다 자리에서 일어서는데 그제까지 기운차던 전 노인이 자리에 푹석 쓰러져 버렸다. 사람들이 달려들어 전 노인을 부축했지만 벌써 인사불성(人事不省)이었다. 앰뷸런스를 불러 급히 병원으로 모시고 갔다. 전 노인은 이날 밤 너무 감격했고 너무 흥분했던 모양이었다. 병원에서는 뇌혈전증(腦血栓症)이라고 진단을 내렸다.

그는 북청농업고등학교 졸업반일 때 3·1 운동을 맞았다. 전 소년은 진작부터 독립운동에 가담해 있었다. 그때 그의 나이 16세였다. 독립선언서의 발기인인 최린(崔麟) 선생의 지시에 따라 전 학생은 독립선언문 전달의 무거운 책임을 맡았다. 그는 그의 구두창을 뜯어 그 속에 독립선언문을 꼬치꼬치 개어 넣고서는 모의하는 장소를 찾아다니며 몰래 선언문을 전달해주었다. 학생복을 입고 돌아다니는 16세의 소년을 경찰도 처음에는 그저 보고 넘겼다. 그러나 그의 소행이 수상하다고 여겨 불심검문했다. 검거된 후 모진 고문을 당했다. 전 노인은 여태껏 그때의 고문을 잊지 못하겠다고 몸서리를 쳤었다. 그래도 전 학생은 관련자를 한 사람도 대지 않았다. 드디어 3·1 운동이 터졌다. 성공한 것이다.

전 학생은 기소되어 7년형을 언도받았다. 그러나 청소년 사면(赦免)의 특혜 때문에 곧 집행유예로 풀려나왔다. 출옥하자마자 그는 모진 일본경찰과 그들의 학대 밑에 살 수 없다고 집을 나와 망명길을 나선 것이다.

어디로 가야 할지 망망했던 전 노인은 들은 말에 만주로 가면 좋다는 생각이 나 우선 만주로 잠입했다. 만주에서는 40여 명의 한국 망명객들과 어울리게 되었다. 그러나 이들은 만주땅에 오래 있기 힘들다는 것을 알고 다시 어디로든 떠야 하는 신세들이었다.

40여 명은 러시아로, 중국으로 흩어져갔다. 전 노인은 많은 일행과 함께 시베리아를 거쳐 러시아로 들어가 영국으로 건너갔다. 그때의 기나긴 유랑민의 슬픔은 평생 잊히지 않는다고.

영국에서 인종차별이 심한 데 시달려 영국보다는 좀 낫다는 프랑스로 건너왔다. 프랑스에 건너는 왔지만 그의 호주머니에는 먼지뿐이었고 당장에 입에 풀칠할 방도가 막연했다. 그는 염치 불구하고 중국인이 경영하는 레스토랑에 뛰어들어가 거기서 가르송(보이) 노릇을 했다. 중국집에서 일한 인연으로 해서 푼푼이 모은 돈으로 파리 시내에 대륙반점이라는 중국식당을 샹젤리제 큰길 뒤편에 차렸다. 그러나 그가 와병한 후에는 이 중국집도 어느 손엔가 넘어가 버렸다.

2차대전 때는 파리에 남아 부동산 사업을 벌여 거금을 만졌다. 전 노인이 자주 자랑하는 바이지만 그때 그는 돈을 어떻게나 신나게 벌었는지 쓸 때도 앞뒤 생각 없이 물 쓰듯 썼다는 것이다. 그렇게 쓰다 보니 자기 차고에 스포츠카가 여섯 대나 되었다고. 2차대전 때 그는 파리에 잔류했던 탓으로 해서 나치 독일군에 부역한 것이 아니냐는 뒷손가락질을 받았다. 그러나 그가 말하는 바에 의하면 오히려 그는 소문과는 정반대였다는 것이다.

그는 파리에 남았다. 그리고 이것저것 닥치는 대로 장사를 하여 거금을 벌면서 벌어들인 돈 중 아무도 몰래 레지스탕스에게 제공하고 있었다. 대전 후 그가 경영하던 대륙반점을 다시 찾으려고 했을 때 그의 자금지원을 받았던 레지스탕스 대원들이 앞장서서 그를 도와주었다.

이것이 전 노인 이력의 전부이다. 그는 슬하에 친자식도 없다. 50년을 파리에서 혼자 살다 50년 만에 떠나올 때의 몸 그대로 조국땅을 다시 밟은 것이다. 그는 고향의 선산을 찾아 타계한 혈육들의 묘소를 돌아보았다. 그를 아는 사람은 열손가락도 채 되지 않았다. 그 묘 앞에서 그는 타향 50년의 한을 다 풀어놓았다. 마음 놓고 곡(哭)을 올렸다고 말했다. 서울에서 전 노인을 누구보다도 반가이 맞은 분이 당시의 정일권(丁一權) 국회의장이었다. 정 의장은 파리에 전권대사로 부임해 있을 때 외로운 전 노인을 따뜻이 보살펴왔다고 한다. 전 노인은 정 의장의 이 은혜를 잊지 못해 서울로 닿자 정 의장부터 먼저 찾아 인사했다.

전 노인은 서울에서 돌아오면서 한방에서 약도 몇 첩 지어왔다. 보약으로. 이것을 파리에 돌아와 달여 먹고는 만나는 사람마다 붙들고 신기하게 새로 기운이 솟는다고 자랑했다. 그러던 그가 갑자기 쓰러진 것이다.

평소 그가 경영하는 식당으로 찾아가면 그는 반가운 동포에게 덤으로 음식을 더 차려 내오게 하고 또 중국 주방장을 시켜 담근 우리

김치를 듬뿍 떠다 놓기도 했다. 그러다가도 이 반가운 손님이 돈을 치르려면 한사코 그냥 가라고 떠밀어내다시피 했다. 오히려 식당 문 밖까지 나오면서 “우리 동포한테 이만한 것도 베풀지 못하겠노?” 하며 소리쳤었다.

한 가지 그를 두고 꼭 써야 할 일은 프랑스에서 50년을 살아도 그가 프랑스인이 아니라는 사실이다. 그는 닳고 닳은 우리나라의 교민 여권을 어떤 포장(褒章)보다 더 값지게 지니고 다녔다. 1983년 필자가 파리를 경유하면서 전 노인의 소식을 물었더니 교포 중 전 노인을 아는 이가 아무도 없었다.

* * *

필자가 아는 또 하나의 실향동포 얘기는 함부르크에서 들었다.

어느 날 함부르크 총영사관에 동독을 탈출한 한국인이 우리공관에 재외국민등록을 하러 왔다는 소식이 들렸다.

필자는 곧 함부르크행 비행기를 타고 이 망명자를 만나러 갔다. 도착했을 때가 밤이었다. 만나보니 이 사람은 벌써 공산치하에서 탈출해 나온 지 12년이나 경과해 있었다. 12년간을 국적 없이 헤매던 끝에 자유대한으로 돌아오기로 결심했다는 것이다.

평북 강계(江界) 출신으로 이름은 김부길(金富吉) 씨. 당시 나이로 43살이었다. 그가 필자를 만나고 했던 첫마디가 “지금의 생활이 비록 넉넉하지는 못할지라도 공산지옥을 탈출해 나온 것만은 지금도 참 잘한 일이라고 생각한다”는 말이었다. 판에 박은 말이 아니라 12년을 국적 없이 서독정부의 여행증명서 그리고 취업허가서 한 장만 가지고 모진 고생을 참아가며 살아온 풍상에 찌든 속에서 나온 말이었다.

그는 북한땅에 있을 때부터 경력이 좀 특이했다. 박헌영(朴憲永) 남일(南日), 이강국(李康國) 등 북한의 거물급의 차를 몰아주던 운전기사 출신이었다. 운전기사였기 때문에 그에게는 탈출의 결의를 낳게 하는 계기가 생길 수 있었다.

밤에 찾아간 그의 아파트는 함부르크 교외에 있었다. 그는 독일 여성과 결혼하여 슬하에 자식도 있었다. 김 씨는 동독을 탈출하여 서독으로 넘어온 후에도 신분을 밝히지 않고 묵묵히 파묻혀 살아왔지만 우리 총영사관에서 교포를 위한 영화회나 야유회가 열릴 때면 그런 모임에 자기를 숨기고 몇 번인가 참석했다고 말했다.

필자가 만났을 때 김 씨는 함부르크의 건설회사 '활테'에서 용접기사로 근무하고 있었다. 함부르크에 처음 기착했을 때는 부인과 함께 소채장사까지 하며 끼니를 이어나갔었다고 10년 전을 회고했다.

그는 묵은 앨범을 내보이며 그가 자유세계로 탈출하기까지의 절박한 사연을 털어 놓았다. 앨범 속에는 1954년 제네바회담 당시 북한측 수석대표이던 남일(南日)과 함께 레만 호숫가에서 찍은 사진, 53년 김일성(金日成)이 모스크바를 방문했을 때 북한 공관원과 함께 기념 촬영한 것 등이 들어 있었다.

"해방 전에는 일본으로 징용에 끌려가 만주의 제강공장에서 화물자동차를 운전했지요. 그러다 해방이 되어 고향 강계로 돌아왔지만 형님한테서 노동당원이 되어야 제대로 입에 풀칠할 수 있을 거라는 얘기를 들었습니다. 그래서 1954년 봄에 노동당에 입당했었지요."

김 씨는 그때 당에서 묵묵히 일을 해 여러 사람한테서 호평을 샀다고 했다. 우연히 중앙으로 발탁되어 그때 외무국장으로 있던 이강국의 차를 운전하게 되었는데 그것도 잠시 이 씨가 그때 군기관으로 밀려나가자 부수상 겸 외상으로 앉아있던 박헌영의 차를 몰게 되었다고. 이처럼 김 씨가 고위간부들의 차만 몰게 된 데는 이유가 있었다. 그가 성실하게 근무한다는 것과 무엇보다 가난해 초등학교밖에 나오지 않은 프롤레타리아 출신이라는 점 때문이었다.

"그렇지만 어떻게 차별이 심한지 박헌영한테는 말도 제대로 붙이지 못하게 했지요."

김 씨는 남북협상 당시 운동장에서 군중환영대회가 열리고 있었을 때 김구(金九) 선생을 한 번 먼발치로 본 일이 있다고 기억을 더듬었다.

"납북인사들은 누가 누군지 잘 몰라서 통 기억할 수가 없군요" 하며 그는 납북인사에 대한 소식에 어두운 것을 미안해했다.

박헌영은 처음 미제차를 탔다고 했다. 박헌영뿐 아니라 한동안 미국차 붐이 일어 포드, 캐딜락 같은 미국의 고급승용차가 재무성, 문화선전성 같은 데에 늘어서 있었다 한다. 수상관저에서도 자기 기억으로는 두 대의 미국차를 쓰고 있었다고 자동차에 관해서는 비교적 정확한 기억을 가지고 있었다.

심지어 제네바 정치협상을 끝내고 북한으로 돌아갈 무렵 그들은 제네바에서 포드 두 대, 캐딜락 한 대를 사서 프라하까지 몰고 갔다는 얘기였다.

"그때 모두 하는 얘기가 내각에서는 오징어를 팔아서 차를 사들인다는 거였지요" 하고 김 씨는 껄껄 웃었다.

그는 모스크바 주재 북한대사관 부운전기사로 발령받았다. 평양에서는 모스크바가 지상낙원처럼 모두가 동경하고 있었고 교육을 그런 식으로 받았다는 것이다. 그러나 막상 부임하고 보니 한길에서 눈에 들어오는 모스크바의 시민생활이라는 것은 전혀 매력을 느낄 수 없는 그런 것이었으며 거리도 지저분하기 이를 데 없어 "이것을 천국이라고 부르고 있었던가?" 라는 최초의 회의가 일었다고 했다. 그는 모스크바의 큰길에서 조금만 안으로 들어서도 그 누추하고 비참한 것은 상상도 못할 정도였다는 것이다. 1950년대 초기의 모스크바였다. 그러니까 6·25가 터졌을 때 모스크바 모습이었던 것 같다.

그러다가 제네바 대표단의 수행운전사로 끼게 되어 처음으로 서방세계란 곳을 목격하게 되었다. 그는 저절로 입에서 "이런 세상도 있었나?" 하고 모스크바의 비참했던 것과 견주어 입이 딱 벌어졌다 한다. 제네바에서 돌아와 김 씨는 동베를린 대사관으로 전근발령을 받아 서방세계의 문턱에 한발 다가서게 되었다. 1956년 김 씨는 드디어 동베를린을 탈출하기로 결심했다. 그는 간단히 'S반'을 타고선 소련관할구역을 탈출했다. 마이크에서는 속출하는 동부베를린 시민들의 피란을 막으려고 "여러분은 독일인민공화국을 벗어나고 있는 중입니다" 라는 경고를 연달아 내더라 했다.

김 씨는 그 후에도 계속 부인 헬가 그르노 여사와 함께 함부르크에 살고 있다는 소식을 필자는 듣고 있었다. 자유를 찾아 나서고 자유를 잘 씹어 보고 나서 귀소처(歸巢處)를 찾는 고향 잃은 동포가 어디에 또 있을지 모를 일이다.

조국에서 떨어져나가 있는 기구한 두 동포의 이야기다.

체코사태와 반기 게양

1968년 8월 21일 아침, 눈을 떠보니 세상이 바뀌어 있었다. 밤사이에 소련이 바르샤바 동맹군을 앞세우고 체코슬로바키아를 짓뭉개버리고 말았다. 이 청천벽력 같은 소식은 온 지구의 모든 인류를 전율시켰다.

"이럴 수가 있을까….."

이 한마디 외에는 아무도 다른 말을 하지 못했으리라. 서울의 본사에서 전화가 걸려왔고 도쿄에 체류중이던 장기영 사주한테서도 문의가 왔다. 어떻게 된 거냐, 어떻게 되어가고 있느냐? 고.

프랑스의 방송은 순시(瞬時)를 쉬지 않고 체코사태의 추이를 보도했고, 가판에 쏟아져 나온 석간지 등은 소련의 체코 침범을 주먹같은 활자로 머리를 싸매었다. 사태발전을 재생해 보자.

△ 1968년 8월 21일 새벽 2시(한국시간 아침 10시) = 프라하 방송은 돌연 정규방송을 중단하고 짤막한 스폿뉴스 하나를 흘려보냈다. "체코공산당의 간부회의를 긴급 소집합니다. 지금 소련군이 우리 국경을 넘어 침입하기 시작했습니다." 깊은 밤 이 시각에도 방송을 들은 시민들은 모두 거리에 뛰쳐나왔고 거리에 있는 시민들은 황급히 집으로 달려갔다.

그리고 프라하 시내의 전화는 요란스레 벨이 울렸다. 시내는 차츰 웅성거리기 시작했다.

△ 새벽 2시 10분 = 프라하 방송은 제1보를 보낸 후 다시 전 시민들에게 "동요하지 말 것이며 침략군에 가해해서는 안 된다"고 경고하면서 "국회를 긴급 소집한다"고 알렸다.

△ 2시 59분 = 프라하의 외부를 잇는 모든 통신이 두절되었다.

△ 3시 = 서독은 체코와 인접한 지역을 폐쇄한다고 발표했으며 오스트리아도 국경지대의 통로를 차단한다고 비엔나방송이 보도.

△ 4시 30분 = 체코의 공산당 간부회의가 긴급 소집되다.

△ 4시 45분 = 이제까지 들어보지 못했던 〈라디오 블타바〉라는 유령방송이 등장했다. 이 방송은 "체코군대는 소련군의 진주에 전적으로 지지와 지원을 보내라. 소련군과 바르샤바 동맹군의 진주는 체코공산당의 몇몇 중앙위원의 요청에 의한 것이다"라고 괴상한 말만 되풀이했다. 곧이어 프라하 방송은 여기에 역습을 가했다. "〈라디오 블타바〉는 침략군의 불법적인 방송이며 그 보도내용은 터무니없는 거짓말이다."

△ 4시 57분 = 소련장갑차가 프라하 시내에 나타났다. 침입군은 즉시 체코공산당 중앙위원회 건물을 포위했다. 이곳에서는 둡체크 수상을 비롯하여 많은 각료와 당간부들이 회의를 진행하고 있었다. 소련군이 당중앙위에 접근하면서 처음으로 총격전이 벌어져 여기서 세 사람이 피살.

△ 5시 27분 = 소련 타스통신이 처음으로 "소련과 그 동맹군은 8월 21일 체코가 사회주의 전체진영에 배신행위를 하여 부득이 진주했다"고 보도.

△ 5시 34분 = 소련 장갑차 1개 대대가 체코대통령 관저를 포위.

△ 6시 = 프라하 방송은 다시 "우리는 체코의 대통령이나 수상처럼 우리의 존립에 위협을 받고 있다. 이 방송은 언제 쓰러질 줄 모른다"고 보도.

△ 6시 45분 = 프라하 방송은 다시 국회의 긴급소집을 방송. 그러나 이때 소집자의 이름 속에는 친소파인 국회부의장 이름도 끼어있었다.

△ 7시 = 프라하의 텔레비전은 정규방송을 시작.

△ 7시 16분 = 프라하 방송의 숨 가쁜 소리. "장갑차들이 방송국을 향해 달려오고 있습니다. 청취자 여러분 앞으로 이 방송에서 귀에 선 목소리가 흘러나오면 그젠 프라하의 합법적인 방송기관이 쓰러진 것으로 알아

주십시오."

△ 7시 25분 = 방송국 앞길에서는 총성이 요란하게 울렸다.

△ 7시 35분 = 프라하 방송은 "이제 종말이 다가왔습니다. 소련군대가 방송국 건물 안으로 쳐들어오기 시작했습니다"라고 애절하게 외쳤다.

△ 7시 45분 = 다시 프라하의 방송은 스폿을 보내고 "여러분 안녕히 계십시오. 그리고 블타바 방송은 믿지 마십시오. 우리 방송은 지방방송국 오스트라바로 넘어갑니다. 안녕"하는 한마디를 남기고 끊어졌다. 이로부터 자유체코의 소리와 소식은 바깥의 자유국가들에 영영 전해지지 않았다. 프라하는 봄에 피어났던 한 개의 꽃잎으로 져버린 것이다.

나는 21~22일 양일간 파리에서 체코사태를 송고했다. 22일 낮 본사에서는 비엔나로 나가 국경에서 취재하라고 전보로 지시해왔다.

곧 주불 오스트리아 영사관에 달려가 비자 신청을 하고 23일의 첫 항공편을 예약했다. 본사에서는 다시 비엔나에서 잡히는 체코사태를 특집으로 낼 터이니 컬러사진을 포함해 모든 자료를 보내라고 성화같이 전화를 잇달았다. 도쿄의 장기영 사주도 체코사태 취재의 총지휘소를 도쿄에 옮긴 듯이 몇 번이고 전화를 걸어가며 세세하게 취재지시까지 내렸다. "비엔나에 가면 체코의 국경까지 근접할 수 있겠느냐, 그 루트를 어디로 잡겠느냐, 오스트리아의 우리 공관에는 연락을 해 두었느냐, 차편은 마련했느냐, 접경지대까지 다녀오면 몇 시간이나 걸리겠느냐"고 물은 후 "그러면 공관으로 돌아올 시간에 도쿄와 현지 한국대사관 간의 전화를 열어놓을 터이니 돌아오는 즉시 제1보를 전화로 보내라"고 세심하게 취재작전을 하달했다.

비엔나의 공항에 닿자마자 필자는 먼저 공관으로 달려갔다. L참사관이 차를 빌려주었고 당시의 유양수(柳陽洙) 대사(그 후 사우디아라비아대사)는 고맙게도 공관의 현지인 운전기사를 안내 겸 차를 몰도록 붙여주었다. 그 덕분에 대사관의 문전을 넘어설 것도 없이 모든 준비를 다 갖추고 바로 되돌아서서 현장 근처로 달릴 수 있었다.

가장 가까운 접경은 체코의 브라티슬라바로 빠지는 길목. 비엔나에서 동독으로 한 60킬로미터 다다른 곳이다. 셔뵈하트, 페트로넬 그리고 하인부르크 등 드문드문 있는 마을을 통과하고 한 50분 후 바로 국경초소에 닿았다. 오스트리아와 체코를 잇는 9번 국도는 상상외로 한적했다. 피란민의 무리가 길을 메우지나 않을까 하고 생각했으나 완전히 짐작을 뒤엎었다. 필시 국경이 폐쇄되어 나올 사람들도 빠져나오지 못하고 있을 것이고 따라서 체코 쪽의 국경은 피란민으로 아우성이 아닐까 하고 짐작했다. 그러나 막상 국경에 다다라 초소 쪽을 보았지만 거기 역시 한적했다.

오스트리아 쪽의 국경 앞에 설치된 홍백(紅白)으로 칠한 차단기는 수평으로 내려져 길을 막고 있었지만 지키는 사람은 없었다. 사위는 삼엄해서가 아니라 너무나 조용해서 소름이 끼칠 지경이다. 체코 쪽도 역시 차단기가 내려져 있고 그 멀리에 경비원 한 사람이 서 있는 것이 보였다. 체코 쪽에는 높다랗게 기봉이 솟아있고 그 기봉에 체코의 붉고 희고 푸른 Y자 무늬의 국기가 걸려 있었다. 그러나 그 국기를 보는 순간 나는 일시에 고압전류에 닿은 것 같은 충격을 온몸에 느꼈다. 체코 국기가 반기(半旗)로 게양되어 있지 않은가!

반기는 조기(弔旗)다. 체코는 상중(喪中)에 있음을 알리고 있었다. 이 길목은 자유세계로 뻗은 곳이다. 거기에 조기를 매달고 흘러가는 바람에 부음(訃音)을 전하고 있었다. 체코의 자유는 간밤에 홀연히 작고했노라고.

나는 오스트리아의 국경초소에 여권을 맡기고 차단기를 넘어가는 허가를 받았다. 체코 쪽으로 발걸음을 떼었다. 이상한 감회가 감도는 걸음이었다. 자유의 땅이 끝나는 지점에서 나는 우뚝 멎었다.

표표히 나부끼는 체코의 조기. 가만히 서 있으면 보헤미아의 들과 산을 메운 분노와 호곡(號哭)이 들려오는 것만 같다. 동과 서를 가로지르는 차단기에 문득 판문점을 생각한다. 자연은 삭막하지 않은데 차단기 저쪽은 왠지 냉기만 감도는 것 같다. 형언할 수 없는 단절감 그리고 심연과 같은 비애가 인다. 한국 사람의 혈액 속에는 이런 피의 예측반응을 조건반사처럼 일으키는 폐습이 붙어 있기 때문일까? 길고 긴 단절이다. 앞으로도 얼마나 길지 모른다.

여기 차단기 앞에 또 하나의 단절이 시작되는구나… 혼자 착잡한 생각에 잠겼다가 체코 경비원의 눈초리와 마주쳤다.

그는 나를 멀리서 보고만 있었다. 아무런 표정도 일지 않는다. 호기심도, 경계심도 없는 그런 눈초리다. 그 경비원의 눈망울 속에서는 판문점에서 찾아볼 수 있는 증오도 적의도 읽을 수 없다. 어떻게 보면 어제 오늘의 소용돌이에 경비원도 넋을 잃은 것 같고, 또 어떻게 보면 동에서 왔건 서에서 왔건 한 사람이 나타났구나 하고 느끼는 외의 아무 감각도 일지 않는 그런 표정이었다.

동·서구의 대결이란 특이하다. 2차대전 후 여러 곳에서 새로운 대결이 시작되었지만 동서간의 대결처럼 인류 간에 큰 멍이 들게 한 것도 없었다. 중·소 간의 이념대립, 아랍-이스라엘 간의 팔레스타인 분쟁, 중부아프리카 일부지역의 종족간 분극, 남아프리카지역의 흑백 인종차별, 사이프러스섬의 그리스·터키 간 알력, 북부아일랜드의 종교내란 등 대소간의 갖은 대립과 마찰, 심지어는 전화(戰火)까지 교환한 사건들도 있었지만 동서의 대립처럼 끈질기고 심각하고 절망적인 대치도 없다.

이 동서대결은 지구상 꼭 두 군데서 노출되고 있다. 하나는 유럽의 땅에서, 그리고 다른 하나는 한반도에서다. 우리는 대결 중에서도 가장 격렬하고 잔혹하고 또 오래가는 진절머리 나는 대결을 떠맡고 있는 셈이다. 그것도 동과 서의 주인공들인 소련이나 미국의 직접 대결이 아닌 한국 사람과 한국 사람의 대결로. 우리는 피와 피끼리, 살과 살끼리 언제 맞부딪칠지도 모를 대결을 하고 있지만 유럽에서의 동과 서의 대결은 그것이 아니다.

'미 · 소의 대결'이란 엄청난 주문(呪文) 바로 그것이 충돌의 억제 역할을 하고 있고, 나토(NATO)와 바르샤바조약기구란 거대한 전력(戰力)이 역시 폭발을 조직적으로 제지하고 있다. 유럽 사람은 누구나 체코인과 프랑스인이, 폴란드인과 노르웨이인이, 헝가리인과 영국인이 처절하게 서로 원수처럼 대결하고 있다고는 생각지 않는다. '동서대립'하면 거기에는 눈에 보이지 않는 철의 장막이 쳐있고 국적도 민족도 없는 군사 조직망이 서로 대치하고, 가장 최신형의 무기로 가장 일어나기 힘든 전쟁에 대비하고 있다는 정도밖에 생각지 않는다.

동서대결이란 말 가운데는 역사적 강박관념(제 1, 2차 대전)이 스며있는 외에 화약냄새는 가신 지 오래 되었다. 오히려 각국마다—특히 서구지역에서—국내의 동서대결이 더 절박감을 지니고 있지 않을까? 보수세력 · 자유세력 대 공산 · 극좌세력 간의 경쟁이 선거에서건 사회활동에서건 더 긴박한 의미를 갖고 있다. 그런데 미 · 소가 유럽의 땅 위에서 핵무기를 날리며 일전을 벌이는 것은 유럽인으로서 상도(想到)하기 어렵고 드골에게는 용납키 어려운 일이다. 집단안전보장체제의 허실이 드러난다고 할까, 양쪽 진영 안에서 불뚝불뚝 반체제적인 사태가 벌어지고 있음도 이런 것을 나타내는 것 외의 아무것도 아닌 것 같다.

자유(개인과 집단의)가 허용되어 있는 서구사회 안에서는 격렬한 극좌(極左) 운동이 휩쓰는가 하면, 자유가 억제되어 있는 동구 내부에서는 이따금 제일 먼저 자유화운동부터 고개를 들고 체제에 반항하는 것이다. 그 체제의 논리에서 본다면 둘 다 용납되지 않는 일이다. 그러나 현실적으로 이런 움직임은 두드러지게 나타나고 있다.

그러나 결과적으로 보아 어느 쪽이 더 위험한가를 따진다면 그것은 서구가 아닐까. 서구에서는 좌파세력이 버섯처럼 자랄 수 있을지라도 동구에서는 곧 자유세력이 꺾이고 말게 되므로. 서구에서 어떤 정치적 위기가 닥친다면 그것은 나토의 존재가 서구인들에게 점점 현실적 절박성을 잊을 때이고 또 그것이 미·소 간 대결의 논리에 한 보조역을 하는 것이라고밖에 인식하지 않는 때일 것이다.

그와 병행해서 각국 내에서 사회민주주의 세력이 아닌 공산당의 정치세력이 날로 팽창하여 권력의 핵심에 도전하게 되는 때일 것이다.

동구에서 자유주의사상이 고개를 든다고 서구의 일부 좌파 망나니처럼 마음대로 활개 치며 뻗을 수 있을까? 절대로 불가능하다. 바로 눈앞에 보고 있는 것이 그것 아닌가….

국경선에 내건 체코의 반기는 바로 한 번 싹터본 자유화의 희망들이 무참히도 죽어갔노라는 체코인의 부고(訃告)이자, 소련측의 서방에 대한 시위이다.

바로 600년 전 체코의 얀 후스는 교회의 개혁을 외치면서 "진실을 사랑하라. 진실을 지켜라. 진실을 말하라. 진실에 귀를 기울여라"고 말했다. 체코인들에게 이 말은 양차의 세계대전 중 "진실은 이긴다"라는 민족적 표어로 회자(膾炙)되었다. 진실이 궁극에는 승리한다는 것이 체코인에게는 하나의 신화로 살아왔다.

자유화운동, 그리고 자유에 대한 갈구—이것은 분명히 진실을 되찾는 운동이다. 그러나 1968년의 자유화는 진실이 가진 신화를 조기로 내걸지 않았는가? 루터에 영향을 주고, 버지니아 인권선언에 반영되고 파리의 인권선언으로 발전했던 후스의 진실의 구가는 바르샤바조약기구의 캐터필러 소리에 짓눌리고 말았다.

자유가 끝나있는 피안에 선 체코의 경비원 눈망울에서 나는 애통한 역사의 곡성(哭聲)을 읽다말고 몸을 돌렸다.

솔제니친의 망명 ①

우리들은… 아무도 이해하지 못했다. 이 사람이야말로 속담에 한 의인(義人)이 없으면 마을은 살아가지 못한다고 한, 그 의로운 사람이었다는 것을.

—솔제니친 《마트료나의 집》에서

소련에서 박해받고 있다고 알려진 알렉산드르 솔제니친이 서방세계로 망명(亡命)해 왔다는 소식을 들은 것은 1974년 2월 13일 오후였다. 나는 먼저 오페라 근처 캬트르 셉탕브르에 있는 DPA통신사로 달려갔다. 솔제니친이 프랑크푸르트 공항에 도착했다고 들었기 때문에 서독통신사로 달려가는 게 상보(詳報)를 얻는 데 편리하리라고 생각되었다. 아닌게 아니라 DPA지사에서는 모두가 종종걸음으로 일하고 있었다. 해가 기울어질 무렵, 솔제니친이 서독의 노벨문학상 수상작가인 하인리히 뵐의 시골별장에 당도했다는 뉴스가 들어왔다.

이튿날 새벽 본(Bonn)행 첫 비행기로 취재길에 나섰다. 본 케른 공항에서 택시를 하나 잡아타고 뵐의 별장이 있는 랑겐브로이히 마을까지 직행했다. 약 50킬로미터의 시골길을 마냥 달렸다. 벌써 마을 어귀부터 기자들이 서성거리고 있는 모습이 눈에 띄기 시작했고 TV중계차가 줄을 이어 늘어서 있었다.

뵐의 별장에 닿고 보니 뜰 안에 한 발자국도 들여놓을 수 없을 만큼 도처에서 모여든 기자들로 빽빽했다.

솔제니친은 13일 갑자기 모스크바에서 추방을 당했고 감옥에 갇혀 있을 때의 차림 그대로 차에 실려 프랑크푸르트로 가는 소련 아에로플로트의 일류신 여객기에 짐짝처럼 내동댕이쳐졌다. 그러고도 서독까지는 비밀호송관이 일류신을 같이 타고 그를 감시하며 따랐다.

서독정부가 사전에 솔제니친의 추방에 대해 소련으로부터 타진받은 것이 나중에야 알려졌다. 그가 서독땅을 밟고 자유세계의 문턱을 넘은 것을 서독이 반대할 리 없었다. 서독은 양해해 주었다. 서독정부 대변인은 솔제니친이 도착한 후 곧 공식성명을 통해 그가 서독에 도착했다는 짧은 코뮤니케 하나로 자유에의 제일보를 내딛었음을 선언했다. 서독은 솔제니친이 그 후 망명길을 서독에서 시작하게 되었음을 무엇보다도 자랑스레 생각하는 것 같았다. DPA지사 서독기자들 얼굴에서도 그것을 역력히 읽을 수 있었다.

그러나 솔제니친은 제 발로 걸어 제 조국에 등을 보였던 것일까? 그것은 아니다. 국내 반체제파의 인사 등을 시베리아의 벌판으로 내쫓지 않으면 국외로 추방하던 소련의 독특한 형벌(刑罰), 그 형벌을 솔제니친에게 집행했을 뿐이다. 그 집행에는 8명의 호송원이 모스크바에서부터 따랐고, 서독의 땅에서 일류신기의 문이 열림으로써 이루어졌다.

형벌의 집행은 끝난 것일까? 자유세계의 시민들은 그제부터 그에게 기나긴 형기(刑期)가 시작된다고 보았다. 프랑크푸르트의 공항에 내려서서 어린 소녀한테 분홍빛 장미 한 아름을 받아든 솔제니친 자신은 어떻게 생각했을까?

소련은 많은 사람들을 추방해왔다. 시베리아행이 아니면 국외추방이라는 양자택일의 자유. 이 자유야말로 소련에서는 이단자(異端者)에게 베풀어지는 처음이자 마지막인 자유였다. 2차대전 후 소련에서 전후 3차에 걸쳐 밀려나온 7만의 유태인들, 그들은 '엑소더스'가 아닌 추방이란 들불에 쫓겨 나온 것이다. 많은 지식인, 과학자, 문필가들이 소련에서 시민권이 박탈되고 국외로 밀려나왔다.

1929년 2월, 증기선(蒸氣船)에 실려 흑해를 건너 이스탄불로 강제망명길에 나선 레온 트로츠키를 효시(嚆矢)로 국외추방은 소련의 정적(政敵)처리의 편리한 방법이 되었다. 1926년에 제정된 소련형법 20조는 '노동자의 적'으로 선언된 자를 강제추방할 수 있게 했다. 나중에 이 조항은 '인민의 적'으로 수정되었다. 그러나 1953년 스탈린이 사망한 후 형법에서 이 강제추방 조항은 사라졌다. 그렇지만 국외추방은 국내에서의 강제 주거제한과 더불어 아직까지 살아있다.

소련의 작가 발레리 Y. 타르시스는 1966년 해외여행 중에 국적이 박탈되고 추방이 결정되었고, 물리학자 N. 찰리제는 1972년 조레스 메드베데프처럼 뉴욕에서의 연구생활 중에 추방되었다. 스탈린의 딸 스베틀라나 알리루예바가 1970년 미국으로 망명함으로써 국적박탈과 추방을 당한 것은 강제추방 중에서도 가장 큰 아이러니가 아니었을까?

솔제니친을 추방함으로써 소련은 언제나처럼 손(損)과 익(益)을 면밀히 계산했을 것이다.

익(益) ―반체제파를 국내에서 소탕할 수 있다. 그리고 독초를 뿌리 뽑을 수 있다.

손(損)—소련의 가혹한 내정과 덮여온 비인도성을 세계에다 더 절실히 폭로하고 호소하게 되었다.

소련에서 솔제니친이 추방되기 바로 2, 3개월 전인 1973년 12월 말, 파리의 YMCA출판사에서는 솔제니친이 은밀하게 흘려보낸 그의 새로운 작품 《수용소 군도》를 소련어 원고대로 출판했다. 이것이야말로 세계를 진동시킨 거대한 폭탄이었다. 그것도 시한폭탄이었다. 솔제니친은 KGB(소련의 비밀경찰)가 자기의 목숨을 끊던지 자기의 종적이 사라졌을 때 세계 구석구석에 동시적으로 자기의 원고가 출판될 것이라고, 1973년 8월, 〈르몽드〉의 알랭 자코브 기자와 AP모스크바 특파원이 공동으로 은밀히 제출한 질문서에 대답하는 속에서 선언했다.

그에 대한 심한 박해가 거듭됨에 따라 그가 세계에 숨겨둔 한 개의 시한폭탄이 터진 것이다. 소련은 다른 시한폭탄이 또 터지지 않게, 그리고 터지더라도 그 진동의 극적효과를 최소로 줄이기 위해 솔제니친을 강제로 국외추방한 것이 아니었을까?

국외로 추방한다는 것이 소련의 지식인에게 얼마만큼의 형벌이 될는지 …. 동토(凍土)의 소련지식인 사이에는 크렘린에 대한 대항 방법을 놓고 시비가 있었다.

솔제니친이 체포되기 직전인 1월 21일 모스크바에서 그는 외국기자들과 서면으로 회견했다. 이때 기자들 질문의 첫 번째가 메드베데프 형제의 신조(信條)에 관한 것이었다. 메드베데프(조레스)는 반정부 비판을 버리지 않은 채 영국에 나와 1년 기한으로 의학연구소에서 생물학을 연구하고 있었다. 소련 최고회의 간부회의는 그가 영국에 나가 있던 1973년 8월 소련시민권을 박탈하고 추방한다는 결정을 내렸다. 소련당국은 왜 그가 해외에 체류하고 있는 동안에 날벼

락으로 국적을 박탈하는지에 관해 공식적으로는 일언반구도 하지 않았다.

이런 메드베데프(조레스)였지만 소련개혁론에서는 그 형제도 절친한 솔제니친과는 견해를 달리하고 있었다. 탄드러에서 기자들이 솔제니친에게 던진 질문을 보자.

"메드베데프 형제(조레스와 로이의 쌍둥이 형제)는 소련의 여러 체재개혁이 안에서 이룩될 수 있다는 신조를 갖고 있고 밖의 압력이나 서방세계의 여론은 아무런 참된 도움이 될 수 없다고 말했다. 사하로프(소련의 수소폭탄 개발의 아버지이며 반체제 지식인)는 아래서, 그리고 바깥에서 미치는 압력만이 효과적이라는 의견을 밝혔다. 귀하(솔제니친)와 그(사하로프)는 여러 서방정부나 서방 내 반동집단에 호소를 한다는 점에서 일치되고 있다. 여기에 대해 뭐라고 논평하겠는가?"

이에 대한 솔제니친의 답변은 다음과 같다.

> 내 개인으로 외국정부나, 외국 정치세력에 호소한 일은 한 번도 없다. 사하로프의 경우 내가 알기로는 미국의 상원에 꼭 한 번 호소한 일이 있고, 또 간접적인 권고형식으로 서유럽정부에 대해 호소한 일이 있다. 이것이 우리가 붙들고 호소한 대상이 아니라는 것은 안다. 또 우리가 걸을 길이 아니라는 데도 동감이다. 우리가 여태껏 호소한 것은 전 세계의 여론과 문화인에 대해서였다. 그들의 지지는 무한히 가치 있는 것이고 언제나 효과적이었고 도움이 되어왔다. 그렇다고 언제까지나 그들에게 이런 지지만 기대할 수는 없다. 각자는 각자의 문제를 안고 있어 우리 문제에만 집착해 달라고 강요할 수는 없다.
>
> 그렇지만 로이 메드베데프의 제의는 가소로운 것이다. 그는 우리더러 서구 공산당 세력에 도움을 호소하는 것이 도리인 듯이 비치고 있다. 체코에서 공산당이 일어섰을 때 이를 옹호하는 의욕도 신념도 보이지 않았던

그들에게—. 그런 그들이 우리를 옹호해 줄 것 같은가?(《이반 데니소비치의 하루》가 출판되었을 때의 예를 보라. 흐루시초프가 고무루카와 울브리히트한테서 호되게 공박을 당하지 않았던가)
물론 우리정부와 우리지도자들에게 호소하는 것이 옳은 일이다. 그들도 바로 인민 중위 출신이고 인민과 운명을 꼭 같이하고 있는 사람들이란 전제하에서. 그런 전제하의 호소문은 내내 사하로프나 그리고렌코가 붓끝이 닳고 닳도록 써올렸다. 몇십, 몇백 명의 사람들이 썼다. 우리나라가 마주하고 있는 위험과 고난에서 빠져나갈 수 있는 건설적인 방법을 역설하면서…. 그러나 그들은 한 번도 이를 같이 의논해보자고 회답해오지 않았다. 아무런 회신도 보내지 않은 대신 쇠고랑으로 응수했다.
그러나 우리에게 남은 방법이란 우리의 독자와, 동지와, 특히 우리의 청년들에게 직접 호소하는 것뿐이다. 그리하여 우리 젊은이들이 모든 사물을 배우고 깨달은 다음에도 우리를 지지하지 않는다면 그것은 용기가 결여되어 있기 때문이라고 단언해야 한다. 그때는 그들이나 우리나, 다 우리의 슬픈 운명을 달갑게 받아들여야 마땅하다. 누구를 못났다고 통탄하겠는가, 모두가 노예인데….

덧붙여 한 질문만 더 들어보자.
"귀하의 동지와 젊은이들은 어떻게 지지를 표명할 수 있겠는가?"

분명히 말하지만 무슨 육체적인 행동을 취해 달라는 것이 아니다. 단지 거짓을 뿌리쳐 달라는 것뿐이다. 그리고 개개인이 거짓에 참여하기를 거부하라고 부탁하는 것뿐이다. 누구든지 어디서 어떤 일에 부딪치든 간에 거짓에 협조하기를 단호히 거절해야 한다. 말하라고 했을 때, 글 쓰라고 했을 때, 인용(引用)하라고 했을 때, 서명하라고 했을 때, 혹은 단순히 투표할 때나 개표할 때, 거짓과의 타협이 강요되더라도 물리쳐야 하는 것이다. 우리나라에서는 거짓이 이제 도덕적 통념으로 되었을 뿐 아니라 국가의 근간이 되어버렸다.

'사람의 얼굴'을 벗어던지고 '거짓을 기둥으로' 삼은 소련.

1975년 6월 솔제니친은 파리를 방문했다. 그리하여 파리의 지식인들과 얘기를 나누었다. 레몽 아롱 교수와 대화를 나누었을 때도 그는 소련의 '기둥'—거짓—에 대해 통렬히 비난했다.

아롱 교수가 그 당시를 묘사한 것을 빌려보자(〈르피가로〉).

> …소련정권은 그(솔제니친)에게 있어 타락할 대로 타락한 것으로 비쳐졌다. 말하자면 거짓말이 제도화되어 있는 곳이란 식으로—압제(壓制)를 그곳에서는 자유라 부르며 당의 사전검열이 있음에도 불구하고 언론은 자유라고 말하고, 대숙청(大肅淸)이 단행되고 있을 때에도 스탈린은 소련의 헌법이 이 세상에서 가장 민주적이라고 호언했다는 등으로—.

필자는 솔제니친이 서방세계로 강제추방된 직후 파리의 같은 YMCA사에서 발간된 《소련지도자들에게 보낸 편지》란 소책자를 출판사의 호의로 서점에 나가기 전에 입수할 수 있었다. 이 《편지》는 그의 추방 6개월 전에 크렘린 지도자들에게 제출한 일종의 공개장이었다. 이 속에서 솔제니친은 맑스주의를 이미 사해화(死骸化)한 교리(教理)라고 낙인을 찍으면서 역시 소련 집권층의 '거짓말'을 속속들이 들추어 꼬집었다.

> …사회의 모든 생활—정신·언어·언론·방송 할 것 없이—모두가 거짓·거짓·거짓으로 채워져 있습니다. 모든 것이 거짓 속에 깊이 빠져있고 또 누구나 이 사실을 알고 있습니다. 누구든 사석에서 마주앉으면 이 사실을 털어놓고 얘기하고 심지어 농담이나 조롱도 하는데 공식적인 연단에 일단 오르면 계속 위선적인 상투어를 구사하는 것입니다. 당신들(지도자들)은 신문을 펴거나 TV를 켰을 때 당신들 자신이 그 말과 글이 진실된 것이라고 한순간이라도 믿어본 일이 있습니까? 나는 당신들이

오래전부터 그 말과 글을 믿고 있지 않다는 것을 확신하고 있습니다. 거짓을 전반적으로 강제적인 방법으로 키우고 있는 것이 아직도 존속하는 우리나라의 가장 나쁜 고통스런 현상 중의 으뜸가는 것입니다. 이것은 물질적인 빈곤보다 자유의 결핍보다, 더욱 고통스런 일입니다.

소련이란 '야누스'는 이쪽 얼굴도 거짓이고 저쪽 얼굴도 거짓이고 하는 것이 솔제니친의 조국관(祖國觀)이다. 솔제니친이 조국으로 생각하는 — 적어도 추방이란 형벌에 미련이라도 가질 수 있는 — 러시아는 '1984년'에 가서 소비에트로서 죽는 것이 아니라 소비에트가 되면서 이미 죽었다고 솔제니친은 단정하고 있다. 거짓의 뒤범벅. 이것은 솔제니친에게 조국이 될 수 없다. 추방 후 그가 반추하듯 아쉬워한 것은 러시아 땅에 사는 사람과 그 산하(山河) 뿐이었다.

진실을 심호흡하려던 사상이 질식을 당하기 시작한 것은 스탈린 때가 아니라 레닌 때부터라고 솔제니친은 말하고 있다. 《수용소 군도》는 이것을 말하려고 썼다. 이 방대한 자서전적인 고발문학론에서는 두 대목이 가장 인상적이다.

그가 투옥되어 있었던 1945년 봄, 루비앙카 감옥의 감방죄수 하나가 아무 생각 없이 다른 죄수에게 소리 질렀다.

"일리치(당시 레닌을 존경해서 부를 때는 그가 망명하기 전의 본명이던 '블라디미르 일리치 울리야노프' 가운데서 따서 이렇게 불렀다). 자네 오늘 변기청소 차례야?"

그 말이 떨어지기가 무섭게 솔제니친은 그의 멱살을 낚아챘다. 그리고 고함을 쳤다. '일리치'란 진짜 그 죄수의 이름인데도.

"임마, 이 땅 위에서 하나를 빼놓고는 아무도 일리치가 아니야. 어떤 때든 일리치라고 부르는 건 커다란 모독이야!"

'사형은 형벌이 아니라 사회방어의 한 수단'이라고 말한 소련 피의 혁명의 원조 레닌을 솔제니친은 뼈에 사무치게 증오했다. 모든 테러(공포행위)는 레닌에서 시작하여 스탈린에 이르러 다시 피비린내 나는 대숙청(大肅淸 = 1937년)으로 발전했고 흐루시초프 이후에도 연면히 이어지고 있다고 솔제니친은 폭로했다. 이것을 증언하려고 그는 갖은 박해를 무릅썼고 《수용소 군도》 자료를 모았고, 짬짬이 이 방대한 저서의 골격을 세워나갔다(1972년에 발간된 조지 페퍼의 전기 《솔제니친》에서는 벌써 《수용소 군도》란 솔제니친의 또 다른 경악할 저서가 완성됐다고 밝히고 있다. 이런 공개에 대해 솔제니친은 어떠한 곤혹스러움도 내보이지 않았다).

또 다른 인상적 술회는 이런 것이다. 1945년 같은 해에 솔제니친이 NKVD(내무인민위원회의 약어. 1934~46년까지 존속, 10월혁명 후 인민위원회의 — 정부 — 안에 공공질서유지란 명목으로 이 기구를 설치하고 국가안전보장기구이던 게페우(GPU)를 통합, 46년부터 내무성으로 개칭. 베리아가 주무르던 기구) 요원에게 체포·연행될 때였다. 지하철로 호송될 때 그는 계단을 내려가는 군중들을 향해 불현듯 고함치고 싶었다. 그러나 그는 꾹 참았다.

"여기서 내가 외친다 해도 200명이 내 소리를 들을 뿐이다. 고작 많아야 200명의 2배 정도가 될까. 지금 끌려다니며 고생하고 있는 2천만 명은 어떻게 하려고…"

솔제니친은 어렴풋이나마 이런 생각을 했다고 쓰고 있다.

"언젠가 나는 2천만 명을 위해 그들이 듣게끔 소리를 외치리라."

프랑크푸르트의 공항에 내려섰을 때(그때까지 솔제니친은 소련의 감옥에서 어디로 비행기를 타고 가고 있는지 몰랐다고 했다), 솔제니친은 20억의 세계에 외치고 싶었을 것이다. 그리고 두고두고 외칠 것을 생각했을 것이다. 스스로 이제는 외쳐야 한다는 자유의 형기를 시작했을 것이다.

솔제니친의 망명 ②

솔제니친이 서방세계로 '망명'한 후 그는 무엇을 외쳤을까? 외친 것이 없다. 그는 아직껏 긴 침묵을 지켰다. 들리는 바로는 서방에서 판매한 여러 저서의 인세로 미국 버몬트 주의 캐번디시 마을에 51에이커라는 넓은 땅을 사들여 큼직한 저택에서 칩거(蟄居)하고 있다 한다. 또 일설에는 그의 침묵이 서방에서는 소련 내부에 대해 관찰할 수도 없고 경험할 수도 없을 뿐 아니라 그가 준비하고 있었던 많은 자료들을 소련에 두고 왔기 때문에 자연히 그런 것이라고 설명하기도 한다. 그러나 한번은 그가 다른 대작(大作)을 쓰고 있는 중이라고도 전해졌다. 여하간 확실한 것은 긴 침묵이 계속되고 있다는 사실이다.

서독 랑 게브로이히의 하인리히 뵐의 산장에서 기자들에 둘러싸였을 때 그는 일체 정치적 문제에는 입을 다물겠다고 선언했다. 그는 소련어와 독일어와 영어를 섞어가며 "나는 조국에 있을 때 너무나 많은 말을 했습니다. 지금은 침묵을 지킬 시간입니다. 제발 나에게 아무것도 묻지 말아 주십시오"라며 설레설레 손을 내저었다.

솔제니친이 스위스로 떠나간 아침 필자는 뵐을 만나 솔제니친과 보낸 이틀간의 일들을 물었다. 뵐은 친구로서, 고통을 당하고 있는 한 친구로서 그를 맞이했고, 친구로서 얘기를 나누었을 뿐이라고 말했다. 그러나 솔제니친은 모스크바에 두고 온 그의 가족에 대해 한 시도 걱정을 놓지 않았다고 뵐은 말했다. 뵐은 먼 데서 온 이 친구에게 별다르게 환대할 것이 없었다. 있는 치즈와 포도주 그리고 싱싱한 야채와 뵐의 부인이 정성들여 끓인 수프만 대접했다는 것이다.

솔제니친은 서방에서 가는 곳마다 마음에서 우러난 환영을 받았다. 고난을 이겨내고 나가는 인간에게 인류는 언제나 성원과 갈채를 보내는 법이다. 솔제니친한테서 받은 인상은 몹시도 찌든 듯한 얼굴이었다. 한 번도 크게 웃어보지 못한 굳고 침통한 표정이었다. 기자들에게 미소를 지으려 할 때도 그 미소에는 차가운 얼음바람이 일다가 이내 일그러져 버렸다.

한 지표 위에서 이렇게 다른 세계가 있을 수 있을까 하는 느낌을 저절로 가지게끔 솔제니친이 던진 어두운 인상은 필자뿐 아니라 뵐의 산장에 모인 모든 기자들에게도 둔탁한 충격으로 울렸다. 같은 땅위의 다른 세계에서 건너온 사람. 머리가 혼돈해지고 말이 복합어로 되어 있는….

필자는 이따금 파리나 다른 데서 소련 사람들과 마주쳤다. 그중에 기자도 있고 여행객도 있고 때로는 공관원들도 있었다. 그러나 그 누구한테도 솔제니친과 같은 표정을 보지는 못했다. 솔제니친한테서 비로소 소련의 독특한 인상을 찾은 셈이다. 그는 다른 세계 속의 또 다른 세계에 살다 왔다는 듯한….

틀림없이 솔제니친은 소련 내의 다른 세계를 보며 살아왔다. 그리고 누구도 감히 얘기하려 하지 않고 들여다보려고도 하지 않는 그 세계를 들여다보고 호소하고 말해온 것이다. 흐루시초프 시대에 와서 소련의 스탈린 치하의 암흑기를 반성한 일이 있었다. 많은 소련 작가도 이 해빙(解氷)에 말려 이것을 작품으로 써서 태양 아래 많이도 내놓았다. 그러나 얼마가지 않아 이런 작가 작품은 반동이란 서릿발을 맞고 시들어버렸다. 이것을 비판하던 흐루시초프 자신도 종국에는 입을 씻고 말았다. 솔제니친과 몇몇 작가만은 스탈린이 사라진 지 20년이 넘도록 아직도 존재하는 집단수용소, 강제노동 유형을 끈질기게 붓끝으로 파헤쳤다. 이 모든 것이 옛날의 관례가 아니라 폐막 후에도 연출되고 있는 비극(悲劇)이라고.

사실 솔제니친이 추방된 것은 과거의 우화(寓話)를 들추었기 때문이 아니라 그것을 오늘에다 각색했기 때문이다. 스탈린과 스탈린 통치법의 규범이 된 레닌의 그림자는 소련사회 깊숙이 잠적해 있고 한참 기능하고 있다고 솔제니친은 서슴없이 지적했다. 거짓 속에 가려진 채 결실하지 않아도 질기게 번식하는 은화석물처럼 소련의 내부에 독한 씨앗을 뿌려놓았다고 말했다.

소련은 솔제니친을 막 보내놓고 솔제니친에서 파생되는 말들에 고물을 묻혔다. 〈프라우다〉는 솔제니친 사건에 얹혀 서방세계가 소련더러 인권침해를 심히 하고 있다고 비난하는 것을 잘 안다고 능청거리면서 소련에서 힘으로 시민을 억압하는 시대는 이미 지났다고 논평했다. 이 논평은 솔제니친이 《수용소 군도》에서 파헤치고 있는 대로 소련이 폭력과 공포와 위압으로 시민들을 강제하는 그런 일을 하지 않는다는 뜻이다. 미묘한 인권문제에 대해 소련이 언급한 것은 이것이 처음이긴 해도 불쑥 튀어나온 이 말 한마디가 도대체 무엇을 얘기하려고 한 것인지 선뜻 이해할 수 없었다. 솔제니친에게 이 말의 해석을 요구했다면 그는 '또 한번 거짓말을 했다'고 통탄했을 것이다.

소련은 솔제니친 사건으로 영향을 받았을까? 조금이라도 강제노동 수용소의 담이 한 뼘이라도 허물어졌을까? 이에 대한 대답은 부정적이다. 레닌은 동조하지 않을 인민을 '벌레'라고 불렀다고 솔제니친은 썼다. 고르키는 다 죽어가는 반항 지식인들에게 이제는 자비를 베풀어도 좋지 않겠느냐고 레닌한테 충고했지만 레닌은 "그들은 우리나라의 브레인이 아니라 개똥들이다" 하며 뿌리쳤다고 했다. 〈프라우다〉의 논평대로 하면 이제 소련에서 반체제지식인은 '개똥'도 아니란 말인가? 개똥도 벌레도 사라지고 억압과 힘이 은밀하게 난무하던 그런 시대도 옛말이란 뜻인가?

〈프라우다〉의 논평은 솔제니친이 마지막 벌레이고 찾을 수 없는 마지막 개똥이란 뜻으로 볼 수밖에 없다. 개똥과 벌레는 스탈린 시대 우화의 주인공이었을 따름이고 오늘의 서사시(敍事詩)에서는 영웅만이 있어야 옳다. 그러나 20세기의 호머가 엮은 《수용소 열도》에서는 열도의 갯벌마다 광인(狂人)과 노예만이 건너갈 곳도 없이 진창이 되었다.

정신병원에는 표트로 그리고렌코 장군서 시작하여 'USSR'의 새로운 정신병원의 저자 울라디미르 부코프스키(1942년생)에 이르기까지, 그들의 광기(狂氣)를 치료받기 위해 얼마나 많이, 얼마나 오래 입원하고 있는지 모른다. 이미 형기가 정해져도 용서를 받을 수 있을 만치 '깨끗해지기까지' 두 번째, 세 번째의 형기를 가산하는 것도 예사다.

스비아토스라프 카라반스키, 스테판 쇼로크는 25년형을 받고 19학년(소련의무제 교육의 최종학년) 짜리의 국정교과서를 학습받고 있다. 두뇌구조를 바꾸어야 하기 때문이다. 교직자 셔타게르스는 유리 추케비치의 예와 같이 두 번째 10년형을 꼬박 살고 출감하기 직전 일면식도 없는 한 증인의 증언으로 세 번째로 10년을 살게 되고 말았다. 보리스 즈도로비에츠는 그의 신앙을 이유로 세 번째 형기가 추가되었고 표트르 토카르는 25년형을 받고 살다 24년째 숙청되었고, 지노비에프 크라시프스키, 유리 벨로프도 형기 마지막에 가서 정신치료를 이유로 울라디미르 감옥에서 스몰렌스크의 정신병원으로 이송, 기한 없는 입원을 시켰다. 알마티의 지하그룹 '젊은 노동자'의 보리스 브코프, 오그르소프 스베르스추크나, 페름의 사미즈다트 '지하법'에 관계한 올레그 플라토노프, 유게니 봐긴느, 니나 스트로카의타야… 등 강제노동수용소에 가거나 투옥된 무수한 사람들의 종적은 지금도 알 길이 없다(〈르몽드〉의 알랭 자코브 기자와의 회견).

열도(列島)인 강제노동수용소는 소련 안에 104개가 있다. 열도는 소련 내무성 직할이다. 3천만 명의 수용자가 열도에서 죽어갔다. 스탈린은 1940년과 41년 사이에 1,200만 명의 남녀를 열도로 추방한 일도 있다. 솔제니친은 제정 러시아하에서의 희생자수와 소비에트 체제 후의 희생자수 비율이 1대1,000이라고 말했다. 그는 40년 동안 추위와 굶주림과 또는 고문과 비밀 학살로 줄잡아 6천만 명이 희생되었으리라고 《수용소 군도》에 적었다.

솔제니친은 자신의 투옥경험을 달가운 것으로 말했다.

> 재소생활을 통해 나는 내 생활에 몰입되었지만 그것은 수치스러워서가 아니었다. 또는 악몽 같아 지워버리려고 그런 것도 아니었다. 나는 그러다가 이 흉악한 세계를 사랑하게 되었다. 위대한 진실을 찾을 수 있는 곳이 바로 이 감옥의 감방이 아닌가 하고.

그의 투옥은 바로 그가 배반당하고 있다는 느낌에 촉매제가 되었다. 그리고 일생의 중대한 전환을 가져왔다. 무언가 세계를 위해 중요한 일을 전해야 한다는 이런 작심은 누구나처럼 처음에는 맑스주의와 혁명에 그 방법을 기대했다. 그러다가 자신이 죄수가 되어 다른 세계를 보게 되자 이 신실한 맑스주의자는 지금 자기가 배반당하고 있다는 것을 깨달았고 자신이 추구하던 최고선은 맑시즘을 넘어서 있다는 회오(悔悟)와 함께 다른 세계와 맑시즘의 자리를 서로 엇바꾸어 버렸다.

1961년 10월, 소련 공산당 제22회 대회는 소비에트 사회주의국가가 프롤레타리아 독재체제에서 소비에트 인민의 의사와 이익을 반영하는 전인민국가로 전진한다고 선언했다. 그러나 국가권력기구로서의 소비에트제도는 아직까지 그대로 유지되고 있다. 이 제도에서는 여전히 삼권의 분립이라는 것도 없고 '사법권의 독립'이나 '법의 지배' 같은 것도 없다. 어떤 합법성이 존재하는 것이 아니라 체제본질적(體制本質的)인 권력주의의 합목적성만을 찾을 수 있다. 혁명달성의 목적을 위해 법도 솔제니친도 제물이 되어야 하는 것이다. 동토(凍土)에서 살아남을 수 있는 것은 이끼이지 장미가 아니다.

소련사회와 현 소비에트체제에 대해 비판을 가하는 소련지식인은 대체로 솔제니친, 사하로프, 메드베데프 3인으로 추려볼 수 있다.

솔제니친은 맑스-레닌주의를 반대한다. 그렇다고 서방의 자본주의를 대신 택하지는 않았다. 그는 다분히 현대의 테크노크라트가 지배하는 사회, 종교적 근엄과 신앙의 전통(러시아 정교적인)이 존재하는 사회를 그렸다. 그의 작품 《제 1원》(第1圓)이 이것을 그리고 있다. 그는 말하자면 맑스-레닌주의를 버리고 전통적인, 그리고 현대과학의 러시아로 되돌아가자는 주장으로서 현 제도와 이를 키워온 공포시대를 배격하는 것이다.

소련의 비정통적 사학자라 할 로이 메드베데프는 솔제니친이 스탈린 공포정치를 가차 없이 폭로한 것에 찬사를 보낸다. 그러나 현대 테크노크라트가 사회를 통어(統御)하고 러시아정교의 신권(神權)정치가 부활되어야 한다는 이론에는 고소(苦笑)하고 있다. 메드베데프는 소련의 과거로 복귀할 것이 아니라 '순수한 맑스주의'로 돌아가야 한다고 믿는 것이다.

이런 소련사회의 부정과 긍정 양극단의 중간에서 가장 현실적인 비판을 가하는 것이 핵물리학자 안드레이 사하로프이다. 그의 주장은 서구의 자유민주주의에 누구보다도 훨씬 다가서 있다. 그는 공공연하게 솔제니친처럼 맑스-레닌주의를 포기할 것을 외치지는 않으나 동서접근이 새로운 대안을 소련에 가져다준다고 믿고 있고, 유럽의 중도정당이 내거는 혼합경제체제에 대한 정치철학을 품고 있다.

1973년 가을, 소련계 유태인들의 출국을 소련정부가 틀자 미국은 이것을 구실로 약속했던 관세(關稅)와 차관(借款)의 양허(讓許)를 철회하겠다고 나왔다. 이때 사하로프는 미국 의회에 대해 행정부의 조치를 반대하라고 요청했다. 이유는 그런 관세양허가 교류를 활발히 만드는 지렛대가 되며 서방의 이 지렛대를 포기해서는 안 된다는 것이었다. 메드베데프는 사하로프의 이 요구에 대해 미국으로 하여금 소련의 등 뒤를 겨누고 방아쇠를 잡아당기라고 요구하는 것과 같다고 공박했다.

이런 유형으로 보았을 때 서로의 견해와 주장하는 것이 다르긴 해도 소련의 현 제도에 대해 비판적이란 데서는 일치한다. 소련의 체제가 진실로 인간다운 권리를 누리기에는 많은 문제가 있고 그것을 하루아침에 뒤바꾸어 놓기는 어렵다는 것이 현실이다. 솔제니친의 국외 강제추방이 있은 직후 서방의 각 공산당은 소련에 대해 상당히 비난을 퍼부었다. 유고와 스웨덴과 이탈리아의 공산당이 더욱 날카로웠고, 문화적 문제에 행정권이 관여한 것 자체가 잘못이라고 야단이었다.

그러나 소련의 현실도 국제정치에서는 문제가 되지 않았다. 이른바 데탕트(긴장완화)에 휩쓸린 강대국들은 강대국 간의 현상의 논리가 있었고 '힘'이 잠잘 때는 깨우지 않는 것이 소망스럽다는 원리가 있었다. 그리하여 소련의 실정을 아예 외면했다. 닉슨 대통령은 솔제니친이 추방된 직후에 있었던 기자회견에서는 솔제니친을 "대단히 용기 있는 사람"이라고 찬탄했지만 한편으로 그렇게 어려운 시절에는 그런 사람은 시베리아로 갔어야 했을 것이란 말을 잊지 않았다. 그는 모스크바와 솔제니친 사건에 대해 성과 없는 대결을 하는 대립도, 긴장완화의 무드를 깨어야 할 이유도 없다고 잘라 말했다. 포드 대통령 역시 솔제니친과 면담하기를 거절했고, 이 역시 데탕트에 영향을 줄까봐 취한 결정이었다.

솔제니친이 망명길에 올랐다는 사실 때문에 긴장완화란 미·소 간의 공용어가 뜻을 바꾸지는 않았다. 소련은 솔제니친을 내보낸 후 시치미를 떼고 있으면 되었고, 미국이나 자유진영의 정부들도 아무 일이 없었던 것처럼 외교사(外交辭) 교환에 충실했으면 되었다. 모스크바에서 '펩시콜라'가 활개를 치고 있는 한은.

헬싱키의 유럽안보협조회의(CESS)가 열리기 한 달 전부터 솔제니친은 미국 도처를 뛰어다니며 돌풍을 일으켰다. "헬싱키로 가지마라. 인류의 배신행위를 막아라"고 곳곳에서 외쳤다. 그러나 이 소련 노벨수상자의 외침을 미국의 노벨평화상 수상자도 완전히 외면했다. 키신저 국무장관은 어디선가 매카시의 바람이 불고 있다는 식으로 무시해 버렸다. 미국은 반공국가가 아닌 양으로.

헬싱키에서는 1975년 8월, 미소(美蘇)를 양극을 한 현상유지 체제를 다짐하는 선언문이 조인되었고, 서로 동서(東西) 간에 내정간섭 말고 국경을 존중해주고 한편으로는 사람과 정보의 왕래를 활발하게 만들게 장벽을 낮추자고 약속했다. 이런 화해무드가 감도는 회의에서 솔제니친이란 이름은 터부가 되었다.

솔제니친은 할 말이 없어졌다. 침묵만이 그가 할 일이다. 하인리히 뵐의 부인이 서독의 외진 산장에서 정성껏 차려 내어놓은 싱싱한 샐러드로 환대한 그 이상의 훈훈한 환대를 누구도 솔제니친에게는 베풀지 못했다.

섹스 박람회의 뒷얘기

"… 여보세요, 덴마크 공보관이지요? 코펜하겐에서 성(性) 전시회가 열린다는데 주최자가 누군지 좀 알려주십시오."

1969년 10월 중순 어느 날 낮이었다. 서울 본사에서 코펜하겐의 성전시회를 출장취재해서 송고하라는 지급 전보가 들이닥쳤다. 처음 전보를 받고는 무슨 오자가 섞인 것이 아닌가 하고 한참 고개를 갸우뚱거렸다. 듣도 보도 못한 전시회다. 궁리 끝에 샹젤리제 대로에 있는 덴마크 공보관에다 전화를 걸어보기로 했다.

전화통에 나온 공보관 역시 맹탕이었다. "무슨 말씀을 … 우리는 그런 것을 모릅니다." 하는 수 없이 염치불구하고 코펜하겐의 S씨에게(당시 우리의 상주공관이 아니었다) 장거리 전화를 걸고 확인해 보았다. 나중에 S씨한테 전화가 되걸려왔는데 그런 것이 열린다는 내용이었다.

아침 첫 항공기로 코펜하겐을 향해 출발했다. 보도진을 위해 개막 3시간 전인 오후 1시에 전시장을 공개한다고 하여 공항에 닿자마자 점심도 거르고선 전시장으로 직행했다. 오장을 비워둔 것이 정말 잘한 일이었다고 나중에 자탄(自嘆).

아이스하키장만 한 장소에 몰려든 보도진은 무려 500명, 한참 열을 올리고 있는 파리의 월남평화회담 취재를 상회하는 보도진의 수다. 한 발자국 안으로 들여놓자 현기증이 난다. 전시장의 벽이란 벽, 공간, 눈 닿는 곳마다 성의 그림과 사진과 기구, 그리고 소리로 뒤범벅이 되어 있었다. 부끄럽고 민망하고, 쑥스럽고… 뭐라 표현할 수 없는 감정이 일시에 복받쳤다. 아담과 이브가 금단(禁斷)의 열매를 따먹지 않았더라면 필자도 아무렇지 않았을지 모른다. 입구에 들어서면서 코트와 짐을 맡길 때 도리(道理)와 수치심과 윤리관 같은 것도 함께 맡길 것을 하고 후회가 되었다.

'성(性)69전시회'

이것이 전시회의 공식명칭이다. 성전시회치고는 이번에 유사 이래 초유의 것이었다. '성70'도 이듬해에 예정대로 열렸으나 1969년보다는 인기가 덜했고 71년부터는 아예 폐지되어 버렸다. '성69'가 뭐라 해도 폭발적 인기를 거둔 셈이다.

개막하는 날, 코펜하겐 공항에는 여느 때보다도 입국객이 많았다. 아프리카에서는 전세비행기가 날았다고까지 소문이 났다. 함부르크에서는 버스가 통째로 뱃길로 코펜하겐까지 실려 왔다. 전시장에는 공식 '대변인'도 있었고 '홍보자료'도 마련되었다. 대변인은 섹스론의 권위자인 양 진지한 자세로 섹스를 논했고 실험해 보시겠냐고 덤볐으며, 기자 등에게 한 꾸러미씩 나누어준 보도자료는 9할 9푼이 포르노 사진과 책자.

도시 전시장 안에서는 어디다 렌즈를 제대로 대고 셔터를 누를 데가 없다. 독자들에게 공개해도 괜찮을 빠끔한 구석이 없었다. 어디를 둘러보아도 춘화도(春畵圖), 춘화도….

덴마크를 비롯하여 인근 북유럽의 포르노업자 38개 상사가 이 전시장에 상품을 내어놓았다. 세계 최초로 인간의 성이 견본으로 등장한 것이다.

오후 4시. 그 개막식이란 것이 또한 천하에 절묘한 것이었다. 여성의 팬티를 테이프 대신으로 전시장 입구에 걸어놓고 주최측이 하얀 장갑을 낀 손으로 가위를 들고 산부인과 못지않게 조심스레 이것을 아삭아삭 잘라 나갔다. 그다음 샴페인을 드는 대신 전라인 묘령의 아가씨 몸에 덕지덕지 페인트를 칠했다. 모두가 박수를 치고 아가씨가 고성을 지르며 몸을 비비 꼬는 것으로 식은 끝났다. 이래서 개회식은 사디즘에 마조히즘, 누디즘에 모더니즘, 거기다 비즈니스맨십까지 곁들인 '장중한 것'이 되었다. 마귀(魔鬼)가 있다면 그도 여기에는 혀를 내둘렀으리라.

회장 바깥에는 입장하는 손님들을 향해 연신 목자(牧者)들이 고함치고 있었다. "음란한 자들아. 죄인임을 깨달아라." 그리고 전시회가 열리고 있는 2일부터 26일까지 덴마크의 어느 교회에서는 이 신종 '마귀들'의 구령(救靈)을 위해 특별기도를 올리기도 했다.

덴마크정부는 어쩌자고 이런 행사가 수도 한복판에 열리도록 내버려두었을까? 내버려둔 것은 아니었다. 봄부터 이것 때문에 국회에서는 한바탕 소란이 벌어졌다. 그러나 국회도 외화(外貨) 앞에는 기가 꺾이고 말았다.

덴마크는 1969년만 해도 EEC(유럽공동시장) 회원국이 아니었다. 따라서 덴마크의 농산물은 같은 비회원국인 영국에 대량 수출하고 있었다. 전 수출량의 70%를 영국이 사주었다. 그러다가 영국이 1968년에 파운드화의 평가절하를 단행했다. 덴마크의 농산품은 이 바람에 값이 올라 수출량이 뚝 떨어졌다. 1968년에는 45%밖에 팔리지 않았다. 그래서 잉여농산물은 부득이 바다에 집어넣는 수밖에 없게 되고 정부가 농민에게 출혈을 보상해 주어야 했다. 농촌보상금으로 3억 6,500만 크로네가 허비되었다. 이만큼 국고(國庫)가 축난 것이다.

그런데 포르노업자들이 세계 각국으로 포르노상품을 수출하여 이해에 무려 5억 크로네(7천만 달러)를 벌어들였다. 농업국가 덴마크는 포르노 장사꾼한테 큰절을 해야 할 형편이 되었다.

4월 국회에서 성을 개방하는 것에 대한 가부(可否)논란이 벌어졌지만 어려운 판에 포르노가 외화를 벌어들여온다는 데는 대놓고 안 된다고 우길 수는 없었다. 게다가 포르노업자들은 활개를 치고 국회복도에서 로비를 했다. 공청회에까지 부쳐졌는데 결국 "성개방이 성범죄를 줄인다"는 묘한 데로 귀착하여 포르노전시회까지 묵인하기로 결정했다.

전시장에서 '성69'의 대변인 아나스탈로는 이 성전시회가 성 수출과 얼마나 밀접한 관계가 있으며 성전문가들이 사회를 위해 얼마나 큰 공을 세우고 있는지 모른다고 수다를 떨었다. 그는 세상에서 욕과 칭찬을 함께 받고 있다고 하면서도 성의 진실성 진면모를 차제에 계몽해야 하겠다고 대단한 의욕을 보였다. 그가 내어놓은 취지문에서도 이런 기개는 팔팔했다. "전 세계 신문은 이제 우리 전시회를 대서특필하고 있고 바티칸의 〈로세르바토레 로마노〉도 예외는 아니다"고.

과연 이 행사는 대단한 파문을 던졌고 세계적으로 메가톤급 충격을 주었다. 포르노가 개방되고 범람하여 국경을 넘어 세계를 휩쓸 때 그 오염도는 핵무기에 버금갈 것이라고. 그 해독은 최신 화생무기의 위력에 뒤지지 않을 것이다.

전시장에서 필자는 *VUE*라는 포르노 책자를 판매하는 사람에게 매번 얼마나 찍어내며 얼마나 팔리느냐고 물어보았다. 그는 서슴지 않고 지난달에 2만 부를 찍었는데 그중 9천 부가 서독으로 수출되었다고 대답했다. 이 사람은 필자를 일본기자로 보았는지 "일본에도 5천 권 팔았지요. 다음달에는 5만 부를 인쇄할 계획입니다" 하며 씩 웃었다.

어떻게, 어떤 루트로 팔려나가는가는 극비에 속한다. 대변인 아나스탈로가 이에 대해 설명해 주었다.

"우리는 주문을 받으면 어떠한 수단을 써서라도 상품을 코밑까지 보내줍니다. 그리고 대금은 천하없어도 받아 나옵니다."

마약이나 강력배나 포르노나 그 침투경로가 비밀인 것은 매한가지다. 20세기의 바이킹은 포르노를 싣고 어두운 바다를 지금도 달리고 있겠다.

전시장에서 포르노 슬라이드며 영사용 필름, 녹음테이프, 책자, 각종 기구를 매만지고 있는(덴마크 당국은 전시장에서 현장판매를 하지 못하게 금하고 있었다) 아가씨에게 물어보았다.

"그렇게 손에 대어도 징그럽지 않느냐?"고. 그러자 그 아가씨, "아뇨, 케이크 만지는 기분인데요".

덴마크에서 이런 성전시회가 열리고 성 개방이 찬성을 얻는다 하더라도 사회의 깊은 데서는 "요즘 젊은 것들이 너무 덤벼" 하는 감정을 그대로 지니고 있다. 성의 개방방침에 따라 중학교 학생 때부터 가르치던 성교육을 이때부터는 앞당겨 초등학교에서부터 가르치기로 했지만 여성들의 피임기구 자유구입 연령을 18세에서 16세로 낮추자는 데에는 국회도 반대하여 부결시켰다. 덴마크에서는 아가씨가 18세 이상만 되면 피임기구를 마음대로 살 수 있지만 그 이하의 연령은 보호자를 동반해야 살 수 있다.

또 '수평운동'이라 하여 투표권을 18세부터 주도록 인하하자는 제안이 나왔을 때 국회는 이를 국민투표에 부쳤다. 그러자 국민의 70% 이상이 여기에 "노!" 하고 나섰다. 젊은이들에게 너무 많은 세계를 한꺼번에 안겨주어서는 안 된다는 사회적 기우(杞憂)가 아직은 사그라지지 않고 있다. 사회보장제도가 완벽하고 사회보장비가 후하게 지급되는 이런 후생국가에서는 젊은이들에게 너무 많은 자유를 부여함으로써 무분별이 자연 조장되기 마련이고 이로 말미암아 사회문제가 날이 갈수록 많이 발생함을 막을 길이 없게 된다.

여기에 대해 상징적으로 등장하고 있는 것이 덴마크의 'Morders Hjem'이라는 모자원(母子院)이다. 이것은 미혼모자의 숙사이다. 필자도 이 집을 찾아가 실태를 본 일이 있다. 그 모자원 미혼모의 얼굴이 과연 밝았을까? 그런데도 이 모자원은 점점 더 늘어나고 있다. 성개방과 성범죄의 관계. 성개방과 모자원의 관계. 다 같이 병아리가 먼저냐, 달걀이 먼저냐의 관계 같은 일이다.

코펜하겐이 온통 섹스 범람도시 같다는 인상을 품어서는 곤란하다. 포르노 책자를 팔고 있는 데는 시내의 극히 제한된 일부지역이다. 대부분은 보수적이며 우리와 다름없는 성의 순결성이라든지, 정절관념이라든지, 신비적이라고 보는 태도들을 대부분의 시민이 지니고 있다. 포르노 때문에 일어나는 '당연한 물의'(物議)가 때때로 이는 것이 바로 이런 의식구조가 팽배해 있다는 데 연유한다.

한번은 코펜하겐 시내중심가의 제일 큰 호텔 R에서 종업원이 때마침 집단으로 투숙한 외교관들의 부탁을 받고 콜걸을 불러다 준 적이 있었다. 이런 대수롭지 않은 사실이 신문에 짤막하게 실렸다. 코펜하겐의 시경찰국에서는 곧 이 사건을 입건하고 진상조사에 나섰다. 호텔측에서도 이런 사건에 수치스러움을 금치 못하는 바라고 공개사과문을 신문에 게재했고 호텔의 이 종업원은 파면되었으며 호텔지배인은 인책 사임했다. 포르노는 여전히 불명예의 멍에를 쓰게 된다. 인간의 성이 신비롭고 소중하고 도덕적인 것인 한에는…. 포르노로 외화를 벌어들인다고 하더라도 평범한 시민조차 여기에는 눈살을 찌푸렸다.

> 리볼리 공원에 들어가는 사람한테서 시에서는 2크로네씩을 받아가지요. 이것으로 작년에 시는 400만 크로네의 수익을 올렸습니다. 만약 저기 들어가는 외국 관광객이 모두 15크로네나 20크로네를 주고 포르노 물건을 한 가지씩만 사서 돌아간다 해도 그 수익은 굉장할 것입니다. 그러나 우리는 400만 크로네의 수익을 더 소중하게 생각하고 싶습니다.

'성69전시회'를 취재하고 나서 그날 저녁 때마침 코펜하겐에 들른 우리나라의 저명한 여류문인 두 분을 찾아보았다. 이 분들도 이 전시회를 보았다고 했다. 이 전시회에 대해 한결같이 구토증을 느꼈다고 이 문인들은 말했다.

"세상이 끝난 것 같더군. 망했어. 망해. … 인간한테 이제 무엇이 남아있지?"

노여운 문인은 외면하면서 통탄했다.

파리에 돌아와 주간지 〈렉스프레스〉를 사보니 역시 여기서도 성 전시회를 보도한 기사가 있어 죽 훑어보았다. 그러나 한 군데 나의 눈길을 멎게 한 구절이 있었다.

"멀리는 한국에서도 이 역사적인 전시회를 취재하려고 기자 한 사람이 코펜하겐에 달려왔다. …"

나는 이 보도에 나도 모르게 쓴 웃음을 터뜨렸다.

프랑스의 섹스 광기들

성(性)의 문란, 마약의 침투, 폭력의 난무—이것이 현대사회의 두드러진 문화현상을 대표한다. 특히 이런 자기 분열의 징후가 젊은 세대에서 더 많이 나타나고 있다는 것은 큰 문제가 아닐 수 없다.

파리의 오페라 극장을 중심으로 일대에는 영화관이 처마를 맞대고 늘어서 있다. 이 영화관 중 한 집은 몇 해째 〈파리의 마지막 탱고〉가 주야로 상영되고 있다. 1972년에 개봉되었으므로 5년 동안 롱런하는 셈이다. 그동안의 관객수는 파리에서만 150만 5,067명. 이것보다 개봉일수는 짧으나 〈에마뉘엘 부인〉은 1974년부터 역시 파리에서 198만 4,350명의 관객이 동원되었다. 이 영화 역시 파리의 영화관이 운집한 곳에 가면 어디선가 한 군데서는 지금도 상영하고 있다. 〈에마뉘엘 부인〉은 다시 속편이 제작되어 전편에 못지않은 인기를 차지하고 있으므로 얼마가지 않아 이 세 편의 에로티즘 영화는 500만 명의 관객수를 기록하게 될 것이다.

1950년 이래 파리에서 최다 관객수를 기록한 영화를 뽑으라면 1위가 〈마지막 탱고〉이고, 2위가 〈에마뉘엘 부인〉이니 한 번 더 기가 찬다.

그러나 탱고나 에마뉘엘 정도는 사회적인 시비가 일어도 작품으로서 왈가왈부하는 만치 점잖은 축에 든다. 영화관에 따라서는 아예 벗어부치고 춘화(春畵) 필름을 건다. 전 프랑스에서 외설영화를 상영하는 곳이 얼마나 될까? 1974년에는 전 공연장의 무려 12%가 춘화영화를 전업으로 삼았고, 75년 6월에는 상시 상영관이 늘어나 27%를 차지했다. 영화관 4개 중 하나는 포르노영화를 돌린 셈이다.

코펜하겐에서 1969년 만국 섹스전시회가 열린 무렵만 해도 파리에는 춘화도나 외설서적 혹은 기구를 파는 이른바 '섹스숍'이라는 것이 없었다.

그것이 1970년대 들어와 파리에 처음으로 나타났다. 월남계 프랑스사람인 '추옹 콩'이라는 사람이 지극히 태연하게 파리 오페라거리 한복판인 마들렌 대성당 옆길에서 섹스숍을 차려놓았다. 파리사람들이 기절초풍했다. 기품이 넘치는 〈르몽드〉가 이 대경실색할 사실을 기사화해서 보도했다. 덕택에 점포는 초장부터 뜻하지 않게 호황을 누렸다.

필자도 추옹 콩이란 '역사적 인물'을 찾아 어려운 걸음을 했다. 콩 씨를 만나 인사를 나누고 어쩌다가 파리에 이런 점포를 차리게 되었느냐고 물었다. 키가 자그마한 깡마른 콩 씨.

"성문제에서야 프랑스가 제일 빨리, 또 깊이 개척된 곳이죠. 서구에서 프랑스를 따를 데가 또 있습니까? 사디 박사(그는 '박사'라고 불렀다)는 참 많은 공적을 남겼고요."

"그래 장사는 될 것 같소?"

"되지요, 잘 되어갑니다. 처음 온 손님은 사지 않고 보거나 만지작거리다가 가지요. 그러나 그다음 번에 와서는 영락없이 사갑니다."

"대체 어떤 것을 사갑니까?"

"주로 책을 많이 사가지요. 사진이나 기구는 잘 팔리지 않아요."

역시 프랑스인은 사색을 좋아하고 지적이지!

"이렇게 마구 까놓고 팔아도 경찰이 아무 말도 않나요?"

"이걸 잘 보세요. 여기 책이 있고 기구들이 있지만 겉에는 하나도 포르노 그림이 없지요? 눈에 노출되지 않으면 괜찮아요."

과연 책들은 한 번 더 포장했고, 기구들도 포장하여 얼핏 보기에는 민망할 것이 하나도 없다. 콩 씨가 한 진열장을 열어서 조그마한 곽을 하나 손에 들고 왔다.

"좋은 것 하나 보여드릴까요? 난 당신네 나라 상품도 팔고 있으니까."

"뭐, 한국 상품요?"

한국에서 언제 포르노 물건까지 만들어 팔았나? 아무리 '수출 제1주의가 지상과제'라치고…. 냉큼 그 곽을 받아보았다. 틀림없이 겉의 붉고 큰 봉인은 '대한민국 검사 합격품'이라 걸려 있다.

"당신네 나라 것 맞지요?"

"음…." 할 말이 없었다. "헌데 이게 도대체 뭐요?"

도무지 믿어지지 않아 물어보았다. 그는 빙그레 웃으며 뜯어봐도 좋다고 말했다. 그러면서 자기가 나의 손에 있는 곽을 쥐더니 뜯기 시작했다. 안에서는 눈에 익은 인삼정(精) 곽이 튀어나왔다. 나는 하도 어이가 없어 허허하고 웃어버렸다.

그는 인삼제품을 소개하는 전단까지 몇 장 필자에게 쥐어주었다. 모두 겉에는 뭣 때문인지 '비밀'이란 프랑스말이 벌겋게 찍혀 있다. 콩 씨는 정력제로서 잘 팔린다고 인삼정 곽을 소중스레 닫았다.

"내년(1971년)에는 파리 안에 이와 같은 점포를 한 3개쯤 더 늘릴 셈입니다" 하며 대단한 사업의욕을 과시했다.

과연 1971년에는 파리에 섹스숍이 늘어났다. 3개 정도가 아니다. 몽마르트르의 한 대로가 온통 섹스물 점포로 들어차 버린 것이다. 더구나 점포마다 '당신네 나라 물건'이라고 한 인삼제품이 어떤 경로로 들어왔는지 갖추지 않은 집이 없고, 게다가 생강, 마늘정제(精製)까지도 강력보정제로 등장했다.

1970년 4월경이다. 영국의 〈더 타임스〉는 3월 하순에서 4월 초순까지의 일주일 동안 영국의 3개 텔레비전의 전 프로를 모니터하여 거기서 폭력과 상소리와 선정적인 장면을 체크하여 발표했다. 조사기간 중 '피를 본다'는 말이 47번이나 나오고, 칼이나 총에 맞아 나동그라지는 사람이 71명이나 되었다. 어떤 것은 사람을 건물꼭대기에서 땅으로 던져 살인하는 전 장면까지 비쳤다. 침실광경을 노출시키고 알몸의 여성 혹은 물에 젖은 속옷차림의 아가씨 몸매, 허벅지 그리고 남자의 털이 숭숭한 가슴팍의 클로즈업 등 이런 것이 예사로 방영되었다고 〈더 타임스〉는 개탄했다.

이런 보도가 나온 이튿날 영국의 내무성과 여성자유연맹에서는 성명을 발표하고 영국방송은 좀더 사회윤리와 도덕문제에 정신을 차릴 수가 없느냐고 따졌다.

미국에서는 초등학교 아동이 성년에 이르기까지 그의 하교생활의 거의 절반에 해당하는 시간을 텔레비전 수상기 앞에서 보낸다고 한다. 이런 실정을 감안한다면 매스미디어들이 내놓고 뭐든 방영하는 것이 성장과정의 세대에서 어떤 영향을 미치는가 하는 문제는 한 번쯤 생각해 볼 만하다.

워낙 사회가 그렇게 되어가니까 매스컴이 그에 따라가는 건지, 반대로 매스컴이 예사로이 여기니까 사회에서 당연하게 받아들여 나쁜 풍조가 만연하는 것인지 — 달걀이 먼저냐, 닭이 먼저냐 하는 식이겠지만 대체로 매스컴에 1차로 책임이 돌아간다.

그렇다면 파리의 섹스영화관은 진작부터 관헌의 통제와 선도의 대상이 되었어야 옳았지만 실정은 그렇지 않다. 조장도 않지만 제재도 하지 않는다는 것이 '당국'의 태도다.

물론 매스미디어 자체가 정신을 차려 사회의 양속(良俗)을 해치겠다고 보는 쪽과 성장기의 아동들에게 좋지 않은 영향을 주리라고 보는 쪽은 게재를 삼가는 경향이 두드러진다. 예컨대 프랑스 국영방송국(ORTF)의 텔레비전 영상에서는 폭력이나 성적 노출이 심한 신이 나올 때는 화면 아래 구석에 네모꼴의 흰 표지를 붙인다. 이 표지가 나올 때 아이들은 보아서 안 된다는 신호다. 이 표지는 연소자 관람불가에 해당하는 광경이 지속되는 동안만 나타났다가 곧 꺼진다. 그러나 과연 어느 정도 실효를 거두는가 하는 것은 별개 문제다.

그뿐 아니라 성적 충동을 유발하는 장면을 아이들에게 꼭 금지시켜야 한다는 데 있어서는 찬성이 많기는 해도 반대가 없지 않다. 그 가부 비율은 〈르몽드〉 보도(1972. 10. 22~23)에 따르면 51%대 36%로 나타나고 있다. 반대로 교육적인 견지에서 어떠냐는 것이다. 36%란 결코 적다고 할 수 없는 성교육 문제에 대한 비판세력이다.

법제면에서 옛날에는 꽤 엄했다. 지금도 프랑스 형법에서는 우리처럼 '풍속을 해치는 행위'에 한해 외설물이나 음란행위가 제재를 받는다. 그러나 우리와 다른 것은 1946년에 개정된 형법 중의 이른바 '마르트 리샤르' 법이란 음란행위조항은 공연히 적시하여 타인으로 하여금 수치감을 유발시킬 때나 폭력으로 위해를 가해 음란행위를 할 때만 벌하게 되어 있다. 그리고 외설물을 제작 소지하는 것은 제재대상에서 제외되어 있다. 그렇다 해도 이 법으로 공창(公娼)이나 매음(賣淫) 행위는 엄중히 다루었고 프랑스 사회를 '건전하게' 만드는 데 일조가 되었다.

1947년 장 자크 포베르가 프랑스 금서고(禁書庫)에서 사디즘의 시조 사드의 책을 몰래 반출해 나가 출판한 일이 있었다. 이것 때문에 포베르는 기소되어 징역 8년이란 유죄판결을 받았다. 그러나 오늘날에는 프랑스 전국의 어느 책방에 가도 사드의 저서가 없는 곳이 없다. 사드보다 더 사딕하다고 할 《부도덕의 반영》이란 책을 고전 총서인 '10 · 18' 컬렉션에서 플라톤과 에드먼드 버크와 함께 일련번호를 나누고 있다. 이제 사드보다 더한 책도 금서고 안에는 없으며 그것을 찾으려면 샹젤리제 거리의 신문가게에 가야 한다.

헨리 밀러의 *SEXUS*는 1950년 프랑스에서 음서로 유죄판결을 받았으나 1968년 10월 28일 내무부장관의 행정명령으로 출판허가가 내렸다. 이 책은 삽시간에 프랑스 독서계를 휩쓸어 8개월 후에는 베스트셀러가 되었다. 이제는 헨리 밀러의 책을 이상하게 여기는 게 이상하게 되었다.

'성의 개방'이라고 일컬어질 20세기 후반의 독특한 사회현상을 무엇으로 설명해야 할지 잘 모르겠다. 영국의 아놀드 토인비 박사 같은 이는 파리에서 발간되는 시사논문집인 계간 〈프뢰브〉(1970년 3월)에 기고한 글 가운데서 "한 사회가 난숙기에 이르렀을 때 외부에서 밀려오는 조잡한 세력을 이겨내지 못하면 하나의 붕괴현상으로서 성의 일시 개방이나 무절제 사태가 빚어진다"고 분석했다.

한 돌파구를 성에서 찾는다는 것은 프로이트의 초심리학이나 빌헬름 라이히 혹은 1968년 5월의 좌파 이단학생 간에 교조처럼 풍미했던 허버트 마르쿠제의 《에로스와 문명》에 닻을 내리고 있는 것이 아닌지.

과연 요즘 젊은 사람들(혹은 장년)이 오늘의 난숙한 문명에서 충족되지 않는 어떤 결핍(마르쿠제가 쓴 "아난케"라는 말과 같아도 좋다)을 메우려 무언가 작동하는 데서, 그리하여 종래의 본능 '억압'을 본능 '해방'으로 대체하여 새로운 가치를 찾으려는 데서 성이 제일 먼저 알몸으로 등장하게 된 것이 아닐까? 모든 가치체계가 변동하는 과정에서 대마초나 마약이 새로운 '가치'로 등극한 것이 아닐까?

모두 광기(狂氣)의 소산이라 해야 옳다. 말리노프스키가 서북 멜라네시아 군도의 트로브리엔드섬의 섬사람에 대해 쓰면서 '거기는 광기도 신경질환도 존재치 않는다'고 말한 것에 비추어 보면, 이 문명의 난숙(爛熟)에 휘말려 있는 도시란 섬 속에 사는 사람은 광기에 찰 만도 하다. 몽테스키외가 '역사상 둘도 없는…' 하며 격찬한 지복(至福)의 유럽이 볼테르에 이르러는 비참하게 깎였다.

이제는 비극과 희극이 동시에 연출되는 무대로서 유럽을 생각해야 할 것 같다. 구당 유길준(矩堂 兪吉濬)은 1880년대의 중엽에 유럽을 순방하고 《서유견문》(西遊見聞)을 내면서 유럽의 개화에 크게 감동하고 또 이것을 찬양했다. 그러나 파리의 한 구석을 묘사하면서 얼마나 혀를 찼는지 모른다.

> … 대, 소학교는 서쪽 파리에 많아 살기 좋은 곳이라고 말하겠지만 술집과 다방이 너무 많아 학생들이 아침저녁 한가로운 때가 되면 소맷자락을 이어가며 거리에 쏘다니고 술집을 찾아들어 한때의 쾌락을 사는 자가 있고, 바(婆家)에 기어들어 잠시의 낙을 구하는 자도 있으니 이곳은 파리 중에서는 지저분한 곳이다. 어느 골목 안에는 음란의 소굴이 있어 매일 오후 나쁜 미인들이 화장을 하고 잘 차려입고선 노사에 어슬렁어슬렁 설치며 한량들을 꾀어 어수룩한 집안으로 끌고 들어가는 것을 예사로 하고, 이것으로 돈벌이하는 것을 능사로 삼고 있으니 유럽 중에도 프랑스

가 음풍(淫風)이 가장 성한 탓으로 해서 생각 있는 사람에게는 수치스럽고 민망한 곳이다(현대 말로 옮김: 필자).

위 글 가운데 파리 서쪽에 학교가 많다고 했으나 카르티에 라탱이나 몽파르나스지역을 가리키고 한 말이면 막상 서쪽은 아니다.

더할 나위 없이 구당도 잘못 찾아들어 갔더라면 소매깨나 잡아당겼을 것이다. 구당의 글을 보면 유럽이라고 몽테스키외의 예찬처럼 문명이 가장 앞선 가운데 선남선녀만 모여서 살고 있는 곳이 아니란 것을 알 수 있고 또 '음풍'만 해도 예나 지금이나 다를 것이 조금도 없다. 사실이다. 그러나 오늘에는 날이 갈수록 성문제가 더욱더 기승을 부리는 것 같다.

1975년 2월 프랑스 중부의 대공업도시 리옹에서 해괴한 사건이 벌어졌다. 매춘부 수십 명이 '반란'을 일으킨 것이다. 반란이라기보다 그들로서는 혁명에 해당한다. 길가에서 호객을 하고 있는데 경찰기동대가 덮치기 시작했다. 길에 있는 아가씨들을 잡히는 대로 낚아채어 경찰호송차에 집어 담았다. 프랑스에서는 매춘행위가 형법에 걸린다기보다는 호객행위가 법에 저촉된다. 경찰의 급습을 당한 '호객 아가씨'들은 일제히 골목 안을 도망쳐 막다른 데에 이르자 거기 있는 성당 안으로 뛰어들었다. 아가씨들은 성당 안에 숨어서 꼼짝도 안했다. 성당이 좋은 피신처가 된 셈이다. 경찰은 닭 쫓던 족제비 모양으로 성당 높은 담만 쳐다보고 감히 안으로 들어가지는 못했다.

프랑스의 가톨릭성당은 자고로 치외법권(治外法權)적인 장소로 국가권력이 넘나들지 못했다. 국가는 교회의 하위기관이란 시대의 유풍(遺風) 때문이다. 따라서 경찰에 쫓기던 범인이 교회 안으로 들어가면 사직(司直)의 추격은 STOP 신호가 내린 거라고 보는 것이 관례였다. 그렇지만 오늘날에는 정교분리(政教分離) 원칙하에 국가 권력이 교회에도 미칠 수 있게 되어있고 교회 내 범인의 긴급피난권 불체포특권 같은 것은 이미 사라졌는데도 리옹의 경찰은 교회 밖에서만 서성댔다.

성당이 창녀들로 점령되어 더 큰 곤혹을 겪은 것은 그 성당의 성직자들이다. 내쫓을 수도 없고 머물러 있으라할 수도 없고 아름다운 마신(魔神) 같은 불청객으로 성당은 완전히 점령되었으니 이보다 더 기막힌 일이 없었다. 이런 농성은 일주일이 계속되었다. 전무후무하게 성당 안에서 창녀가 '침식'을 한 끝에 결국 창녀들이 스스로 농성을 포기하고 말았다. 몇몇은 여러 가지 죄목으로 처벌을 받았다. 문제는 끝난 것이 아니라 여기서 시작되었다.

전국 각지의 '아가씨'들이 총궐기하고선 떳떳한 남의 영업행위를 왜 경찰이 방해하느냐고 항의하고 나섰다. 게다가 아가씨들의 집결장소로 모든 성당이 선택되었다. 전국의 성당이 일대 봉변을 당하고 말았다. 파리의 몽파르나스에 있는 성 베르나르도 성당 안에 집결한 아가씨는 기어이 경찰이 성당 안까지 진격해 깨끗이 몰아내었다. 이것이 또 사회적으로 말썽을 일으켰다. 아무리 국가공권력 행사이기로서니 교회를 침범하여 성당의 신성(神聖)을 중대하게 유린했다는 식으로.

여하간 매춘행위와 매춘부 문제는 그해가 다 가도록 큰 사회문제가 되어 신문에서는 연일 떠들고 정부에서 선도책을 세우고 보건부 직속으로 매춘부 문제를 전담하는 고위관리를 임명하고 지스카르 대통령은 각의에서 이 문제를 중요 사안으로 다뤄야 한다고 지시했다.

매춘부는 그들대로 기자회견을 자청하고 나오고 매춘부조합 같은 권익옹호단체를 만들어야 하겠다고 떠들고 나왔다. 이들을 단속하는 내무부의 미셸 포나이 토프스키 장관은 "지금의 법규정은 실효를 거둘 수 없고 현실과 상충하는 조항뿐"이라고 법개정을 통하여 단속을 더 강화해야 하겠다고 맞섰다. 이 중간에 애메 파케라는 지스카르파의 국회의원은 매춘부와 정부와의 조정역을 맡겠다고 나섰고 실지로 조정에 공을 세웠다. 만화경을 들여다보는 것처럼 사태는 웃지도 울지도 못할 묘한 꼴로 현란하게 전개되어 갔다.

6월 중순 매춘부 대표단의 대변인은 파리의 한 극장을 빌려 기자회견을 갖고 '이제야 우리는 첫 승리를 거두었다. 대등하게 협상이 시작되었다'고 기세를 올렸다. 이 회견은 프랑스 최고의 신문인 〈르몽드〉를 필두로 전 신문과 방송이 대대적으로 보도했다(1975년 6월 18일 자).

가을에 접어들면서 매춘부는 전국매춘부대회를 파리의 뮈튀알리테 회관에서 개최, 세금(영업에 대한)을 내겠다, 그렇지만 벌금은 물 수 없다, 단속이나 검거를 반대한다, 직업을 보호하기 위해 고발을 못하게 한다는 전제하에 호텔방과 아파트와 단칸방을 확보할 수 있게 보장하라, 의료보험의 혜택을 달라 등을 결의했다.

성의 개방이나 매춘도 이제는 사회제도나 사회통념으로 받아들여야 하는 것일까? 마치 남프랑스의 생 트로페 해변가에서 남녀 간에 거리낌 없이 한여름 따가운 태양 아래 실오라기 하나 걸치지 않고 바다와 햇살을 즐길 수 있다는 것이 '공인'되었듯이.

리옹 시의 프라델 시장이 매춘부와 실랑이를 벌인 끝에 한숨을 돌리고 나서 텔레비전 방송에 나와 한 말이 걸작이다.

"매춘행위를 근절해 버리라 하시지만 글쎄, 모든 프랑세(프랑스 남성들)가 가만있을까요?"

백건우의 사랑과 결혼

백건우(白建宇) 씨를 처음 만난 것은 1974년 가을이었다. 당시의 한국일보 총무국장 이기석(李基錫) 씨가 미국에서 만난 젊은 예술인 가운데 백 씨만 한 솜씨를 가진 피아니스트도 드물며 꼭 한 번 신문사 이름으로 초청하여 국내에서 연주회를 가졌으면… 하는 계획을 파리에 전해와 백 씨를 수소문하게 된 것이다. 그때 백 씨는 유럽과 미국을 왕래하며 피아노 연주회에 나가고 있었다.

유럽에서는 그의 연주회 때마다 음악평론가들이 솜씨를 격찬했다. 필자도 유럽 각지의 신문보도를 통해 백 씨가 어떤 사람인가 하고 궁금히 여기던 참이었다.

9월 초 백 씨와 필자는 파리의 생 제르맹 데 프레 맞은편의 작은 카페에서 처음으로 만나 얘기를 나누었다. 그의 인상은 세상을 모르는 유학생 같은 순박한 것이었다. 그러나 얘기를 할수록 이 순박한 인상은 속에 배인 고민—젊음에서 오는, 그리고 생활에서 오는—이 화석화(化石化)되었기 때문인 것을 알 수 있었다. 부모슬하에서 자랄 나이에 10여 년을 피아노 하나에만 모든 것을 내맡기고 고초를 겪어내야 했던 젊은 예술인의 마음속에는 혼자서 괴로워하고 혼자서 해결해 내야 하는 거친 연출이 새겨져 있었다.

첫날 우리는 별다른 구체적인 얘기 없이 헤어졌다. 나는 백 씨가 서울을 방문하게 될 때 갖추어야 할 여러 가지 사무적인 문제들에 대해 본사에 텔렉스로 알려주었다. 그리고 나서 사흘 뒤 조순환(曺淳煥) 외신부장을 통해 백 씨의 '칼라'며 공연절차, 초청수속 등에 관해 본사측 방침을 전화로 알려왔다. 필자는 곧 백 씨에게 이 사실을 알려주고 한 번 더 만나기로 약속했다. 그 뒤 금요일 우리는 생 제르맹의 카페 드 플로르에서 만나 구체적인 공연절차를 협의했고 그의 신상에 관한 얘기를 좀더 깊이 들을 수 있었다. 카페 드 플로르는 카페 레 되 마고와 함께 사르트르, 보부아르 부인 등 실존주의 문인, 철학자들이 나치점령하에서도 꾸준히 회합을 가졌던 장소이다. 지금도 많은 문인들이 자주 찾는 다방이다.

백 씨와는 그의 신상문제뿐 아니라 그의 음악세계에 대해서도 많은 것을 얘기했다. 후일 우리가 다시 드 플로르에서 만났을 때는 동양고대철학에 대한 두툼한 영문책을 한 권 가지고 와서 동양음악론을 펴나갔다.

백 씨는 한국 가락을 퍽이나 사랑했다. 거기서 진실로 사랑할 수 있는 음률(音律)을 찾을 수 있다고 말했고 실제 그가 가진 디스크 가운데는 미국이나 프랑스에서 채집하여 수록했거나 녹음한 한국의 민요, 창(唱), 불가(佛歌) 등이 수다했다. 김소희(金素姬) 여사가 부른 도이치 그라모폰판의 〈심청가 전곡집〉을 그는 유달리 아끼고 있었고, 소련 타슈켄트 지방에서 채집한 민요 속에 우리나라의 〈양산도〉와 〈도라지〉가 수록되어 있는—물론 가사는 '도라지, 도라지' 하는 부분만 빼놓고는 모두 소련말로 되어 버린—음반을 구해 보물처럼 아끼고 있었다.

연말이 되어 백 씨는 잘츠부르크에 초대됐다. 오스트리아의 잘츠부르크는 모차르트의 탄생지로, 유럽에서도 손꼽히는 음악제가 개최되는 도시이다.

그는 모리스 라벨(1875~1937)의 유일한 피아노 독주자로 초대돼 라벨의 피아노곡을 연주해 격찬을 받았다. 현지신문은 '라벨의 밤이자 백건우의 밤이다'라고 대서특필했다. 라벨곡은 백 씨가 즐겨 치는 곡 가운데 하나다. 1972년에도 미국의 링컨센터에서 라벨전곡(네 손에 의한 곡만 빼놓고)을 연주했다. 그의 연주에 대해 〈뉴욕타임스〉는 '우아하고 유려한 연주솜씨였고 처음부터 끝까지 아름다움으로 충만했다'고 논평했다.

1974년 봄, 런던에서 네 번째로 라벨전곡을 연주했을 때는 〈더 파이낸셜타임스〉가 '시상(詩想)을 앞세우고 가는 드문 명연주자'라고 칭찬했다. 그의 연주곡 선택과 그 해석에는 세심한 주의가 기울어져 연주에서 뛰어난 솜씨를 보이게 되었는데 런던의 〈더 타임스〉는 '백 씨의 작품해석은 찬란한 것'이라고 논평했다. 그뿐 아니라 프랑스 샤토당에서 라벨연주회를 열었을 때는 한 프랑스 평론가로부터 '이 아시아 청년이 한번 건반에 손끝을 대면 기적이 일어난다'고 극찬했다.

한 연주가에 대해 신문마다 칭송을 늘어놓는다는 것은 드문 일이다. 그러나 백 씨는 연주회를 가졌을 때마다 작든 크든 호평을 받았다. 호평을 받는 것에 비해 그가 유럽 무대에서 크게 부상되지 않는데는 예술세계의 한구석에 그만큼 냉혹한 한류(寒流)가 흐르고 있다는 것 때문이다. 또 수준급의 소장음악인이 여기저기서 많이도 솟아나고 있다는 것 때문이다. 대성(大成)을 바라보고 뛰는 젊은 예술인들은 어쩌면 무대에 올라섰을 때가 가장 찬란한 순간이고 그 이전과 이후는 가장 암담한 시간으로 메워져 있지 않나 싶다. 뼈를 갈고, 피를 말리는 연마(鍊磨)의 연속이 겨우 세평(世評) 속의 한마디 칭찬으로 보상될 뿐이다. 예술인에게는 정진(精進) 외의 다른 왕도(王道)가 없고 또 예술 외는 다른 생활이 있을 수 없다.

이런 백건우 씨에게 뜻밖의 소문이 전해져왔다. 1975년 5월 25일 아침이었다. 그날은 일요일이라 일요신문들이나 사볼까 하고 막 집을 나서려는데 전화가 울려왔다. 벨소리가 여느 때와는 달리 좀 불규칙적이다. 직감적으로 '서울 전화구나!' 싶어 얼른 되돌아가 받았다. 아니나 다를까 전화에는 의외로 서울 자매지인 〈일간 스포츠〉의 계창호 편집국장이 나왔다. 잠시 몇 마디 안부를 서로 건네다가 본론에 들어갔는데 백건우 씨가 여배우 윤정희 양과 결혼하게 된다는 보도가 일부 신문에 났다는 것이다. 이 사실을 파리에서 백건우 씨에게 확인해 달라는 것이다. 처음 내 입에서 나온 말은 '그럴 리가 있을라구' 하는 것이었다. 너무나 생각 밖의 배합(配合)이었기 때문이다.

여하간 백 씨한테서 확인해 볼 수밖에 없다. 전화를 끊고 먼저 파리의 알 만한 데다 다 전화를 걸어 백 씨의 소재를 찾았다. 그때 백 씨는 파리의 숙소를 비워두고 시골의 어느 교수댁에 가 있다는 말을 듣기는 했지만 어디쯤 누구 집에 가 있는지 귀담아 들어 두지는 않았다. 몇 군데 더듬거리다 기어이 시골집 전화번호를 입수하게 되어 시외전화의 다이얼을 돌렸다. 전화를 받는 사람이 바로 백 씨였다. 그제야 한숨을 놓았다. 꼭 만나서 얘기할 것이 있다고 하고 주소만 알아두고선 전화를 끊었다.

그날따라 비가 주룩주룩 내리고 있었다. 백 씨가 머무르고 있다는 시골집까지 120~130킬로미터나 되었다. 시속 100킬로미터를 놓고 빗길에 차를 몰았다. 다행히도 날씨가 궂어 그런지 샤토당까지 이르는 고속도로에는 차가 별로 다니지 않아 미끄러운 길을 단숨에 달릴 수 있었다. 샤토당을 지나 시골의 좁은 논두렁길을 물어물어 백 씨의 거처까지 찾아갔다. 그때 백씨는 집 앞의 로와르강 지류로 뻗은 운하 곁의 남새밭에서 뭔가를 캐고 있었다.

자갈길을 사글사글 굴러오는 차 소리에 백 씨는 고개를 들고선 손에 든 넓적한 호미를 흔들었다. 그는 점심을 대접할까 하고 채소를 캐고 있는 중이라고 말했다.

그가 밭에서 파 온 야채로 만든 싱싱한 샐러드와 시골집에서 구운 노란 보리빵, 그리고 몇 해씩 묵은 포도주에 백 씨가 손수 만들었다는 정체불명의 스프를 곁들어 성찬을 나누었다.

"윤정희 씨하고 약혼하게 된다고?"
하고 말머리를 끄집어내었다. 이 말에 백 씨는 깜짝 놀라면서 들었던 잔을 놓고 나를 멀거니 쳐다보았다. 겨우 방문의 용건을 알았다는 듯 고개를 끄덕였다. 그러나 그의 대답은 엉뚱했다.

"Non! … Ce n'est pas vrai."

이 대답에 나는 좀 어리둥절했다. 한편으로는 당연하다(소문에 없었던 일이니까)는 생각이 들기도 했지만 다른 한편으로는 "아니다"라는 대답을 들으려고 여기까지 온 것이 아닌데 하는 가벼운 좌절감이 일기도 했다. 백 씨와 윤 양과의 관계가 어떻게 되어야 한다는 당위(當爲)나 귀결(歸結)에 대해서는 나는 그때 제쳐놓고 있었다. 내가 당장에 염두에 두어야 할 문제는 다른 것이었으니까.

나는 좀더 '사실'을 알아야 할 것 같아 캐물었다. 그의 말을 들어보면 어디까지가 '친한' 사이고 어디까지가 '사랑하는' 사이인지 확연히 줄을 긋기 어려웠다. 그러나 그가 "아니다" 하고 결론을 내리는 데는 그대로 따를 수밖에 없다.

"… 나는 예술인들이 서로 돕고 서로 배우고 또 서로 어울려야 한다고 생각해요. 그렇게 하는 가운데서 새로운 이상이 그려지는 게 아닐까요. … 우리는 서로 예술인으로서 진실되게 사귄 것뿐입니다."

그리고 그는 몇 번인가 그간의 사례를 들먹여가며 부인하는 쪽으로 밀어붙였다.

"전에도 그런 말을 귀띔하는 것을 몇 번인가 들었지만 한국에서 의외의 소문을 내는 데는 아주 난처합니다."

그전에 미국의 친구들이 편지를 써 보내는 가운데서 "윤 양과 결혼하게 된다는 소식을 들었다, 축하한다"고 하더라는 것이다.

백 씨는 윤 양이 유럽에 왔을 때 만난 일이 있었고 고암 이응로(顧庵 李應魯) 씨 집에서 자주 사귀게 되었노라는 경위를 밝혔지만 얘기는 그 이상 나아가지 않았다.

나는 파리에 돌아와 그대로, 그에게서 들은 대로 "아니다" 하고 텔렉스를 쳤다. 그리고 나서 한 열흘이 지난 후 나는 안사람과 그리고 백건우 씨를 불러 샹젤리제 극장에서 열린 미국의 피아니스트 바이런 야니스의 연주회에 갔다. 연주회가 끝난 뒤 우리 일행은 극장 근처의 바에 들어가 따끈한 것을 시켜놓고 밤이 깊은 줄 모르고 얘기에 꽃을 피웠다. 그러나 그때도 백 씨는 윤 양과의 관계에 대해서는 한마디 말도 하지 않았다.

그리고 다시 사흘 만에 필자는 감기기가 좀 있긴 했으나 백건우 씨를 파리의 숙소로 찾았다. 그날 아침 장기영 사주로부터 장거리 전화가 걸려왔다. 특파원 생활을 청산하고 파리를 철수하기에 앞서 미리 한 번 서울에 와서 거처라도 마련해 놓는 것이 어떻겠냐는 문의가 있었다. 나는 그 배려에 감사하다고 대답했더니 백건우 씨의 서울 초청연주가 어떻게 되었느냐고 덧붙여 물었다.

이 전화를 받고 난 후 나는 서울에 가기 전 한 번 더 백 씨를 만나는 것이 좋겠다고 생각되어 그를 찾은 것이다. 그는 이미 8월에 열리는 광복 30주년 기념 대음악회에 참가하기로 결정되어 있었다.

백 씨가 하숙하고 있는 곳은 친구의 집. 마침 그 방주인인 친구가 인도 여행중이라 백 씨는 그 방을 쓰고 있었다. 책장과 침대 그리고 낡은 피아노 한 대가 세간의 전부였다. 백 씨는 나를 대접하느라고 꼭 저녁을 들고 가라고 붙들면서 손수 된장찌개, 갈비탕 등을 끓였다. 오랜 세월을 혼자 살다보니 요리솜씨가 늘 수밖에 없나보다 하고 느꼈다.

그날 밥을 먹으면서 백 씨는 뜻밖에 "윤정희 양과 결혼할 생각"이라고 털어놓았다. 그는 그동안의 곡절을 소설과도 같이 얘기해 나갔다. 이번에는 내가 그를 빠끔히 쳐다보았다. 윤 양과는 1972년 뮌헨올림픽에서 처음으로 만났고 그 후 꾸준히 사귀었고 열렬히 사랑해왔다는 얘기와 더불어 내가 빗속에 찾아간 샤토당 시골집에도 같이 간 일이 있었다는 것까지 다 얘기해 주었다. 아름다운 사랑의 서정시였다.

그러나 문제가 있었다. 두 사람의 사이를 안 백 씨쪽 집안에서는 이 결합에 한사코 반대한다는 것이다. 반대의 이유는 잘 모르겠으나 이 '의외의' 결합에 '의외'라는 반응을 보인 것만은 틀림없었다. 집안의 반대가 있다하더라도 백 씨의 결의만은 단단한 것이었다. 한 예술인의 꿈은 도움이 필요했다.

철이 들기도 전에 고국을 떠나 누구의 도움도 받지 않고 예술의 끝없는 높은 경지만을 향해 10여 년간 갖은 풍상을 이겨내 온 한 사람이 한 여성을 배우자로 선택했다는 것은 하나도 의외로운 일이 아니다. 그 여성에게 인생을 전부 건다한들 그것은 하나도 문제가 될 것이 없지 않나? 하는 생각이 들었다. '의외'라고 생각함은 당사자와는 아무 상관없는 제3자의 자로 재었을 때 나올 수 있는 말이다. 이기적이고 진실되지 못하며 또 독단에 속하는 관여밖에 될 수 없다. 더구나 마지막 기회가 아닌가. … 실제 닥친 한 남성의 사랑의 역정에 너무나 가혹한 기대가 '의외'라는 반응 아닐까. … 백건우란 사나이가 이제 이 결합을 방해받았다고 또 다른 여성을 찾게 되고, 그제야 세상 사람들이 '당연'하다고 박수를 쳐야 옳다는 말인가?

필자는 아흐레 뒤에 서울을 향해 파리의 오를리공항을 떠났다. 그사이에도 우리는 자주 만나 그때는 본격적으로 백 씨의 '사랑의 얘기'를 들었다. 카르티에 라탱(학생가)에서 차를 마시면서도 얘기했고, 디스크 가게에서 묵은 판을 고르면서도 얘기를 나누었다. 서울로 떠나는 날 아침 백 씨는 편지 두 통과 조그마한 선물 하나를 사서 윤정희 양에게 전해달라고 가져왔다.

한 가지 덧붙일 말은 그사이에 본사에서는(주로 〈일간스포츠〉 편집국장이) 백 씨와의 관계를 확인해 달라고 몇 번이고 전화해 온 것을 그때마다 알 수 없노라고 잡아뗀 일이다.

그의 사랑의 전말이 스캔들화해서 보도되어 세상을 시끄럽게 하는 것이 급한 일은 아니라고 생각되었다. 특종은 개인생활의(특히 이번에는) 뒤에 따르는 것이 좋겠고 지금은 앞지를 시기가 아니라고 나름대로 판단했다. 파랑새는 이제 겨우 노래하기 시작하지 않았는가?

서울에 닿은 다음날 윤정희 양을 만났다. 윤 양은 그전에 파리에서 공부하고 있을 때 주간국의 취재청탁으로 컬러사진을 찍기 위해 몇 번인가 만난 일이 있어 전혀 낯설지는 않았다. 윤 양은 그의 남동생을 데리고 필자의 숙소에 약속대로 아침 7시 반에 나타났다(나중에 필자가 크게 결례를 했다고 깨달은 일이지만 새벽같이 미혼여성이, 더구나 인기 연예인이 호텔에서 서성거리면 서울에서는 어떤 소문이 난다는 것을 미처 몰랐다. 필자 사정만 생각하고 호텔 커피숍에서 아침이나 나누며 얘기하자고 비즈니스에 치중, 뒤를 생각지 않은 것은 크게 잘못한 일이었다. 그래서 윤 양은 서울사람답게 용의주도하게 남동생을 데리고 나타났다). 백 씨가 파리에서 전해달라는 얘기를 다하고 편지와 조그마한 선물봉지를 윤 양에게 전해주었다.

윤 양이 돌아간 다음 나는 곧장 신문사의 장기영 사주실을 찾았다. 장 사주에게 비로소 백건우 씨와 윤정희 양의 사이를 보고해 드렸다. 사주도 적이 놀라는 표정이었다. 필자는 그때 "이 사실을 기사화하는 시기는 저에게 맡겨 주십시오" 하고 말했다. 물론 사주도 흔쾌히 동의했다. 그리고 내일 부산으로 내려가 백 씨의 양친을 직접 만나보겠다는 것을 미리 알렸다. "이것은 취재반, 중매반입니다" 하고 말하자 사주는 껄껄하며 크게 웃었다. 그날은 장 사주의 셋째 자제분인 재민 씨가 화촉을 밝히는 날이었다.

이튿날 KAL기편으로 부산에 내려갔다. 부산에 닿으니 정오가 가까웠고 구름이 낮게 깔려 빗방울이 떨어지고 있었다. 일기불순으로 첫 비행기가 결항, 가까스로 다음 비행기를 잡았기 때문에 예정시간보다 두어 시간이 늦어진 것이다.

동래에 있는 백 씨의 집을 찾았을 때 시간이 늦었지만 백 씨의 양친과 누님이 다 집에서 기다리고 있었다. 인사를 나눈 다음 파리에 있는 아들의 편지를 전해주었다. 그러나 부친 백양(白洋) 씨는 그 편지를 거들떠보지도 않았고 겉봉을 뜯을 생각도 않았다. 아들의 처사에 대해 대단한 노여움을 나타냈다.

나는 나대로 두 사람의 사이를 들은 대로, 느낀 대로 설명하고 결합은 불가피한 것이며, 더없이 좋은 배필이라고 말했다. 또 남이 이러쿵저러쿵 말하는 것은 다 모함일 뿐만 아니라 내가 아는 백건우나 윤정희는 지극히 성실한 예술인이라는 것을 누누이 강조했다. 아들을 그렇게 꾸짖다가도 백 씨는 아들이나 자부(子婦) 될 사람의 인품에 대해 얘기하면 그래도 그 말에는 귀를 기울였다. 역시 부모는 부모구나 하는 생각이 번뜩 머리를 스쳤다.

우리 일행은 모두 백건우 씨의 부친이 운전하는 웨건에 올라타 시내를 나가 부산호텔인가 하는 곳의 양식부에 들어가 점심을 나누었다. 점심 후 우리는 시내에서 헤어졌고 나는 잠시 신문사 부산지사에 들렀다가 지사차로 곧장 수영비행장으로 달려 서울에 올라왔다.

김포공항에는 윤 양이 혼자 차를 가지고 나와 있었다. 우리는 달리면서 한강변의 아파트들을 구경했다(필자가 장 사주의 배려로 일시 귀국한 제일 큰 목적은 돌아와서 들 집을 미리 마련해 놓는 일이었으니까). 그리고 윤 양이 예약해 놓은 남산의 외교구락부에 가서 또 '양식'을 들며 부산의 사정을 얘기했다. 윤 양은 조금도 동요하거나 실망하는 빛을 보이지 않았다. 손미자(孫美子 — 윤 양의 본명)는 윤정희로서 받아야 할 모든 소문과 풍설에는 초연해 있었다. 오직 백건우만을 따르고 자기를 마다하는 시댁에 대해서도 스스로 허리를 굽혀 기어들겠고 정성을 다해 받들면 훗날 다 풀리고 말 것이란 생각을 하고 있었다.

필자는 파리에 돌아와 백건우 씨를 다시 만나 몇 번이고 윤 양과의 관계를 다짐해 물었지만 그 역시 아무리 어려움이 있어도 윤 양과는 결합하겠다는 결의를 굽히지 않았다. 나는 이제 이 사실을 기사화해야 할 때라고 여겼다.

7월 23일. 때마침 서울에 다니러 가는 강귀희(姜貴姬 — 파리의 레스토랑 '르 서울'의 사장) 여사 편으로 백-윤 씨 관계의 기사를 맡겼다. "톱스타 윤정희 양 내달에 약혼, 둘 사이 이젠 숨기지 않겠다.… 72년 뮌헨올림픽서 만난 후 급진전… 센강변 거닐며 사랑 속삭여… 틈만 나면 영화관람 하루 6편 보기도… 서울-파리를 오간 사연"하는 제목의 보도가 그것이다.

8월 6일 백건우 씨는 서울을 향해 출발했다. 내 차로 오를리 공항까지 함께 나갔다. 차중 백 씨에게 몇 가지 일들에 관해 연장자로서 주의를 깨우쳤다. 공항에 닿으면 윤정희 양이 나와 있을 터이고 그와는 별도로 백 씨의 부산 친가에서도 마중 나와 있을 것이니 비록 윤 양과 부산 친가 사이가 어색하다 하더라도 백 씨는 당당한 자세로 윤 양을 맞으라, 보도진을 대했을 때는 어떻게 행동하는 것이 좋다는 등….

그러나 백 씨가 김포공항에 닿았을 때 거기서는 천만뜻밖의 일이 벌어졌다는 소식을 나중에 가서야 알았다. 서울에서 어떤 일이 벌어졌던가는 필자가 되씹고 싶지 않다. 다만 10일 아침이던가. 서울에서 전화가 걸려왔다. 윤정희 양이 다급한 목소리로 서울에서 일어난 일을 대충대충 말했다. 이 일을 어떻게 해야 됩니까? 이 질문에 나는 할 말이 없었다. 문득 외교구락부에서 윤 양에게 했던 말이 생각났다.

> 윤 양은 백건우 씨만을 믿으십시오. 백 씨에게 말 못할 어려움이 있어 그랬을 겁니다. 또 시가될 집안사람들에 대해서도 윤 양이 허리를 굽힌다고 하지 않았습니까. 정성으로 대하며 넘어가 보십시오.

이 말이 윤 양에게 위로해 줄 수 있는 말이 전부였다. 그리고 전화를 끊었다. 나로서도 적잖이 마음이 착잡했다. 필경 훗날 백건우 씨는 윤 양에게 미안했다고 말하겠지 … 문득 에릭 시걸의 〈러브 스토리〉의 마지막 구절이 떠올랐다.

"Love means not ever having to say you're sorry."

내가 특파원 생활을 하던 중 유일하게 취재한 '러브 스토리'이다.

제 2 편

끝나지 않는 전쟁, 전쟁

중동전선을 가다 ①

중동전선에 처음으로 타협기운이 감돌던 때이고, 또 제 4차 중동전쟁이 발발한 1973년 10월 한국일보사의 지시에 따라 본 특파원이 아랍측을 커버했다. 신문의 주제를 '중동전선(中東戰線)을 가다' 라고 했지만 기실은 아랍측의 전선을 넘나들었다는 외눈의 관찰기였다. 그러나 중동사태의 분석만은 두 눈으로 했다.

아랍진영을 취재하면서 신문사에서는 꼭 다른 특파원으로 하여금 이스라엘측을 담당·보도케 했으므로 지면에는 중동전선의 전역이, 중동사태의 전모가 균형 있게 완벽을 기하고 있었다고 생각된다. 1970년에는 카운터 파트라고 할 수 있는 이스라엘 전선(戰線) 주자가 정태연(鄭泰演) 주일특파원이었고, 두 번째인 1973년 10월에는 워싱턴특파원이던 조세형(趙世衡) 씨가 미 6함대를 타고 동지중해의 전운을 뚫고 이스라엘측에 상륙 취재했다.

기동성을 백분발휘하면서 입체취재를 하여 독자들에게 생동감 있고 김이 무럭무럭 나는 뉴스를 듬뿍 아침마다 안겨다 주던 그 호쾌함을 되새길 때마다, 바다를 건너고 하늘을 몇 바퀴나 돌고 돌아 숨가쁜 전선 끝에 와 매달리던 우람하나 인정에 넘치는 고 장기영(張

基榮) 사주의 호령호령하던 목소리가 귓전에 들려온다. 그리고 그의 푸르른 야심이 눈 속에 일렁거린다.

1970년 8월 12일 본사에서 전보가 날아왔다. 그리고 곧이어 장 사주로부터 국제전화가 걸려왔다. 빨리 준비해 '로저스 제안'에 의한 휴전상황을 취재하러 카이로에 들어가라는 것.

1967년의 '6일 전쟁'이라고 하는 이스라엘의 기습전은 이스라엘의 승리로 낙착되었지만 이때 패배한 이집트나 요르단, 시리아 그리고 아랍국가들은 굴욕을 참고 있지를 않았다. 이스라엘이 전쟁으로 확장한 아랍의 땅을 내놓으라고 소리를 모았고 전투가 멎은 다음에도 이스라엘의 확장된 전선에 간단없이 공격을 가해 언제 또 대규모 전쟁이 터질지 모를 사태가 계속되었다.

'6일 전쟁'이 아랍측의 참패로 끝나고 말았으나 아랍은 이스라엘이 바라는 강화(講和) 조건에는 응하지 않았다. 오히려 적개심을 더 불태웠다고 할까. 그러나 아랍국가들의 내부에는 미묘한 갈등이 일기 시작했다. 1967년 10월 22일의 유엔 안전보장이사회의 결의를 둘러싸고 이를 수락하는 측과 수락하지 않은 측이 생겨났기 때문이다.

유엔 안보리는 ① 이스라엘이 '6일 전쟁'으로 점령한 지역에서 철수할 것, ② 전쟁상태를 종결하고 중동지역의 모든 나라의 주권, 영토보전, 정치적 독립을 존중하고, 안전하며 인정된 경계 안에서 평화로이 생존하는 권리를 인정할 것, ③ 항행(航行)의 자유를 보장하고 난민문제를 정당히 해결하며 비무장지대를 포함하는 여러 조치에 의한 지역 안의 정치적 독립을 보장할 것, ④ 평화적인 해결방안의 쟁취를 위해 현지에 유엔특사를 파견할 것을 결의했다.

아랍국가들의 수뇌는 수단에서 정상회담을 열고 유엔 안보리의 결의를 놓고 수락할 것인가 배척할 것인가로 열띤 토론을 벌였다.

그 결과 이집트와 요르단은 수락하는 방향으로 기울어졌고 팔레스타인 게릴라 대표와 아랍 강경파들은 이 결의를 받아들일 수 없다고 반대하여 의견의 합치를 보지 못한 채 막을 내리고 말았다.

팔레스타인 게릴라들은 이 안보리 결의(이른바 '338호 결의')가 이스라엘을 독립국가로 인정하고 있고 또 팔레스타인 문제를 난민문제로 생각하고 이 범위 안에서 해결하려고 하는 데 반기를 든 것이다.

아랍국가들은 이스라엘의 건국을 처음부터 인정치 않았고, 따라서 이스라엘이란 국가의 존재를 승인하려 하지 않았으며 이스라엘이 들어선 팔레스타인은 쫓겨난 팔레스타인인이 제 땅으로 돌아가기 전에는 여하한 타협도 있을 수 없다고 버티었다. 팔레스타인 땅에서 팔레스타인과 유태민족이 공존할 수는 있으나 유태민족만의 강점은 용인할 수 없다는 것이 그들의 주장이었다. 유태인은 2천 년 전에 팔레스타인 땅에서 쫓겨난 역사를 지니고 있고 팔레스타인 사람은 3천5백 년 전 그 땅에 나라를 세운 기록을 간직하고 있다.

안보리의 338호 결의가 채택된 직후 유엔은 야링 씨를 유엔특사로 임명, 결의내용이 실현되도록 조정교섭에 나섰다. 그러나 이스라엘의 존재를 인정할 수 없다는 아랍강경파의 벽에 부딪쳐 중동평화의 영속화 작업은 지지부진하게 되었고 야링 특사도 주저앉고 말았다.

이런 상황 속에서 1969년 12월 미국의 로저스 국무장관은 이집트와 요르단 그리고 이스라엘에 대해 338호 결의를 보완하는 새로운 계획을 내놓았다. 이것은 이스라엘이 영국의 위임통치시대의 이집트와의 국경선까지 철수할 것과 요르단과의 경계선에서도 이스라엘은 1967년 6일 전쟁 이전상태로 되돌아가야 한다는 것이다. 그리고 가자지구라든지 시나이반도 남단의 샤름 엘 셰이크의 귀속문제는 교섭안건으로 남기나 이스라엘에게는 되돌아가지 않는다는 내용이었다.

이 로저스 계획은 이스라엘과 이집트에 의해 거부되었고 요르단만은 아무런 응답을 보내지 않았다. 이것이 실패로 돌아가자 1970년 6월 로저스 국무장관은 다시 새로운 제안을 내놓았다. 이것이 모두에서 말한 로저스 제안이다. 그 골자는 야링 유엔특사에 의한 조정교섭을 재개하고, 중동전선에서 적어도 90일간 일체의 전투행위·도발을 중지한다는 것이다. 이 로저스 제안을 이스라엘이 수락했고 뒤이어 8월에 들어서서 이집트도 수락했다. 곧 요르단과 이집트가 어떤 합의에 도달한 것은 이것이 최초였다. 세계 눈은 중동전선으로 쏠렸고, 휴전이 평화로 이어질 것인가? 하여 아연 긴장했다.

후일 알려진 바이지만 로저스 제안을 나세르나 안와르 사다트 모두가 처음에는 아무런 가치가 없는 것이라고 쓰레기통에 집어던졌다. 그러나 나세르 대통령은 이 제안에 관해 다른 구상을 머릿속에 번뜩였다. 나세르는 로저스 제안을 면밀히 검토한 결과 이용가치가 있다고 판단했다. 즉, 소련이 새로 제공한 SAM-3미사일을 수에즈운하 서쪽 기슭에 옮겨 방공벽(防共壁)을 쌓는 기회로서 '90일간의 휴전' 기간은 아주 적절하다고 생각한 것이다. 만약 서쪽에 미사일벽만 쌓으면 이스라엘의 공중기습을 막을 수 있음은 물론 운하 동쪽 기슭으로 침공하여 상륙했을 때 이집트군이 충분히 하늘로부터의 공격을 막아낼 수 있다고 보았다. SAM-3미사일은 수에즈운하 동쪽 15~20킬로미터 깊이까지 위력을 발휘할 수 있고 따라서 충분히 이집트군의 교두보를 구축할 수 있다고 계산했다.

카이로에 달려가라고 한 본사의 지시는 바로 아랍측이 로저스 제안을 수락한 직후였다. 그러나 팔레스타인과 아랍국가 중 강경파는 이 제안을 맹렬히 비난하고 있어 휴전의 전망은 결코 밝은 것이 아니었다. 우선 카이로에 뛰어가 현지 사정을 취재하고 이어 요르단으로 건너갈 계획을 세웠다. 본사에서는 장 사주가 전화를 걸고선 "이스라엘 쪽에는 정태연 특파원을 파견할 것이니 두 특파원이 수에즈운하의 양쪽 기슭에서 만나도록 하라"는 '지령'을 내려 곤란한 지역에 곤란한 임무까지 겹쳐 야단났다는 생각이 들었다.

이집트는 우리와 국교관계가 없고 북한하고만 오래전부터 외교관계가 있는 달갑잖은 지역이었다. 그래도 파리에서 입국비자는 별 탈 없이 얻을 수 있었다. 카이로공항에 도착한 것이 8월 12일 저녁 9시. 아무리 합의한 휴전이라 하지만 마음을 놓을 수 없었다. 공항 주변은 칠흑같이 어두웠고 공항청사의 세관만 뽀얀 불빛을 보이고 있었다. 달갑지 않은 곳에서 달갑지 않은 일은 입국절차를 밟으려고 여권을 내밀었을 때부터 벌어졌다. 입국검열관은 내 여권을 보고 "사우스코리아?" 하고 한 번 묻고는 여권을 거두어 어디론가 사라지고 말았다.

한 5분 지나서 다른 검열관이 나타나 나더러 여권에 문제가 있어 검토하고 있으니 좀 기다리라는 한마디만 하고는 돌아서려 했다. 나는 그를 붙잡고 어디에 잘못이 있느냐고 되물었다. 그러나 그의 대답은 자기는 모르는 일이라고 인상적인 표정을 짓고선 잡은 내 손을 뿌리치고 안으로 들어가 버렸다. 어이가 없어 다른 직원이라도 불러 물어볼까 하고 두리번거렸지만 공항의 출입국 검열대 주변에는 아무도 보이지 않았다. 입국도 아니고 출국도 아닌 막막한 상태에서 어디 한번 버티어보자는 생각이 들었다. 여권이나 입국사증은 아무리 훑어본다 해도 흠이 없을 터이니 그 점은 괜찮다고 여겨졌다.

1시간 10분이 지났을까. 그때야 다른 직원이 내 여권을 들고 와

늦어서 대단히 미안하다고 독특한 웃음을 웃더니 검인을 꽝 찍어 주었다. 무엇이 잘못되었냐고 물어도 그는 연신 웃기만 하고 신통한 대꾸를 하지 않았다. 나중에야 알았지만 한국이 이스라엘과는 국교가 있어도 이집트와는 국교가 없어 내 여권 어느 구석에 이스라엘을 다녀온 흔적이 남아 있나 샅샅이 캐봤으리라는 것. 어처구니없는 일이었다.

이튿날 아침 바로 공보성에 찾아가 외국기자 등록을 마치고 수에즈운하 취재 허가신청을 내었다. 장기영 사주 지령대로 수에즈운하 이쪽 기슭에 서서 저쪽 기슭의 정태연 특파원을 만나야 나의 한 임무가 끝나기 때문이었다. 그러나 수에즈운하행 허가는 며칠을 두고 졸랐지만 기어이 이 한국기자에게는 내어주지 않았다.

그동안에 이집트의 휴전상태를 이모저모로 취재했다. 그때 한참 이집트가 휴전약속을 어겨 수에즈운하 쪽으로 소련제 SAM-3미사일을 이동배치하고 있다는 소문이 나돌고 있었고 이집트 공보당국은 날마다 이 소문에 역소문을 짜내었다. 수에즈운하 근처에 기자를 들여보내지 않은 것도 이런 풍문이 앞서 밝힌 바대로 사실이었기 때문이다. 이스라엘 쪽에서는 휴전성립 3시간 만에 SAM-3미사일이 운하 쪽으로 깔리기 시작하여 휴전합의는 깨지고 말았다고 분개하고 있음이 외신(外信)을 통해 쏟아져 들어왔다.

이집트 밖으로 나가는 신문전보나 전화는 모두 영어 아니면 불어, 독일어로 제한되어 있었다. 모든 기사는 두 벌을 만들어 송고 전에 검열필 인장을 받아야 했다. 본 특파원이 파리를 떠날 때 집사람이 만삭이던 것이 마음에 걸려 파리의 집을 불러 "여보세요" 하고 첫마디를 던졌는데 교환양이 아닌 교환남이 전화 속에 뛰어들어 "영어나 불어, 독일어로 통화해 주십시오!" 라며 제지하고 나섰다. "알로!

마세리" 하고 불러야 하니 웃음밖에 나올 것이 없었다.

이집트정부는 미사일을 운하 근처에 재배치하고 전쟁에 대비하는데 부산했지만 카이로 시민들은 거지반이 화평무드에 휩싸인 것 같았다. 누구를 붙잡고 물어봐도 "전쟁은 이제 그만 …" 하는 대답이었다. 거리 요소에 방공대피호는 파 있어도 '타도 이스라엘!' 같은 전쟁구호는 담벼락에서 떨어져 나가고 없었다.

이집트 국민들의 생각과 정반대되는 생각을 하고 있는 사람들이 바로 팔레스타인 난민들이었다. 그들은 여전히 이스라엘이 팔레스타인에게 땅을 내놓지 않으면 모조리 바닷속으로 쓸어넣어야 한다는 험한 생각을 버리지 않고 있었다. 그들은 나세르 대통령의 휴전승낙에 갖은 비난을 퍼부었다. 그래서 이집트에서는 팔레스타인 게릴라의 지하방송을 폐쇄시켜 버렸다.

본 특파원이 만난 흰 군복차림의 한 장교는 서슴없이 팔레스타인 게릴라를 힐책했다.

"팔레스타인 게릴라들은 미친 사람들입니다. 1948년부터 우리의 보호를 받았으면서 이제 와서 나세르를 비난하다니요. 그들만 없다면 우리 형편이 훨씬 달라졌을 겁니다."

또 다른 40대의 한 외교관은 이렇게 사태를 전망했다.

"우리는 야링 특사의 임무에 별로 큰 기대를 걸고 있지는 않습니다. 문제는 백악관이 얼마나 진심으로 평화를 원하느냐에 달려 있습니다."

이집트와 미국과는 그 당시 '불편한 관계'에 있었고 이집트의 뒷바라지를 소련이 보고 있을 무렵이었지만 이집트의 일반 여론은 소련과 미국의 역할에 평화에 대한 기대를 더 걸고 있었다.

중동평화의 관건은 대체로 나세르-미국-야링 특사-팔레스타인 게릴라의 복잡한 관계에서 추리되었다. 필자는 카이로에 머무는 동안 팔레스타인해방기구(PLO: Palestine Liberation Organization)의 본부를 찾아보기로 마음먹었다. 호랑이를 잡으려면 호랑이 굴을 찾는 수밖에 없다고 생각해서.

카이로 시의 외곽에 있는 PLO 본부라 해도 결코 으리으리한 청사가 아니라는 데 한 번 놀랐다. 그러나 이 조그마한 이 건물이 200만 팔레스타인 피란민의 존폐를 맡을 총본산(總本山)이라는 데 다시 한번 놀랐다. 지붕에는 PLO기가 펄럭이고 있고 바깥에는 팔레스타인의 무장군인이 경비망을 펴고 있었다. 건물 안의 분위기는 관청이라기보다 군 참모본부 같아 네모반듯한 몸짓을 하는 군인들뿐이었다. PLO 자체가 행정기구가 아닌 군사기구라는 것이 이런 인상만으로도 증명되었다.

필자는 PLO 중앙본부의 사무총장이며 카이로지부의 지부장을 겸하고 있는 아하메트 아바스티를 바로 회견할 수 있었다. 그는 아무런 격의 없이 필자에게 이것저것 필요한 것에 죄다 대답을 해주었다.

아바스티(당시 42세)는 학교문턱이라고는 아직 밟아보지 못한 사람이었지만 영어나 프랑스어는 곧잘 구사했고 헤브라이어까지 그는 '모국어'로서 유창하게 말했다.

> 내가 17세 되던 해였지요. 하루아침 마을 근처에서 총성이 들려오더니 점점 우리집 앞까지 왔습니다. 시오니스트들이 영국군한테서 얻은 총을 휘갈기면서 마을을 습격한 것입니다. 모두가 그저 집을 뛰쳐나갔지요. 살 욕심 하나만으로 땅만 보고 도망쳤습니다. 물론 가진 것도 먹을 것도 없이 입은 옷에 맨발로 뛰어나온 거죠. 그때 나의 어머니는 45세였는데 뛰어나오지도 못하고 총에 맞아 숨졌습니다.

이스라엘의 '에그조두스'가 끝나는 데서 팔레스타인의 '에그조두스'가 시작됨을 아바스티 입을 통해 직접 들을 수 있었다.

"겨우 산이 맞닿는 데까지 도망쳤습니다. 도중에 물이 없어 목말라 비틀려가는 젖먹이를 안고 땅바닥에 주저앉아 버린 부인도 목격했습니다. 나의 긴 유랑은 이때 시작되었습니다."

그는 그길로 팔레스타인 난민이란 멍에를 걸고 중동의 땅을 헤매게 되었다는 것이다. 무슨 돈으로 어느 틈에 학교를 다니느냐는 것이 그의 당연한 반문이었다.

> 1948년 비로소 유엔이 손을 쓰기 시작했고 우리에게 1킬로그램의 옷과 우유가루를 주었습니다. 20여 년의 생활은 이렇게 피보호자의 신세로서 얼룩진 것입니다. 모든 세계가 우리더러 무기를 버리라고 하더군요. 우리도 무기를 어깨에서 내리고 싶어요. 잃었던 내 집과 내 고향을 그대로 돌려준다면야….

역시 그것이 구상(求償)의 연쇄물인지 모른다.

> 우리는 이스라엘에 싸움을 포기할 수는 없습니다. 우리는 우리의 땅으로 돌아가야 합니다. 그 땅이 우리의 역사였으니까요. 거기에 돌아가야 우리는 죽을 수 있습니다.

그는 6일 전쟁 때도 총을 메고 이스라엘군과 대적했다. 자기가 지휘했던 오린지 그룹은 크게 전과를 올렸다고 한다.

전쟁이 아니고 평화적인 방법으로 팔레스타인 문제를 해결하는 것이 최선의 방법이고 상식이라는 데는 그도 동의했다. 그러나 그 추구방법에서는 그는 많은 회의를 품고 있었고 문제해결을 전혀 달리하고 있었다.

야링 특사는 아무것도 해내지 못할 겁니다. 우리는 그의 교섭성과에 기대를 걸지도 않으며 믿지도 않습니다. 그 사람이 우리 200만을 각자의 집과 땅으로 되돌아가게 해줄 수 있을까요? 쫓겨난 사람이 제집에 돌아가지 못하는 인도적 해결도 있습니까?

팔레스타인 사람의 평화는 바로 팔레스타인의 땅과 동의어(同義語)이다. 그것 말고는 여하한 평화도 있을 수 없는 것이다. 그들의 평화는 그들의 추억 속에 뿌리를 박고 있는 소박한 형태이다.

나는 헤브라이어를 사용하는 지역에 살고 있었습니다. 나의 바로 이웃에 가난한 유태인들이 살고 있었지요. 그래도 가친(家親)은 그들이 찾아오면 옷을 주기도 했습니다. 우리는 평화롭게 살았지요. 그런데 하루아침에 그들은 총부리를 들이대며 은혜를 갚으러 왔습니다. 들짐승을 대하듯. 전 세계에 눈을 부릅뜨고 찾아보세요. 자기 땅에서 이유 없이 쫓겨나 20여 년을 방황하고 있는 민족이 어디 있는지! 우리뿐입니다. 쫓겨난 땅을 찾아 우리끼리 나라를 세우는 데는 무력밖에 없다는 것을 우리는 깨달았습니다. 22년 동안 평화를 기다렸습니다. 유엔에도 기대했습니다. 무엇이 왔습니까? 그러고도 또 기다리라는 것입니까?

중동전선을 가다 ②

카이로에서 취재를 마치고 요르단의 아만으로 날랐다. 이집트에서는 기어이 수에즈운하행 취재허가를 받지 못해 정태연 특파원과 운하(運河)의 회의(會議)는 이루지 못하고 말았다.

카이로에서의 취재는 결코 자유로운 것이 되지 못했다. 기사검열이야 전시(戰時)여서 그렇다손 치더라도 카이로 도시 내에서는 아예 카메라를 들고 다니지조차 못한다는 형편이었다. 본사에서는 컬러판을 낼 터이니 사진을 보내라고 하는데 아예 컬러 필름을 파는 데가 없었다. 겨우 한 통 입수하여 곽을 보니 아웃 오브 데이트(유효기간 만료)된 것. 시내 촬영을 하겠다고 공보당국에 신청했는데 거기서는 직원이 동행해야 촬영이 가능하다고 했다. 이유는 혹시 카메라를 들고 시내를 배회하다간 이스라엘의 스파이로 오인되어 시민한테서 봉변을 당하기 때문에 신변보호를 위해서라고.

좌우간 한 사람의 공보성 직원을 데리고 시내 여기저기를 돌아다녔지만 이 직원은 내 신변보다 시계(視界)를 보호하는 데 더 열성적이라 이것도 안 된다, 저것도 안 된다고 가로막아 안 되는 것 빼놓고는 렌즈에 담을 것이 없었다. 한 몇 시간 돌아다니다 필자는 "참으로 수고 많았소"라는 한마디 인사를 던지고선 호텔로 돌아왔다.

요르단은 이집트보다 훨씬 차분히 가라앉아 있었다. 카이로가 그래도 전시하의 분위기에 싸여있는 편인데도 아만 시가는 여느 중동 도시나 다름없는 평온함에 싸여 있었다. 시간을 정해놓고(새벽 3~4시께로 자주 나오지만) 코란 읽는 소리가 스피커를 통해 낭랑하게 계곡에 퍼져나갈 때는 요르단이 언제 이스라엘과 전투를 했는가 싶은 정도였다.

요르단의 10월 하늘은 수정처럼 투명했다. 발가벗은 나지막한 구릉이 굽이굽이 뻗어나가 지평선을 이루는데 그 하나하나가 비늘처럼 또렷하다. 어느 곳보다도 하늘은 더 크고 더 가까이 있다. 구릉에 양떼가 무리지어 다니고 목동이 긴 장대를 어깨에 메고 따라 다니는 풍경은 한 폭의 성화(聖畵) 그대로였다.

양(羊)과 올리브나무와 오아시스의 샘물은 알라신이 사막의 유목민족에 베푼 큰 은전이라 했다. 풀 한 포기 찾기 힘들고 물 한 방울 솟을 것 같지 않은 모랫바닥에 양은 토실토실 살이 찌고 올리브는 머리를 풀어 젖힌 노파처럼 꾸역꾸역 자라도 기름진 열매는 말로 되고 섬으로 헤아릴 정도…. 약도 되고 식용도 되고 아낙네의 치장에도 쓰인다니 볼품없는 나무가 그렇게 축복일 수 없다.

필자는 아만에서 구릉 위에 자리잡고 있는 인터콘티넨탈 호텔에 숙소를 정했다. 아만에서는 가장 현대적이고 편리하고 크기 때문에 공항에서 곧장 이 호텔에 왔던 것인데 여기에 든 탓으로 나중에 큰 변을 당했고 또 그만큼 큰 취재를 힘들이지 않고 할 수도 있었다.

여장을 풀고 공보성과 외무성을 두루 찾았다. 기자등록이라야 카이로처럼 딴 격식이 있는 것도 아니고 고작 크레디트카드를 아랍어로 된 아만 우정성 발행카드로 바꾸는 일이 전부였다. 외무성에 가서는 카이로에서부터 소개받은 R씨의 편지를 전하고 외상(外相)의 회견을 신청했다. 한 바퀴 휙 돌고 호텔에 돌아오니 내 열쇠 칸에 전단이 꽂혀 있었다. 외무성의 장관 비서실장이 들어오는 길로 전화해 달라는 내용이었다. 곧 전화를 걸자 비서실장은 오래전에 만난 지기처럼 장관께서 이틀 후 오후 4시에 만나고 싶어한다고 쾌활한 목소리로 전해주었다.

8월 26일 오후 4시 외무성으로 안톤 아탈라 장관을 찾았다. 여남은 평밖에 되지 않을 조그마한 방이 그의 집무실의 전부였다. 실내에는 별다른 장식도 없었다. 응접세트가 있는 것이 고작이었다. 그는 얘기를 해가면서 자주 '오프 더 레코드'란 말을 전제로 해놓고 그의 판단을 털어놓기도 하고 또 요르단의 이해(利害)를 설명하기도 했다. 아탈라 외상과의 얘기 가운데 가장 핵심을 이루는 부분은 예루살렘 성지(聖地)의 귀속과 관리에 관한 문제였다. 그의 해결원칙은 예루살렘이 1967년의 6일 전쟁 이전상태로 환원되어야 한다는 것이었다. 그는 여기서도 '오프 더 레코드'를 전제로 하고 실지 누가 어떻게 관할해야 하는가에 대한 요르단정부의 계획을 상세히 설명해 주었다.

그 회견이 있기 바로 얼마 전 카이로와 알렉산드리아에서는 이집트의 나세르 대통령과 요르단의 후세인 왕 간에 정상회담이 있었고 아탈라 외상은 초기의 회담에 참가하고 있었다. 필자는 먼저 이 회담성과부터 물었다.

아탈라 외상의 대답은 "앞으로 양국은 휴전성립 때 공동보조를 취했던 것과 같이 휴전중에도 모든 문제에 공동보도를 취할 것"이라는 내용이었다. 그리고 이런 기본적인 합의는 후세인 왕의 귀국 전 공동성명으로 발표되리라고 기대했다. 그러나 그의 기대는 사실 상당히 낙관적인 기대였던 것 같다. 공동성명은 발표되지 않았고 그에 따라 이집트와 요르단 사이에는 의견의 차이가 있다는 것이 공공연히 소문으로 퍼졌기 때문이다.

필자가 요르단에 다다랐을 때 아만의 시내는 극히 평온하다고 말했으나 이것은 이스라엘과의 대전상태하에 있는 요르단의 표정이지, 그 표정 속에는 엄청나게 큰 내부적인 갈등을 감추고 있음을 엿볼 수 있었다. 시내 한복판의 요소나 주요 기관의 옆에는 꼭 모래주머니를 쌓고 중화기(重火器) 총구(銃口)가 거리를 향하고 있는 것을 볼 수 있었는데 이것은 대(對)이스라엘용이 아니었다. 그것이 모두 대 팔레스타인 게릴라용이라는 것이었다. 이스라엘의 침투보다는 아랍 게릴라의 난동이 요르단으로서는 당장에 손을 써야 하는 초미(焦眉)의 문제가 되어 있었다.

인구 250만이 채 되지 않는 요르단에 20만 명이 넘는 팔레스타인 난민(難民)들을 안고 이들을 부양한다는 것은 요르단으로서 힘에 겨운 일이었다. 물론 유엔 팔레스타인난민기구(UNRWA)와 영국, 그리고 사우디아라비아, 쿠웨이트 같은 아랍국가 등에서 난민구호원조가 들어오기는 해도 아무런 생업도 줄 수 없는 형편 아래서는 이렇게 많은 난민이 내버려지면 뭔가 문제를 일으킬 만했다.

요르단은 전체 국토가 우리 남한만 한 넓이이지만 90%가 사막이고 황무지이다. 산업이라야 인광석(燐鑛石)이 조금 채굴되고, 소채류·과일이 약간 생산될 뿐이다. 외화획득의 대종은 관광사업, 호텔이 벌어들이는 외화가 귀중한 재원이고 보면 요르단의 사정은 알 만하다.

그런데 요르단(옛 트란스요르단)으로 흘러들어온 팔레스타인 난민들은 그들이 머무르고 있는 땅이 자기네들의 옛 땅이라는 생각을 버리지 않고 있다. 말하자면 자기 땅 안에서 옮겨 사는 정도란 인식을 하고 있다. 특히 게릴라 부대들은 흔한 말로 요르단정부 보기를 우습게 본다. 이것은 다분히 구 오스만터키 제국의 영토가 분할될 때 영국에 위임통치가 결정된 팔레스타인 땅을 영국이 프랑스와의 충돌을 회피하기 위해 이를 다시 분할하여 요르단 강 동쪽에 트란스요르단 토후국(土侯國)을 세우도록 했던 과거의 곡절을 기억하기 때문인 듯했다.

그 뒤에 로저스 제안이 나왔을 때는 요르단이 90일 휴전을 성큼 받아들여 팔레스타인 문제를 해결하는 데의 홍정을 포기해 버렸다는 점에서 팔레스타인 게릴라들은 이집트의 나세르 대통령과 함께 요르단의 후세인 왕(1920년 트란스요르단 토후국을 세운 압둘라 이븐 후세인의 손자)을 '시오니스트에게 굴복했다'고 맹렬히 비난했다. 심지어 요르단 안에서는 게릴라의 극렬분자에 의해 후세인의 암살음모까지 꾸며졌다. 같은 길거리에 원망을 받는 자와 원한을 품은 자가 으르렁거리며 소매를 스치고 다니는 꼴이다.

대낮 아만의 시가에서 눈에 띄는 것은 팔레스타인 게릴라인 페다인들이 총기를 장바구니처럼 들고 다니고 있고 요르단의 순경이나 군인들도 이를 예사로이 보고 있는 풍경이다. 양자 모두 이스라엘 타도라는 명분 하나에는 이의를 말하지 못하는 데서 이런 기묘한 공존의 형태를 취하는 것이다. 후세인 왕이 이집트를 방문한 목적 가운데 중요한 것이 요르단 강 서쪽의 이스라엘 점령지역에 대한 요르단령(실은 이것이 아랍국가의 영토로서 가자지구와 함께 팔레스타인에 귀속토록 되어 있는 것을 서부요르단을 트란스요르단이 합병해 버린 것이다)의 처리문제, 팔레스타인 난민들의 전후귀속문제, 예루살렘 성지의 탈환문제 등이 포함되어 있었지만 이런 문제 가운데서도 팔레스타인 게릴라와의 관계에 관한 문제가 가장 거북스런 안건이었던 것 같다. 모아메드 하이칼(〈알 아람〉 주간)이 후일 밝힌 바로는 나세르 대통령이 후세인 왕에게 아랍 게릴라를 요르단이 소탕해 버리려는 기미를 보이고 있는 것에 직접 언급하고 "그들을 몰아내고 없애버린다면 요르단왕국도 유령의 왕국이 될 것이요" 하며 경고했다는 것이다. 그리고 나세르는 야사 아라파트를 카이로에 불러 후세인 왕을 타도하라는 그런 언동을 삼가도록 단단히 일러 놓겠다고 약속했다. 며칠 뒤 나세르는 과연 아라파트를 카이로에 불러들여 온전하게 처신토록 당부했다. 이런 곡절을 보면 양국간에 '공동성명'이 나올 것이 없었음을 알 수 있다.

아탈라 외상은 또 예루살렘 통치는 1967년 6일 전쟁 이전으로 환원되어 요르단과 이스라엘이 각자의 영역을 각자가 분할통치하여야 하며, 서부 요르단이 이스라엘의 점령에서 넘어올 때 팔레스타인 난민들의 자유로운 거주지로 하고 요르단 강 동서 양안(兩岸)의 요르단국을 엮어 예루살렘과 연결되도록 하는 것이 바람직하다는 의견을 말했다. 이런 아탈라 외상의 시사는 1년 반 뒤에 요르단 후세인 왕의 아랍연합왕국의 구상으로 구체화되어 나타났다.

즉, 요르단왕국과 이스라엘 점령하에 있는 서부 요르단과 지중해 쪽의 가자지역을 합쳐 하나의 연방으로 형성하고 그 행정수도(首都)를 각각 아만과 예루살렘으로 삼되 중추적인 행정기관은 아만에 둔다는 것을 골자로 했다. 이 제안을 나중에 이스라엘과 야합(野合)하는 타협안이란 맹렬한 비난을 팔레스타인 게릴라뿐 아니라 일부 아랍국가한테서도 받게 되어 도중하차하게 되었다.

요르단정부의 중동사태 해결방안 가운데는 이처럼 팔레스타인 난민들과 점점 멀어지는 대안(代案)밖에 없다는 것이 누구에게나 감지되었다.

아탈라 외상은 야링 특사의 조정역할에 일말의 기대를 걸고 있는 것 같았다. 그는 "이번 유엔특사의 협상이 중동지역의 평화회복에 마지막 기회가 될지 모른다"고 말했다.

아탈라 외상과의 회견이 있은 지 이틀 후 아만에서는 팔레스타인 인민협의회가 긴급히 열렸다. 로저스 휴전안이 나온 후 처음으로 열린 전 팔레스타인 게릴라단체의 총회격인 회의다. 이 회의에는 PLO 의장인 야사 아라파트를 비롯하여 11개 분파의 우두머리가 다 모였다. 회의장은 '로열 어소시에이션 홀'이란 거창한 이름이었지만 우리나라 학교 교실을 2개 정도 터놓은 정도의 밋밋한 장소였다. 교단 높이만 한 단상에 탁자가 하나 놓이고 그 뒤의 벽에는 팔레스타인기가 걸려 있었다. 게릴라단체 대표들은 단하에 의자를 일렬로 놓고 대표석과 마주보게 했다.

회의 개막 10분 전 즈음하여 게릴라 대표들이 우르르 들어와 단하의 의자에 앉았다. 회의장 주변이나 안은 상상외로 아무런 경비조치가 취해져 있지 않은 데 놀랐다. 취재기자들이 게릴라 대표들에게 몰려가 말을 걸었다. 필자도 야사 아라파트에게로 다가갔다.

아라파트는 접근하는 필자를 보고 수염투성이의 입언저리에 미소를 짓고 손을 내밀어 덥석 악수를 했다. 그 자리에 동양기자라곤 필자와 일본기자 2~3명밖에 없었기 때문에 특별히 관심이 생겼던 것 같다. 필자는 아라파트를 그 후 한 번 더 회우(會遇)하는 기회를 갖는다. 그때는 1973년 10월 제4차 중동전이 한 고비를 넘겼을 때였고 필자는 고란 고지를 향해 험한 산길을 굽이굽이 오르고 있을 때였다. 그는 중무장한 아랍 게릴라부대의 호위를 받으며 포장을 씌운 지프차로 고개를 내려오고 있었다. 그런 산길에서 그를 만나리라고는 생각지조차 않았던 일이다.

회의장에서 아라파트는 야링 특사의 활동에 대해 툭툭한 목소리로 논평했다. 그는 야링 특사에게 예상대로 아무런 기대도 걸지 않는다고 말했으나 격렬하게 비난하지는 않았다. 회의 중 그는 연설을 통해 "한 방울의 잉크를 말리기보다는 한 방울의 피와 땀을 말리자"고 외쳤다.

이날의 인민협의회는 처음 요르단정부에 관한 꽤 난폭한 성명을 채택하리라는 소문이 퍼졌다. 게릴라 단체 중에 과격파는 후세인 왕을 규탄하기도 했으나, 회의에서는 아주 온건한 결의문만 채택되고 무사히 폐회했다. 아마도 야사 아라파트가 이집트에서 나세르 대통령을 만나고 왔기 때문에 나세르한테서 뭔가 얘기를 들은 것이 있어 그랬으리란 추측만이 보도진 사이에 퍼졌다.

그러나 사실 무사하지는 않았다. 긴급 인민협의회가 폐막된 지 이틀 후인 8월 30일 저녁 팔레스타인 게릴라들의 난동이 불현듯 터져 나왔다.

30일 저녁 필자는 팔레스타인 출신의 나림 엘 자루티와 이야기를 나누고 있었다. 자루티는 지금은 이스라엘 점령지역이 되었지만 예루살렘 바로 북쪽의 아름다운 소도시 라말라 시의 시장을 지낸 사람이다. 그는 1967년 6일 전쟁 후에도 그대로 시장 자리에 앉았던 사람이며 1970년 2월 요르단 내각이 팔레스타인 출신 인사로 혼성내각을 구성할 때 수도(首都) 행정장관으로 일한 일이 있는 팔레스타인의 거물 정치인이다. 그는 그때까지도 라말라와 아만을 요르단 강을 건너 왕래하고 있었다. 이스라엘 점령군은 점령지역하의 일반 주민이 동부 요르단 쪽으로 내왕하는 것을 허가하고 있었다.

아만에 있는 자루티의 사저는 요르단정부군의 수도사령부가 있는 바로 뒤꼍에 있었다. 필자가 그를 만난 이유는 그가 아만 시내에서 만날 수 있는 거물급 인사이며 팔레스타인 사정을 소상히 들을 수 있고, 또 요르단정부의 대팔레스타인정책에 대해 누구보다도 객관적인 견해를 지니고 있으리라고 믿었기 때문이다.

자루티는 일부 과격한 팔레스타인 게릴라가 요르단의 후세인 왕을 모해(謀害)하고 제거하려고 날뛰지만 팔레스타인 게릴라의 대부분은 그런 것을 원하지 않는다고 말했다. 그러나 그는 요르단정부가 이스라엘 점령하에 있는 서부 요르단을 이스라엘로부터 찾아 팔레스타인에게 독립국을 세우라고 내어준 다음에도 팔레스타인 사람은 그것을 받고 주저앉을 생각은 하지 않는다고 분명한 태도를 취했다. 한 뼘의 땅(물론 처음부터 팔레스타인에게 할양된 땅이기는 하나)을 얻음으로써 팔레스타인 문제는 해결되는 것이 아니라 팔레스타인 사람은 쫓겨난 자기 고향을 찾아 이스라엘의 어느 지역으로든 되돌아가게 되어야 하고 거기서 예전처럼 유태인과 팔레스타인 사람이 공존해야 하며 그동안 빼앗긴 땅과 재산은 이스라엘이 보상해야 한다고 주장했다.

그는 팔레스타인 사람들의 이런 염원과는 너무나 먼 방법을 써 이집트와 요르단이 협상을 달갑게 받아들이고 있기 때문에 팔레스타인 게릴라는 더욱 격렬해진다고 설명했다. 그는 결국 게릴라만 점점 더 아랍세계에서도 경원 당하게 되었다고 말하면서 근 수개월 동안 쿠웨이트, 리비아, 사우디아라비아 3국에서 오던 특공대 활동지원을 위한 분담금이 뚝 끊겼다는 사실도 밝혔다.

전일 아탈라 외상을 만났을 때는 중공이 중동사태에 얼마만큼 개입해 있는가에 대답하기를 꺼렸으나 자루티는 서슴없이 팔레스타인 특공대의 훈련을 위해 인근 모처에 중공군관 20명이 잠입해 있다는 정보를 전해주었다.

자루티와 한참 얘기가 무르익는데 난데없이 콩볶는 듯한 기총소리와 함께 집근처에서 펑펑 터지는 포(砲) 소리가 요란하게 울렸다. 자루티는 표정 하나 까딱하지 않으며 일어서서 쇠로 된 창문의 셔터를 내렸다. 그리고 서랍 속에서 권총을 찾아내 옆구리에 꽂았다. 연신 총소리가 울려 퍼지는데 아랑곳없이 자루티는 얘기를 계속해 나갔다. 그는 "또 특공대와 정부 간에 붙은 모양입니다" 하는 한마디가 이런 경악할 돌변사태에 대한 논평의 전부였다.

필자는 이러다간 숙소로 어떻게 돌아가나 하는 걱정이 앞서 속으로는 무척 불안했다. 조금 있으니까 비서가 들어와 무어라고 아랍어로 보고했다. 자루티는 필자를 쳐다보며 "잘됐어" 하고 미소를 지었다. 때마침 지나가던 이라크 대사관의 무관(武官)이 하도 총격전이 심해 자루티 집으로 들렀다는 것이었다.

자루티는 이라크 무관을 필자에게 소개해주며 함께 또 차를 나누었다. 이라크는 우리와는 아무 외교관계가 없고 오히려 북한과 국교를 맺고 있는 나라다. 그래도 이라크 무관은 그런 데는 아무런 내색도 않고 희희낙락하게 담소를 했다. 총소리가 한동안 뜸해지자 자루티가 이라크 무관에게 부탁했다. 외교관 표찰이 붙은 차로 필자를 호텔에 먼저 데려다 주는 것이 어떤가 하고 물었다. 이라크 무관은 당장에 응낙했다. 그는 "내 차로 가면 정부군의 체크포인트도 통과할 수 있고 특공대 앞도 무사통과할 수 있을 거요" 하며 껄껄 웃었다.

과연 이라크 무관차는 여러 문의 삼엄한 경비망을 탈 없이 뚫고 구릉 꼭대기의 인터콘티넨탈 호텔까지 당도했다.

호텔에 닿아보니 그 큰 건물이 온통 조명이 없어 시커멓기만 했다. 일단 호텔 안에 발을 들여다 놓자 다른 특파원들이 우르르 나오며 "어디를 이렇게 다녔느냐?"고 야단이었다. 그들은 지금까지 지하실 바닥에 이마를 땅에 대고 엎드리고 있다가 이제야 로비로 올라왔다는 것이다. 알고 보니 이날 저녁 팔레스타인 게릴라는 외국 사람이 가장 많이 투숙하고 있는 이 호텔을 겨누어 마구 박격포와 기관총을 쏘아댔다는 것이다. 호텔이 구릉 위에 우뚝 솟아 있어 표적으로는 안성맞춤이었다고.

조금 지나 호텔도 불을 넣어 겨우 내 방으로 돌아왔다. 방문을 열자 방이 썰렁하여 잘 훑어보았더니 창문이 박살이 나있고 여기저기 박격포탄의 파편이 박혀 있었다. 침대 위에도 시트를 예리한 날로 벤 듯 찢긴 채 파편들이 뒹굴었다. 만약 초저녁에 호텔 방안에 남아 있기라도 했으면 문자 그대로 만신창이가 될 뻔했다. 위기일발(危機一髮)이란 이것을 두고 한 말인지도 모른다. 이날 밤 호텔이 직격탄을 맞고 부서진 방은 한둘이 아니었다.

그 이튿날 필자는 바로 아만을 뜰까 했으나 공항이 폐쇄되어 다시 주저앉았다. 보급받은 곳도 없는 데서 더구나 국제전신마저 끊긴 곳에서 더 활동할 수도 없고 더 활동한댔자 송고(送稿) 수단이 없어 빨리 뜨기로 작정했던 것이다. 그날 저녁 로열 요르단 에어에서 연락이 왔다. 9월 1일 아침 베이루트행이 한 대 있다고.

1일 아침 일찍 호텔을 나와 공항에서 로열 요르단 에어기에 올라탔다. 하늘에서 내려다보이는 요르단은 붉은 구름이 끝없이 펼쳐져 있는 광경뿐이었다.

베이루트에 닿자마자 전보국으로 달려가 본사에다 탈출의 제1신을 타전했다. 본사에서는 곧 회신을 보내왔다. "중동취재는 대성공"이라는 격려와 함께 니코시아에 정태연 특파원이 한발 앞서 이스라엘에서 날아가 있으니 사이프러스로 직행하여 정 특파원과 합류, 취재 총결산을 하라는 지시를 내렸다.

해가 떨어지는 지중해의 해변도로를 한 바퀴 돌고선 숙소로 잡은 '페니키아'로 돌아갔다. 방에 들어 오랜만에 파리의 집에 전화를 걸었다. 물론 여기서는 "알로!" 하고 전화할 것도 없다. 마음 놓고 뭐라고 지껄여도 좋은 '자유천지'다. 마침 집에는 안사람이 있었다.

그동안 어떻게 되었느냐는 물음에 안사람은 혼자서 이웃 아파트에 사는 홍일(洪逸) 씨(전 튀니지 주재대사 내외)의 따뜻한 도움으로 여아를 순산했다는 것이다. 지금은 커서 서울시립 교향악단의 클라리넷 주자로 활동하고 있는 은원(恩元)이다. 그제야 정말 마음속으로 미안하다는 생각이 치밀었다.

월남회담의 요모조모 ①

역사에 실패작이 있을까? 그런 물음조차 어설프기 짝이 없다. 그러나 월남(越南) 평화회담만은 분명히 실패작이라고 해야 하겠다. 미국이 월남의 진흙탕 속에 뛰어들었다는 그것부터 잘못이 아니라고 미국 내에서 끈질기게 왈가왈부했지만 그런 전쟁을 그렇게 끝내버린 그 자체도 실패였다. 실수로 시작한 일은 실수로 끝내야 하는 것일까?

실패작은 비극적이었다. 역사에서 허다한 비극을 찾아볼 수 있지만 '월남공화국'만 한 비극도 드물 것이다. 공산측 입장에서 본다면 희극일 비극(悲劇)이다. 그러나 공산주의자와 비공산주의자가 대결하는 지역이었다는 동일한 처지에서 남다른 관심을 가지고 보아왔던 우리로서는 충격적이고 비극적인 사실이 아닐 수 없었다. 그만큼 깊이 개입했던 미국이 월남땅의 '평화'를 그런 식으로 찾아주어야 했던가?

월남 휴전협정이 조인되기 바로 직전에 미국 대통령직에 재취임하게 된 닉슨은 그의 취임사에서 냉혹한 한마디를 전쟁의 폐허에 던지는 것을 잊지 않았다.

"미국이 모든 다른 나라의 분쟁을 자기 분쟁으로 삼고 모든 다른 나라의 장래를 자기의 책임으로 삼으려는 그런 시대는 지났다."

그런 '영원한 우방'의 시대가 지난 지 2년 만에 월남공화국의 시대도 역사에서 사라져갔다.

그러나 월남의 비극은 예견된 비극이었다. 이런 것은 분단국에서 온 필자뿐 아니라 월남 평화회담을 지켜 본 사람이면 예외 없이 예측할 수 있었다. 필자는 휴전협정 조인 전 이런 예측이 일반적임을 기사 가운데서도 암시했다.

1973년 1월 22일에 발간된 파리의 모든 신문은 한결같이 '전후(戰後) 월남'의 전망에 대해 비관적인 견해를 실었다. 〈르몽드〉는 '휴전이 곧 평화일까?'라고 의구(疑懼)했으며 〈라 크루아〉지는 '험난한 평화'라고 우려를 나타냈다. 이들의 근거는 물론 조금씩 다르다. 그러나 휴전 후 최대의 숙제가 될 월남의 정치적 장래를 결정하는 단계에서 월남 내에 험악한 충동이 재연될 것이라는 결론에는 일치해 있었다(한국일보 1973년 1월 24일 자). 이보다 하루 앞선 기사에서도 같은 관측을 실었다.

> 월남전은 끝나가고 있다. 협상 5년 만에 끝나며, 전쟁 19년 만에 마무리되어가고 있다. 근원적으로 월남전의 씨를 뿌렸다고 할 프랑스 식민지시대(1884년 프랑스·베트남보호조약)로부터 따진다면 근 1세기 만에 전화(戰禍)가 가신다고 하겠다. 그러나 지금 누구에게건 월남휴전(협정)이 조인되면 월남땅에서 깡그리 총성이 멈출 것인가 하고 물으면 자신 있게 대답할 사람은 하나도 없는 것이다(한국일보 1973년 1월 23일 자).

> ('베트남-평화의 여명' 시리즈 ①의 서두)
> 미국은 월남에서 손을 떼기에 급했고 월맹은 미국이 나간 힘의 공백지대

에 자기 힘을 뻗치는 데 휴식이 없었다. 미국은 월남에서 철수하면서 명분상으로 월맹과 월남공화국 간에 힘의 균형이 유지되도록 이른바 월남화를 내걸고 몇 해 동안 지원했다. 그러나 이 월남화 계획이 단 1~2년 사이에 월남을 강대하게 만들 수는 없는 노릇이다. 탱크와 로켓포와 헬리콥터를 월남땅이 꺼질 만큼 쌓아다 준다 해도 월남 내부의 체제나 경제력 그리고 국민들의 정신적 상황이 '월남화' 되어 있지 않고 장병들의 사기가 '월남화' 되어 있지 않은 상태에서는 이런 지원을 떠받들, 월남화된 월남이 없었다고 해야 옳다. 더구나 월맹군과 베트콩 게릴라는 월남 도처에 깔려 있었는데 이들한테 휴전협정을 내밀며 밀림 속에서 물거품으로 사라져 주기를 바란다는 것은 어리석은 짓이었다. 그러나 월남정부가 이런 사태 속에서 그래도 용케 버티고 나가리라고 믿은 비범한 사람들이 있었다. 구엔 반 티우, 리처드 닉슨 그리고 헨리 키신저…

1968년 5월 13일 월요일 오전 10시 30분(한국시간 동일 오후 6시 30분), 월남평화회담 제1차 회의가 파리의 클레베르가에 있는 국제회의센터에서 막을 올렸다. 그해 3월 31일, 당시의 존슨 미국대통령은 월남전을 마무리하는 평화회담을 전 미국의 라디오, 텔레비전 방송을 통해 공식적으로 월맹의 호찌민(胡志明)에게 제의했다.

미국은 이 전쟁을 끝내기 위해 언제, 어디에든 대표를 보낼 준비가 되어 있다. 가장 탁월한 미국인의 하나인 아브렐 헤리먼 씨를 나의 개인특사로서 회담에 나서도록 지명할 생각이다. 나는 호찌민 대통령에게 이 새로운 평화에의 첫걸음에 적극적인 찬성을 보내기를 희망한다.

존슨 대통령은 이 방송에서 북위 17도선의 비무장지대를 제외하고 20도선 이북의 월맹전역에 대해 폭격중지를 단행한다고 발표했다. 이런 제의를 더 극화(劇化)시켰다고 할까, 그는 이 방송에서 월남전의 매듭 이외에는 다른 생각이 없음을 강조하듯 차기 대통령선거에 출마하지 않겠다고 선언했다. 이런 제의를 하는 그의 눈에는 이슬마저 맺혔다.

"미국은 명예로운 평화를 받아들일 용의가 되어 있다. 가령 그것이 얼마나 큰 보상과 부담과 희생을 강요할지라도 언제나 명예로운 대의명분을 지킬 충우가 되어 있음을 전 세계의 사람들에게 알려주고 싶다." 존슨의 말은 감격에 어려 있었다.

월맹은 사흘 뒤인 4월 3일 오후 이 방송을 통해 미국이 월맹에 대한 일체의 포격과 지뢰설치 그리고 전쟁행위를 무조건 정지할 것을 결정하기 위해 회담을 시작한다면 대표를 파견하여 미국 대표와 접촉할 용의가 있다고 토로하고 나섰다. 그때까지만 해도 월맹은 모든 접촉이나 미국과의 휴전·평화회담은 전면북폭(北爆) 중지가 전제되어야 한다고 우기고 있었으나 이번에는 이런 전제조건을 빼고 존슨 제의를 받아들이게 되었다.

4월 초 유엔의 우 탄트 사무총장은 회담 개최지를 물색하러 나섰고 12일에는 파리에 들러 월맹대표부의 마이 반 보와도 만났다. 유엔에 돌아간 후 그는 미국과 월맹 양쪽에 회담장소로서 프놈펜과 바르샤바와 더불어 파리를 열거했다. 18일 프랑스의 모리스 쿠브 드 뮈르빌 외상은 미국과 월맹 양쪽의 요청을 받아들여 파리를 회담장소로 제공할 수 있다고 발표했다.

5월 3일 월맹외무성은 파리가 회담장소로서 적합하다고 밝혔고 수안 투이 무임소장관을 대표로 임명함을 공표했다. 같은 날 워싱턴에서 존슨 대통령은 5월 10일 파리에서 첫 회담을 열자고 발표, 월남평화회담은 정글 속이 아닌 파리에서 열리게 되었다.

회담장으로 지정된 '국제회의센터'는 옛날 마제스틱 호텔이라고 불리던 6층의 석조건물이다. 제2차대전 당시 나치 독일이 파리에 진주했을 때는 게슈타포의 본부로 쓰였고 전쟁 후에는 유네스코 본부로 활용되었다. 그러나 유네스코가 파리의 에펠탑 근처에 새 건물을 지어 나간 다음 프랑스 외무성이 마제스틱 포럼을 전수, 대대적인 수리를 하여 국제회의센터로 각종 회의에 제공해 왔다. 건물내부에는 백 명이 회의를 할 수 있는 대회의실을 비롯하여 조그마한 회의를 진행할 수 있는 방이 8개나 되었고 각 회의실마다 동시통역이 가능하도록 현대적 시설이 갖추어져 있었다.

미국은 이 회담의 준비를 위한 선발대로서 백악관보좌관 리처드 무스, 국무성 공보담당 부차관보 존 오브라이언 씨를 비롯하여 통신기술자만 10여 명을 5월 4일 밤 파리에 파견했다. 이들이 가지고 온 통신장비와 각종 기계는 39톤을 넘었고 프랑스 세관은 200만 달러를 웃도는 기재들이라고 그 값을 매겼다. 월맹측에서도 무전기술자가 35명이나 하노이에서 파견되어 5일에는 파리에 당도했고 파리와 하노이를 잇는 특수통신 연락망이 부설되었다.

물량작전에서는 미국이 언제나 앞질렀다. 미국측은 대사관 옆에 있는 콩코르드 광장의 호화호텔인 오텔 크리옹의 방 80개를 빌려 회담대표들의 본부로 삼고 다시 1층의 대무도회실을 통째로 세내 프레스센터를 설치했다. 회담개최 전까지도 프랑스측은 천 명을 훨씬 넘는 외국 취재기자들을 한꺼번에 수용할 수 있는 프레스센터를 마련하지 못해 미국이 호텔을 전세로 얻어 시설을 갖춘 것이다. 미국측의 프레스센터에는 타이프라이터 같은 기본시설은 물론 미국계의 웨스턴 유니언 등 전신회사까지 끌어들여 손쉽게 송고할 수 있도록 해 놓았고 코카콜라, 세븐업 따위는 공짜로 마시게 얼마든지 쌓아두었다.

나중에 프랑스외무성이 유네스코본부 근처의 체신성 대강당에 임시로 프레스센터를 마련한 후에는 공식·비공식회견이 여기서 이루어지게 되고 또 회담이 장기화되어가자 미국측도 그랜드 물량전으로 가다간 호주머니에 주름이 잡힐 것 같았는지 오텔 크리옹의 방 80개를 해약하고, 거기에 설치된 프레스센터도 문을 닫았다.

미국의 헤리먼 수석대표나 사이러스 밴스 부대표가 회담개시 한 달 남짓하여 오텔 크리옹에서 나가 파리시내에 아파트를 얻고 미국의 가족들을 불러들이고 아이들을 아메리칸 스쿨에 넣는 것을 보았을 때 기자들은 월남평화회담이 적어도 한국동란 말기의 판문점 휴전회담만큼은 끌 것이라고 짐작했다.

사실 월남평화회담은 미·월맹 양측 수석대표가 1968년 5월 13일 정식으로 대좌하여 1973년 1월 23일 휴전평화협정에 조인하기까지 장장 5년을 끌었고, 그동안 174회의 본회담, 24회의 비밀회담을 거듭했다. 한국 휴전회담보다 곱절은 걸려 합의에 도달했다. 월남전은 어떤 면에서 한국동란보다 더 격렬한 전란양상을 빚었으며 그만큼 전쟁을 마무리하는 회담도 물리적으로 장기화될 수밖에 없었을지 모른다.

인도차이나 반도에 투하된 폭탄은 줄잡아 744만 톤. 이 포화는 세계 제2차대전의 3.5배, 한국동란 당시의 무려 12배에 해당하는 양이다. 가족을 잃고 집을 잃고 생계를 빼앗기고 다치고 죽은 사람들의 수효를 헤아린다면 몇백만을 넘을 것이다. 이런 전쟁규모의 확대나 희생자의 증가율은 1965년부터 1968년 초 회담이 시작되기 전 절정에 달했고 회담이 장기화되고 있는 동안에도 전쟁의 양상은 피차간에 치열에 치열을 거듭했다.

5월 10일 오후 3시(한국시간 동일 오후 11시) 미국측의 부대표 밴스 대사, 월맹측의 부대표 하 반 라우는 각각 필리프 하비브 대표,

구엔 민 비 대표를 거느리고 국제회의센터에 도착했다. 이날 날씨는 전날 밤부터 잔뜩 찌푸려 당장에 또 한차례 빗방울을 퍼부을 것 같았다. 필자는 이 취재를 위해 마침 파리에 체류중이던 설 기자와 함께 국제회의센터로 나갔다.

회담개최를 위한 여러 절차문제에 대해 예비접촉식으로 열린 부대표회담의 첫날 회담은 2시간 55분간 계속되었다. 양측대표는 밝은 표정을 지으며 진전이 있었다고 기자들에게 일렀다. 밴스 대표의 앳된 얼굴이 유난히 인상적이었다.

회담은 11일 오전 10시 30분에도 계속되었다. 이들의 회담에서 합의를 본 것은 제1차 본회담을 5월 13일 오전 10시 반에 연다는 것, 회담의 공식용어는 영어와 월남어로 하고 실무적인 용어로서 프랑스어를 사용하기로 한다는 것 등이었다. 여기까지는 양측 다 순조롭게 진행되었다. 극히 사무적인 문제에서는 양측 모두 크게 구애하지 않았고 논쟁도 없었다.

1968년 5월 13일 오전 10시 반. 국제회의센터에서 역사적이라고 할 월남평화회담 제1차 회의가 헤리먼 미국수석대표와 투이 월맹수석대표 간에 열렸다. 회담장 밖에는 300여 명의 구경꾼들이 길 건너에 몰려들었으며 양측대표들이 도착할 때 일제히 박수를 쳤다. '평화'라는 말에는 언제나 박수를 보내는 것이 군중들의 소박한 모습이다. 회담장은 한 20분 동안 보도진을 위해 공개되었다.

1962년 제네바회담 때 면식이 있어 미국의 헤리먼 수석대표는 회담장의 문을 들어서면서 회색 양복의 수완 투이를 발견하고 먼저 다가가 손을 내밀며 "헬로! 미스터 투이" 하고 악수를 청했다. 수완 투이 월맹 수석대표도 만면에 웃음을 띠고 헤리먼의 손을 잡았다.

초기의 회담에서는 양측이 최상급의 외교예사(外交禮辭)로 서두를 꾸몄는데 서로가 연설을 시작할 때는 '각하!'라고 불렀다. 정글 속에서는 서로가 서로를 무찌르고 있어도 회담장 안에서는 깍듯이 격식을 갖추어 대했다. 악수 한 번 교환한 바 없는 판문점의 휴전회담과는 처음부터 별난 분위기를 나타내었다.

물론 '각하'의 호칭이 얼마동안 더 되풀이되었고 "신사 숙녀 여러분"으로 서두가 바뀌었으며 양측 주장이 엇갈리고 월남에서의 전황이 한층 치열해지기라도 했을 때는 "노망이 든 영감"(구엔 탄 레 월맹측 대변인이 헤리먼 미국대표를 가리켜)이라고 인신공격마저 서슴지 않게 변해갔다.

제1차 본회담에서 행한 헤리먼, 투이 양대표의 기조연설(요지)을 들어보자.

△ 헤리먼 미측 수석대표

지난 3월 31일 이래(존슨 대통령의 북폭제한 연설 이래) 우리는 월맹에 대해 미국의 억제에 상응하는 억제조치를 취하는 어떤 조짐을 보여주기를 요구해왔다. 우리로서는 월맹이 북쪽에서 남쪽으로 군대와 전쟁물자를 대량 이동하고 있으며 날로 증가하고 있는 데 우려를 표명치 않을 수 없다.

월맹측은 비무장지대를 계속 침범하고 있다. 월맹군은 비무장 너머로 미국과 월남군을 공격할 뿐 아니라 비무장지대 이남으로 침투해 와서 공격을 가하고 있다. 비무장지대가 완충지대로서 역할을 다하고 전선규모를 축소하는 첫 조치로서 양쪽군대를 비무장지대를 경계로 격리시킬 것을 제의한다. 1962년 제네바협정은 베트남의 어느 쪽도 다른 쪽을 침략해서는 안 된다고 규정하고 있다. 그러나 월맹은 1950년대 말부터 파괴와 전복훈련을 받은 인원을 남쪽으로 침투시키고 있고 최근에는 월맹 정규군의 투입으로 노골적인 침략형태를 취하고 있다. 제네바협정은 준수되지 않으면 안 된다. 이 협정은 라오스의 중립화를 규정하고 있으나 월맹은 이에 위배하고 라오스 내에 주둔하며 월남으로 침략을 계속하고 있다. 미국은 월맹측이 군대를 북쪽으로 철수시키고 침략을 중지하면 미군을 철수시킬 용의가 있음을 명백히 해둔다.

△ 투이 월맹 수석대표
미국정부는 이른바 상호주의원칙을 계속 고집하고 있다. 미국은 침략자와 침략의 희생자 간의 구별을 얼버무리고 있으며 침략자인 미국이 마치 침략의 희생자인 양 행세하고 있다. 미국측의 모든 평화제의의 특색은 남부월남을 점령하여 월남을 영구히 분단해 두려는 데 목적이 있다는 점이다. 그들은 침략자와 침략의 희생자를 두둔한 입장에 두고 있다. 우리 월남인은 언제나 자기의 영토 안에 있었다. 우리는 침략의 희생자, 전쟁의 희생자이다.

미국은 월맹에 대하여 폭격과 기타의 전쟁행위를 무조건 중지하지 않으면 안 된다.

월남회담의 요모조모 ②

닉슨 대통령이 들어서면서 미국은 월남에서 손을 뗀다는 것이 뚜렷한 정책으로 떠오르게 되었다. 연간 220억 달러, 어떤 때는 하루에 1억 달러 이상을 퍼부어가며 한 나라의 자유와 미국이 구축한 동남아의 대응 방파제(防波堤)를 수호하려고 전쟁을 시작한 것이다. 그동안 미국은 군사비의 출혈적인 지출로 국고와 재정에만 금이 간 것이 아니었다. 국내여론도 완전히 양분되어 월남전에 관한 한 '두 개의 미국'이 존재할 지경이었다. 손해는 그것뿐 아니었다. 월남 확대회담이 시작되고 미국이 본격적으로 월남에서 물러선다는 기색이 뚜렷해졌을 때 런던의 일간지 〈옵서버〉에서는 이렇게 논평을 가하고 있었다.

> 미국은 그의 인도적 명분에도 불구하고 여론 속에 피투성이의 미담 같은 인상만을 남겼다. 그뿐 아니라 대도시의 소수 흑인문제마저 외면치 않으면 안 되었다. 더구나 중동문제 등 여러 문제를 소련과의 협상으로 이루어 나가는 데 많은 장애만을 만들어 내었다.

월남전 때문에 정작 강화해야 하는 서유럽의 방위문제는 몇 년째

허술하게 내버려졌고 1968년 8월 소련이 체코를 침범했을 때 나토(NATO)는 당황하기만 했던 것이 사실이다. 그뿐 아니라 군사비의 압박은 자연히 서구주둔 미군에 영향을 미쳐 서독에 주둔하는 미군을 단계적으로 감축한다는 절름발이 방위정책을 쓰지 않으면 안 되었다.

막상 소련과 군축문제에 결실을 보고 미국의 전반적인 국방비 부담은 경감하고 싶어도 월남전 때문에 소련이 말을 귀담아 들어주려 하지 않았다. 소련은 그 사이 지중해에 붉은 깃발의 함정(艦艇)들을 쫙 깔아버렸고, 함정은 지중해를 넘어 인도양으로 흘러들었다. 미국이 정글을 헤매고 있을 때 소련은 그 정글 앞바다까지 밀고나와 깃발을 나부끼고 있었다.

성급한 매스컴들은 미국이 월남평화를 본격화해 나가면 월남전은 조만간 종식되고 따라서 미국이 월남전으로 잃었던 여러 손실에 대한 만회책에 손을 쓸 것이며 그렇게 되면 국제정세에도 새로운 국면이 나타나리라 추측을 늘어놓기까지 했다. 그러나 확대된 월남평화회담은 이런 추측을 완전히 외면해 버렸다. 확대된 평화회담은 갈수록 태산이 아니라 처음부터 태산이었다.

첫째, 미국이 전면단폭으로 가게 된 신뢰할 만한 이유를 월맹측에서 하나도 찾을 수 없었는데도 회담은 확대되었다. 다시 말하면 월맹이 미국의 단폭에 상응한 조치로서 월맹땅으로 철군하든지 아니면 전투규모라도 축소해야 하는 것이 마땅했지만 단폭 후 월맹의 태도는 180도 달라져 버렸다.

월맹 정규군은 미군이 단폭을 선언한 10, 11월 두 달 동안에 6~7천 그리고 2월 한 달 동안에 만 명의 병력을 남으로 더 증파했다. 그뿐 아니라 그들의 보급로에는 3만 명이 집결하여 새로이 투입될

시기를 기다리고 있다는 정보가 미군측에 입수되었다. 1월에 들어서서는 월맹군 정규사단 4개가 비무장지대 일대에 증강되어 있음도 밝혀졌다. 그리고 북폭 때 파괴된 9개의 제트전투기 기지(基地)가 단폭 후 완전 복구되었고 새로이 10번째 기지가 건설중이라는 것도 미국의 정찰활동에 의해 파악되었다.

미국은 월맹의 무엇을 가리켜 '신뢰'한다고 해야 할지 모르게 되었다. 막연히 '전투규모 축소'한다고 말하거나 '외군(外軍)을 철수한다'고 한 말 등이 무슨 의미를 가지며 어떤 방법으로 보장을 받는지 누구도 명쾌히 대답하지 못했다. 전투규모 축소나 전투행위 중지는 외군인 미군에나 해당된다는 말이라고 월맹은 강변하지 않았는가. 따라서 월남땅에서 철수해야 할 군대는 외군인 미군이나 연합국 군대(파월 한국군 포함)뿐이지 월맹군은 여기 해당하지 않는다고 공산측은 주장해왔다.

물론 한국에서도 휴전회담이 개시되고 나서 피아(彼我)의 사상자는 하루 1천 명씩 더 늘어났다는 사실을 예로 들지 않더라도 평화회담이 진행되는 동안 전투규모가 꼭 축소되어야 한다는 법은 없을 것이다. 그러나 월남 평화회담에서는 회담확대의 사전양해 사항이 전투규모를 축소한다는 것이었는데 공산측은 이런 양해에 조소(嘲笑)를 던졌을 뿐 오히려 침공세력 증강에 호기도래(好機到來)라고 보았다.

둘째, 미국이나 월남은 전투행위를 종식시키고 파리휴전을 성립하기를 바랐지만 공산측은 휴전보다는 정치적 문제에 미국과 월남이 승복해 오기를 기다리고 있었다. 흔한 말로 미국은 군사문제를 정치문제와 분리시켜 해결할 계획이었으나 공산측은 정치문제를 덤으로 끼어 동시에 타결하자는 전략을 믿고 있었다.

'전쟁은 다른 방법에 의한 합의정치'란 말을 월맹이나 베트콩만큼 철저하게 실행한 측도 없을 것이다. 미국은 어떻게 하든 전쟁을 끝내놓고 정치적인 문제는 그다음으로 미룰 생각이었으므로 처음부터 공산측과는 페이스가 맞지 않았다.

미국은 어떻게 하면 철수에 상응하게 전쟁 규모를 축소해 갈 수 있고 어떻게 하면 미군포로들을 하루 빨리 되찾아 낼 수 있을까 하는 데 초조히 신경을 썼다. 그리고 이런 문제해결은 월남의 장래에 관한 이른바 '정치적 문제'와 상관없이 독자적으로 해결해 나갈 수 있다고 판단했으며 또 그렇게 되어야 '군사문제'가 더 빨리 해결될 수 있다고 파악했다.

그렇지만 공산측은 전쟁 자체가 해방전선과 신식민주의자인 제국주의자의 도식 속에서 진행된다고 설정했고, 그에 따라 정치적 목표 달성 없는 전쟁종식이란 가당치 않다는 명분을 끝까지 앞세웠다. 따라서 미국이 전쟁의 군사적 측면에 역점을 두고 평화회담에서 군사문제 우선처리의 방침을 강조하면 할수록 공산측은 더 집요하게 정치적 요구를 군사문제에 밀착시켜 군사문제 타결 후에도 월남적화(越南赤化)가 가능한 정치적 보장을 확고히 하려고 날뛰었다.

월남전에서 미국은 정치적 의의(意義)를 이미 상실하고 있었으나 공산측에는 정치적 목적 외에 아무것도 없었다.

회담이 시작되기 전부터 센터 앞의 클레베르가 건너에는 월남정부 지지단체와 베트콩 지지세력들이 각각 붉은 기와 노란 깃발을 들고 나와 시위를 벌이다 끝내는 소규모 충돌로 발전, 프랑스 기동경찰이 이들 양쪽을 다 클레베르의 거리 밖으로 밀어붙이는 소동이 빚어졌다. 월남은 '분단'이란 비애에다 '내부분열'이란 고충을 하나 더 얹고 있다는 것을 회담 첫날부터 세계의 눈에다 비쳐주었다.

확대된 4자회담에서는 월남 내의 베트콩대표 찬 부 키엠의 연설부터 행해졌다. 이날의 각 대표들의 연설 역시 회담이 끝날 때까지의 기조를 이루었다. 여기에 각 대표들의 연설요지를 적어보기로 한다. 회담은 물론 비공개되어 진행되나 각 대표연설문은 센강 건너 세귀어가에 있는 체신성 본부홀에 설치된 프레스센터에 연설을 마침과 동시에 즉각적으로 전달되었다.

△ 베트콩(찬 부 키엠 남베트남 민족해방전선 중앙위원회 섭외연락위원장)

- 파리회담은 해방전선(베트콩), 월맹, 미국, 사이공정부(월남공화국)의 4자가 참가한 회담이다. 해방전선 대표는 다른 대표와 평등, 독립된 자격으로 이 회담에 참가하고 있다.
- 미국이 사이공정부에 합법성과 정통성을 부여하기 위해 갖가지 공작을 했으나 이것은 사기극에 불과하다. 월남 내에서는 티우 키 퐁 일파(월남 대통령 구엔 반 티우, 부통령 구엔 카오키, 수상 퐁의 이름만을 딴 베트콩의 상투적인 호칭)의 정권을 타도하기 위해 힘찬 인민운동이 벌어지고 있다.
- 해방전선은 1,500만의 인구와 월남 5분의 4의 땅을 해방하여 선거를 실시했으며 사실상 민주 정부의 기능을 다하고 있다(월남회담은 4자 회담을 확대하기로 미·월맹 간에 합의를 이루던 당시인 1968년 10월 16일의 제16차 파리회담에서 월맹의 수안 투이 대표는 베트콩이 '월남 영토의 75%, 인구수는 1천만 명을 지배하고 있다'고 발표했다).
- 우리의 입장은 해방전선의 정치강령과 5개항의 중앙위원회 성명에 명시되어 있다. 미국은 침략을 중지하고 월남땅에서 군대를 철수해야 하며 외국의 간섭 없이 월남민족이 자결권을 행사할 수 있도록 보장해야 한다.
- 우리는 사이공정권을 무너뜨리고 민족민주연립정부를 수립하여 독립, 민주, 평화, 중립, 번영을 지향하면서 민족의 재통일을 기한다.

△ 월맹(수안 투이 수석대표)

- 미국은 월남에 대한 침략전쟁을 중지해야 한다.
- 미국은 미국과 위성국 군대(재월 연합국군대)를 월남에서 철수해야 하며 월남 내의 모든 미군기지를 해체해야 한다.
- 월남 내부문제는 외국의 간섭 없이 남베트남 민족해방전선의 정치강령에 따라 월남인민 자신이 해결해야 한다.
- 남북월남 간의 통일도 외부간섭 없이 남북 양지역의 인민이 해결해야 한다.

△ 미국(케보트 로지 수석대표, 헤리먼 씨는 닉슨대통령이 취임한 후 대표직을 사임했다.)

- 미국은 비무장지대에서 정규군, 비정규군, 파괴분자가 군사시설을 하고 이를 통해 군수물자를 공급하는 것을 허용치 않는다. 비무장지대를 통과하거나 이 지대로부터 군사행동을 전개함은 금지되어야 한다.
- 외부세력은 일체 월남에서 철수해야 하며 월맹군과 파괴세력은 월맹으로 되돌아가야 한다.
- 미국은 월남국민이 자신들의 장래를 외부방해나 위협받음 없이 결정해 나갈 수 있도록 보장해 줌을 목표로 삼는다.

△ 월남(판 단 람 대사)

- 비무장지대는 원상복구되어야 한다. 월맹은 남쪽에 대한 내정간섭을 중지해야 하며 1954년, 1962년의 제네바협정을 준수해야 한다.
- 월남공화국은 정통적이며 합법적이다. 우리는 하노이정권에 의해 도발되고 교사되고 또 진행되고 있는 침략전쟁을 종식시키기 위해 파리에 왔다.
- 파리회담은 양자간의 회담이다. 이것은 베트남 땅에서 양자간에 대결하고 있는 현실을 반영한 것이다. 월남대표단이 회담에 참석하고 있는 사실이 하노이정권이나 베트콩의 '남베트남 민족해방전선'을 인정하는 것은 아니다.
- 우리는 민주적이고 평화적인 재통일을 기대하며 남북 양 베트남 간의 경제적, 문화적 문제에 대해 하노이측과 협의할 용의가 있다.

첫날 회담은 장장 6시간 반을 프레스센터에서 각 대변인에 의한 브리핑과 기자들의 질의가 시작되었다. 대변인들의 발표는 첫 회담이 의견이 엇갈리고 상대방으로부터 아무런 진전된 제의도 없었다고 불만을 말하는 점에서만 일치했다. 공산측은 미국이 침략전쟁을 하고도 철수하겠다는 제의는 없이 비무장지대 문제만 끄집어내었다고 트집을 잡았고, 미국측은 월맹이 철수할 생각을 하지 않고 정치선전만 늘어놓으면서 회담에서 알맹이 있는 토의는 전개하려 하지 않았다고 공박했다. 이 기자회견까지 마치고 프레스센터를 나섰을 때 바깥은 벌써 어둠이 깔려 있었다.

한국측 특파원들(동아일보의 박중길 씨, 중앙일보의 장덕상 씨)은 기사 마감시간도 넘고 했으니 함께 저녁이나 하고 가자고 근처의 레스토랑을 찾았다. 세 특파원은 이 월남회담에서 다같이 통하는 무엇이 가슴에 있었다. 세 사람의 한국기자들이 저녁을 들면서 나눈 이야기는 월남의 앞날이었다. 앞으로 월남에서 언젠가는 전쟁이 끝나겠지, 그리고 미국이 물러가겠지, 그때 사이공은 전쟁과 함께 끝나는 것이 아닌가 하는 것이었다.

회담은 매번 합쳐지지 않는 논쟁만을 거듭하면서도 이어져 갔다. 회담장에서 흘러나오는 용어는 한결 거칠어졌다. 공산측은 '제국주의', '신식민주의', '주구'(走狗), '괴뢰'란 말을 입만 벌리면 쏟아놓았고, 미국과 월남대표는 한 번도 월맹이나 베트콩을 '월남민주공화국'이나 '남베트남 민족해방전선'이라고 그들대로의 정식호칭으로 불러주지 않았다.

월남은 특히 베트콩을 회담의 상대로도 인정하려 하지 않았으며 월남 내의 '반란세력'으로서 월맹대표만을 상대하려 했다. 그리고 베트콩은 베트콩대로 월남정부는 상대하려 하지 않았고 '침략군'으로

서의 미국과의 직접협상만을 주장했다.

그러다 먼저 월남이 3월 말 파리회담의 일부로서 베트콩과 직접 비공식회담을 할 수도 있다고 신호를 띄웠다. 그리고 나서 구엔 반 티우 월남대통령은 4월 7일 국회에서 시정연설을 통해 6개항의 평화제안을 밝혔다. 이 제안 중 괄목할 만한 것은 네 번째의 '월남정부는 국민화해의 정책을 시행한다'는 내용이다. 즉 베트콩과의 직접대화도 가능하지만 국민화해의 한 귀퉁이에는 베트콩과의 화해모색도 있음직하다는 것을 시사한 것이다.

한편으로 비난과 야유가 거세지면서도 다른 한편으로는 저마다 몇 개항이다 하는 화평조건들을 만개시키는 것이 월남회담의 볼 만한 구경이었다. 월남이 6개항을 내어 놓은 지 한 달 만인 5월 8일 베트콩 쪽이 월남평화회복을 위한 '월남문제에 대한 해결안'이란 거창한 이름을 붙이고 10개항의 타협안을 내놓았다.

베트콩의 10개항을 요약하면, 연립과도 정부구성→미군과 미국측에 속하는 외국군대 철수에 관한 협정체결→철군→총선실시→헌법제정→연립정부 수립→평화적 방법으로 남북 양 월남지역의 협의에 의한 단계적 통일실현.

대충 이런 골자로 되어 있지만 여전히 공산측은 미군과 연합군들의 일방적인 철수만을 요구하고 있을 뿐 월맹군에 대해서는 일언반구도 비치지 않고 있었다. 한마디로 공산당의 통합수법을 교조적으로 제시한 것, 즉 "여러 정치적 경향을 대표하는 세력들은… 연립과도 정부구성을 위해 대화를 시작한다"고 한 구절에서는 뚜렷이 밝혀졌다. 월남문제의 정치적 해결이란 미끼로 월남 내의 여러 정치세력을 통일전선으로 구축한다는 것이다. 통일전선 형성의 손길을 뻗치기 위해 월남공화국을 상대하겠다는 전술을 노골적으로 비쳤다. 그러나 이런 공산당 전술을 정면으로 반박하는 사람은 없었다. 모로 가도 협상타결만 되면 된다는 미국의 방침이 이런 사정을 따지지 않았다.

베트콩은 월남 내의 혁명기운 고조기에 유연한 전술전환을 단행했다. 바로 이 대화 운운으로 밝혀진 것이다. 베트콩의 트란 부 케엠 대표는 4월 30일의 제 15차 회담에서 "회담을 해결하는 데 핵심이 되는 것은 미군과 연합군이 월남땅에서 물러나는 일이다. 여기에는 무조건이어야 한다. 이런 전제가 있어야 비로소 민족해방전선(FNL = 베트콩)은 다른 편 대표들과 더불어 회담에 진전을 가져올 토의에 참여할 수 있고 그럴 용의가 있다"고 연설에서 밝혔다.

이것은 그동안 베트콩이 한결같이 미군과의 직접협상을 고집했던 것을 포기하고 다른 편 대표들, 즉 회담장 건너편의 월남대표와도 실질문제 토의에 응할 용의가 있다고 처음으로 밝힌 것이다. 월남의 내부교란이 가능한 시기에 다다른 것이었다.

그러던 차에 닉슨 대통령은 취임 100일에서 한 2주일이 지난 5월 14일 전국 텔레비전·라디오 방송을 통해 취임 후 최초의 월남정책을 밝혔다. 아마 이때 월남의 공산세력은 그들의 전술전환이 적중했다고 속으로 갈채를 올렸을 것이다. 내버려두어도 미군은 나갈 것이고 월남 안의 베트콩 침투는 점점 더 쉬워지게 되었다고.

월남회담의 요모조모 ③

평화회담을 일관하여 내려온 미·월맹 양측의 기본태도는 이상의 첫 연설에서 집약되었다. 즉, 미국으로서는 월맹의 남부에 대한 침략을 중지하고 17도선 비무장지대 이북으로 철수할 것과 미국은 이에 상응하여 미군철수를 한다는 방침이다.

그러나 월맹측은 월남을 '침략'한 것은 월맹이 아닌 미국이며 따라서 미군이야말로 모든 전투행위를 중지하고 무조건 철수해야 한다는 것이다. 그리고 월맹군이 남부월맹에 침투해 있다는 사실에 대한 시사적 반박으로 '월맹인이 월남땅 안에 있는 것'이란 논리를 전개했다. 월맹의 주장은 평화회담의 마지막까지 티끌만치도 변하지 않았다.

헤리먼 대표는 물론 월맹의 이런 '억지'를 그대로 받아들이지는 않았다. "그런 부정확한 사태파악과 독단에는 아무런 대우도 하고 싶지 않다. 다만 미국은 내일이라도 월남에서 철수하겠지만 월맹군과 상호 동시적으로 철군하자는 것뿐이다" 하고 헤리먼 대사는 반박했다.

그렇지만 수안 투이 월맹대표는 "그것은 마치 뉴욕이 워싱턴을 침략했다고 주장하는 것만큼이나 어처구니없는 말이다" 라고 능청을 떨었다. 월맹군이 베트콩을 도와 정규사단병력을 투입하여 남침규모를 확대해 나오면서도 뉴욕 사람이 워싱턴에 쇼핑하러 온 정도로 생각하면 되지 않느냐 하는 태도였다. 남부월남에 대한 이 어처구니 없는 무시와 철저한 억지.

월남회담은 처음부터 끝까지 이런 공산측의 고집이 관철된 20세기 후반의 한 성공사례를 남기는 회담이 되고 말았다. 그리고 미국은 이런 전략과 논리의 비약을 알면서도 또 후일에 커다란 획을 초래하리라는 것을 예견하면서도 타협과 후퇴에 주저치 않고 실속 없이 명예라는 환상에 얽매인 어느 오후의 한 낙천적 서부아(西部兒)로 세계의 눈에 박히게 되었다.

공산측의 전략 속에는 언제나 월맹만이 월남땅에서는 유일 합법 정당한 국가이며 월맹이 월남땅에서 얼마나 피비린내 나는 침략전쟁을 감행하든, 그것은 국내문제요, 민족내부의 문제라는 태도를 견지했다.

협상 5년을 통해 필자가 느낀 것은 역시 그런 월맹의 몸서리쳐지는 공산당 전략이 한 치의 후퇴도 하지 않는다는 사실이었다. 월남평화회담의 경과를 지금에 와서 되돌아보면 4자회담(월남공화국 대표와 베트콩 대표가 참석한) 이후 ① 베트콩은 전술·전략 양면에서 후퇴하거나 수정하는 일이 한 번도 없었고, ② 월맹은 전술 면에서는 수정도 하나 전략 면에서는 추호도 양보치 않았으며, ③ 미국은 전술·전략 양면에서 모두 수정도 하고 후퇴도 했고, ④ 월남은 전술도 전략도 없었다는 느낌이다.

헤리먼 미국측 수석대표는 첫날 회담이 끝나고 나오면서 회담소감에 대해 사무적으로 진행되었으며 만족스러웠다고 말했다. 그러나 수완 투이 월맹대표의 표현은 의외였다. "아 태양이 너무 멋있군! … 왜 그리 찌뿌듯하고 있느냐?"고 묻는 왕의 말에 "아니지요. 태양을 이렇게도 많이 받고 있는 걸요" 하고 앙심품은 마음을 가리고 토라지게 대답하는 햄릿의 말투를 투이가 되풀이하고 있는 것 같았다.

두 번째 회담은 하루 쉬고 5월 15일 그다음 회의는 18일에 열렸다. 3차 회담에서 헤리먼 대표는 월맹이 월남 내에 얼마나 군대를 침투시키고 있는가를 숫자로써 제시하면서 월맹군의 철수를 요구했다. 그가 열거한 월맹군의 침략상황을 보면 월맹 9개 사단, 37개 연대, 99개 보병대대, 43개 전투지원대대, 1개 정찰대대 등 7만 2천 명의 월맹 정규군이 가담해 있고 따로 1만 5천 명이 베트콩을 가장 '베트콩과 함께 파괴와 살육활동에 가담'하고 있다. 그러나 이런 월맹군의 월남 침략중지 요구에는 완전히 딴전을 부리면서 오히려 공산측은 미국이 북폭을 무조건 전면중지하라고 앵무새처럼 외웠다.

파리시내에서는 이때 학생들과 노동자들의 데모로 들끓었고 프랑스 제 5공화국을 곧 산산조각 내고 말 것 같은 소란이 5, 6월 두 달 동안 소용돌이쳤다. 그러나 월남회담은 이런 바깥의 소용돌이에 아무런 영향을 받지 않았으며 긴긴 여름내 회담장에서만 이가 맞지 않는 문제를 놓고 실랑이를 거듭해 갔다.

8월 14일 제 17차 본회담이 열리려고 할 때부터 이 월맹 양측에 모종의 의견조정이 이루어지고 있다는 소문이 회담장 밖에 나돌기 시작했다. 이런 소문은 7월 2일부터 하노이에 되돌아가 있었던 월맹의 실력자 월맹노동당의 정치국 10인 중 일곱째 서열인 레둑토 고문이 돌아왔다는 것과 이와 때를 같이하여 미국의 차석대표인 사이러스 밴스가 존슨 대통령과의 협의를 마치고 파리에 돌아온다는 것 때문에 더욱 화려하게 윤색되었다.

미국측에서 기자들에게 시사하는 것은 만약 월맹이 월남 내에서 새로운 공세를 전개하지 않으면 월맹이 주장하는 전면북폭중지를 단행할 수 있으며 이런 조치의 가능성을 두고 월맹과 접촉할지 모른다는 내용이었다.

미국의 전면단폭안(案)은 그 후 과연 표면에 나타나기 시작했다. 9월 말 험프리 부통령은 월맹이 새로운 침투를 중지하고 17도선 이북으로 철수한다면 미국은 전면북폭중지를 단행할 것이며 월맹군의 철수와 함께 미군도 철수한다는 것을 공개적으로 표명했다.

10월 2일에 열린 24차 회담에서 미국측은 월맹군의 비무장지대에서의 철수를 요구했고, 월맹은 험프리 부통령의 상호철군안이나 전면단폭안을 헛소리이며 가당치 않은 주장이라고 일고도 하지 않고 반박해 버렸다.

그러나 헤리먼 대사와 수안 투이 대표 간의 접촉은 이미 본회담장과 그 밖에서 비밀리에 펼쳐지고 있었다. 본회담 안에서의 비밀접촉이란 첫 회담부터 회의도중 한 차례씩 차를 마시는 휴식시간을 가지는 관례를 만든 것을 말한다. 이 휴식시간을 통해 양측은 적당히 객담도 나누고 핵심적인 견해도 물려주고 했다. 대화의 통로로서는 아주 편리한 것이어서 차를 마시는 이 '비밀접촉'만은 회담이 끝날 때까지 양쪽이 다 깨뜨리지 않고 지속시켰다. 그래서 〈크리스천사이언스모니터〉지의 특파원은 회담 후의 기자회견에서 빠지지 않고 번쩍 손을 들고는 "오늘 회담에서도 차를 마시는 휴식시간이 있었는가?"를 매번 똑같이 묻곤 했다. 처음 몇 번은 이 질문이 나오면 기자도 웃고 회견하는 월맹측도 웃고 했지만 나중에는 오히려 이 질문을 기자 모두가 해주기를 기다리게 되었다.

미국의 존슨 대통령은 월남 평화회담을 시작하기 전부터(4월 9일) 휴전으로 진전하기 위해서는 월맹측에서 "신뢰를 받을 만한 상당한 이유"가 조성되어야 한다고 강조했다. 월맹의 투이 대표는 이 말을 받아 회의상의 공식견해로서는 "그런 이유는 언제나 있어왔다"고 되받았다. 월맹군의 월남 내 활동이 정당한 것이라고 보는 이상 신뢰를 되찾고 어쩌고 할 잘못은 없는 것이므로 신뢰란 처음부터 물은 것도 없고 묻는다면 있어 달라고 대답할 수밖에 없는 것이다. 그러나 월맹의 조그마한 변화는 확실히 있었고 그것을 미국은 '신뢰할 만한 이유'로 간주하는 구실로 삼을 수 있게끔 씨 없는 말씨름의 말에 피가 박히기 시작한 것이다.

5개월 동안의 회담을 훑어보아 무엇인가 접근할 수 있는 공동기반을 찾았다면 ① 월남문제를 1954년 인도차이나 휴전에 대한 제네바협정의 기본방침에 되돌아가서 처리한다, ② 월남을 중립화한다, ③ 이와 아울러 월남에서 '외국군'을 철수한다, ④ 월남의 자결권을 인정하여 자주독립케 한다, ⑤ 다음 남·북 월남의 재통일을 실현시킨다는 몇 가지였다. 이런 몇 가지 굵은 줄기에서는 양측이 다 맹렬히 반대를 가하지 않는다는 점에서 선뜻 추려낼 수 있는 공약수들이었다. 충돌을 일으킬 수 있다는 데서 최소공배수였다.

이런 상황 속에서 미국은 험프리 부통령이 공개한 타협안을 월맹측에 내밀고 레둑토를 주 대상으로 삼은 비밀접촉을 벌였다. 미국이 내민 타협안은 이런 내용이다.

> ① 미국은 월맹에 대한 폭격을 전면중지한다. 그와 상응하게 월맹군은 비무장지대를 존중하며 월남도시에 대한 공세를 중지한다.
> ② 앞으로의 평화회담을 월남·베트콩 대표까지 참석시킨 확대회담으로 발전시킨다.

월맹의 레둑토는 10월 12일 이 안에 양해한다는 신호를 미국에 보였고 미국은 곧 필요한 조치를 취하기 시작했다. 먼저 단폭조치를 선언하는 것, 그와 함께 사이공의 대표가 베트콩과 나란히 회담테이블에 앉도록 설득하는 것, 이 두 가지 일을 진행시켰다. 하지만 이런 미측의 조치는 모두 월맹도 상응하게 전투행위를 중단하고 휴전선 이남으로의 침투를 중지한다는 조치가 병행되어야 하는 것이다.

미국측이 월맹측에서 '상당한 이유'를 찾았는지 어쨌는지는 알려지지 않았지만 월남의 티우 대통령에 대한 설득이 일단락을 지었을 때(티우 대통령은 베트콩을 국가대표로서, 대등한 협상대표로서 승인한다는 것은 월남이 자살하는 짓이라고 완강히 반대했으며 존슨의 종용을 뿌리쳤다), 존슨 대통령은 10월 31일 전국 라디오·텔레비전 방송망을 통해 전면단폭을 선언하고 파리의 평화회담이 4자회담으로 확대된다고 발표했다. 확대회담은 평화회담의 정례회담인 29차 본회담이 열리는 11월 6일로 양해되었다.

존슨 대통령의 선언은 엄밀히 분석해보면 베트콩의 지위에 대해 뚜렷이 긍정치 않고 있다. 그는 '남베트남 민족해방전선'이란 어귀를 그대로 쓰면서 해방전선의 대표가 참석함을 밝히고 "그 참석이 어떤 형태로 이루어지든 승낙과는 관계가 없다"고 말하고 그 '어떤 형태'에 뚜렷한 견해를 밝히지 않고 덮어버렸다. 이 '참석형태' 때문에 11월 6일로 예정되었던 첫 확대회담은 상당한 기간 공중에 뜨게 되었다. 미국과 월맹 간에 요식적인 문제가 될 참석형태를 놓고 실랑이를 벌였다는 것이 바로 회담탁자논쟁이다.

미국의 사이러스 밴스 차석대표와 월맹의 하 만 라우 차석대표가 5월에 있었던 준비회담 때처럼 한 번 요식문제를 조정케 하는 대표로 위임되었으나, 접촉이 5월의 준비회담 때처럼 그리 손쉽게 합의에 도달하지는 않았다.

밴스-라우회담 개최 자체가 지연되었다. 첫 접촉이 이루어진 것이 12월 4일이었다. 보름 동안 회담을 계속하면서 최초의 의제인 회담장의 탁자형태와 대표석차문제를 놓고 한 발걸음도 진전을 보지 못한 채 교착되어 버렸다.

미국은 확대회담을 어디까지나 양측이 확대된 회담으로 보려 했다. 미국의 대표가 확대되었고 월맹측의 대표가 확대되었다는 견해로 임했다. 따라서 탁자는 미국측의 자리를 더 놓으면 되고, 월맹쪽에 의자를 더 갖다 놓으면 되고, 확대된 대표가 스스로 뭐라 호칭한들 그쪽 사정에 그친다는 입장을 취했다. 미국측대로만 한다면 회담테이블은 '양분'되면 되었다.

그러나 월맹은 처음부터 속셈이 달랐다. 차후에는 '4자'회담으로 못박고 4자는 모두 똑같은 자격과 지위와 권능을 갖는다고 우기기로 작정하고 나선 것이다. 이것은 베트콩의 대표권을 의식한 것 때문이었다. 베트콩을 이 기회에 월남공화국과 똑같은 자격자로 만들어놓고 보자는 심산이었다. 이 경우 탁자는 4등분되어야 한다.

밴스 대표는 탁자모양이 4각이 됐던 원형이 되었던 탁자에는 분계(分界)가 있어야 하고 양자(兩者) 대담형식이 취해져야 한다고 주장을 굽히지 않았다. 라우는 라우대로 회담은 다 같은 자격을 가진 4자회담이므로 4자가 동등하다는 형식이 취해져야 하고 따라서 어떤 차등적인 표지도 용납될 수 없다고 우겼다.

이렇게 해서 탁자논쟁은 해를 넘기게 되었다. 밴스-라우회담에서는 연일 설계사들처럼 종일 동그라미 아니면 도넛 아니면 4각형의 도형을 그려가며 몇 시간 동안 갑론을박을 거듭했다. 이렇게 제시된 테이블의 형태만도 17가지에 달했다. 테이블의 형태가 잡히지 않아 확대회담은 존슨의 단폭조치가 선언된 지 2개월을 공전(空轉)하고 말았다.

1월 16일 미·월 양국대표만은 각기 기자회견을 열고 18일에 제1차 확대회담을 연다고 발표했다. 양자 합의내용은 직경 4배의 둥근 테이블에 4자 대표가 앉고 그 탁자 옆에 길이 2미터, 폭 1미터의 장방형의 테이블을 2개, 둥근 테이블에서 45센티미터 떨어져 놓는다는 것이었다. 이 합의는 미국 존슨 대통령의 임기만료 하루 전에 이루어졌다.

월남회담 요모조모 ④

닉슨 대통령은 1969년 취임연설 모두(冒頭)에서 월남에 지속적이고 완전한 평화를 가져오는 방법을 짜내는 데 최대의 시간과 에너지를 몰입하라고 억양을 높였다. 그는 월남전의 수행이 월남정부군에게 이관되고 있다고 밝히면서 "월남군은 미국군이 배치되어 있는 전선기지의 일부에서 교체될 때를 기다리고 있다. 월남군의 훈련은 괄목할 만한 진전을 보였다"고 말했다.

닉슨이 내놓은 8개항의 줄거리는 다음과 같은 것이다.

① 합의가 이루어진 후 월남(남베트남)외의 군대는 월남에서 철수한다.
② 12개월에 걸쳐 미군과 연합군은 대부분 철수, 남은 병력은 일정장소로 이동하되 전투에 참가치 않는다.
③ 나머지 미군과 연합군은 월맹군의 철수와 동시에 전부 철수한다.
④ 철수감시와 철수수행을 위해 국제적 감시기구를 둔다.
⑤ 이 국제기구 감시하에 휴전을 실시한다.
⑥ 국제기구 감시하에 총선을 실시한다.
⑦ 쌍방의 포로를 석방한다.
⑧ 월남과 캄보디아에 관한 1954년 제네바협정, 1962년의 라오스에 관한 제네바협정 준수에 모든 관계국이 합의한다.

이 8개항을 내놓으면서 닉슨 대통령은 이것을 받아들이든지, 거절하든지 하라고 제안한 것은 아니며, 서로 검토할 것을 강조했다.

1969년 5월 16일에 열린 17차 회담에서 베트콩의 키엠 대표는 닉슨의 8개항에 대해 적절한 대안이 될 수 없는 것이라고 비판하면서도 딱 잘라서 거부하는 태도는 취하지 않았다. 그보다도 닉슨안과 베트콩안의 주요한 차이점이라 하여 "양측은 ① 철군문제, ② 월남인의 자결권 내용에 대해 현격한 차이를 보이고 있다고 완전한 주석까지 첨가했다.

월맹의 후 수안 투이 대표는 닉슨안에서 상호철군을 시한까지 붙여 구체적으로 언급한 것에 발끈했다. 투이는 그런 제안을 '언어도단'이라는 표현으로 거절했다. 로지 미국대표는 "우리의 제안은 닉슨 대통령이 말했듯이 싫으면 그만두라는 것이 아니다. 그 대신 우리측은 베트콩 10개항과 아울러 의제 하나하나를 항목별로 검토하는 한편 공산측도 우리 입장의 중요항목에 관해 검토해 주기를 희망하는 것이다" 라고 말했다.

월남의 판 단 람 대표도 적극적으로 상호의 안건을 토의하자고 주장하면서 공개토의가 어려우면 베트콩 10개 항목 중 철군문제 등 5개항은 비밀회담으로 처리해 나가는 것도 좋다고 제의했다.

이처럼 공산측이나 미국측이나 모두 월남문제의 최저타협안을 서로 내어놓은 것만으로도 월남회담에는 상당한 실질적 변화를 가져오게 되었다. 여기서 말하는 실질적 변화란 반드시 진전이 있는 것만을 말하는 것은 아니다.

왜냐하면 공산측안(案)에서 월남 내의 모든 세력과 결단을 기한다는 것이 월남정부 측과도 협상하겠다는 태도를 암시한 것이란 점에서는 어떤 '진전'을 보였다 하겠지만 그들의 안을 자세히 보면 오히려 '총선'을 구실로 연립과도 정부를 세우려고 월남정부를 끌어들이려는 공산당의 기본 투쟁양식인 통일전선전략을 그대로 노출시키고 있어 과연 모두가 동의한 '진전'이라 말할 수 있을까 의아스런 구석이 있는 것이다.

미국측안 역시 월맹군과의 '상호철수'를 시간표까지 정하고 정공법으로서 월남의 평화를 왜곡하는 최대의 암적 요인을 제거했다고 결의를 보인 점에서는 '진전'이 있는 것이다(물론 공산측이 응해야 진정한 진전이 있는 것이지만). 그러나 이 철군제안을 면밀히 검토해보면 종래 주장해오던 동시상호철군이란 주장 가운데서 '동시'란 말이 빠져버려 미군의 '선(先)철수'마저 있을 수 있다고 후퇴하고 있다. 철군은 하되 꼭 월맹과 동시에 이루어져야 하는 것은 아니라는 점에서 종래의 주장을 수정한 것이다. 따라서 미군 연합군의 철군과 월맹군의 철군 간에는 양해하고 들어간 점이 있다. 이것은 '상호철군'이란 말 자체를 무의미하게 만들고 철군의 실효를 단념한다는 표시로서 충분하다.

또 하나 닉슨 제안 가운데서 소홀히 할 수 없는 것은 월남전은 월남군에게 떠맡겨지고 있다고 공개적으로 선언한 것이다. 이런 닉슨의 조치가 '진전'이었는지 어쩐지는 아직도 판단키 어렵다. 다만 이른바 '베트나미제이션'(월남전의 월남화)이란 닉슨의 월남정책이 그처럼 빨리 촉진되어야 하는가 하는 점에서는 비판의 여지가 충분히 있다. 닉슨뿐 아니라 미국 내 여론도 과격한 면이 있었지 않았나 하는 생각을 지우지 못했던 것 같다.

'월남화 정책'은 '반(反) 월남화'의 현실을 낳았고 급기야는 '베트남 패닉'을 초래하고 말았다. 티우 대통령의 페이스로는 뛰어가는 닉슨의 '월남화'에 도저히 뒤쫓아갈 수 없었다. 오히려 월남정부의 허점을 백일하에 드러내고 티우 정부의 비능률성·비민주성·부정부패를 부채질하는 실속(失速) 현상을 나타내었다.

닉슨의 월남화 선언은 미꾸라지를 담아놓고 '용이 되라'고 외우는 주문(呪文) 이상의 것이 되지 못했다.

닉슨은 8개항을 발표한 후 곧 실천에 들어갔다. 1969년 6월 8일 미드웨이섬으로 티우 월남대통령을 불러 '월남화'가 실현단계에 들어갔음을 충고하고 이제 주월미군 중 2만 5천 명을 '배치전환'한다는 것을 밝혔다. 그때까지만 해도 에스컬레이트(증가) 하던 미지상군의 투입은 처음으로 데스컬레이트(축소) 하게 되었다.

군사력에서의 균형은 '월남화'된 월남군의 군사력으로서 메워지게 되었다. 배치전환이란 말로 표현된 미군철수가 발표되었지만 공산측은 닉슨을 냉큼 찬양하지는 않았다. 그들은 '54만 명의 주월미군 중 2만 5천 명을 철수한다는 것은 큰 바닷속에서 모래 한 줌 들어내는 것이라고 비꼬았다. 그렇지만 그들도 큰 미국의 둑에 비로소 바늘구멍이 하나 뚫린 것은 알아차렸다. 속으로 쾌재를 불렀을 것이다.

1969년 7월 25일 닉슨 대통령은 우주사상 처음으로 인간이 달의 표면에 발을 내딛게 한 아폴로 11호의 착수지 근처인 존스턴섬에서 무사귀환한 우주항공사들의 어깨를 두드리고 나서 곧장 태평양의 괌에 건너가 거기서 수행기자들과 대국(大國)의 긍지에 도취된 위풍 속에서 회견했다. 이 회견내용이 이른바 '괌 독트린'이다. 닉슨의 말이 취재기자들의 사전약속하에 이루어져 그 당장에 직접인용은 삼갔지만 그때의 얘기는 이런 것이다.

> 우리는 제2의 월남전에 말려들 생각은 없다. 내부 안전문제는 아시아국가 스스로 책임지고 해결해야 한다. 핵무기를 가진 강대국의 위협을 받은 경우가 아니면 그 방위는 당사자가 감당해내야 할 것이다. 한국·대

만·태국·일본은 모두 우리 원조를 받아 이제는 자립단계에 와 있다. 어느 나라나 내란성격의 분규가 있을 때엔 그들의 요청과 그 형편에 따라 우리의 원조와 충고를 제공할 것이다. 그러나 우리 병력으로 깊숙이 개입해서 그들이 할 일을 대역하지는 않겠다. 앞으로의 미국정책은 아시아·중남미·아프리카 어디서나 원조는 '예스'지만 개입에는 '노'다(조세형, 《워싱턴특파원》 중 "백그라운드전쟁", 212쪽 인용).

닉슨은 이어 7월 27일 마닐라에서도 유사한 독트린을 남발했다.

미국은 미국으로서의 역할만을 다할 작정이다. 그러나 평화는 미국한테서 오지는 않는다. 평화는 아시아에서 오는 것이라야 한다. 아시아국민과 정부야말로 아시아평화의 길의 선두에 서지 않으면 안 된다.

닉슨독트린의 주요 실천항목이라 할 월남화가 공개적으로 선언된 후 베트콩 안에는 미묘한 움직임이 나타나기 시작했다. 그들은 장소를 밝히지 않은 밀림지대의 한구석에 6월 6~8일 사흘 동안(닉슨-티우의 미드웨이회담과 때를 같이한다) 베트콩의 인민대표대회라는 것을 소집하고 '남베트남공화국 임시혁명정부'를 수립했다고 발표했다. 그리고 나서 6월 12일 제 21차 파리회담에서는 임시혁명정부 대표란 직함을 사용한 유인물을 회의장과 보도진에게 돌렸다. 미국이란 썰물이 빠지고 베트콩의 밀물 때가 몰려갈 때라고 본 것이다.

닉슨의 월남화정책이 월남전에 플러스된 것은 하나도 없었다. 미국의 대내정책으로서는 획기적인 것이었는지 몰라도 월맹이나 베트콩에게는 그것으로 감동받거나 위협받을 일은 없는 결정이었다. 미국이 월남전에서 손을 떼겠다는 태도에 상응해서 공산측이 태도를 누그러뜨리거나 종결을 위해 방침을 바꾼 것은 하나도 없다. '싸움을 그만두자'고 하는 조치보다 '너희들끼리 잘 싸워보라'는 조치를 선행시켰으므로 월남화는 명분에서도 공산측 이외의 제 3자에게마저 별다른 감흥을 불러일으키지 못했다.

미국의 월남정책이 축전조치와 한 짝이 된 데서 얼마간의 체면이 서고 강대세력 간의 상투어인 '긴장완화'에 기여는 했었지만 공산측의 정책을 꺾는 데는 아무런 구실도 하지 못했다.

공산측은 그들의 10개항을 내걸어 놓고는 촌보(寸步)도 물러서지 않았다. 그동안 월맹의 호찌민(胡志明)이 사망(1969년 9월 3일) 했지만 월남회담에는 아무런 영향을 주지 않았다. 그보다는 미국측의 사이러스 밴스 차석대표가 공산측에 정전을 위한 6개 조항을 새로 내밀고 교착상태의 돌파구를 마련하려고까지 했지만 헛수고로 그치고 말았다. 도리어 미국측이 한층 더 저자세가 되었다고 흉만 잡혔다.

밴스 차석대표가 내놓았다는 정전안은 9월 22일 파리에서 발간되는 영자지 〈인터내셔널헤럴드트리뷴〉이 특종을 했는데 그 내용은 월남공화국의 입장만 더 어렵게 만드는 다음과 같은 것이었다.

① 정전, ② 자유선거를 통한 월남인 자신의 자결권행사 보장, ③ 필요한 헌법과 선거법의 개정을 결정하고 선거를 관리하는 데 베트콩도 참여하는 광범한 선거위원회를 구성, ④ 국제평화감시군 설치, ⑤ 전면적인 토지개혁 단행, ⑥ 경제원조 및 의료(醫療) 원조 제공(월남과 월맹에).

〈트리뷴〉은 이 기사에서 현재 상태대로 베트콩 점령지역을 인정하고 현장휴전을 하며 베트콩의 행정권행사(예컨대 주민에 대한 과세 등)를 그대로 존속시키도록 할 것을 밴스 대표는 제의했다고 보도했다. 이런 밴스 제안이 공산측에 의해 수락되지는 않았으나 결국 키신저-레둑토의 휴전타협안이 이 밴스안으로 거의 그대로 반영하여 월남전 수습으로 줄달음친다. 이때부터 미국은 월남휴전의 기본적인 윤곽을 잡고 공산측에 접근해 가며 공산측은 미국의 종전안을 대충 알아차리고 흥정을 붙이게 된다. 후일의 미·월맹 간의 뻔질난 비밀접촉도 협상의 기본선을 이런 데다 긋고 진행되어 나간다.

1969년 10월에 들어서기까지 월남회담은 매번 설전(舌戰)만을 되풀이했다. 공산측은 본회담장을 선전장으로밖에 더 활용치 않았다. 그러나 10월 16일 제38차 회담에서 월맹의 수안 투이 대표는 로지 대사에게 미국이 실질적인 토의를 전개할 용의가 있으면 당장에라도 베트콩 대표와 비밀회담을 하는 것이 어떠냐는 말을 던졌다. 미국의 로지 대사는 이런 말에 서슴지 않고 공식, 비공식을 막론하고 비공개회담에 응할 용의가 있다고 되받았다.

로지 대사는 회담이 알맹이 없이 길어지고 공산측 선전만이 되풀이되자 공식회담에 노골적으로 불만을 드러내보였다. 39차 회담에서 준비해 온 연설문을 읽지도 않고 "공산측은 미국의 일방적 행동만을 요구하면서 허구만 늘어놓았다. 우리가 39차나 회담을 가지면서 합의해 놓은 것은 고작 회담장의 테이블을 어떻게 할 것인가 하는 한 가지뿐이었다"고 말하고 아예 입을 다물어 버렸다. 그다음 회의에 나가서는 "더 할 말도 없고 더 들을 것도 없다"고 한 다음 차기 회담까지 정회(停會)하자고 제의하기로 했다.

이러다가 로지 대사는 11월 20일 수석대표를 사임하고 말았다. 12월 4일 회담장에서 공산측에 대해 따끔한 한마디를 고별사로 남겼다.

> 승자도 패자도 만들려고 하지 않았던 우리의 평화제안을 거부한다는 것은 월맹이 월남을 정복하여 4천만 명의 절대주의국가를 건설하는 한편 작은 나라에 대한 미국의 신뢰를 뒤흔들어놓으려는 세계혁명이론에 추

종하고 있다는 증좌이다(이 말은 후일 두고두고 되씹어 볼 만한 말이 되었다).

로지 대사가 수석대표직을 떠난 뒤 미국은 즉시 다음 수석대표를 임명치 않고 내버려 두었다. 필리프 하비브 차석이 수석대표를 대리하여 회담에 임했다. 그러자 공산측도 이에 덩달아 수석대표 대신 차석만을 회담장에 내어보내 사실상 월남회담은 차석회담으로 격하되었다.

1970년으로 해가 바뀌면서도 월남회담은 아무런 실질적인 진전을 보지 못했고 때때로 회담이 중단되기도 하면서 결렬만을 면한 채 가까스로 연명되어가는 형편이었다.

그사이에 미국은 군사 면에서 대대적인 타격전을 전개하고 월맹군과 베트콩에 대해 한동안 내밀던 '홍당무'를 거두고 '매'를 택하는 전술로 나갔다. 월남 국경지대에 면해 있는 베트콩과 월맹군의 '성지'(聖地)를 휩쓰는 소탕전이 그것이다.

닉슨 대통령은 1970년 4월 20일 미군 15만 명의 추가철군을 발표하고 30일에는 전국 라디오·텔레비전방송을 통해 캄보디아 영내에 있는 베트남침략 공산군의 군사행동의 근거지를 소탕하기 위해 작전을 개시했다고 밝혔다. 이 작전에서는 월남정부군도 사단규모로 참가하여 월남화의 실력테스트를 해보는 기회가 되기도 했다.

월남회담의 요모조모 ⑤

1971년 1월 6일 사이공으로 떠나는 도중 파리에 들른 미국의 레어드 국방장관은 대사관에서 기자들을 만나 미국이 구상하고 있던 '월남화' 계획에 대해 "훌륭히 진행되고 있다"고 말했다. 그동안 1년 6개월이 경과했지만 이렇게 월남화가 착실히 진행되면 금년중에 직접 전투의 책임도 완전히 월남군에 넘길 수 있다고 늘어놓았다. 지금 실행하고 있는 제1단계에서 미군의 역할은 보급과 공군지원을 하는 역할이지만 곧 월남군이 보급과 공군에 대한 지원까지도 직접 담당할 수 있을 것이라고 말했다. 더구나 전쟁은 진행중인 교섭으로 마무리되기를 바라지만 '월남화'는 군사행동으로서 회담의 진전여부에 관계없이 진전될 것이라고 말했다.

이 '월남화'란 말은 군사적 부담이 많은 미국으로서 월남공화국 군대가 미군의 부담을 덜고 미국을 대신해준다는 의미를 내포하며 이는 미국으로서도 고마운 일이다. 그런데 월남공화국 군대가 미군과 같은 역할을 한다면 거기에는 엄청난 명분상의 부담이 따라야 한다. 그것은 공화국군대가 월맹의 호찌민 군대와 권력 면에서 거의 같은 수준이 될 수는 있을지 모르나 지금 월맹의 침공으로 생긴 국제적 손해는 공화국군대가 투입되었다고 가벼워지거나 보상될 수는 없다.

미국이 호찌민의 월맹공산군과 맞붙어 전쟁을 치르게 된 동기를 생각해 보면 호찌민이 억척같이 군대와 무기를 보내면서 같은 월남의 땅을 침공·흡수한 데 있었다. 그래서 트루먼, 아이젠하워, 케네디, 존슨, 닉슨 대통령에 이르기까지 월남(공화국)이 공산화되면 '도미노의 자빠짐' 같이 주위가 모두 공산화된다고 보고 물자와 군대를 보내 공산화를 막기로 한 것이다. 그러므로 월남공화국의 군대는 공산세력을 완전히 물리칠 수 있어야 하며 그만큼 사기도 반공정신이 투철했어야 했다. 말하자면 공화국군대가 심기일전하여 공산당을 막고 또 공산세력의 팽창에 혼자서라도 월남의 자주독립을 위하여 외부의 용훼를 물리칠 수 있어야 하는 것이다.

1971년 2월 8일 아침, 월남공화국 정부군은 일제히 국경 너머 라오스 영내에 진격을 개시했다. 구엔 반 티우 월남공화국 대통령은 즉시 성명을 발표하고 라오스 영내에 있는 북측 월맹군의 기지를 공격하여 전쟁물자의 공급루트를 쳐부수기로 했다고 밝혔다. 이 공급루트는 여러 해 동안 월맹공산군이 침투하여 월남을 잠식하는 데 이용되었으며 정부군은 이 공격루트를 섬멸하는 즉시 월남으로 철수하겠다고 한정전략임을 명시했다. 월남정부군은 처음으로, 자력으로 국경 너머 월남공산군을 공격하기로 결정했다. '베트남화'의 하나로 이 작전을 시도한 것이다.

월남공화국 정부군은 2만 명의 병력을 투입했는데 그 가운데는 정예로 알려진 공정부대와 레인저부대, 제 1사단과 예비부대인 해병대군인까지 다 동원했다. 미군도 기갑여단, 공정사단과 헬리콥터 6백대, B-52 폭격기 등을 동원 측면후원에 나섰다. 월남정부군은 국도 9호선을 따라 서쪽으로 일제히 진격하여 월남과 라오스의 국경지대에 있는 라오바오 고개에 도달하여 거기서 월맹공산군과 격전을 벌였다. 월맹군은 총 5만 명을 헤아리는 대부대였다. 공산군은 그들의 물자저장소인 치에퐁 근처에 정규군 6개 사단과 소련제 야포와 탱크, 고성능 기관고사포 등 총 5만 이상의 병력을 깔아 이것 역시 결사항쟁했다.

월남정부군은 국도 9호를 서쪽으로 진격, 그것이 끝나는 사바나케트까지 가서 월맹군의 보급로를 완전히 끊을 생각이었다. 사바나케트는 바로 태국으로 넘어가는 길목이다. 그러나 국도 9호의 중간 지점이 되는 치에몽에서 월맹군의 맹렬한 반격에 부딪쳐 공화국 군대는 남쪽으로 선두부대를 꺾고 말았다. 치에몽에서 남쪽의 정부군 레인저부대가 괴멸직전에 이르자 미군이 대규모 헬리콥터군으로 미 해병대 1만2천 명을 공수하여 악전고투 끝에 정부군을 살려내기도 했다.

2월 8일에 시작된 라오스 침투작전은 3월 25일이 되어 끝이 났고 월남정부군 사령부는 "라오스침공은 거의 작전목적을 달성하여 부대 전원을 철수한다"고 방송했다. 이번 전투결과에 대한 발표에서 남쪽 사령부는 월맹군 1만3,600여 명을 사살하고 탱크 120량, 연료 140만 리터, 탄약 17만 톤을 파괴 내지 포획했다고 했으며, 이번 전투에서 정부군 1,100명이 전사, 부상자 4,200명이 났다고 했다. 미군은 전사 51명, 부상자 78명 등 157명이 희생되었다고 발표했다. 또 이번 전투에서 미군 헬리콥터가 498대나 파괴되었다고 월맹공산군은 발표했으나 미군은 89대만 파괴되었다고 했다.

멜빈 레어드 미국방장관이 밝힌 월남전쟁의 '월남화'는 1969년 초까지만 해도 별 성과가 없었다. 그때부터 월남전쟁의 '미국화'를 벗어나려고, 말하자면 미국이 빨리 전쟁에서 손을 뗄 수 있는 방법을 모색하다가 전쟁 자체를 월남군에 넘기는 '월남화'를 구상하여 그 계획에 나선 것이다. 미국은 파리에서 진행되고 있는 '평화회담'이 실패할 경우 이를 대신할 다른 대행방법을 찾지 못했다는 것이고, 그 대행방법이 바로 '전쟁의 월남화'라고 하는 것이다.

전쟁의 모든 면, 스스로 문제처리가 가능하게 하는 것이 미국의 목표라고 했다. 월남인이 스스로 책임을 지고 적극적으로 목표를 향해 달려가면 미국은 전장에서 군대를 철수시킬 수 있다는 식이었다. 라오스 국경의 진격사태는 월남공화군이 얼마나 책임 있고 또 전투능력 있게 활동하는가를 가늠하는 좋은 실례이었다.

닉슨 대통령은 그의 '괌 독트린'에서 "미국과 동맹관계에 있거나 그의 존속이 미국의 안전에 결정적으로 중요한 국가는 그 자유가 위협될 때 미국은 방어적인 조치를 취한다"고 밝히고 있고, "미국은 이전부터 있었던 조약상의 의무를 진다"고 월남전 참전의 이유를 분명히 했다. 또 닉슨 대통령은 위협을 받은 국가는 "자국방위를 위해 인적자원을 지급할 중요한 책임을 진다"고 말함으로써 '월남전쟁'의 '월남화'에 대한 월남공화국의 책임을 강하게 시사했다.

닉슨 대통령은 취임하자마자 하버드대학의 헨리 키신저 박사를 국가안보담당 보좌관으로 임명하여 월남문제의 교섭창구로 내세웠다. 키신저 박사는 1969년 1월호의 〈포린 어페어즈〉지에 월남전에 관한 논문을 실었는데 여기서는 월남전이 계산되지 않은 상태에서 길게 끌었으니 미국은 교섭으로써 이 전쟁을 끝내야 한다고 주장했다. 미국은 월맹과 더불어 외국군대의 철수에 관해 논의해야 하며 월남정부와 베트콩 간의 정치적 문제는 이 둘 사이에서 논의하여 전체의 교섭결과를 심의할 때 올리면 된다고 하여 정치-군사문제의 분리교섭을 주장했다.

키신저 박사는 일찍부터 월남전에 관심을 기울여 1967년 여름에는 푸그와셔 회의라는 원자핵관련 회의에서 레이몽 오브라크라는 프랑스인을 만나 월남전의 조기타결을 위한 월맹측의 반응을 타진하기도 했다. 오브라크는 1940년에 월맹 호찌민이 파리의 협상에 참석하기 위해 들렀을 때 오브라크 집에 머무른 일이 있어 호찌민을 잘 안다고 알려졌다. 키신저 박사는 오브라크와 또 다른 프랑스인인 허버트 마르코비치도 함께 참가하라고 하여 이들을 하노버에 잠입시켰다. 이들은 1967년 7월 말 파리를 출발, 프놈펜에서 월맹의 입국허가서를 받아 라오스의 비엔티안을 거쳐 하노이에 도착했다.

이들은 하노이에서 7월 25일 월맹의 호찌민과 팜반동 수상을 만나 헨리 키신저의 교섭조건을 제시했다. 호찌민과 팜반동 수상은 미국측 제안에 대해 '북폭중지'가 제일 큰 조건이라고 대답했다. 북폭중지 조건과 미군철수, 월남 내의 공산게릴라의 대응 등에 관해 월맹측의 많은 제의를 들었다. 그리고 나서 이들은 월맹측의 반응을 곧 파리로 돌아와 키신저 박사에게 그대로 전달했다.

키신저 박사는 오브라크와 마르코비치의 보고를 미국 국방장관인 로버트 맥나마라와 국무장관 데이비드 러스크에게 전하고 존슨 대통령에게도 전달했다.

그러나 미국의 '북폭'은 끊어지지 않았다. 월맹은 미국이 북폭을 중단하면 대화에 임하겠다는 말을 되풀이하면서 미국은 "불놀이"를 하고 있다고 비난, 미국의 제의를 거절했다. 키신저 박사의 월맹접촉시도는 이렇게 끝나버렸다. 그러다가 1968년 5월 13일 파리의 국제회의장에서 미국과 월맹 간의 공식협상이 시작되었다. 키신저 박사는 1969년 8월 4일 월맹의 일곱 번째 실력자로 알려진 레둑토 고문과 비밀리에 회담을 열고 있었다.

이 비밀회담은 닉슨 대통령에 의해 처음으로 공개되었다. 닉슨 대통령은 1969년 11월 3일 공개석상에서 '월남화'의 정책을 금후에도 계속 밀고 나가면서 즉시철군으로 전쟁이 종결되는 사태를 맞을 것이고 협상과 전쟁의 양면에서 밀고 나갈 것이라고 밝히면서 "지난 7월 중순께 협상의 중단을 막기 위해 월맹의 호찌민 대통령에게 편지를 보냈으나 그의 답장은 이제까지의 입장을 되풀이하는 것"이었다고 말했다. 그리고 나서 "파리에서는 이미 11차례나 비밀접촉이 월맹과의 사이에서 벌어졌었다"고 공개했다.

이런 공개는 월맹측의 분개를 샀으나 닉슨은 이에 굴하지 않고 그 후에도 비밀접촉이 있으면 그때마다 접촉사실을 공개하는 버릇이 생겼다. 1969년에서 1971년까지 3년간 행해진 비밀회담은 전부 12회 이루어졌다. 그리고 1971년에서 1973년 1월까지 — 월남전 종결 협정 때까지 — 다시 12회가 열려 도합 본회담 '202회'(월맹의 레둑토 고문이 23일 기자회견에서 밝힌 본회담 횟수), 비밀회담 24회를 연 실적을 내었다.

이 비밀회담은 그 마지막 단계까지 세 번의 고비를 넘겼는데 제 1단계에서는(1970년 2~4월) 월맹의 레둑토 고문이 미국의 철군계획 일정이나 캄보디아의 중립화 실시 등에 완강히 반대하여 교섭을 난항케 했다. 그다음 2단계는 1970년 5월~1971년 7월인데 이때 월맹측은 9개항을, 베트콩측은 7개항을 제시하여 협상에 불을 붙였다. 그다음이 최종단계인 제 3단계인데 1972년 8월~1973년 3월이다. 10월 8일이 되자 레둑토 고문은 미국이 사이공정부를 버리기 전에는 휴전을 해도 소용없다고 주장을 버린 것이다. 말하자면 월남전의 휴전은 월남공화국의 종말과 같이 온다고 주장하여 월남종전협약이 맺어지기 1개월 내에 월남대통령을 사임시켜야 한다는 주장을 버리고 월남의 대통령이 존재하건 말건 휴전할 수 있다는 것이다. 미국은 이런 제의를 냉큼 받아들여 협상을 마무리해야겠다고 결정했다.

비밀회담은 파리 근교의 쇼와지 라 로아, 지므 쉬르 이베트에서 주로 개최하였으며 이따금 누이 쉬르 센느의 소세대로에서, 또 파리 시내의 리볼리 거리 가운데의 옛날 하노이 대사였던 장 상토니의 집에서도 이따금 열렸다. 이런 여러 집들을 숨바꼭질하듯이 찾아다녔는데 처음 두 집은 기자들에게 발각되어 보도대상이 되기도 했다. 이런 시골집에서 회의가 열렸다하면 때로는 하루 종일 걸리기도 하며 끼니도 거를 만큼 강행군하는 일이 많았다.

그런 중 1972년 10월 26일 베트민정부는 긴 정부성명을 발표하고 10월 31일에 '약속대로' 협정문에 미국은 조인해야 한다고 '공개발표'했다. 하노이방송이 밝힌 월남평화 협정문의 주요내용은 ① 협정조인 후 24시간 내에 정전(停戰) 실시, ② 60일 내에 철군(撤軍) 실시, 동시에 억류된 민간인 석방, ③ 월남 내에 민족화해 일치 전국평의회를 구성하여 3개월 내에 총선 실시, ④ 월남의 통일은 평화적 방법에 의해 실시, ⑤ 월남의 쌍방합의에 의해 합동군사위원회와 국제관리·감시위원회를 구성, ⑥ 1954년의 제네바협정과 62년의 라오스에 관한 제네바협정을 존중하여 일체의 군대 철수, ⑦ 미국은 인도차이나의 각 지역에 대해 전후건설을 협조한다는 등이다.

이 하노이방송에 대해 미국의 키신저 특별보좌관은 "몇 가지 일정이 조건부로, 혹은 가정상으로 정해진 것인 만큼 하노이측은 무슨 오해가 있었을 것"이라고 논평하면서 "선의의 오해"였다고 말했다. 하노이방송은 미국의 대통령선거가 1972년 11월 7일에 실시되는 만큼 그에 앞질러 조인할 것이란 생각이 앞섰던 것 같다. 미국의 닉슨 대통령은 56년 만에 압도적 승리를 거두고 당선되었다. 닉슨 대통령은 키신저 보좌관의 입을 통해 "월남문제는 미국 국내사정에 구애받지 않고 독립된 빠른 방법으로 해결될 것"이라고 선언했다.

키신저 보좌관은 월맹측이 발표한 '최종 타협안'에 대해 17개소의 용어상의 잘못을 지적하고 이를 수정해야 한다고 주장했다. 협상용어는 미국측이 영어로써 원문을 제시하면 이를 중심으로 토의했는데 이 원문이 월맹측에서 작성되어 제출되었기 때문에 많은 손질을 해야만 했다. 그런데 영어원문을 고쳐놓고 나면 이것이 바로 월남어로 번역되어야 하는데 지금까지 월남어는 하나도 손을 대지 않았음을 알았다. 그래서 원문인 영어를 다시 알맞게 월남어로 써넣어야 했었다. 이런 용어상의 수정이 며칠 동안 계속되었다.

다음으로 협정 속의 국제기구를 설정하는 '의정서'를 미국이 제출하고 월맹은 이를 거부하고 있었기 때문에 월맹측의 의정서를 받아내는 데 또 며칠이 걸렸다. 이 의정서는 국제기구의 효과를 올리기 위하여 협정문안의 이행을 감시하는 데 수백 명 내지 수천 명의 요원이 달라붙어야 하며 이들의 통신연락, 보급, 잡무에 대해 해결하는 조항이 있어야 한다. 요원들이 사용할 라디오, 지프, 전화도 준비되어야 하며 거기에 맞추어 조사대상자의 섭외장교도 따라야 한다. 이런 협정문의 의정서를 월맹측이 제출한 것은 키신저 보좌관이 미국으로 출장 가는 바로 전날이었다. 이 의정서에는 협정문에 없던 조항들이 새로 들어가야 하며 또 협정과 이중으로 규정된 조항은 삭제해야 하는 '기술적 어려움'이 많았다.

월남평화 협정안이 마무리될 무렵, 1972년 12월 18일 하노이방송은 "미군 항공기가 17일 하노이시내를 폭격하고 하이퐁만(灣)에도 폭격을 가하는 한편 하이퐁 항구에 기뢰를 투하했다"고 보도했다.

미국 레어드 국방장관은 "북위 20도선 이북지역에 대한 북폭제한을 해제했다"고 말했고 백악관의 지글러 보도관은 이번 북폭은 닉슨 대통령의 정책에 따라 내려진 것이며 적이 비밀회담을 빌미삼아 군사력 증강을 획책하여 남베트남에 새로운 공세를 준비하는 것을 절대로 용납할 수 없다고 설명했다. 이런 북폭에 대해 세계의 여론은 들끓었으며 프랑스의 퐁피두 대통령도 닉슨에게 친서를 보내어 "이런 방법으로는 미국의 명예를 구해낼 수 없으며 서구문명의 정신적 우위를 해친다"고 말했다. 로마교황과 유엔사무총장까지도 '우려의 생각'을 밝혔다.

이러한 북폭은 세계의 비난이 있건 없건 크리스마스의 경축행사 기간 36시간을 빼고 12월 30일까지 줄곧 계속되었다. 월맹에 퍼부은 폭탄 4만 톤, 사상자는 하노이만 쳐서 1,318명, 부상자 1,261명의 희생을 내었고 미군측도 B-52폭격기가 20여 대 격추되는 손해를 입었다.

키신저 보좌관은 10월 19~23일 월남의 사이공으로 날아와 구엔 반 티우 대통령과 6번에 걸쳐 회담을 진행, 월남평화협정의 내용에 대해 설명했다. 티우 대통령은 22일 키신저 보좌관과 두 번 회담한 후 국가안보회의를 12번씩이나 개최했고, 이튿날 23일에는 대통령궁으로 4군 관구사령관과 44인의 성장을 초청하여 중요회의를 개최했다. 그 후 티우 대통령은 "조만간 평화협정은 서명될 것이다. 공산측은 월남을 빼앗으려는 음모를 계속 유지할 것이다"라고 선언하고 라디오방송을 끊었다. 키신저 보좌관이 티우 대통령을 설득하지 못했을 것이란 소문이 떠돌았다. 키신저 보좌관은 그 길로 캄보디아를 방문, 론 놀 대통령과 회담했다.

이렇게 해서 월남평화협정은 비밀회담과 클레베르의 본회담에서 성립되어 조인으로 줄달음쳤다. 전쟁 종식으로 한때 55만 명을 헤아렸던 미군장병들도 3만여 명으로 줄어들어 철군하게 되었고 70만 명이던 월남공화국 군대와 25만 명의 월맹정규군 그리고 동수의 월남베트콩 부대는 현지에서 종전을 맞이하게 되었다. 전쟁이 격렬했던 1965~72년 월남전역에 743만 8,052톤의 폭탄—2차 세계대전 때의 3.5배, 한국동란 때의 12배—이 투하되었고 미군병사 4만 6천 명의 희생과 월남 전역에서 100만 명의 전사자를 낸 전쟁은 끝이 났다.

닉슨 대통령은 1973년 1월 23일 오후 11시 방송회견을 통해 이렇게 말했다. "…몇 해에 걸친 오열을 통하여 아메리카는 명예로운 평화를 주장하여 이제 합의에 도달했다." 그는 또 "월남국민들의 자유를 지키기 위해, 세계의 평화를 지키기 위해 목숨을 바친 사람들을 자랑으로 여길 것이다"라고 말했다.

1월 23일에는 미국측에서 헨리 키신저 보좌관, 월맹측에서 레둑토 고문이 참석하여 클레베르의 국제회의장에서 〈월남전 종결 및 평화회복에 관한 협정문과 부속의정서〉에 가조인을 하고 1월 27일에 미·월맹·월남·베트콩의 4국 외무장관이 본서명을 했다.

1972년 미국이 약속했던 월남 지원은 목이 죄이기 시작했다. 1973년에 와서 미 의회는 20억 달러의 지원금공여를 약속하고 74년에는 14억 달러, 1975년에는 그의 반 정도 공여할 것을 의결했으나 그해 6억 달러로 주기로 했던 캄보디아에 대한 지원금을 공산당의 학살사건을 핑계로 전액삭감하면서 월남 지원도 팽개쳐 버렸다.

그러나 1975년에는 2주 사이에 월남공산군이 티우 대통령을 권좌에서 몰아내었고, 그 후 곧 월맹이 '독립'을 외치고 나와 월남을 송두리째 합병, 통일하고 말았다. 티우 대통령은 망명길에 나서 영국

런던으로 사라졌다.

미국이 그렇게 우려했던 '도미노 현상'은 월남에서 20년 가까운 세월을 두고 전쟁으로 막으려 했지만 이렇게 다 허망하게 끝나고 말았다.

제 3 편

정동칼럼

런던의 "7+1" 회담

1991년 7월 15일부터 런던에서 G7(세계7강)정상회담이 열렸다. 이번 회의에는 최종일에 소련의 미하일 고르바초프 대통령을 초청하여 연설을 듣고 서로 머리를 맞대고 소련의 어려운 경제사정을 논의하게 된다는 것 때문에 세계의 이목이 집중되었다.

원래 이 G7회의는 딱 부러지게 의제를 정해놓고 열리는 것은 아니며 그때마다 세계의 관심사나 초미의 문제로 등장한 일들을 자유롭게 토의하는 회의로 운영되었다. 그래서 이 회의를 가리켜 관료주의의 철조망을 뚫고 나와 철조망 안의 문제를 가장 권위 있게 다루는 7현(賢)회의라고 말한 사람도 있었다. 고르바초프 대통령은 말하자면 여태껏 세계 여기저기를 돌아다니며 소련경제를 도와달라고 호소하다가 이제 겨우 제대로 광맥을 찾은 셈이 되었다.

그러나 고르비를 맞는 G7회의 내의 공기는 그리 훈훈하지 않다. 오히려 G7의 나라에 따라서는 냉기마저 감도는 지경이다. 돈 많고 넉넉한 G7들이 소련에 줄 돈이 아까워서 그런 것만은 아니다. G7이 생각하기에 이해하기 어려운 부분도 있고 또 소련측의 설명이나 처신 자체에도 의아한 대목이 있어 고르비를 선뜻 환영하지는 못하고 있다.

G7과 고르바초프의 만남에는 여러 가지 의미가 있다. 무엇보다도 냉전종식 후의 동유럽세계를 서방세계와 어떻게 융합·접목시키느냐 하는 데 관심이 쏠린다. 고르비가 G7의 수뇌들을 한자리에서 한꺼번에 만나는 것부터 처음 있는 일이다. 이번 G7회의를 주재하게 될 메이저 영국총리의 말을 빌리자면 "국제질서를 공고히 하고 … 민주주의를 잘 도와주면서 공산세계 후의 새 민주주의를 찾는 회의"가 이번 G7회의일 것이다.

고르바초프 대통령은 이번 G7회의에 초청을 받은 후 몇 번이고 "구걸은 하지 않는다. 협조를 구할 뿐이다" 라고 어조를 높였다. 그에 맞장구치듯 G7회원국 가운데서는 차관제공은 어렵다고 미리 쐐기를 박는 일도 벌어졌다. 서로 간에 매끄럽지 않은 언사부터 난무했다 할까 ….

소련사회를 개방하고 개혁했으며 냉전상태에 종지부를 찍은 고르바초프 대통령에게 전 세계는 한때 뜨거운 박수를 보내고 노벨평화상까지 안겨 주었다. 암흑세계를 해방시킨 신시대의 기수라고 칭송하면서 세계는 고르바초프에게 무엇이든, 지원과 협조를 아끼지 않을 듯이 대접했다. 그러나 이번 G7회의 안에 감도는 기운은 결코 그리 화끈한 것이 못된다. 그를 빈정거리는 듯한 소리도 들리며, 나무라고 꼬집는 소리까지 나왔다.

고르바초프 대통령으로서는 모처럼 서방측과 의기상통하여 대 소련 지원을 당당히 요청하게 되었다고 생각할는지 모른다. 그리고 그의 제의나 계획에는 서방측이 선뜻 호응해 주리라고 짐작했을지 모른다. 이런 모든 예상이 완전히 무너지지는 않는다 하더라도 전에 없이 상당히 상처를 입게 되었다. 고르비 자신으로서도 연방최고회의의 승인까지 받고 자랑스럽게 서방 7개국 정상들에게 소련경제 회복에 관한 제안서를 돌렸고, G7회의에서는 전폭적인 지원을 얻어낼 생각을 했을 것이다. 그런데 미국 부시 대통령은 고르바초프의 경제 제안서를 접하자 환상적이라고 평했고 미국의 견해와 다른 데가 있다고 말했다.

일이 이렇게 된 데에는 그만한 곡절이 있다. 우선 서방측 자체 내에 소련을 대대적으로 지원해 주지 못할 사정들을 안고 있다. G7 중 일본이나 독일 정도를 빼놓고는 거의 다 경제침체에다 고율의 인플레이션에 시달리고 있어 막상 남을 도울 여력이 많지 않은 것이다. 인플레율만 보아도 캐나다 6.2%, 이탈리아 6.9%, 영국 5.8%, 미국 5%, 프랑스 3.2%, 일본 3.4%, 독일 3%이다. 일본은 이 중 사정이 제일 낫지만 북방 4도현(島縣)의 발판이 이루어지기 전에는 대 소련 기술지원 정도는 가능해도 현금제공은 절대 할 수 없다고 잘라 말한다. 그뿐 아니라 군사비에 아직도 많은 예산이 투입되고 있다는 것이 대소(對蘇)지원의 걸림돌이 되었다.

소련측은 군사지출 중 이미 29%를 삭감했다고 서방측에 내세우고 있으나 미국측 반응은 "도대체 군사비 한계가 얼마인가에도 개념 정립이 되어 있지 않다"고 반박했다. 그 외에도 재산사유화 같은 시장경제 도입에 전제되는 법률들을 제정, 혹은 개정해 놓고도 시행하지 않는 데에 서방측의 짜증을 사기도 한다.

모든 곡절 가운데 서방측에 가장 거슬리는 것이 하나 있다. 그것은 고르비가 기자회견에서 "소련이 시장경제로 나간다고 사회주의 이데올로기를 버리는 것은 아니다"라고 한 대목이다. 그는 자기가 쓴 《페레스트로이카》라는 저서 가운데서 한마디도 사회주의를 포기

한다고는 하지 않았다. 그리고 어느 연설에서는 '레닌시대'로 되돌아가자고 열렬히 외쳤다. 시장경제와 사회주의를 어떻게 접목시키겠다는 것인지 알 수 없으나 이런 커뮤니케이션에서 드러나는 그의 속마음 때문에 G7마저도 멈칫하는 게 아닌지, 고르비의 주석(註釋)이 필요하다. (런던에서)

〈정동칼럼〉 1991. 7. 16

쌀의 국익은 버리지 말라

'자유무역'(自由貿易)이란 말의 내력은 오래 된다. 이런 개념이 형성되기까지의 과정을 간략히 훑어보면, 우선 2차대전이 끝나던 1944년 브레턴우즈체제가 형성되었다. 통화의 태환(兌換)성 회복이 시급하다고 하여 그 안정적 운용을 관장하는 IMF(국제통화기금)를 설립했다. 동시에 전후 복구를 촉진하기 위해서는 어떤 형태로든 경제 내지 관세의 동맹체제가 구축되어야 한다고 주장했다.

3년 뒤인 1947년 4~10월 GATT(관세 및 무역에 관한 일반협정)가 설립된다. 이 중간에 미국의 마셜 국무장관은 유럽 전후복구를 위한 원조계획을 발표했다. 이 계획에 대해 마셜 장관은 조건을 붙였다. 유럽 여러 나라가 공동으로 합의해서 계획을 세워야 한다, 미국은 다만 그 계획에 따라 원조할 뿐이라고 선언했다.

이 제의를 받고 유럽 각국 수뇌는 협의 끝에 OEEC라는 기구를 만들었다. 이 기구는 유럽 내에 여러 국가가 어울린 경제협력체를 세우고 상호 결제(決濟)하는 금융기구로서 EPU를 만들며, 특히 무역자유화를 이룰 것을 다짐했다. 이 무역부분은 나중에 '무역자유화

협약'을 탄생시켰다. 이 협약에 보면 국제교역에서 수량제한 철폐를 내세웠고 또 자유비율을 해마다 높여 나간다고 되어 있다.

유럽에서는 유럽공동시장(EEC)이 태동하고 세계적 규모의 경제기구 내지 체제와 충돌할 뿐 아니라 원조해준 미국이 설 자리를 잃게 되자 케네디 대통령이 미국·캐나다까지 포함한 '대서양경제동맹'을 제창했다. 결국 이것이 동기가 되어 OEEC는 OECD(경제협력개발기구)로 개편되었고 세계의 유수한 나라들이 가입하게 되었다. 그때 만들어진 OECD의 목적을 요약하면 ① 경제성장, ② 개발도상국 원조, ③ 무역확대이다. ③을 더 부연하면 "국제적 의무에 따라 다각적이고 무차별적 기초에 선 세계무역의 확대에 기여할 것"이라고 했다.

이 내력을 잘 분석해 보면 몇 가지 달라진 세계교역의 흐름을 추출할 수 있다. 첫째 세계무역은 자유로워야 하며 무역장벽은 무너뜨려야 한다는 것. 둘째 자유무역의 실현은 기존 국경개념이나 주권이념을 넘어서서 이루어진다는 것. 셋째로 이런 사상의 기조에는 공급이 수요를 창출한다는 '세이의 법칙'(*Say's law*)이 진하게 배어 있다는 것 등이다.

자유무역은 이처럼 날이 갈수록 세계적 추세가 되고 있고 이것이 국수주의적 보호무역주의를 밀어내고 '세계무역질서'로서 자리잡게 된 것이다. 요즘은 이런 개방적 무역질서가 무너지면 곧 세계적 위기가 닥친다고 야단하게 되었다. 그리고 장벽 없이 무역이 성행하면 자연히 새로운 수요가 생겨나게 되고 또 새로운 국제분업도 제대로 이루어진다고 본다.

GATT도 이런 사조 속에서 이루어진 것이며 그 내용에서도 구체적으로 나열하고 있을 뿐이다. 즉, 관세인하 교섭 같은 데서 쌍방

간에 '상호주의'를 적용하며 이 결과를 다시 전회원국간에 확산시키는 '일반적 최혜국(最惠國) 대우'를 규정하고 있다. 그리고 외국기업에 대해 '내국민대우'를 하도록 함과 동시에 관세 이외의 수량제한 같은 교역장벽은 일반적으로 철폐한다는 것이다.

그러나 GATT의 이런 정신을 그대로 아무 곳에나 적용시키기에는 걸맞지 않은 점이 있다. 즉, 양자간에 호의적으로 이룬 상호주의적 타결을 다산국(多産國)에 확산할 경우 선진국이면 몰라도 개도국들은 도저히 확산해 주는 '은혜'에 따라갈 수가 없을 때가 있다. 또 무조건 관세장벽을 철폐하거나 인하할 수도 없는 노릇이다.

또 현 GATT는 가맹회원국 중 규정을 준수치 않았다 하여 강력한 제재를 가할 수도 없다. 결국 케네디라운드로부터 여덟 번째인 우루과이라운드(UR)에 이르기까지의 각 라운드에서 전 관련국이 한자리에 모여 GATT가 안고 있는 문제를 해소하고 기어이 세계무역 자유화를 실현하자고 부추기고 있는 것이다. 하도 라운드마다 관계국가를 들볶자 어떤 대표는 "국가를 위해 라운드가 있는 것인지, 라운드를 위해 국가가 있는 것인지 모르겠다"고 푸념하기도 한다. 그래도 자유무역은 이제 되돌아가지는 않을 것이다.

제네바에 있는 우리 대표부에는 26명의 공관원이 있다. UR협상에 나가는 대표들이다. 각 부처의 국장급인 베테랑이다. 아침 8시면 활동이 개시된다. 회의참석과 각국 대표접촉, 협상교섭이 일과의 전부다. 저녁 7시가 가까워야 대표들이 돌아온다. 대사는 저녁 8시 넘어서야 보고서 결재를 하게 되는 것이다.

모두가 정신없이 뛰고 있다. 바캉스철이라 제네바의 다른 기구에 가보면 한산하지만 GATT 내부에 가보면 정말 불난 집 같다. 우리 대표들 누구나가 지니고 있는 신조가 하나 있다. 그것은 "우리나라

쌀은 개방하지 않는다"는 것이다. 모든 나라의 국익들이 UR라운드에 휘말려 들어가도 그리고 아무리 자유무역을 외쳐도 이 '쌀'의 국익은 버리지 않겠다는 것이다. (제네바에서)

〈정동칼럼〉 1991. 7. 26

누가 그리스를 깨울 것인가

아크로폴리스 신전이 있는 언덕에 올라서면 아테네의 시가가 한눈에 든다. 옛날에는 이 신전(神殿)을 중심으로 취락이 조그마하게 이뤄져 있었다는데 지금은 눈이 닿는 끝까지 온통 하얀 집들로 뒤덮였다. 옛날 도시국가라고 했던 '폴리스'의 규모보다는 몇십 배, 몇백 배나 불어났을 것이다. 플라톤은 《노모이》(법률)에서 5,040개의 '오이코스'(가구)로 된 폴리스를 예거했는데 이것을 근거로 계산하면 한 폴리스가 3만 명은 넘지 않았을 것 같다. 아리스토텔레스가 "한눈으로 볼 수 있고 … 누가 누군지 빤히 아는 사람들"로 폴리스가 이루어졌다고 쓴 것을 보면(폴리티카) 3만 명은 너무 많은 것 같다.

여하간 지금의 아테네는 300만 명 이상의 인구를 포용하고 있으니 폴리스의 몇백 곱절이 된다고 할까? 그리스 총인구를 한 천백만 명으로 치면 전 국민의 3~4분의 1이 수도에 몰려 살고 있는 셈이다. 시내 곳곳에서 체증을 일으키고 있는 자동차들의 신경질적인 경적소리는 산정의 이 신전에까지 울려오고 시가마다 연보랏빛으로 뿌연 것을 보면 아테네도 심한 몸살을 앓고 있는 것 같다. 규모는 작아도 옛날의 폴리스가 오늘의 아테네보다도 낫지 않았을까 하는 생각이 문득 든다. 철학과 문학, 자연과학 그리고 민주주의라는 정치술 등 모두 유구히 빛날 업적들이다.

그런 생각을 하면서 아테네시가를 내려다보면 그 현란하고 심오했던 그리스의 문명은 다 어디로 갔나 하는 일말의 비감(悲感)이 인다. 아리스토텔레스 등 선철(先哲)들이 다듬은 일원적(一元的)인 세계상, 존재 속에서 내실을 찾아내고 뭇 이념의 반영을 훑어내어 참된 것이 있다고 갈파했던 그의 세계관. 인간의 체계적이고 탁월한 인식은 한 문명의 마지막 단계에서나 나타나는 것일까? "미네르바의 부엉이는 땅거미가 져야 날개를 편다"고 한 헤겔의 말은 옳은 것일까?

신전에서 내려다보면 곳곳에서 빌딩들을 짓고 있다. 건설경기는 나쁘지 않다고 들었다. 1980년대 중반만 해도 아테네시내에서 새 건축을 했다하면 합법적으로 허가를 내어 지은 것이 반, 불법건축이 반이 된다고 할 만치 무허가 건축이 성행했다는 것이다. 날림건축이 또 얼마나 많았는지 1981년 지진 때는 6층 건물 13동이 완전 두 동강이 나 해외토픽으로 등장했었다. 범(汎) 헬레닉사회당(PASOK)이 집권하고 있을 때 그 사회당 출신의 공업부 장관은 아테네시내의 공장 중 500개는 '무허가'라고 공식발표한 일이 있다.

무허가, 무면허, 불법, 탈법이 1980년대에는 전염병처럼 창궐했다. 국민들의 납세의식도 땅에 떨어졌다. 소득신고는 허위가 아니면 부실, 누락이 예사였고 게다가 납부까지 잘 하지 않았다. 이런 일은 납세자인 국민들에 더 큰 잘못이 있지만 징세당국에도 여러 가지 과오가 발견된다. 세율의 비현실적인 책정, 과세의 불공정 등 세무행정의 구조적 부조리가 만연되어 있는 데도 원인이 있다. 가령 법인세를 45%씩이나 과세한다든지(바로 마노스 국가경제장관이 새로 2월 중순에 취임하자마자 10%p나 하향조정했다), 정액소득자가 전체

인구의 채 반이 되지도 않는데 총세수의 3분의 2를 부담하고, 기업들은 4분의 1 정도만 내며 자영업자는 10분의 1을 납부해야 한다든지 하는 부조리가 도사리고 있는 것이다. 부동산은 자진신고제로 되어 있어 신고하면 한 번도 사찰을 받지 않고 그대로 부과된다. 비현실적인 과세로 세수(稅收)는 목표치에 미달하게 되고 결과적으로 국가예산의 적자는 해마다 눈덩이처럼 부푼다.

인플레이션은 90년도에 23%, 91년에 17.8%로, 92년에는 12%대로 꼭 내린다고 재무장관으로부터 필자가 직접 들었다. 필자가 미소타키스 총리를 만났을 때도 그리스 초미의 문제가 인플레수속과 하강정책의 단행이라고 강조했다.

1990년 4월, 보수당인 신민주주의당이 총선에서 승리하여 집권한 이래 그리스의 경제재건이란 의욕적인 정책을 내세우고 때때로 강도 높은, 충격요법적인 시책을 펴기 시작했다. 사회당 집권시 국민들에게 든 나태한 버릇부터 고치고 불법, 탈세, 부조리를 뿌리 채 뽑아야 그리스의 경제와 사회는 옛날의 영광을 되찾을 수 있을 것이다.

때마침 그리스를 방문한 경향신문의 김승연(金升淵) 회장을 미소타키스 총리와 경제각료들이 환호로써 맞은 것도 김 회장의 기업적 의욕과 그리스정부의 재건의욕이 상통한 이유 때문이기도 하겠지만 김 회장이 '한국의 사업가'라는 면도 높이 산 때문이 아닌가 싶다. 김 회장 스스로도 그리스의 A-TV 기자와의 회견에서 "내가 여기서 사업을 한다면 한국이 도약할 때처럼 풍토부터 쇄신하겠다"고 피력했다.

아크로폴리스 신전을 내려오면서 생각했다—"그리스에는 쓴 약을 써야 한다. 그래야 그리스의 새벽은 트고 미네르바의 부엉이도 돌아올 것이다". (아테네에서)

〈정동칼럼〉 1992. 2. 25

환경의 '철의 장막' 없어져

"아름답고 푸른 다뉴브강"이란 말만 들어도 누구든 무지개 같은 환상에 싸인다. 그러나 요즘 동구에서 온 사람들의 입을 통해 듣는 다뉴브는 결코 환상적이 아니다. 거무스름하고 악취가 풍기며 보기에도 추하다는 것이 그들의 설명이다. 강이 죽어가고 있다는 것이다. 다뉴브뿐이 아니다. 동구에 흐르는 하천은 거의가 죽어가고 있고 울창하던 삼림도 갈색으로 찌들었으며 대지는 심하게 산성화되고 지역에 따라 방사능으로 상당히 오염됐다는 것이 오늘의 동구이다.

지난주 초에 프랑스 동부 국경도시인 스트라스부르에서 동·서구라파의 환경행정 책임자들이 환경대책포럼을 갖고 그들의 실정과 고충들을 털어놓았으며 대책을 이야기했다. 여기서 쏟아져 나온 옛 '철의 장막' 저쪽의 환경오염 실태는 놀라운 것들이었다.

옐친 러시아대통령의 환경담당 특별보좌관인 알렉세이 야브로코프 박사는 체르노빌 원자로 방사능 누출사고를 모른 채 수개월이 지났으므로 얼마나한 사람이, 또 어느 범위까지 오염이 확산되었는지 정확히 알 수 없다고 전제하면서 현재 구소련 영역 내의 제일 큰 환경문제는 방사능 오염이라고 단정적으로 말했다.

우크라이나의 환경장관인 코카르 박사는 러시아와 우크라이나공화국이 방사능 피해를 가장 크게 입었으며 적어도 850만 명이 피폭된 지역에 살고 있었다고 말했다. 야브로코프 박사는 방사능 외에도 전 국토의 15%가 산업폐기물과 폐수 등으로 극심하게 오염되어 있다고 말했으며 코카르 장관은 3,200만 명이 식수에서 고충을 겪고 있다고 털어놓았다.

헝가리에서도 국토의 10%가 크게 오염되어 있고, 헝가리 전 인구의 절반(약 500만 명)이 식수에 어려움을 겪고 있다는 것이다(카로리 미슬레 환경차관). 체코슬로바키아에서는 상황이 더 심각하다. 국토의 매 제곱킬로미터에 연간 25톤씩 각종 산업폐기물이 스며들어 산림 중 슬로바키아지역은 50%, 체코지역은 80%가 이미 변화했다. 국토 내에 흐르는 하천의 4분의 1이 오염되어 죽어가고 있고 상수로 공급하는 물 가운데 절반은 도저히 식수로 마실 수 없는 상태라고 했다(요셉 마루세크 연방환경장관).

헝가리와 체코슬로바키아는 1977년 공산당 통치하에서 공산당의 전시사업으로 거대한 댐을 양국 국경으로 흐르는 다뉴브강 상류에 건설하기로 협조조약을 맺었다. 최근 공산당이 무너지자 헝가리는 전시효과적인 그런 공사에서 손을 떼겠다고 선언했다. 그 내막 가운데는 생태계 파괴와 수몰지역 발생이 이유가 되었다. 그러나 체코는 이미 체코지역의 공사를 상당히 진척시켰으므로 댐공사를 계속하자고 우기고 있다. 체코로서는 이 댐건설로 부족한 전력과 식수공급을 해결할 계획인 것이다. 갑시코보 지방의 이 댐이 환경을 파괴하게 된다, 아니다 하는 논쟁이 자칫 큰 분규로 확대할 조짐마저 보이고 있다. 환경문제라면 전쟁도 불사한다는 정도로 심각한 것이 오늘의 동구(東歐) 이다.

환경대책으로 동구제국이 쏟는 노력은 어떤 것일까? 러시아공동체는 예산의 1%를, 체코는 2.5%를, 헝가리는 1~1.2%를 환경대책비로 쓰고 있다고 했다. 이 정도의 예산가지고도 헝가리는 1993년까지 석탄연료로 생기는 아황산가스를 대기 중에서 30% 줄이겠다고 계획하고 있고 체코는 또 석탄사용으로 생기는 매연과 유독가스를 줄이기 위해 연간 1,500만 톤 생산(국민 1인당 1톤) 하는 철강생산량을 줄이고 오염물질을 배출하는 일부 화학공장을 폐쇄하겠다는 계획을 밝혔다. 구소련은 국립공원 6개 지역을 새로 지정하여 국토재생을 이룩할 것이라고 말했다. 동시에 동구 내의 전 원자로발전시설을 개채하기 위해 서구의 기술과 자금지원이 절실하다고 동구 대표들은 입을 모아 요구했다.

서구측 대표들은 동구제국이 30년대의 기술로써 1980년대에 에너지집약산업만 일으켰다고 비판하고 동구는 시장경제와 환경대책을 묶어서 발전시켜 나가야 한다고 역설했다. 독일의 클라우스 퇴퍼 환경장관은 동구의 산업이 에너지와 노동과 자본의 절약을 기할 수 있도록 기술개발이 되어야 하되 '이웃에 구걸하는' 정책은 삼가야 한다고 따끔하게 못 박았다. 그러나 현재의 동구에는 원자로 개채, 파괴된 환경의 재생 같은 시급한 과제가 있으므로 국제적인 협력체가 이루어져 지원해야 할 것이라고 언급했다.

지구온난화를 가져오는 이산화탄소의 배출규제나 CFC(프레온가스)의 사용금지협정 문제 등에는 논란이 없었다. 한국의 환경문제나 산업발전 현황이 동구와 다르다는 것 때문이 아니었을까? 오는 6월 초 리우데자네이루에서 열릴 유엔환경회의의 사무국장 모리스 스트롱 씨가 이날 포럼에서 "동구환경의 철의 장막은 이제 걷혔다"

고 한 말이 새삼스러웠다. 포럼을 떠나면서 문득 생각난 것이 이전에 우리나라에서 많이 있었던 일들을 지금 듣고 가는 것이 아닌가 하는 것이었다. (스트라스부르에서)

〈정동칼럼〉 1992. 5. 25

'어려운 부자' 들의 에고이즘

7월 상순인 지난주에는 한 주 동안 굵직한 세계정상회담이 2개나 열렸다. 자유민주진영의 부강국(富强國) 정상회담인 G7연례회의와, 유럽지역의 안보와 협력을 도모하는 52개국 수뇌회의(CSCE)가 그것이다. G7은 독일 뮌헨에서, CSCE는 핀란드의 헬싱키에서. 야구경기에 있는 '더블헤더'로 세계의 정상들이 연거푸 회의를 개최했다.

"회담들의 성과는?" 하고 묻는다면 "별로" 라고 대답할 수밖에 없다. 심하게 말한다면 태산이 으르렁했지만 그 속에서 쥐새끼 한 마리 나타났나 하더라는 식이 된다. 물론 의제(議題)는 풍부했다. 현재 세계가 안고 있는 문제들이 산더미 같으므로…. 발표된 공동코뮤니케도 기록적으로 길었다. 이번 CSCE의 최종공동성명은 12개장(章)으로 나뉜 80페이지에 달하는 것이었다. 그러나 어느 제목도 세계가 진동할 만한 것은 아니었다. 정상들이 '더블헤더'로 회의를 가진 탓이었을까? 그런 것만은 아닌 것 같다.

뮌헨에서 G7회담을 마치고 헬싱키로 날아간 부시 미국대통령은 CSCE가 개막되기도 전에 "혼돈된 분위기" 라고 기대를 걸 만한 분위기를 가셔버렸다. 회담을 마쳤을 때도 마찬가지다. 존 메이저 영국총리는 "특별히 합의한 것은 하나도 없다"고 G7회담 성과를 한마디로 부인했다. 세계의 부강국이 자국 내 난제로 말미암아 세계적인 문제에 뛰어들지 못하는 것 때문에 세계는 빈혈을 일으킬 수밖에 없다.

두 회담 모두 소련이 붕괴되고 새로운 자유국가들이 출현했으며, 공산체제가 무너진 일부 국가에서 민족문제를 둘러싸고 치열한 내전을 일으키고 있을 때에 처음으로 열린 것이다. 작년 G7회담 때는 소련 고르바초프 대통령이 초청되어 참석했으나 G7을 마치고 모스크바로 돌아간 직후 공교롭게도 쿠데타를 당하는 기구한 일이 있었다. 그 때문인지 올해는 옐친 러시아대통령을 뮌헨에 초청하고서도 의장인 콜 총리 바로 옆자리에 좌석을 정해주는 등 고르비 때와는 달리 극진을 다해 대접했다.

그러나 G7의 정상들은 러시아를 신규 가맹시켜 G8로 하자는 데 대해서는 한결같이 "시기상조"라고 반대했다. 또 700억 달러에 달하는 구소련의 대외채무를 탕감하거나 상환연기시키는 데 대해서도 서방측은 딱 부러지게 언질을 주는 것을 거부했다. 구소련 내 12개의 원자로 개채용으로 옐친은 400억 달러를 계산했지만 7억 달러 정도 지원하자는 데로 G7들은 쏠렸다. 옐친 러시아대통령이 선물을 싸가지고 돌아갈 거리는 그가 고르비보다 융숭한 대접을 받았다는 것 외에는 별다른 것이 없다.

서방측은 코뮤니케에서도 지적하고 있지만, G7에서 "너무 많은 사람들이 직장을 잃고 있기 때문에" 제3국까지 지원할 수 있는 여력이 없다고 봐야 한다. G7은 러시아가 원조를 받기 전에 IMF(국제통화기금)가 지적한 '개혁'들을 먼저 이룩해야 한다는 입장이다. 러시아나 구소련 내에서는 아직도 인플레율이 월 15~20%에 달하고 있고, 재정적자만도 국내총생산의 17%에 달한다고 지적, IMF

는 옛날부터 내려오는 보조금들을 과감하게 정지하고 재정적자를 축소하며 시장경제로 전환하기 위한 여러 조치를 조속히 단행하라고 권고했다.

사실 G7내의 실업자 수는 도합 2천만 명에 달한다. 그래서 G7은 요즘 "어려운 부자"라는 새 칭호가 붙을 정도로 자체 내의 어려운 경제사정을 푸는 데 정신이 없다. 서방측의 경제난국을 타개하는 방법으로 G7은 "인플레를 유발하지 않고 지속적인 성장을 해나가야 한다"고 코뮤니케에서 '성장론'을 제시했다. 남에게 기대지 않고 각자 성장을 추구하는 것만이 최상책이라 할 수 있다. 옐친 대통령도 서방측에서 거액의 지원을 약속받고 가는 대신 서방의 부강 사이에 팽배한 새로운 국제적 '에고이즘'을 얻어갔을 것이다.

G7회담과 CSCE에서 유고의 내전 및 아제르바이잔의 나고르-카라바흐 민족분규에 적극 개입하자는 주장들도 있었고 평화유지에 군사적 조치를 병행하자는 논의들도 나왔지만 결국 인도적인 구조작전 이상의 군사개입을 하지 않는 방향으로 낙착되었다. 미국의 관계자들은 유고사태란 미국의 이익에 절대적인 영향을 미치는 것은 아니란 말을 노골적으로 하고 있다. 그리고 그것은 "민족내부 문제"란 시각으로 보고 있다.

다만 세르비아군에 대한 봉쇄를 강화하기 위해 해상감시를 실시하기로 했지만 감시작전의 조직체계는 미국과 프랑스의 이익을 조정하고 NATO(북대서양조약기구)와 WEU(서유럽동맹), 그리고 CSCE가 다 참여하는 형식으로 편성하게 된다. 지상군까지 투입하지 않고 분규를 조정하겠다는 이 형식 속에도 국제적 에고이즘은 여실히 드러났다. (헬싱키에서)

〈정동칼럼〉 1992. 7. 13

미 영화와 GATT의 불

10월 20일 프랑스 전국 450개 영화관에서 일제히 개봉한 미국 스필버그 감독의 〈쥬라기 공원〉은 프랑스 전체를 쥬라기의 공원으로 만들어 버렸다. 파리시내에서도 59개관에서 동시 개봉했는데 첫날의 입장객만도 모두 58,125명. 이런 흥행객 수는 프랑스 영화사가 거액을 투자하여 근래에 드문 야심작으로 만든 에밀 졸라 원작의 〈제르미날〉의 개봉 첫날(9월 29일)의 입장객 기록(49개관 24,062명)을 깨는 것이 되었다. 세계적 명성을 누렸던 프랑스 영화도 이젠 쇠퇴하는 것일까? '예술성'으로 따진다면 〈제르미날〉이 더없이 높은 경지에 있다. 그러나 〈쥬라기 공원〉은 인간의 최첨단적 두뇌를 짜내어 만든 과학성 그리고 아낌없는 투자 끝에 관객을 사로잡는 흥행성, 상업성에선 단연 우위다. 프랑스는 "좋은 작품"을 만들지만 미국은 사람들이 "좋아할 수 있는 작품"을 만든다. 프랑스는 주관적이고 이지적인 데 반해 미국은 객관적이고 타산적이다.

지금 세계경제는 말이 아닐 정도로 탄력을 잃고 침체되어 있다. 지난 9월말 OECD(경제협력개발기구)의 장 클로드 페이 사무총장이 프랑스 동쪽의 스트라스부르에 있는 유럽의회에서 세계경제 현황에 대한 연례보고를 했다. 그는 이 회의에서 개구일성(開口一聲)으로 현 경제실태를 "실망"이라고 표현, 위기의 바닥을 훑고 있다고 지적했다. 이런 속에서 세계경제는 치열한 "경쟁"을 겪는 양상으로 완전히 변하여 경쟁으로 모든 것이 결정되어 간다고 말했다. 그는 경쟁 때문에 "서울이나 방콕은 30년 전의 룩셈부르크보다도, 15년 전의 맨체스터보다도 스트라스부르에 더 가까이 있다"고 표현했다.

이 경쟁 관리를 잘못한 탓으로 지금 미국에는 20년 전 같으면 그런대로 중류층에 속한다고 생각할 사람들이 스스로 빈민층으로 분류하는 경우가 늘어났는데, 거의 3천만 명에 이른다고 예시했다.

그리고 이런 세계적 위기는 일국의 노력만으로는 타계되지 않는다고 말했다. 그는 세계가 "연대책임"하에 풀어나가야 한다고 역설했다. 그는 경쟁과 연대를 주축으로 세계적 난국을 풀어나가야 한다고 전제하면서 경쟁 중에서도 국제교역이 경제성장과 직결되어 대부분의 후진국이 개발도상국권으로 진입하게 되었다고 말했다. 그는 경쟁과 연대라는 상충되는 정책목표를 국제교역이라는 방법에다 접목시켰다.

그의 연설의 결론은 국제교역의 활성화만이 세계경제를 회생시킬 수 있으며 세계전체의 연대책임을 다짐하는 제도적 장치로서 GATT의 협상을 12월 15일까지 마무리해야 한다는 것이다.

페이 사무총장이 국제교역이 경제성장의 원동력이 되었다고 말한 것은 수긍이 간다. 1960~70년대의 한국이 수출제일주의로 경제개발을 해내었던 것을 보아도 그렇다. 그러나 세계전체가 연대하여 GATT의 협상(우루과이라운드 포함)을 성사시켜야 한다고 역설한 것은 다소 경직된 논리인 것 같다. 흔히들 GATT가 되면 세계의 교역이 활성화하여 연간 2천억 달러 이상의 시장확대가 이루어진다고 말한다. 그러나 이것은 무역자유화와 시장개방에서 늘어나는 전체교역량을 말하는 것이지 개개국가가 다 고루 수익이 늘어난다는 것은 아니다. 어디까지나 개연적인 얘기이다.

시장을 개방하고 관세를 철폐하거나 대폭 인하하며 수출보조금이나 시장교란 가능성이 있는 보조금을 금하거나 줄이고 불공정거래를 근절한다고 할 때 그것으로 덕을 보는 나라도 있겠지만 또 손해를 보는 나라도 있다. 더구나 손해 정도가 지나쳐 내국시장을 황폐화하거나 도태시켜 버릴 수도 있다. 지금 프랑스가 농업수출보조금 축소라는 문제를 두고 GATT와 일전을 벌일 태세를 취하고 있는 것도 보조금 삭감이나 휴간지 확대가 프랑스농민의 사활이 걸린 문제가 된다고 보기 때문이다. 우루과이라운드 성공으로 프랑스가 혜택볼 것도 많다. 프랑스정부는 그래서 농업문제와 일부 쟁점이 있는 문제만 제쳐놓고 일체를 타결하자고 대안을 내놓고도 있으나 GATT나 미국측에서는 한마디로 거부, 일괄타결을 고집하고 있다.

농업문제로 한참 불꽃을 튀기고 있는데 영화와 TV의 시장개방 시비가 일어났다. 모두에서 지적한 〈쥬라기 공원〉이 그 한 예다. 특히 미국의 영화가 요즘 와서는 온 유럽시장을 휩쓸고 있다. 몇 해 전부터 〈람보II〉, 〈인디아나 존스〉 같은 미국영화가 프랑스에서 히트를 친 것이다. 미국영화는 프랑스에서 공룡이 되었다. "미국문화의 유럽오염"이란 말도 나오고 "문화침략, 전쟁"이란 말까지 등장했다. 드디어 최근 정부가 나서서 농업문제와 함께 GATT에 브레이크를 걸기 시작, "문화는 GATT협상에서 제외"하자고 주장하고 나섰다.

우루과이라운드나 GATT협상은 세계교역의 자유화를 통한 세계경제의 활성화란 대의명분을 지니고 있다. 따라서 정면으로 GATT협상을 싸잡아 나쁘다고는 말할 수 없다. 때때로 미국이 부리는 술책이라고 비난하는 소리도 들리지만 옳은 비난이 되지 못한다. GATT가 명분이 선다면, 그에 반하거나 그 명분에 수정을 가하자는 측의 고집은 비난받아야 한다. 그러나 이런 비난을 하는 사람은 없다. 더구나 프랑스농민들의 사활에 걸린 문제라는데 누가 감히 농민의 이익옹호를 부당하다고 비판하고 나설 수 있을까?

그러나 최근 프랑스 국회에서 "농민의 이익만이 절대로 우선하는 것은 아니다"고 폭탄선언을 한 의원이 있어 화제가 되었다. 그것도 국회 재정분과위원장이란 직함을 가진 여당의 파트릭 드브장 의원이다. 그는 국회 본회의 발언중 "GATT를 허우적거리게 해서는 안된다.… 얼마 전부터 농업은 프랑스경제에서 주춧돌의 역할을 빼앗기고 있다"고 말했다. 그는 프랑스경제에서 농업이 차지하는 비중을 계수를 들어 설명했다. 그러나 그는 자신의 발언 속기록의 대외배포를 금지하겠다고 선언했는데 속기록을 공개치 않겠다고 한 것도 최초의 일이지만 농민문제를 정색하고서 비판한 것도 처음 있는 일이다.

프랑스 농민수는 전체 인구의 6%밖에 되지 않는다. 그리고 프랑스의 대외수출물량 중 농산물이 점하는 비율은 15.8%이다. 그러나 비율이 크건, 작건, 농업문제를 거론하는 것은 터부가 되어 있다.

GATT는 온 세계를 휩쓰는 공룡과 같다. 희생을 요구하는 공룡(恐龍)이다.

〈정동칼럼〉 1993. 11. 4

한국인 발밑까지 쳐다본다.

우리가 서면 유럽사람들은 우리의 발밑을 쳐다보고 우리가 걸으면 그들은 우리 발길의 서너 자국 앞을 들여다보지 않을까? 지난 3월 말 파리에서 열린 한국경제사회연구소(GRESCO, 소장 정성배 박사) 주최의 한국에 관한 심포지엄을 참관하고 문득 이런 생각이 들었다.

심포지엄 주제는 '한국의 전통과 발전'이라는 것. 이 주제를 세분하여 한국의 정치·경제·사회·문화 그리고 통일에 관한 소제를 15개 만들어 프랑스, 영국, 스위스, 독일, 스웨덴, 벨기에에서 온 교수, 학자들이 논문발표와 토론을 벌였다. 한국에서는 체불중인 김지수 교수(이화여대)가 '한국소설의 사회적 관점'이란 제목으로 발표에 나섰고 서울대의 김용구 교수가 잠시 참관했다. 그리고 한국인 학자로서 스톡홀름대의 조성복 교수가 남북한의 언어의 이질화와 통일에 대한 문제를 다룬 논문을 발표했다.

이날 발표된 14개 논문(한 분이 불참)은 거의 다 유럽에서 연구되고 작성된 것이지만 인용한 문헌들은 우리나라에서 출간된 것이 대부분이고 또 외국어로 번역되지 않은 것이 태반이란 점을 감안하면 벽안(碧眼)의 서양학자들이 얼마나 우리 서지(書誌)에 밝은가 놀라울 정도라 인용한 문헌이나 자료 혹은 계수들은 정확할 뿐만 아니라 편견 없이 치우치지 않고 공정한 시각에서 다루고 있고 또 극히 최근 사실까지 소통해 있다.

마치 서울이나 국내 어디서, 우리 학자들이 우리 문제를 놓고 대토론회를 벌이고 있는 것처럼 느껴진다. 불어나 영어를 사용하는 것을 빼놓으면 본격적이고도 심도 있고 신랄하게 문제를 다룬다는 데서 하등 손색이 없었다. 오히려 서구학자들의 시각을 통해 그동안 우리가 간과(看過)해 버린 사실들을 되새겨보고 반추해봐야 할 것이 많지 않을까 생각되었다. 그들은 우리의 발목을 환히 들여다보고 있었고 우리에게 지적해 주는 일도 많았기 때문이다.

에카르트 데거 교수(독일 킬대학)는 "한국경제의 발전과 북한경제의 실패를 종속이론으로 다룬다는 것은 무의미하다. 뮈르달의 시각에서 봐야 발전에 이해가 간다"고 전제하고 외채만이 경제발전의 요인이라고 봐서는 안 되며 한국 국민들이 자본수입을 생산적으로 사용하여 국내저축을 촉진해 온 데서 찾아야 한다고 말했다. 그는 한국 서해안지대와 서남단의 대불(大佛)지역으로 산업기지가 두루 확장되면 한국에서의 지역차별·지역감정은 사라질 것이라고 주장했다.

J. R. 샤포니에 교수(그르노블대학)는 현대의 정주영 회장이 정계에 투신함으로써 정부와 재벌 간에는 긍정하기 어려운 대결양상을 빚었고 양자간의 관계를 재정립해야 할 시기에 들어섰다고 말했다. 제네바대학의 레니에 교수도 노태우 대통령의 탈재벌정책이 현대그룹 정 회장과의 갈등으로 나타났다고 말하고 총선 후 경제적·사회적 민주화요구는 고조될 것이라고 지적했다.

주한 프랑스대사를 역임한 R. T. 크로 씨는 한국의 민주화문제를 다루면서 미군철수에 관해 언급했다. 그는 "미군은 완전히 한반도에서 철수할까?" 하고 문제를 제기한 후 "설령 한국이 한 정권으로 통일된다 해도 한국주변에서 제국주의세력이 사라지지 않을 것이므로 외국군의 철수는 재고할 가능성이 있다"고 말했다. 그는 제국주의적 세력으로 중국이나 일본을 들었지만 "일본이 더 위험"하다고 경고했다.

스톡홀름대학의 아태(亞太)연구소장을 겸임하고 있는 조성복 교수는 남북한의 문화적 동질성은 분단이전에서 찾아야 하며 현 남북한간에는 정보와 사람의 교류가 있어야 하고 남한의 문화가 먼저 민주화되어야 북한을 끌어당겨올 수 있다고 말했다.

사회경제고등학원(EHESS)의 프랑수아 고드망 교수는 한반도 통일의 국제적 환경에 관해 논문발표를 하면서 "이해에 얽혔건, 결과를 염려했건, 여하간 북한은 바깥의 누구도 상종해 주지 않는 상황에 봉착할 것이고 남한과 대화하는 것 외의 다른 수를 찾지 못할 것이다"라고 언급했다.

대체로 경제문제는 한 '변혁기'(變革期)에 한국이 처해 있다고 진단하고 중소기업을 중점 육성하는 것이 경제적 민주화 달성의 길이 된다는 의견이 많았다. 통일에 관해서는 하나같이 조급한 통일을 말렸고 연방제는 남북간에 격차가 너무 커 부적절하다고 진단했다.

국내정치에서는 권위주의의 재대두를 막기 위한 제도적 장치가 필요하다는 의견이었다(정성배 GRESCO 소장). 이외에도 한국의 전통문화, 무속, 문학, 건축(가회동의 한옥) 등에 관해서 폭넓은 의견교환이 있었다.

이번 심포지엄을 주최한 GRESCO의 정 박사는 내년에 두 번째 회의가 열릴 때 한국에서도 학자들이 참석할 수 있도록 초청할 계획임을 밝혔다. 우리도 서구학자들의 발등을 볼 필요가 있다.

〈정동칼럼〉 1992. 4. 6

TGV라는 이름의 기차

덴마크가 국민투표에서 마스트리히트 조약의 비준을 부결한 다음 프랑스 국민들은 걱정하기 시작했다. "… 과연 유럽통합은 이루어질 것인가?" 프랑스 사람들이 한국인을 만나면 또 하나의 걱정을 털어놓는다. "… 틀림없이 한국은 TGV를 사줄 것인가?"

프랑스 사람들은 그만큼 'TGV'에 '유럽통합'과 맞먹는 관심을 나타내고 있다. TGV(테제베)는 시속 517킬로미터라는 세계최고의 시험 속도를 기록하고 현재 시속 300킬로미터의 영업 속도로써 프랑스 서남지방을 운행하고 있는 초고속 전철을 말한다. 이 전철은 프랑스인의 지혜와 기술의 최고결정(結晶)인 동시에 프랑스 국가의 위신을 상징하고 있다. 프랑스 사람들의 자랑이자 세계를 지향한 어떤 의지의 표시이다.

이 TGV가 지금 한국에서 일본의 고속전철인 '신칸센'(新幹線)과 독일의 'ICE'와 더불어 경부고속전철로 채택될 것인가의 여부를 놓고 치열한 경합을 벌이고 있는 것이다. 별다른 일이 없는 한 우리 정부는 6월 말까지는 어느 고속전철을 택한다고 결정해야 한다. 이 때문에 요즘 프랑스 사람들은 더욱 조바심을 일으키고 있다.

지난 5월 26일 프랑스 외무성에서는 한불(韓佛) 정책협의회가 열렸다. 우리측에서는 노창희 외무차관이 참석했고 프랑스측에서도 외무차관과 외무 고위인사들이 참석했다. 외교인사들이 고속전철과 직접적인 관계가 없는데도 이 자리에서는 관례적인 안건보다 TGV에 관해 더욱 농도가 짙은 이야기들이 나왔다. 물론 프랑스측에서 문제를 제기하고 타진도 하면서 다짐도 하고 경위를 염려하기도 했다.

심지어 한국의 한 고위각료가 유럽까지 와서 독일만 방문하고 프랑스에 들르지 않은 채 일본을 둘러 돌아간다는 데에 몹시 신경을 쓰면서 유감스럽다는 뜻을 비치기까지 했다는 것이다.

노 차관은 외무성의 고위인사들과 인사를 나누면서 뜨거운 환영을 받았다. 롤랑 뒤마 외무장관을 예방했을 때도 따뜻한 영접을 받고 한불 양국관계의 긴밀화에 프랑스가 특별히 마음을 쓴다는 얘기를 들었다. 바로 이 자리에서도 뒤마 장관은 직설적으로 TGV입찰문제에 대해 프랑스정부의 입장과 관심을 노 차관에게 전했다.

프랑스의 이익과 위신에 관한 문제라면 장관뿐이 아니라 대통령까지도 직접 관여하려는 것이 프랑스의 풍토이다. 여기에는 여야(與野) 도 없고 조야(朝野) 도 없다. 1990년도에 노태우 대통령이 프랑스를 공식 방문했을 때 미테랑 대통령이 직접 노대통령에게 TGV 시승을 간청한 일이 있다. 노 대통령은 오해를 사지 않기 위해 처음부터 TGV 시승은 하지 않을 계획이었지만 미테랑 대통령의 간곡한 요청을 뿌리치기는 어려웠다는 것이 현지에 퍼진 후일담이다.

지난주 5일 아침에는 '외국투자유치 순회대사'라는 색다른 직함을 가진 외교관이 파리에 주재하는 한국특파원단을 조찬에 초청하고 간담회를 가졌다. 주미(駐美) 공사를 지낸 다니엘 트로즈망 씨가 투자유치대사를 맡았는데 제일 먼저 방문하는 곳이 한국이라는 것이었다. 그의 말에 의하면 베레고브와 총리의 특별한 배려로 한국을 첫 번째로 방문, 아시아지역 프랑스공관의 상무관회의를 개최한 후에는 한국의 유수한 기업인과 기업체를 찾아가 대불투자를 권유하겠다는 것이다. 프랑스는 한국을 제일 우수한 성장국가로 보고 있으며 한국의 발전에 대한 무한한 잠재력을 높이 평가하고 있어 한국기업의 프랑스 진출을 특별히 환영한다고 '격찬'까지 했다.

트로즈망 대사는 프랑스의 뛰어난 기초과학의 지식이나 첨단기술을 한국에 이전해주거나 한국과 공용하는 데는 아무런 문제가 없다고 말했으나 '합의'(혹은 '계약협정'이라 해도 좋다)가 양국간에 먼저 이루어져야 한다고 의미 있는 말을 남겼다.

불·독·일 3개국으로부터 제의서를 받은 후 결정일자를 늦추어 가면서까지 그중의 기술이전 부분을 특히 보완 제출케 하고 있다고 들려왔다. 기술이전 혹은 재원조달 계획을 확실히 하는 것은 좋다. 그러나 그것은 필요조건이지 본질적인 조건이 될 수는 없다. 본질적인 것은 어느 차종이 우리가 제시한 요구에 가장 알맞은가 하는 문제이다.

불·독 양국만 놓고 볼 때 프랑스가 고속전철 개발에서 독일보다는 선발국이고 이미 제3세대 TGV까지 개발을 완료하고 있어 서로 비교하기는 어렵다. 일본의 신칸센에 대해서는 불·독과 다른 시각에서 보아야 한다. 그 시각이 기계적·기술적 시각보다는 더 본질적일 것이다. 신칸센이 한반도를 기점으로 네트워크를 펼쳐 만주로, 중국대륙으로 뻗어간다는 생각을 해보면… 소름끼칠 일이다.

트로즈망 대사는 TGV가 유럽의 지도를 바꾸고 있다고 말했다. 우리의 경부고속전철은 우리와 아시아의 역사를 결정지을지 모른다.

〈정동칼럼〉 1992. 6. 8

커져만 가는 북의 핵위협

보리스 옐친 러시아공화국 대통령은 지난 17일 미국 상·하 양원 합동회의에서 '역사적'인 연설을 했다. 러시아나 구소련의 국가원수로서는 최초로 미국의회에서 연설했기 때문에도 역사적이지만 그 연설내용이 어떤 연설보다도 감동적이었고 또 세계 모든 사람들의 폐부를 찌르는 것이었다는 점에서도 역사적이었다.

> 세계는 이제 안도의 한숨을 쉬어도 좋다. 사회 도처에 투쟁과 불화와 또 전대미문의 잔혹함만 횡행케 함으로써 사람들의 마음을 공포에 젖게 하던 공산주의 허상은 몰락해갔다. 재기불능으로 몰락해 버렸다. 나는 단언한다. 우리 땅에 다시는 공산주의가 솟아나지 않도록 하겠다.

> 미국을 겨누었던 SS-18 대륙간 다탄두(多彈頭)유도탄을 조약에 서명이 되기 전이라 하더라도 이미 해체하기 시작했다는 것을 나는 공식으로 발표한다.

> 양국이 사력을 다해 지켜나가려 했던 공포의 균형에서 우리는 혼연히 떠나가겠다.

이 말보다 더 '역사적'인 말이 있다.

> 이제 더는 거짓말하지 않겠다. …

옐친은 미소 양국간에 오래토록 존재해 왔던 허위와 기만에 종지부를 찍겠다고 선언했다. 그는 그런 시기가 러시아의 "암흑의 페이지"에 속한다고 말했다. 러시아는 자국민에 대해서건 다른 나라에 대해서건 앞으로 절대 거짓말은 하지 않을 것이라고 거듭 다짐했다.

이런 러시아의 '성실성'이 촉매가 되었는지 미 · 러 간에는 장거리 다탄두 핵미사일의 대폭감축에 극적인 합의가 이루어졌다. 러시아는 2003년까지 SS-18과 SS-24를 폐기하며 미국은 그에 걸맞게 남아있는 다탄두 핵미사일(MX50기 등)을 포기하고 또 가장 신중을 기하던 핵잠수함에 탑재한 다탄두 미사일의 탄두수를 1,750개로 감축하기로 합의했다.

옐친 대통령이 역사적 연설을 하고 또 미국과 러시아 양국수뇌가 전략핵을 감축 · 폐기하기로 합의하는 같은 시각에 오스트리아 빈에서는 북한의 핵 재처리시설을 둘러싸고 끝없는 논란이 전개되고 있었다.

국제원자력기구가 지난 5월 북한으로 건너가 북한 내의 핵시설에 대해 임시사찰한 결과보고서를 중심으로 기구의 이사회가 소집된 것이다. 보고서는 북한 내에서 사찰한 '방사능 화학실험실'이 '핵 재처리시설'로 전용될 수 있다고 보았다. 그러나 이 보고서는 '실험실'에서 소량의 플루토늄을 생산해냈다는 사실을 인정하면서도 '시설'로 될 수 있다는 가능성에서 한발도 더 나가지 않았다.

많은 이사국들이 '실험실'이 아니라 '핵 재처리시설'일 것이라고 보았고 플루토늄을 추출해 낸 데 주목했으며 이 시설을 가동하면 핵무기 제조에 필요한 양을 생산해 낼 수 있으리라고 유추했다. 사실 그동안 소량이 아니라 다량을 생산, 은닉하고 있을지도 모른다.

우리는 북한의 그런 '시설'의 폐기를 요구했고, 남북 상호사찰을 동시에 실시하자고 주장하고 있다. 작년 12월에 남북간에 채택한 '한반도 비핵화 공동선언' 제3항은 분명히 '핵 재처리시설' 및 '농축우라늄 시설'을 남북한이 다 보유치 않기로 못 박고 있다. 따라서 우리의 주장은 정당한 것이다.

북한이 '고속증식로' 혹은 '혼합 핵원료' 등을 핑계로 내세우지만 아직도 흑연감속 가스냉각방식의 원자로밖에 가동치 못하고 있는(옛 소련의 체르노빌 원자로와 같은 것) 실정을 감안할 때 고속증식로는 자전거도 사지 못하는 사람들이 비행기를 사겠다고 하는 것과 같다.

지정해준 곳만 사찰하는 국제사찰에는 응해도 불시에 아무 데나 볼 수 있는 '특수사찰'을 남북이 서로 동시에 실시하자는 우리 제의를 받아들일 수 없다는 것도 납득이 가지 않는다. 그렇게 의혹을 사가면서도 '시설'이나 추출한 핵물질을 보유하겠다는 이유는 무엇일까? 꼭 핵무기를 만들어 주변국을 '위협'하고 중동지역 등에 '죽음의 장사'라도 하겠다는 것일까?

옐친 대통령은 후손들을 위해 조약이 있건 없건, 핵무기를 버리겠다고 말했다. 그런 판국에 핵 재처리시설 하나 깨끗이 치우지 못하는 북한의 사정을 어떻게 이해해야 할지 … 모를 일투성이이다.

빈에서 국제원자력기구 이사회가 열리고 있을 때 파리에서는 남북한간의 '한글의 로마자 표기법'에 관한 '단일안'에 합의했었다. 6년만의 결실이고 역사적 타결이었다. 이 회의에 참가했던 관계자의 말을 들으면 상호간에 상대방의 어문정책을 이해하고 한글의 기계화에 대한 기술적인 문제를 이해하는 데 6년이 걸렸다는 것이다. 한글의 어문정책이나 기계화 같은 기술적인 대목에 '거짓말'이 끼어들 여지는 거의 없다. 그런 순수한 문제를 서로 이해하는 데 이만한 세월이 흘렀다면 거짓이 든 일이란 반영구적으로도 이해되기 어려울 것이다. 옐친의 '거짓말 포기'는 몇 번이고 수긍이 간다.

〈정동칼럼〉 1992. 6. 22

한국의 앞날과 OECD 전망

"우리는 회복이 진행되고 있으며 특히 북아메리카에서 뚜렷이 나타나고 있고 내년까지는 OECD(경제협력개발기구) 지역의 연간 경제성장률이 3%에 달할 것으로 믿는다."

OECD의 시게하라 쿠미하루 경제국장의 'OECD경제전망' 발표 때의 제일성이다. 세계경제는 아주 완만하기는 하나 회복되고 있다고 OECD는 선언했다. 시게하라 씨는 세계경제가 긴 터널을 벗어난다는 것은 부적절한 표현이며 오히려 다이버가 수면 위로 떠오르려는 순간에 있다고 말하는 것이 옳다고 주석까지 달았다.

세계 24개의 지도적 산업국가의 경제협의체인 OECD는 6개월마다 OECD회원국을 포함한 전 세계 각 지역의 경제실적을 분석평가하고 장래를 진단한 'OECD경제전망'을 발표한다. 올해는 지난 25일에 일련번호가 51번인 '전망'을 공표했다.

작년 12월에 내놓은 50호 '전망'에서는 세계경제의 전도를 낙관하기는 했으나 신중했다. "… 새로운 성장이 완만한 속도로 나타나고 있으며 1992년에 가서 수요를 맞출 수 있으리라 기대한다"는 것이 6개월 전의 표현이었다. 그러나 올해는 비록 "완만하다"는 말은 그대로 받아썼지만 전체의 어감은 상당히 자신에 찬 것이었다.

완만하게 회복할 수밖에 없는 이유에 대해 OECD는 몇 가지를 들고 있다. 첫째로 1990~91년 기간 중의 경기후퇴는 그리 '곤두박질'식은 아니었지만 '완만한 침체'로 미국을 비롯한 대부분의 국가에서 나타났고 유럽과 일본에서는 성장이 하강국면을 나타냈기 때문에 회복이 날카로울 수는 없다는 것이다.

둘째로 독일을 위시한 여러 나라에서는 인플레이션을 조속히 진정시켜야 하나 그것이 되지 않아 경제성장이 영향을 받는다는 것이다. 특히 독일은 내수가 일시에 불어났기 때문에 통화긴축을 강화하고 단기적 수요를 억제치 않으면 안 된다. 설상가상으로 독일의 고금리정책은 마르크화에 연계되어 있는 프랑스, 영국, 이탈리아에 큰 부담을 주게 되어 전반적인 성장억제 요인으로 작용하고 있다.

셋째로 미국의 취약적인 재정은 감세조치를 입 밖에도 못 내게 하고 있고 건설분야의 위축 등으로 말미암아 미국의 경제활동은 "상대적으로 취약"하다는 말을 듣고 있다. 이런 현상이 세계경제를 일시에 회복시키지 못하는 고질적 원인이 되어있다고 OECD는 지적한다.

OECD주요국의 1992년도 실질국내총생산(GDP)성장률을 보면 미국 2.1%, 일본 1.8%, 독일 1.3%, 프랑스 2.0%, 영국 1.5%, 1993년도의 전망은 미국 3.6%, 일본 3.1%, 독일 2.3%, 프랑스 2.6%, 영국 2.6%로서 92년보다는 다 높다.

OECD가 우려하고 있는 사항은 대부분의 국가에서 인플레가 진정되지 않고 있는 것, 재정적자에서 벗어나지 못하고 있는 것, 실업률이 떨어지지 않고 있는 것(OECD 전체로 노동인력의 7.5%에 달하는 3천만 명이 실직하고 있고 1995년에 가서는 9.5%에 달할 것이라고 보고 있다. 실업률 감축은 어느 것보다도 '완만'하다), 우루과이라운드의 타결이 지연됨으로써 세계교역이 침체에서 벗어나지 못하는 것 등이다. 그 밖에도 일본의 무역흑자가 늘어나는 것과 동유럽과 동아시아지역에서의 강한 수요창출로 독일과 일본의 제품이 내수시장에서 외국시장으로 돌격하여 무역흑자를 더욱 팽창시키지 않을까 하는 것도 우려 중의 하나다.

이 밖에 이번 '전망' 속에 특이하게 나타난 몇 가지 지적들을 보면 냉전체제 해소로 군축이 단행되고 군사지출이 절감되어 현금저축이 늘어 좋을 것 같지만 "마크로 경제시각에서 본다면 그저 그런 것"이라고 하고 있다. 왜냐하면 그 저축이 실업흡수로 전환해 실업률을 줄이기보다는 산군(産軍) 제휴의 와해로 실업자가 향후 5년간은 늘어날 것이라고 보고 있다. 그 외에 환경보호대책을 재정투융자와 연결시키는 문제, 구소련과 동유럽제국을 어떻게 지원해야 할 것인가 하는 문제에도 언급하고 있다.

또 하나 한국, 대만, 홍콩, 싱가포르에다 말레이시아, 태국까지 끼어 넣어 올해부터는 '역동적 아시아경제'(DAE) 라는 이름으로 부르면서 이 지역의 성장률 전망을 3년 연속 7%대라고 높이 평가했다. 그리고 새로이 '중국 - 대만 - 홍콩'을 묶어 '삼각 주요성장권'이라고 명명하고 주목해야 할 지역이라고 덧붙었다.

우리에게 몹시 아쉬운 것이 하나 있다. 경제전망을 지수로 나타낼 때 OECD는 '전망'을 발간할 때마다 새로 지수를 잡는다. 50호 '전망' 속의 1992년도, 혹은 93년도의 전망지수는 51호의 92년도 혹은 93년도와 조금씩 조정되어 있다. DAE 중 대만, 홍콩, 싱가포르는 전망지수가 51호에서 '개선'된 지수로 수정되었으나 한국만 '악화'된 지수로 나와 있다. 한국은 '회복'은커녕 '후퇴'를 한다는 말일까?

〈정동칼럼〉 1992. 6. 29

국가발전과 인권곡선

"… 우리의 목적은 민주주의, 인권, 법의 지배 그리고 건전한 경제운영을 지지하는 것이다. 이런 것이 쌓여 번영의 열쇠가 된다."

이것은 7개 부강국(G7) 정상회담이 발표한 '경제선언'의 첫대목에 나오는 말이다. 민주주의나 인권, 법질서, 경제의 건전화와 같은 '목적'은 비단 G7만의 것이 아닐 것이다. 풍요롭건 가난하건, 동에 있건 서에 있건, 전통적인 나라건 신생국가이건 간에 모든 나라가 따를 만한 목적이다. G7의 정상들은 오늘날 우리가 지향해야 할 정치적 목표를 간결하게 이 네 마디로 요약했고 인류가 궁극적으로 번영을 누리기 위해서도 이 네 가지 목적이 한데 어울려야 한다고 선언한 것이다.

이 중에서도 민주주의나 경제적 번영 같은 것은 대부분의 국가에서 열심히 추구되고 있고, 상당한 성과를 거두고 있다. 그리고 국가의 지표로서 당당히 내걸고 있다. 이번 G7정상회담에서도 세계경제에 관해 진지하고 심도 있는 논의를 했고 '선언'의 대부분을 이 문제로 채웠다. 그러나 법의 지배문제나 인권의 존중, 옹호, 신장에 대한 문제에는 그렇게 열성적으로 대처하고 있지 않다. 특히 인권문제가 그렇다. 으레 선언으로 끝나며 선언적 가치 이상을 부여하려 하지 않는다. 경제개발에 여념이 없는 국가에서는 인권문제가 다른 사회문제에 묻혀 뒷전으로 처지기 마련이고 먼 앞날의 일로 미루어지고 만다.

인권문제는 선진국 혹은 부유한 국가에서도 끊임없이 말썽을 부리고 있다. 그래서 1인당 GNP가 높은 수준을 돌파했다고 자랑하는 나라는 있어도 인권문제를 졸업했다고 자부할 수 있는 국가는 하나도 없다. 인권신장은 인류의 영원한 과제인 듯하다. 우리도 같은 처지에 있다.

G7정상회담이 런던에서 열리기 닷새 전, 엠네스티 인터내셔널(국제사면조직 = AI)은 금년도 인권보고서를 발표했다. 영어, 프랑스어, 스페인어, 아랍어로 동시 번역되어 동시에 발표됐다. 1990년 말까지의 지구상의 모든 지역에서 일어난 인권침해 사항을 적시하여 공개적으로 세계 모든 국가와 시민들에게 경각심을 일깨우도록 촉구했다. 보고서 서문 가운데서 "한국과 부룬디, 몰타, 소말리아 4개국이 정치, 시민권에 관한 국제협약과 경제·사회·문화에 관한 제 권리를 보장하고 국제협약 등에 가입함으로써 인권문제에 진전을 실현시켰다"고 지적했으나 세계 전반적으로는 1990년도에 4,500명의 '확신범'이 구속되었고 그중 1,609명이 석방, 2천 명 이상이 형사소추를 당했다고 밝혔다. 또 90개 국가에서 구속된 3,626명의 형사범 중 823건의 긴급구제요청을 접수했는데 그 가운데는 가혹행위가 139건, 건강저해가 21건, 강제연행구금이 83건, '증발'이 160건 … 등이라는 것이다.

'한국'의 장(章)에서 우리에 대해 기술한 것을 보면 마치도 인권침해 사례의 만화경 같다. 통렬한 비판이 가해진 사건들은 거의 다

'민주자유당', '혁명적 노동자계급투쟁동맹', '전국민주학생연맹' 관련자가 아니면 북한을 고무찬양하고 동조한 사람들 그리고 사회안전법 위반으로 검거된 사람들의 사건이다.

파리에 있는 AI의 한국문제 담당관을 한 번 만나보았다. 환시느 세르보라는 중년부인이다.

— 확신범(確信犯)의 뜻은?

"프랑스에서는 의사범(意思犯), 영국에서는 의식범(意識犯)이라고 한다. 폭력을 쓰지 않은 양심범이다. 그런 점에서 목표달성을 위해 폭력을 구사하는 정치범과는 구별된다. 우리는 정치범은 다루지 않는다."

— 국내법에 위배되어 소추해도 (확신범은) 풀어줘야 하는가?

"국내법을 국내 인권헌장이나 인권협정에 맞추어 수정하거나 폐지해야 한다. 한국도 작년에 2개의 협약에 가입했다."

— 한국은 40년 전 북한과 전쟁을 치렀다. 아직도 평화관계에는 멀어 북한을 찬양하거나 임의로 내왕하거나 할 수는 없다. 한국의 특수한 사정이다.

"전쟁관계에 있었던 것은 잘 알고 있다. 그러나 오늘날에는 국제인권규정을 준수해야 한다."

— 인권에 대한 정보입수는?

"현지의 공식문서, 정부발표, 신문보도, 그리고 AI 관련그룹이 보내온 정보를 토대로 조사하고 확인한다."

— 한국의 인권상황은 호전되지 않았는가?

"개별국가에 대해 호전, 악화되었다고 평할 수는 없다. 세계전체가 향상되어야 한다. 우리의 목표도 세계전체의 향상이다."

— 한국에 대한 보고서는 세 페이지, 북한은 한 페이지이다. 북한에 문제가 더 많지 않은가?

"한국은 개방국가이나 북한은 접근하기가 여간 어렵지 않다. 따라서 인권상황을 파악하기가 어렵다."(사흘 뒤 세르보 여사는 북한에 대한 AI의 최근 보고서를 2건 보내왔다. 하나는 IPI 평양총회 때 AI가 옵서버로 처음 북한을 방문, 당국자들과 면담하고 87년판 형법전을 입수했다는 것이고, 또 하나는 동유럽의 북한유학생이 북한으로 송환되어 강제수용소에 들어가 있다는 사실을 조사한 것이었다.)

국가발전과 인권, 이것은 선후문제가 아니라 상호 연관적인 문제인 것 같다.

〈정동칼럼〉 1991. 7. 23

난 여기 파리에 묻힐 겁니다

지난 주 개천절 전야에는 한국대사관 주최로 프랑스의 고위인사들과 친한(親韓) 인사들을 초청한 리셉션이 인터콘티넨탈 호텔의 궁전 같은 홀에서 열렸다. 프랑스의 정부, 재계, 상공계 그리고 우방의 외교사절들이 참석한 대규모 파티였다.

이 경축파티에 참석한 하객 가운데 우리 귀에 익은 《25시》의 작가 콘스탄틴 비르질 게오르규 신부가 나타났다. 필자는 게오르규 씨를 20년 전 파리에서 만난 일이 있다. 신문사 인터뷰 때문이었다. 그는 몹시 병을 앓아 파스퇴르 병원에 입원하고 있다는 말을 들었는데 이날 만난 그의 안색은 20년 전 보았을 때의 그와 별다른 데가 없이 좋아 보였다.

반갑게 그와 인사를 나누고는 그의 건강에 대해 조심스레 몇 마디 나누었다. 그는 아직도 완쾌되지 않은 상태이고 매일 치료받고 있다며 요즘은 일체 방문객도 받지 않고 또 자신도 절필(絶筆)하고 있다고 귀띔해주었다. 그의 건강으로 얘기를 나누다 필자는 말머리를 돌렸다. “몰다뷔아로 돌아가시지 않을 겁니까?” 하고.

게오르규 씨는 루마니아의 몰다뷔아(몰도바) 출신이다. 1916년에 그는 그곳에서 태어나 그곳에서 자랐고 그곳에서 성직생활을 하다 2차대전이 끝나서 공산군이 진주함과 동시에 몰도바가 소련땅으로 흡수되면서 이에 항거하여 망명길에 나선 것이다. 그는 1948년 후부터 줄곧 파리 16구의 조그마한, 아담한 집에서 살면서 작품만 생산했다. 지금까지 40여 권의 창작들을 내놓았다. 우리나라에서도 1950, 60년대에는 그의 작품이 선풍을 일으킨 일이 있었다. 《25시》, 《제 2의 찬스》, 《레바논의 예수》, 《간첩》, 《아가페라의 살인》, 《왜 나는 비르질이라 부르는가?》, 《25시에서 영원으로》 등.

이들 작품을 읽어보면 대부분 루마니아의 풍물과 특히 몰도바의 산천에 대해 많은 대목을 할애하고 있음을 알 수 있다. 그는 어느 작품이나 그의 '고향'을 그리워하지 않은 것이 없다. 그는 향수에 젖은 작가이고 그리고 공산주의를 극도로 혐오하는 작가이다.

이 몰도바가 최근 소련에서 떨어져 나와 독립하겠다고 선언했다. 소련의 연방공화국으로 떨어져 나오겠다는 데서 한걸음 더 나아가 루마니아의 옛날 땅으로 귀속되겠다고 주장하고 있다. 어쨌든 몰도바는 이제 옛날처럼 자유로운 몰도바로 돌아가게 된 것이다. 이런 몰도바의 독립에 대해 누구보다도 게오르규 씨는 환호할 것이 틀림없으리라고 생각했다.

그러나 그의 대답은 정반대였다.

"돌아가지 않겠습니다."

필자는 귀가 의심스러워 한 번 더 물었다. 그러나 그의 대답은 매한가지였다. 왜 그러냐고 다시 다그쳤다. 그의 대답은 명쾌했다.

"거기에 들어온 공산당은 아직도 남아 있습니다. 그곳이 비공산화되려면 요원해요. 지금 루마니아도 차우세스크의 세력들이 남아있어 민주화되었다고는 말할 수 없습니다. 몰도바도 예전의 몰도바가 아니에요. …"

병을 앓아 드러누워 있으면서도, 그리고 그렇게 그리워하던 고향 산천이 '해방'되었는데도 그는 돌아가기를 거부했다.

세상에는 고향과 조국을 등지는 사람이 많다. 이들을 때로는 '정치적 망명객'이라고도 하고 때로는 '피란민'이라고도 한다. 지난여름(실은 작년부터 파상적으로 있어왔지만)에는 알바니아에서 서유럽 쪽으로 구름떼같이 피란민들이 넘어온 일이 있었다. 그들 자신은 '망명'으로 취급해 달라는 것이지만 그것도 한둘이라야 망명객으로 받아줄 수 있겠지만 한 번에 기만 명씩 쏟아져 들어오는 것은 피란민으로도 받아줄 수 없는 노릇이다. 금년에만도 알바니아의 '피란민'이 2월에 2만4천 명, 7월에 1만7천 명이 몰려왔다. 인접한 이탈리아의 해안은 알바니아 피란민으로 마라푼다의 엄습 같은 광경을 보여주었다.

이들 피란민은 대부분 알바니아로 되돌려 보냈지만 그때 서방 각국이 국고를 털어 푼푼이 모아 이들 피란민의 돌아가는 호주머니 속에 집어넣어 주었다. 이탈리아도 피란민 한 사람당 셔츠 한 장과 5만 리라의 귀환비 그리고 알바니아정부에 피란민을 되돌려 받으라고 230만 달러의 구조금과 5만 톤의 밀을 함께 싸서 보냈다.

동구라파가 '해방'되면서 피란민은 부쩍 많아져갔다. 1970년대만 해도 '망명' 신청자는 기백 명에 머물렀으나 89년에는 35만 명으로 폭발적으로 불어났고 올해는 모두 50만 명을 넘어설 공산이다. 유럽 내에는 망명객과 피란민만 득실거리는 게 아니라 불법입국자까지 끼어들어 프랑스의 지스카르 데스탱 전 대통령 같은 이는 프랑스가 '침입'을 받고 있다고까지 경고했다. 그 덕분으로 유럽에 사는 외국인—정식 이주수속을 받고 왔건, 일시체류를 위해 왔건—들은 유럽사람들의 따가운 눈총을 받기 일쑤다. 게다가 유럽 자체 내의 실직자는 나날이 늘어나고 있어 이제 외국인들에게 유럽은 인심 좋은 천국은 아닌 것이다.

그날 리셉션에서 게오르규 씨는 꼭 한번 찾아가 보라고 하면서 이런 말을 했다.

"나는 트로카데로 광장 옆의 파시묘지에 내 묘를 한 평 샀어요. 예쁘게 꾸며놨지요. 난 거기 묻힐 겁니다."

〈정동칼럼〉 1991. 10. 8

센을 따라간 스님

'우거지 같은' 파리의 하늘이 주말이 되면서 구름 한 점 없이 활짝 개었다. 법정(法頂) 스님은 어두침침하고 후줄후줄한 파리의 하늘을 가리켜 "우거지 같다"고 표현했다. 당장에 이런 데서 어떻게 살아? 하는 말이 떨어질 것처럼 파리의 날씨를 못마땅해 했는데 주말에 활짝 갠 하늘에서 포근한 햇살이 쏟아지자 스님의 입에서 '우거지'란 말은 어느새 증발하고 말았다. 그래도 "송광사(松廣寺)에서 쳐다보는 하늘이 더 푸르지" 하는 한마디로 파리의 하늘을 격상시키지는 않았다.

격하된 하늘 아래를 법정 스님은 우거지색의 승복자락을 날리면서 파리의 한국문화원부터 미라보 다리까지 걸어서 갔다. 에펠탑이 바로 눈앞에 있어 거기가 거기려니 하고 걸었다는 것이다. 센강을 따라 줄곧 서쪽으로 걸어본 스님의 입에서는 "그것도 꽤 멀더군" 하며 파리의 도시가 크다는 것을 '실토'했다.

'유럽에는 왜 오셨수?'

'유럽을 보니 어떤 생각이 납디까?' 하는 질문이 쏟아지려는 것을 꾹 누르고 법정 스님, 그리고 동행한 청학(青鶴) 스님을 주말에 '가람'이란 음식점으로 모셔 담담하게 얘기를 들었다. 바로 지난 주말(1일), 이 '가람'이란 한식점에서 프랑스의 불자들이 모여 처음으로 법회를 열었다. 물론 법정 스님이 거기서 설법을 했고, 불교 교포들은 앞으로도 법회(法會)를 자주 갖기로 얘기가 되었다. 그때 모인 불자(佛子)는 줄잡아 100명을 훨씬 넘는다. 파리에만도 한인교회(개신교)가 일곱 군데, 한국성당(가톨릭)이 한 군데가 되는데 아직 불교도를 위한 법당은 마련되어 있지 않다.

법정 스님은 유럽 여기저기서 열린 회의에도 참석하고 또 유럽이란 데를 처음으로 보고 싶기도 하여 왔다는 것이 담담히 들은 얘기를 추출하여 얻은 결론이다. 런던에는 시내에 조그마하나 사찰이 하나 있다고 했다. 유럽 내의 유일한 한국의 절이 아닐까? 런던을 거쳐 독일의 여러 도시를 돌아보았다. 특히 옛날 동독지역을 두루 살폈다는 것이다. 스님 얘기로는 통일에 대한 자료도 좀 구득했다고 했다. 동독이 동유럽 가운데서는 제일 잘 살았다고 들었는데 그 동독지역이 그렇게 비참할 수가 없었다는 것이 '동방세계'에 대해 직접 목격한 법정 스님의 쓰디쓴 평가이다. 그리고 통일에 대해서 후회하는 소리가 높아가고 있다는 것도 알았다.

"서구인들의 개인주의사상 그리고 이기적인 사고…. 이런 것이 못사는 동독지역 주민들을 싫어하고 배척하는 마음을 일으키게 한 겁니다"라고 결론짓고 나서, "우리는 통일이 돼도 그런 일은 없을 거예요. 우리의 심성이 그들과 다르고 더구나 소련한테 돈 주고 사온 그런 통일과는 다를 테니까"하고 말을 맺었다.

법정 스님은 남프랑스를 두루 여행했다. 칸, 니스, 모나코 등 지중해 해안을 돌아다보았고 엑스, 아를까지도 찾아갔었다 했다. 아를에서는 '햇살이 포근히 쏟아지는 속에 대문을 활짝 열어젖혀 놓고 여기서 당신에게 편지를 씁니다. …' 하며 물레방앗간에서 편지를 쓰기 시작한 알퐁스 도데의 물레방앗간을 찾아가 보았다고 문학소년 같은 웃음을 머금었다. 또 어떤 불자의 초청으로 서남프랑스의 보르도 지방의 포도주 산지도 가보았다.

포도주는 보르도에서보다 로마에서 더 많이 마셨다 한다. 로마에서는 가톨릭 신부들이 법정 스님을 따뜻이 맞아 교황청 내의 외빈성직자 숙소에 머무르게 되었는데 거기가 바로 로마에서 김수환 추기경도 머무르게 되는 곳이었다고 했다. 그곳에서 스님은 교황청의 신부들과 포도주를 많이도 마셨다는 것이다.

법정 스님은 가는 곳마다 많은 교포들을 만났다. 파리에서도 우리 문화원 주최로 '살아가는 법'에 대해 교포들에게 강연했다. 스님은 "전에는 내 성질이 괴팍스러워 사람만나는 것을 피했는데 요즘은 많은 사람을 만나기로 했어요" 하며 얼핏 속마음을 털어놓기도 했는데 로마에서는 우리 학생들과 얘기를 나누었다고 한다. 그 학생들은 법정스님의 얘기를 듣고 나서 "돌아가면 정말 애국하겠다"고 다짐하더라 했다.

"내년이 걱정이에요. 선거를 4번이나 치러야 하는데 인플레나 되지 않아야지. 때 아니게 한국인 관광단을 여럿 만났는데 이게 다 무업니까? 김모 교수가 대권경쟁에 나서겠다고 선언했다는데 오죽하면 그러겠어요. 기성정치인에 대한 경종으로 봐야 합니다. …" 법정스님의 혼잣말이었다.

〈정동칼럼〉 1992. 2. 19

제4편

탐방, 프랑스의 중소기업

정명훈의 바스티유 계약파기

1994년 8월 초 한여름의 더위가 기승을 부릴 무렵 난데없는 소식이 신문사 특파원들을 놀라게 했다. 파리 바스티유 오페라측이 음악감독 겸 상임지휘자인 정명훈(鄭明勳) 씨에 대하여 계약 재협상을 요구하고 나온 것이다. 그것도 월말까지 계약 재협상에 응하지 않으면 계약을 파기하겠다는 것이다. 정 씨는 오페라측에서 불문곡직하고 2주일 안에 결정하여 연락하지 않으면 오페라 계약서를 파기조치하겠다고 나온 데 대해 "음악과 관계가 없고, 계약에도 어긋나고 부당·불법한 요구에는 일체 대응하지 않는다"고 결정했다.

오페라 경영책임자는 바스티유의 경영적자를 감축하기 위해 최근 기구축소와 경비절감, 소속인원의 감축을 단행할 방침을 세웠다. 오페라 지휘자인 정 씨에 대해서도 연봉을 절반으로 감액하고 그의 임기도 줄여 반만 채우라고 일방적으로 결정, 정씨에게 통보한 것이다. 그러나 정 씨에게 '분노를 살' 계약서 재협상 같은 의외로운 요구는 경영문제가 심각해지기 전부터 내부적으로 구슬려온 실태였다고 알려졌다. 결국 이번에 경영악화 문제에 맞물려 정 씨의 계약문제를 표면화시키려는 일종의 모함극이라는 관측도 있다.

더구나 정 씨에게 '최고장'(催告狀)을 던진 장본인인 크뤼젤 씨는 정 씨가 전임자인 바렌보임의 바통을 넘겨받아 바스티유에 등장할 때 정 씨를 격찬했던 사람 중의 하나였던 점을 고려하면 그의 배후에 그도 어쩔 수 없는 엄청난 '상황변화'가 있었다고 해야 할 것 같다. 이 상황변화는 무엇보다도 5년 전에는 사회당 천하였고 지금은 보수당 세상이라는 차이를 말한다고 해야 할 것 같다. 정 씨의 "잔여기간 6년"(2000년까지)은 "계약은 준수되어야 한다"는 서구의 오랜 철칙과 함께 거센 파도에 휘말려 가라앉고 말 위험에 직면해 있다.

정 씨는 현재 런던 필하모닉과의 연주를 위해 파리를 떠났으며 본 기자와 여행중에 잠시 전화로 최근의 일들에 대해 그의 심경을 엮어볼 수 있었다.

— 들으니 일이 좀 급하게 돌아가던데…

"정치적인 문제에 휘말린 것 같은데 나로서는 잘 모르겠다. 내가 바스티유에서 일한 지 5년이고 앞으로 6년이 더 남았다. 내년에 무대감독이 새로 들어오게 되어있어 그가(=위기 갈 씨를 말함) 모든 것을 새로 바꾸어 보겠다고 하는 것 같다. 행정부문에서 인사개편은 마쳤고 이제는 (음악분야인) 나만 남아있다. 나에게 최근 계약을 재협상하자고 요청해왔다.

— 계약을 갱신하자는 것인가?

"갱신이 아니라 '재협상' 하자는 것이다. 이러이러한 조건을 들어주든지, 아니면 계약을 파기하자는 것이다. 나로서는 내 개인적인 문제라고 생각하지만 한 가지 납득할 수 없는 것이 있다. 지금까지 이 사람들이나 정부, 언론에서 나에게 일을 잘했다고 평가해 주었는데 새삼 계약협의를 하자는 이유가 무엇인지, 그것을 모르겠다. 아무런 이유도 없이 어떻게 이런 요구를 할 수 있는가?"

— 변호사와 상의해 보았는지?

"변호사들은 오늘이라도 당장 법정에 나서자고 한다. 그들도 이럴 수가 없다고 말했다. 우리는 승소한다고 장담했다. 저쪽이 큰 손해를 볼 것이다. 새로 들어온 사람은 정부가 자기를 믿고 있고 또 자기가 하는 일은 정부가 다 승인해 주리라고 믿고 하는 것 같다."

— 그렇게 믿는가?

"그렇다. TGV(프랑스 고속철도)건설을 계약해 놓고 마음이 바뀌었다고 우리가 다른 전철과 계약한다면 프랑스가 가만있을까? TGV의 건설비를 반으로 깎고 시간을 반으로 줄이자는 협상에 응하지 않으면 계약을 취소해 버리겠다고 우리가 제시하면 프랑스가 다 들어줄까? 나는 가만히 그냥 물러날 수 없으므로 항의할 생각이다. 아무런 이유가 없지 않은가."

— 바렌보임이 상임지휘자를 그만 둘 때도 많은 물의가 있지 않았는가?

"그랬었다. 바렌보임은 채 일도 하기 전에 그만두었다. 그가 그만두게 되었을 때 정치적 압력이 있었다고 잡음이 일었다. 나는 5년 동안 일했다. 그래도 나의 일에 대해서는 아무런 말이 없었다. 그런데 나에게는 바렘보임보다 훨씬 더 지나치게 못살게 군다. 그 사람보다 더 많은 일을 해두었는데도…새 부임자가 나의 계약을 고쳐 그런 '아이덴티티'(독창성)를 무너뜨리고 그다음 나의 음악 지휘에 개입할 수 있게 하려는 것 같다. 나로서는 몇십 배 더 연봉을 준다 해도 그런 것은 받아들일 수가 없다."

— 이런 제의를 언제까지 받아들이라고 하던가?

"7월 13일이다. 제의해 온 날은 지난 6월 30일이었다."

— 말하자면 2주일 여유밖에 주지 않은 셈인데….

"그렇다. 통지를 받은 지 오늘(6일)까지 채 1주일도 안 된다. 다급히 일을 치르려는 이유는 바캉스철이라 소문이 나지 않으므로 그런 것 같다. 그 사람들 생각으로는 나를 싹싹 치우더라도 내가 다른 데 가서 지휘하게 되고 돈을 어마어마하게 벌게 될 것이므로 상관없다고 하겠지만, 나는 바스티유에 온 이상 여기 음악을 음악답게 만들어 놓고야 말겠다고 마음먹고 있으므로 서로 완전히 다르다. 여기서는 오페라계에 하도 변화가 많아 나처럼 오랫동안 지휘자 자리를 지킨 예가 오페라역사에 남아 있지 않다."

— 앞으로 어떻게 할 것인가?
"나는 내일 떠나도 좋다. 나는 지금까지 평생을 살아오면서 제일 중요한 것이, 뭐가 옳고 뭐가 그른가를 분명히 하는 일이라고 여겼다. 이런 것을 지키는 것이 첫째이다. 둘째로 음악가로서도 정직하자는 것이다. 돈을 몇백 배, 몇천 배 준다 해도 정직을 빼앗는다면 나는 응하지 않는다."

— 그쪽 요구에는 회답치 않겠는가?
"회답할 것이다. 회답할 거리도 없는 것이지만 나더러 대안 없이 무조건 수락하든지 말든지 하라는 것은 말도 되지 않으므로 너희들 하고 싶음 하라 하고, 그 대신 오페라를 위해 좋은 제안이 있으면 하라고, 나는 회신할 것이다. 나는 한국인이라 여기 언론이나 외부인사들에게 이런 어려움을 얘기하지 않았다. 참으로 얼토당토않은 얘기를 해왔기로서니."

8월 14일 밤 정명훈 씨는 파리로 돌아왔다. 거기서 정 씨는 오페라측의 처사에 대해 "이해할 수 없는 일이고 말도 되지 않는 일을 했다"고 그의 소감을 말했다. 정 씨는 "이 계약을 가지고선 법적으로 틀린 데가 없다. 내가 소송을 제기하면 2~3년은 너끈히 걸릴 것이므로 재판을 해도 된다고 생각하고 일을 꾸민 것 같다. 더구나 7~8월이면 프랑스 안에는 사람이라고 없는 때인데 이때 이런 일을 꾸민 것도 아주 불쾌한 짓이다. 이때는 오케스트라도, 코러스도, 나도 없다."

정 씨는 "소송밖에는 다른 방법이 없다. 음악가로서, 예술가로서 이런 부당한 일을 한 번이라도 받는다면 그 예술인은 죽은 것이나 다름없다. 프랑스 사람들도 나를 보고 창피해 죽겠다고 말했다. 오늘 〈르몽드〉에는 뭐라고 했는가? *'L'irresponsabilité de l'état'* (국가의 무책임) 이라고 하지 않았는가. 나의 문서는 정부가 사인을 했다"라고 대답했다.

그는 누군가가 한국인으로서, 동양사람으로서 어려움은 없는가? 라고 물었을 때 그는 "전에는 그런 생각을 조금도 하지 않았다. 미테랑 대통령이 한국에 왔을 때는 나에 대해 격찬을 해주었고 전 문화부장관인 자크 랑 씨도 나를 굉장히 아껴주었다".

정명훈 씨가 파리의 바스티유 오페라 상임지휘자와 음악감독의 자리를 물러나야 한다는 뉴스는 파리에서도 큰 관심사로 사람들의 입에 오르내렸다. 정 씨나 그 관계인사들의 논평은 아직 없지만 떠도는 풍문은 가지가지이다.

첫째로 작년 봄 프랑스에서 사회당 정부가 무너지고 보수당의 발라뒤르 총리가 집권하면서 일이 시작되었다는 것이다. 보수당 정부 (물론 여소야대의 판국이라 발라뒤르 총리가 완전히 보수당의 정책을 밀고나갈 수는 없지만) 가 사회 구석구석에서 사회당 시절의 잔재를 '대청소'하겠다는 데서 바스티유 공연장도 그 대상이 되었다는 설이다.

둘째는 보수당 정부의 문화 및 불어권장관으로 취임한 자크 투봉 씨가 스위스 제네바극장에 있는 경영주 위기 갈 씨를 파리의 오페라 극장의 경영총책임자로 임명한 것이 그 화근이 되었다는 설이다. 보수당 정부는 음악계의 대청소를 위해 갈 씨를 앞세웠다고 한다. 갈 씨는 제네바극장의 임기가 1994년 8월까지이나 95년도부터 파리의 오페라에 취임해 달라고 했다. 파리에는 가르니에와 바스티유 두 오페라하우스가 있다. 갈 씨는 두 개의 오페라를 온통 관장하도록 위임되었다는 것이다. 갈 씨는 아직 제네바의 임기가 끝나지 않았지만

1994년 2월부터 오페라 총책으로 권한행사를 할 수 있도록 짜여 있다 한다.

갈 씨는 바스티유의 권한대행자인 장 폴 크뤼젤 씨를 시켜 바스티유의 인원감축과 경비절감 그리고 각 부서의 감독(음악·운영·행정 등)의 권한축소를 지시했다. 크뤼젤 대행은 음악감독인 정명훈 씨에 대해 임기조정과 권한축소 지시를 받아들여 통보했다. 즉, 2000년 8월까지로 되어 있는 정 씨의 계약상 임기를 1997년 말까지 줄이고 현재의 급여는 현 수준으로 동결하며 그의 음악감독으로서의 선곡의 권한과 배역의 선정권한 등을 극장 총책에게 넘기도록 '계약갱신'을 하자는 것이다.

셋째로 정 씨는 프랑스의 향토색 짙은 연주를 하기에는 부적당하다는 것이다. 이것은 투봉 문화부장관이 작년 7월 프랑스 남부의 엑상프로방스 지방의 음악제에 참석하고선 파리에서도 이런 지방특색을 살린 프랑스적인 것이 연주되어야 한다고 말한 데서 비롯되었다.

투봉 문화부장관이 갈 씨를 선임하게된 것도 갈 씨 같으면 오페라에서도 프랑스적인 것이 상연되고 프랑스의 지방색이 잘 살아날 것이라고 기대했기 때문이다. 결국 정 씨가 바스티유의 지휘자로 남아 있더라도 정 씨에게 선곡권은 주지 않고 또 프랑스 노래를 부를 수 없는 우대를 배척하면 된다는 생각에서 나온 것이 아닌가 싶다.

투봉 장관은 유난히 '프랑스적인 것'을 강조하여 샹송에서도 '프랑스의 샹송'을 40% 이상 섞어 넣도록 의무화한 것이라든지, 프랑스 말이 아니면 수출신용장도 받지 말라고 입법화한 것 등 '프랑스'를 찾는 것이 너무 많았다. 정 씨가 프랑스적인 것을 그려내지 못한다는 것에 탈이 있었기보다는 정 씨가 프랑스 사람이 아니라는 데 더 근원적 이유가 있지 않았을까? 아무리 '프랑스 제 1'을 외치는 프랑스 사람이라도 그동안 정 씨가 '바스티유 1'이 되라고 애썼던 일은 잊지 않을 것이다.

정 씨는 현재 7만 9프랑(약 1만 6천 달러)의 월급과 12개월에 30회 공연하는 보수로도 연간 8만 8천 프랑을 받는 등 연봉 358만 8천 프랑을 받기로 극장측과 계약되어 있다. 정 씨는 이런 봉급수준에 대해 그의 전임자인 다니엘 바렌보임이 받던 연봉 695만 프랑에 "훨씬 미치지 못하는 것"이라고 반박하면서 바렌보임을 상임지휘자석에서 몰아낼 때도 같은 트집을 잡았다고 말했다. 또 그의 임기에 대해 정 씨는 처음 계약 때 3년 만에 갱신하기로 하고 1997년까지 그의 임기가 차도록 되어 있었는데 '극장측의 요구에 따라' 2000년까지 연장케 된 것이라고 설명했다.

25일 밤 기자는 파리 즉결심판소에 제출한 정 씨의 바스티유 오페라에 대한 무효확인소송이 어떻게 되었나 싶어 그를 다시 만났다. 이날 밤의 그의 목소리는 사흘 전인 22일 소장을 제기했을 때와 달리 몹시 흥분해 있었다. 그의 부인 얘기로는 "법원심리 때문에 새벽 3시에 일어났다"는 것. 오늘 심리가 어떻게 치러질 것인가를 놓고 밤새껏 고심했다는 얘기였다.

그도 그럴 수밖에 없을 것이 바깥에서도 그에 관한 얘기로 들끓고 있었으니까. 바로 24일자의 〈르몽드〉 문예란에는 프랑스 오페라극장의 요즘 행적이 엉망이라고 규탄하면서 정 씨에 대한 조치가 어안이 벙벙한 일이라며, 난폭하고 막무가내의 짓이었다고 나무라면서 정 씨에 대한 조치에 항의하고 극장에 경고를 주고 싶은 사람은 연락하라는 '기명광고'라는 기사까지 실었다. 프랑스 대통령궁의 문화담당관도 정 씨에게 "대통령도 관심을 표명했다"고 전갈을 보내왔다. 그래서 오늘은 바스티유 처사에 대한 무효확인소송의 첫 심리에 변호사와 함께 다녀온 것이다. 그가 법정에서 나오자마자 여기저기서 사람들이 몰려와 또 심신을 소모해야 했다.

정 씨의 제소에 대한 결과는 월요일인 29일 오후에 알려질 것이라고 말했다. 재판장이 이처럼 빨리 결론을 내리는 것도 이례적인 일이다. 세상이 이 문제에 예상외로 깊은 관심을 쏟기 때문인지도 모른다. 그러나 정 씨는 29일에 있을 재판결과에 대해 결코 비판적인 예측은 하지 않았다. 그러나 그는 재판에서 이기면 곧장 오페라에 가서 지휘봉을 휘두르겠느냐는 질문에는 굳이 대답하려 않았다.

이런 착잡한 심정의 정 씨를 세워놓고 또 한 번 그의 아물지 않은 상처를 건드리듯이 그에게 말문을 열게 했다.

— 오늘 공판정에 나갔다고 했는데 변호사에게 맡겨놓아도 되지 않은가?
"그렇다. 오늘은 내가 직접 나갔다. 재판정에서 꼭 하고 싶은 말도 있고 해서."

— 재판결과는 어떻게 예상하는가?
"나도 그 결과가 나쁘리라고는 생각지 않는다. 월요일(29일)이 되어봐야 알 것 같다. 이번 재판은 그들이 남몰래 아무도 없는 때를 노려 야반도주하듯이 나에게 한 짓이므로 모두 무효라고 요구한 것이다."

— 29일에 결심이 된다면 꽤 빨리 진행되는 게 아닌가?
"나의 제소에는 이례적이라 할 만큼 빨리 진행해 주었다. 특별한 케이스라고 보는 것 같다. 나는 내 계약서가 잘못이 없다고 밝혔다. 재판장도 이를 확인했다. 그들이 급하게 조치를 내린 이유는 나와의 계약이 잘못되었다는 것을 내세워서 한 열흘 동안에 일을 끝내려 했기 때문이었다. 오케스트라도 앞으로 열흘쯤 있어야 돌아오고 코러스도 한 열흘 더 있어야 돌아오므로 아무도 없는 사이에 해치우려고 급히 서둔 것이다. 나는 이런 것이 나의 인생역정에 큰 흠으로 던져지는 것이기 때문에 꼭 밝혀야겠다고 마음먹었다."

— 24일자에 〈르몽드〉에는 마르크 훼르라는 분이 오페라에 불만이 있는 사람은 신고하라는 광고가 나왔는데 이 훼르라는 분과는 친면인가?
"전혀 모르는 분이다. 〈르몽드〉에 광고가 났다고 하는 게 그것이 광고면 광고라고 설명이 있어야 하는데 그렇지 않았다. 〈르몽드〉가 독자로 하여금 기명기사를 쓰도록 한 게 아닌지 모르겠다."

— 항간에는 이번 일이 정치적인 색깔이 짙다고 말하던데 … ?
"그렇다. 어떤 사람들은 나를 내몰고 나서 일이 생기면 보상금 몇 푼어치 물면 된다고 생각하는데 나는 그렇게 쉽게 넘어가지 않을 것이다. 사회당 당시의 자크 랑 전 문화부장관도 이번 일에 위로의 말을 전해 주었다."

— 정치적 이유 말고도 극장측의 경영합리화라는 게 있지 않은가? 그동안 급여수준은 극장측 말대로 최고 수준이었나?
"나는 나의 봉급이나 사례에 대해 공개적으로 퍼뜨리고 싶지는 않다. 그러나 나의 봉급이 책정 당시 결코 높은 수준이 아니었다는 것만은 밝히고 싶다. 극장측에서 내 급여가 전임자(바렌보임)의 3분의 1이나 4분의 1밖에 안 되는 선에서 정했고, 나의 계약기간은 그들이 자꾸 늘려 2000년까지로 정했다. 나는 오페라를 위해서는 돈 받지 않고 봉사할 수 있다고 말한 적이 있다. 그때는 그 사람들이 아무런 말도 하지 않았다."

— 〈시몬 보카네그라〉는 전에도 한번 연주해 본 적이 있는가?
" 〈시몬〉은 메트로폴리탄에서, 또 피렌치아 오페라에서 지휘를 해본 적이 있다. 〈나부코〉를 하자는 말도 있는데 어떻게 되었는지 모르겠다."

— 우리의 기억에는 '정명훈' 하면 피아노연주가로 떠오르는데 지휘는 언제부터 시작했는가? 1974년 로스앤젤레스 심포니에서 줄리니와 같이 지휘한 것이 최초가 아닌가?
"지휘법은 내가 어릴 때부터 공부했다. 내가 처음 지휘봉을 잡은 것은 서울시립교향악단과 함께 드보르자크의 교향곡 〈신세계〉를 연주할 때였다. 그때 내 나이가 11살이었다."

— 바스티유 교향악단을 평가한다면?

"뉴욕필이나 베를린필 정도 빼고는 바스티유가 상당히 높은 수준에 올라 있다. 앞으로 훌륭한 교향악단이 되리라 본다. 한 5년 일했다는 것은 긴 축에 든다. 1, 2년이 못가서 지휘자가 바뀌었으니까. … 내가 얼마 전 바스티유에 갔더니 내 방의 책상을 다 치우고 심지어 출입문의 자물 열쇠까지 갈아 바꾸었더군. 참 모진 곳이다."

— 음악에 대한 신조는?

"이번 여름, 내 후배들에게 강의할 때 이런 말을 했다. 직업성을 연마하는 것만큼 인간성도 연마하라고. 나는 언제나 이것을 되새긴다."

29일 오후 정명훈 씨의 파리 바스티유 오페라극장을 상대로 낸 '해임결정 무효확인소송'에서는 이유 있다고 받아들여졌다. 파리의 정 씨는 바스티유에 당장 복귀하여 음악감독으로서, 상임지휘자로서 평소 그가 하던 일을 계속 할 수 있게 되었다.

그러나 바스티유 오페라극장 쪽은 판결이 정 씨와의 계약이 적법하다고 인정한 직후 계약이 오페라측의 조치로 해지되었으며 정 씨는 이미 오페라를 떠났다고 확인하고 항소를 제기했다.

정 씨는 오페라측이 "그냥 넘어가지는 않을 것"이라고 보면서 시간을 오래 끌지도 모른다고 추측했다. 이런 분위기에서 정 씨가 오페라의 바통을 잡기란 사실상 어렵다. 그는 "내일부터 연습에 나서겠다"고 말했으나 오페라측이 "방안 집기며 열쇠까지 다 바꿨다"며 오페라측의 비타협적 강경한 태도를 우려했다.

이런 상황 속에서 정 씨는 법원의 판결이 집행되지 않은 데 대해

'강권발동'을 요구하고 나섰다. 파리법원의 라포트 판사는 31일 정 씨와 오페라측의 변호사를 불러 약 한 시간 동안 중재심리를 벌였다. 법원은 양쪽의 화해를 종용하고 오페라측에 판결준수를 다짐했으나 오페라측이 불응, 결국 "강제로 준수할 수는 없다"고 재판정은 판시했다.

그 전날 30일 오전 10시 정명훈 씨는 가볍게 카디건만 걸치고 변호사 모니크 펠리티에 여사와 함께 바스티유 오페라에 공연연습을 위해 나타났다. 정 씨는 거리에 나와 있는 극장사람들과 함께 극장 안으로 들어가려 했으나 극장 부대리인 크뤼젤 씨가 문 뒤에 있다가 나타나서 정 씨를 가로막고 "들어가지 못한다"고 제지했다.

정 씨는 거리에서 한 15분가량 극장측과 실랑이를 벌였으나 정 씨가 발끝을 돌려 나왔기 때문에 실랑이는 끝났다. 정 씨는 "이런 사람들을 보았나" 했고 그의 변호사도 "누구보다도 법질서를 잘 지켜야 할 프랑스의 공공기관이 먼저 법을 짓밟았다"고 분개했다. 정 씨는 이런 사태에 대해 법집행을 강제해달라고 소원을 내겠다고 말했으나 이 소송은 재판관이 "법원은 행정부의 조치에 강제 집행하는 결정을 할 수 없다"고 반대한 것이다.

바스티유 오케스트라단원은 긴 여름휴가를 끝내고 9월 5일까지 파리에 돌아오게 되어있다. 단원 중 FO(노동자단체조합)에 가입한 노동조합원은 앞서 파업결의를 했고, 또 일부 단원들은 정 씨에 대한 서명운동에 나섰으며, 이 서명을 발라뒤르 총리와 투봉 문화부장관에게 제출하기로 했다.

이날 〈르몽드〉는 1면 기사로 서울의 여론이 악화되고 있으며 이미 합의된 프랑스 고속전철(TGV)의 건설계약이 정 씨와 마찬가지로 무효화되어야 한다는 소리가 한국 내에서 일고 있다고 보도했다.

6일 프랑스 재판장 비올래르 오누누 여사는 정명훈 감독에 대해 소송을 제기한 바스티유 오페라측과 바스티유 해임무효확인 소송을 낸 정명훈 씨에 대해 협의를 통해 타결하라고 명령했다. 이날 재판부는 개정 직후 양쪽 당사자에게 중재에 응할 용의가 있느냐고 물었다. 양쪽이 다 용의가 있다고 하자 재판장은 곧 휴정을 선언하고 양쪽 당사자와 변호인단을 판사실로 불러들여 조정을 시도했다. 이날 중재에는 약 3시간을 소요했으나 양쪽이 모두 고집을 부려 결말을 짓지 못해 판사는 7일 오전에 다시 조정을 계속하기로 하고 휴정했다.

정 씨측은 휴정 후 "깜짝 놀랄 제의를 했다"고 말했으나 그 내용은 밝히지 않았다. 정 씨측 변호사인 모니크 펠리티에 여사는 "중재에는 응해도 정 씨가 오페라 〈시몬 보카네그라〉를 지휘한다는 조건하에 응하겠다고 말했다".

7일 드디어 중재재판이 열렸다. 오전에 개정한다던 재판은 오후 2시로 연기되었다. 오후 2시가 되었으나 사정이 있어 또 한 시간 연기되었다. 오후 3시에 개정한 중재재판에서는 하나의 이변이 발생했다. 이날 오후에 속개된 공판벽두, 오페라측 수석변호사가 "정명훈 씨에 대한 상소를 자진 취하한다"고 주심판사에게 선언한 것이다.

정 씨측 변호사 펠리티에 여사는 "오페라측의 취하의사를 받아들이겠다"고 대답함으로써 정 씨의 억지 바스티유 퇴임사건은 일시에 매듭을 짓게 되었다. 주심판사 비올래르 오누누 여사는 5분 만에 모든 재판을 끝냈다.

공판이 끝나자 먼저 오페라측 변호사는 일어서서 메모만 해온 쪽지의 내용을 천천히 읽어내려 갔다. 그 요지는 다음과 같다.

(1) 정 씨의 8월 29일자 즉결심 판결에 대한 항고소송을 오페라측은 취하한다.

(2) 정 씨는 7일 저녁부터 오페라 〈시몬 보카네그라〉의 공연연습에 나올 수 있다. 연습의 부족을 보충하기 위해 연습횟수를 2회 더 추가한다.

(3) 시먼 영과 이 오페라를 연주키로 한 계약은 보상 후 취소한다.

(4) 오페라는 정 씨가 〈시몬 보카네그라〉를 공연한 후 계약상의 퇴임절차를 정한다. 정 씨와 맺은 계약에 따라 퇴임에 따른 보상금은 계약대로 오페라측이 지급한다.

이에 대해 정 씨측 변호사는 "오페라측의 공소취하 의사와 그에 따른 여러 조건을 자의에 따라 수락한다. 이런 조건은 정 씨에게 불행한 것이기는 하나 그대로 따르기로 정 씨가 양해했다"고 대응했다. 정 씨는 7일 저녁 8시 바스티유의 오페라 연습을 시작함으로써 사건은 막을 내렸다.

14일 저녁 정명훈 씨는 베르디의 오페라 〈시몬 보카네그라〉의 공연을 마지막으로 바스티유를 떠났다. 정 씨는 1989년에 바스티유의 상임지휘자로 발탁되어 5년 동안 일해 왔고 그동안 바스티유 오페라를 세계 정상급의 위치로 밀어올렸다.

〈시몬〉의 막이 내리자 극장을 꽉 메운 2,600명의 청중들은 일제히 일어서서 "브라보 정!" 하며 우레 같은 박수를 쳤다. 청중들은 계속 선 채로 박수를 치며 무대로 꽃다발을 던졌다. 커튼콜은 7차례나 있었고 한 500명의 청중들은 좌석에 20분이나 서서 박수를 쳤다. 관현악단원과 오페라배역들은 커다란 현수막에 "정 선생님, 곧 다시 돌아와요" 라고 써서 무대 위로 들고 돌아가기도 했다.

정 씨는 이날 마지막 오페라공연이 끝나자 오페라관계자와 친지들을 극장 옆의 '그랑마르제 레스토랑'에 초청, 그동안의 수고를 달

래면서 이별의 인사를 나누었다. 이 자리에서는 오케스트라 단원들이 모두 악기를 끄집어내어 즉석에서 지휘자 없는 연주가 시작되었으며 정 씨는 눈시울을 붉히며 피아노에 앉아 역시 즉석연주를 했다. 이런 연주는 끊이지 않고 계속되어 새벽녘까지 갔다.

정 씨는 마지막으로 "한 1~2년 정도 공부하면서 가족들과 같이 지내겠다"고 말하면서 바스티유의 수준이 오른 데에는 "음악 이외에 사랑이 있었기 때문이라고 본다. 훌륭한 음악인이 되려면 음악을 사랑해야지 성공의 수단으로 생각해서는 안 된다"고 말을 맺었다.

윤이상의 생전보고

내가 1994년 7월 24일에 표완수(表完洙) 국제부장에게 타전한 내용을 그대로 소개한다.

"오늘 저녁 윤이상 씨와 연락이 되었습니다. 이 보고에도 있듯이 윤 씨는 한국정부의 모종조치를 기다리고 있는 듯합니다. 이 조치가 잘되면(잘되지 않을 경우도 마찬가지겠지만) 인터뷰에 응하겠다는 것입니다. 본인은 당분간 상황이 전개되는 것을 보고 면담을 재추진할 계획입니다." 이때의 전화내용을 소개하면 다음과 같다.

"윤 선생을 뵈옵고 여러 가지 말씀을 좀 들었으면 좋겠는데요. …"

"그런데요. 지금 아시다시피 한국에서 큰 페스티벌이 계획되고 있는데, 정부태도가 아직도 결정적으로 나에게 전달되지 않고 있습니다. 정부에서 그 사람들이, 그, 내한테 대해서, 이러쿵저러쿵, 오랫동안 여러 가지 렛델을 붙여놓고 그것이, 렛델이, 떨어지지 않고 있는데 어떻게 당당하게 내 조국을, 질(길)을, 밟을 수가 있겠습니까. 그래서 그때를 기다리고 있는데요. 좀 지내서 해 주시면, 그때 어떻게 하든지 안하든지 하겠습니다. 현재로 보아서는 될 수 있는 대로 정부를 자극 안하고, 그 사람들, 현명한 조치를 바라고 있습니다. 그것이 제일 상책이 아닌가 싶어요. 신문사에 므(뭐) 쓰면 내 의사와 또 와전이 될 수도 있고… 그래서 퍽, 나, 요즘 조심하고 있습니다. 그래서 어느 신문하고도 인터뷰를 안하고 있습니다. 양해하시고… 가급적이면 화목하고 평화적으로 내 문제가 해결되어야 안하겠나 하고 생각합니다."

그 후 며칠 있다가 기자는 윤이상 씨와 접촉을 가질 수 있었다.

재독(在獨) 작곡가 윤이상(尹伊桑) 씨는 한국에서 열리는 "윤이상 음악축제"에 참석하기 위해 독일을 출발하려다 말고 "다시 더 생각해 봐야 하겠다"고 보류하고 말았다. 윤 씨는 동백림사건(1969)으로 강제연행되어 입국한 지 26년 만에, 그리고 유학차 고국을 떠난 지(1956) 38년 만에 처음으로 고국땅을 밟아 보는 셈이다. 그가 갑자기 고국방문을 중지한 이유는 정부당국에서 윤 씨에 대해 한국에서는 예술활동에만 전념하겠다고 공식성명을 하라고 요구한 데에 있다.

윤 씨는 정부의 이런 요구를 받고 "이런 부담을 안기는 것은 나더러 들어오지 말라는 것이고 동시에 나로서 굴욕감을 느끼기 때문"이라고 말했다. 이날 밤 윤 씨와 나눈 대담내용은 다음과 같다.

— 서울에서 개최되는 음악제에 참석할 준비는 다 되었는가?

"나는 그동안 출발 직전까지 고국에 돌아가기 위해 심혈을 기울여 애를 썼다. 나의 건강은 몹시 나쁘지만 참고 준비했다. 그런데 출발 직전 서울에서 들려오는 소리는 나에게 여러 제약을 가하려고 하는 것이었다. 신문을 통해 정부 고위당국자가 밝히고 또 정부의 외교관이 나에게 와서 정부의 종합적인 의견이라고 하면서 전하는 것이 똑같이 나에게 국내에서는 정치활동을 하지 않고 예술활동에만 전념하겠다고 공식선언하면 정부로서 지원하겠다는 것이었다. 나는 이 말에 큰 부담을 느끼고 동시에 일종의 모욕감을 느낀다. 이런 궁색한 처지에서 건강도 나쁜데 한국에 들어가면 또 어떤 요구가 나올지 알 수 없다. 나의 행동에 제한과 방해가 있을 수도 있다. 한국이 요즘 긴장 속에 싸여 있다는데 이런 속에서 내가 누구를 위해, 누구를 믿고 들어갈 수 있겠는가. 이런 의문이 생겼다. 그래서 나는 지금 귀국을 포기한 상태에 있다."

— 귀국 후 음악관계에만 전념하겠다고 말하면 되지 않겠는가?
"내가 꼭 그리 말해야 하는가? 건강도 좋지 않고 말도 잘 못하는데 나에게 못을 박아서 그런 것을 요구하는 것은 내가 어린아이도 아닌데 세 번 네 번씩 요구하는 것은 무슨 이유에서인가? 되풀이 그렇게 요구하는 의도가 어디에 있는지 나로서는 알 수 없다. 나는 또 국내잡지 등을 통해 내가 얼마나 평화적이고 또 얼마나 민족을 사랑했는가 하는 것을 다 전해 나의 진심을 알 수 있을 것이다. 나는 결코 평화를 교란하고 반목을 조장하고 하는 그런 사람이 되지 못한다. 거기에는 일고도 하지 않고 거듭 그런 요구만 하는 것은 들어오지 말라는 뜻이 아닌가 하고 해석될 수밖에 없다."

— 정부의 요구를 조용히 한 번 더 새겨볼 수 없는가?
"더 생각해 볼 것이 없다. 지나치다는 생각뿐이다. 외국에서 외롭게 살면서 정의와 인권과 평화를 위해 무던히 노력했는데도 이런 결과밖에 나오지 않는가? 내가 무슨 정치운동을 했는가? 과거 독재정권을 극복하기 위해 노력한 것을 정치운동이라고 보는가?"

— 동백림사건은 다 끝났지만 후에 윤 선생이 대북관계를 유지했다는 것이 문제가 되지 않겠는가?
"이북에 다녀온 사람은 나뿐인가? 한국국적을 갖고 있는 사람 중에도 많은데 … 이북에 나의 큰 연구소가 있고 1년에 한 번씩은 큰 음악행사도 하는데 내가 뭣을 기대하고 남쪽에서 불러주도록만 기다리고 다 포기할 수 있겠는가? 나는 국적도 독일로 바꾸었다. 북쪽도 내 민족이다. 이것을 잘 알려달라."

— 남북관계가 어떤 것이란 것은 고려해야 하지 않겠는가?
"그렇지만 고려한다 해서 남한이 나에게 한 여러 가지 명예훼손을 회복해 줄 수 있겠는가? 나를 적대시하는데 내가 왜 그런 사람들한테 친근해해야 하는가?"

필자가 막 윤이상 씨의 집에 들어섰을 때 윤 씨는 한참 한국특파원들(본과 베를린)과 얘기를 나누고 있었다. "… 정권을 위해 한 인간을 완전히 파괴해 놓고 과거 독재정권이 한 짓이니 우리는 모른다고 말하면 그건 비논리적"이라고 윤 씨는 자못 흥분해 있었다.

그는 39세 때 문화와 습관이 완전히 다른 독일에 와서 갖은 고초를 겪어가며 작곡생활을 계속, 그동안 150여 곡의 주옥같은 작품을 만들어냈다. 서울에선 "사형"에 직면하면서도 희극적이고 그로테스크한 〈나비와 춤〉을 감방 안에서 지었다. 심적 고통을 '초인적인 힘'으로 극복하고 작품을 탄생시킨 것을 윤 씨는 "예술의 신비성"이라고 말했다. "나는 이 세상에 적응해 가며 살려 했는데 그건 거죽뿐"이라고 동화와 적응이 어려웠음을 솔직히 털어놓은 다음, "나는 생생하게 한국사람이고 도교사상 또 유교사상으로 생활에 온 사람"이라고 자기의 뿌리를 알알이 캐보여 주었다.

기자회견이 끝난 뒤 윤 씨는 한 2시간 필자와 여러 가지 이야기를 나누었다. 그사이에도 사방에서 전화가 걸려왔다. 〈디 벨트〉, 일본 〈아사히〉, 그리고 한국 신문에서 줄곧 전화를 걸어오면 윤 씨는 일일이 다 받고 "같은 얘기"를 또 되풀이해 주었다. 서울에 갈 것인지 안 갈 것인지 그 당장에는 윤 씨 자신이 말문을 닫고 있어 짐작할 수가 없었다.

윤 씨와 얘기를 나누기 전 필자는 파리에서 들고 온 마른 멸치 한 봉지를 윤 씨에게 선사했다. 고향 통영(충무시)의 누님 댁에서 온 것이라 소개하면서. 그는 "통영"이란 말에 펄쩍뛰다시피 반색하며 반가워했다. "김영삼 대통령의 거제 장목면에서 온 건 아니오?" 하여 한바탕 웃기도 하고.

이날 화제는 자연 그가 그렇게도 가고 싶어하는 고향 산천의 추억에서부터 시작되었다.

"올 여름에(1994년 8월)에 북구라파를 돌아보았습니다. 모든 작가 음악가들이 자기 산천을 그럴 수 없이 사랑하더군요. 베르겐에서 〈솔베이지〉의 그리그가 살던 집을 가보았지요. 언덕 위 바다가 내려다보이는 아담한 집이었습니다. 자기 무덤도 언덕바위를 파고 바다의 파도소리가 들리도록 그 속에다 썼고요. 그리그가 숲과 바다를 좋아한 만큼 그 마을 사람들, 아니 온 노르웨이 사람들이 또 그리그를 너무나 좋아하고 큰 자랑으로 여기고 있더군요. 위대한 작곡가라고."

— 윤 선생님도 한국 가시면 고향을 먼저 들르시겠다고요?

"그럼요. 어찌 고향을 잊습니까. 내 정서에 깊이깊이 스며있는 것이 내 고향 통영입니다. 거기 생활과 풍경과 자연과 습성 … 다 기억납니다. 우리 누님이 가마타고 시집가던 날, 가마꾼이 앞뒤로 서고 또 청사초롱을 드리우고 가던 그 광경. 얼마나 아름다웠는지. 가죽신 만들던 집, 망건을 다듬던 영감들 … 우리 집은 조그마한 목공장을 했는데 소반을 만들었지요. 나무 깎는 방에 들어가면 그 나무 내음새 … 그게 다 내 몸에 스며 정서로 남아 있지요. 봄 되면 처녀 아이들이 바구니 끼고 산비탈에서 뽀송뽀송하게 햇살 받으며 쑥을 캐고, 우리는 또 풀 속을 뒤지며 '핍'을 뽑아먹고 개나리는 피어서 휘영휘영 너울거리던 … 그걸 어찌 다 잊나요. '핍' 기억이 나나요?(기자도 어느새 그의 말에 빨려 들어 맞장구를 치고 있었다. 핍이란 남쪽의 산이나 들에서 솟아오르는 풀의 속을 말한다. 속 풀을 뽑으면 하얀 심지가 나오고 입에 훑어보면 단맛이 난다. 윤 씨와 필자는 이 핍으로 또 한 번 크게 웃었다.)

우리 집은 통영 도천(道泉)리에 있었는데 세병관(洗兵館) 소학교 자리까지 가려면 멀고 해서 고갯길로 해서 좁은 골목을 가로질렀지. 그 길가 담장 너머로 핀 복숭아꽃, 아 그렇게 아름다울 수가 없었어요. 학교에서 오는 길에는 보리밭이 있었는데 파란 보리싹이 얼마나 고왔는지 그 위에서 뒹굴고 싶었지요. 길가 해맑은 못 물속에서 고기들이 후닥닥 뛰다가 두덕 위로 떨어져 파드닥거리던 것. 보리를 다 베어내고 나서는 짚단을 태우는데 그때 풍겨오던 보리냄새… 다 내 마음속에 남아 있는 보배입니다."

— 통영에는 몇 년까지 계셨나요? 독일에 건너가기 직전까지 통영에 계셨던가요?

"나는 17세 때 일본으로 건너갔다가 20세 때쯤에 통영으로 돌아와 산양(山陽)면에서 교사생활을 좀 했지요. 그러다가 다시 일본으로 건너가 1944년까지 있다가 한국으로 돌아왔습니다(이때 또 어느 신문사에서 전화가 걸려왔다. 윤 씨는 아까 특파원들에게 말하던 그 내용을 이 전화에서 한 번 더 되풀이해 주었다). 돌아와서는 산양면의 신정(新井)리 학교에 들어갔어요. 고개 넘어 다니면서 언덕에서 내려다본 골짝의 외딴집이 나에게는 너무나 매혹적이었습니다. 그 초가에는 없는 게 없었으니까. 집 주변에 밭도 널려 있고 골짝 아래 바다에는 통구멩이(작은 배)도 하나 매어 있지, 철철이 오만가지 소출이 다 나니까 바로 그 골짝이 하나의 왕국이었지요. 조그마한 곳에 있어야 할 것이 다 있다는 것, 그것이 나에게는 그럴 수 없이 좋게 보였어요."

— 좋아하시는 것을 보면 어딘가 종교적인, 특히 불교적인 향취가 나는데 전에 절에 다닌 적이 있었던가요? 〈로양〉을 비롯해 윤 선생의 전 작품에서는 그윽한 분위기가 맴도는데….

"절에 다녔지요. 예전에 폐가 나빠 미륵산(彌勒山) 관음사(觀音寺)에 오래 있은 일이 있습니다. 그 위의 도율암(覩率庵)에는 스님 혼자 거처할 방밖에 없어 아래로 내려와 기식을 했지요. 그 절 아래 흐르는 개울은 어떻게나 찬지 손을 담글 수 없을 정도였지요."

— 그때 다른 일도 생각나십니까?

"그럼요. 그 절에서 조금 내려오면 물레방아가 하나 있었는데 그 방앗간에는 미친 사람이 한 사람 있었지요. 이 사람은 힘을 쓰지 않으면서 평생 말이 없었습니다. 한참 있다가 쿵하고 방아가 내려오는데 어느 날 이 미친 사람은 이것을 보고 있다가 딱 한 마디 했어요. '두송청계수(斗送淸溪水)라'고. 이것 어디 미친 사람이라고 하겠어요? 다 속이 있는 법이지…."

— 음악에 심취한 것은 언제부터입니까?

"내 어머니한테서 노래라는 것을 들은 것 같아요. 내 어머니는 산청 덕산면에서 났는데 때마침 농민항쟁(동학란)이 덕산 일대를 휩쓸고 일본군이 개입해 내 조부는 일본 군인에 의해 고문을 당하고 가산까지 날려버려 내 어머니가 생고생을 하게 되었지요. 우리 어머니가 모 심을 때 노래를 부르면 모든 사람들이 따라 불렀지요. 논둔덕에 서면 울려 퍼지는 개구리 소리. 잊을 수가 없습니다. 온 논바닥이 개구리 소리로 자욱했으니까요. 우리 엄친도 노래를 잘했습니다. 이따금 배를 저어 바다 가운데로 갈치를 낚으러 갑니다. 달이 뜨면 갈치가 물지 않아요. 그래서 달이 질 때까지 기다립니다. 그사이 아버지는 노래를 합니다. 육자백이도 하고…노래꾼이 부르는 노래하고 가친 같은 선비가 부르는 노래는 다릅니다. 아무런 꾸밈이 없고 그저 순수합니다. 바다가 고요하면 아버지의 노래는 이 섬, 저 섬으로 상당히 멀리까지 물위를 미끄러져 갑니다."

— 처음 작곡한 것은 언젭니까?

"내가 12살 때인데 하루는 영화관엘 갔습니다. 당시는 무성영화시대라 꼭 변사가 붙습니다. 인터미션이 되면 변사는 쉬고 악사가 바이올린을 들고 나와 한 곡 뽑습니다. 그 중에 굉장히 귀에 익은 곡이 있어 가만히 들으니까 그게 바로 내가 작곡이라고 해 가지고 우리 집 옆의 바이올린 공부하는 학생한테 준 것, 바로 그것이었습니다. 그게 내가 작곡한 최초의 곡이지요."

— 그 당시 다른 노래도 많이 접할 수 있었습니까?

"옛날 어릴 적 유랑극단이 와서 나팔 불고 북치며 온 동네를 돌아다니면서 부르던 노래, 또 무당이 화려하게 차려입고 휘황한 가스불 아래서 춤추며 부르던 노래—신(神)하고 교섭하는 데의 매개물로서 부르는 노래니 우선 영혼적이어야 하고 신이 나야 하는 법 아닙니까? 그리고 옛날 우리 집에는 유성기가 없어 빌려다가 레코드를 돌렸는데 그 판 가운데는 심청전도 있고 견우직녀도 있었지요. 내가 12~13살 때인데 통영의 동충(東忠) 끝에 가면 '아카다마'(赤玉)라는 카바레가 있었고 그 옆에 다방이 하나 있었지. 어디서 흘러왔는지 그 다방에 라벨의 현악 4중주가 한 장 있어 나는 그만 그 판에 미치고 말았지요."

— 그 당시 통영에서 사귀던 분, 알고 지내시던 분들도 많았겠습니다.

"그럼요. 통영은 예술인이 많이 탄생한 곳입니다. 미술 하는 김용기(金容基), 희곡 쓰는 유치진(柳致眞), 시 하는 유치환(柳致環), 문학하다가 변호사가 된 김종길(金鐘吉) 씨 등 참 많았습니다. 김용직(金容植—전 외무장관) 씨는 건재하시지요? 내가 통영 가면 한번 이런 말을 하려했는데 옛날 통영에는 '아아파'(派)와 '현실파'(現實派)가 있었지요. 아아파는 현실에 물들지 않고 일제와 타협도 않은 채 민족적 정신을 가지고 완전히 꿈속에 사는 사람 같은 분들. 왜 아아파냐 하면 그 사람들은 바다를 보아도 아아! 산을 보아도 아아! 하여 현실파가 비꼬는 말로 그랬지요. 아아파 속에 유치진도 들어있고 유치환도 들어 있었습니다. 현실파는 그 반대였지요. 서로는 정신적으로 대립관계에 있었습니다. 그런데 아아파는 일본의 '아나키스트'하고 많이 상통했습니다. 내 자신은 이 아아파에 정신적으로 쏠렸습니다."

— 뮌헨올림픽 때 발표하신 오페라 〈심청전〉에 대해 어떤 평론가는 "현대인은 모두 심봉사"라고 했습니다. 눈 뜬 장님이라는 뜻으로….

"그래요. 지식이 사람들을 눈멀게 만든다고 할 수 있으니까. 심청전을 도교사상으로 보면 삼계(三界)가 다 윤회하고 있지요. 서양에서는 이 심청으로 쇼크를 받았다고 합니다. 딸이 아버지를 위해 목숨을 바친다는 것은 서양사람들로서는 이해하기 어려운 대목이지요(한 계가 다른 계를 위해 자기를 희생하나 그것이 결국 다른 계로 돌아 더 잘되어 나간다는 설명을 윤 씨는 해주었다)."

— 그 후 오페라를 또 내셨지요?
"전부 4개입니다. 이번에 한국에서 공연하는 것은 초기 작품입니다."

— 교향곡은요?
"모두 5번까지지요. 이건 연작으로 보면 됩니다. 이것은 한 종합적인 체계 속에서 움직입니다. 제 1교향곡은 인류에게 위험을 알리고 안전을 희구하는 것이고, 제 2는 내적인 세계와 외적인 세계의 교차와 운동을 그렸고, 제 3은 지하의 마귀(혼란)가 지상으로 올라오나 천상의 영광으로 승화시키는 것을 그렸고, 이 세상 외에 영원불멸의 세계가 있음을 그렸습니다. 제 4번은 현실적인 내용입니다. '암흑에서 노래한다'라는 표제가 붙어있지요. 나는 특히 동양의 여성들에게 이 곡을 바치고 싶어요. 얼마나 시달리고 어둡습니까. 제 5번은 나이 70때 마친 것입니다. 이 곡을 초연할 때는 바리톤 피셔 디스카우가 노래를 불러주고 베를린필하모니가 연주를 해주었지요. 이 교향곡 속의 시는 전부 넬리 사흐스 것을 썼습니다. 세상을 화해로 모두 승화시키자는 것입니다. '무기를 녹여서 쟁기를 만들자'라고 하는, 평화를 갈구하는 시를 썼습니다. 평화를 …."

1997년 8월 15일, 베를린에 들렀을 때 윤이상 묘소에는 한 개의 석비가 세워졌다. 붉은 빛이 난다는 흑석에 'ISANG YUN 1917~1995'이라 새기고 그 아래 '처량상정'(處染常淨)이란 법화경(法華經)의 한 구절을 한문체로 써놓았다. 조금 특이한 것은 윤 씨의 이름 아래 부인의 이름을 새겨 넣고 있다는 것. 미망인은 "쓸쓸히 혼자 계시느니 내 이름이라도 옆에서 모시게" 하여 산 사람 이름도 병기했다고 말한다.

이날 베를린에는 때때로 억수같이 비가 쏟아졌는데 미망인과 뉴욕에 산다는 고인의 영애(令愛) 둘이서 묘비를 세우고 흙을 얹고 아무렇게나 생긴 화강석 돌멩이로 세 평 남짓한 묘역을 둘러쌓았다고 했다.

"떼를 씌워야하겠군요" 하고 기자가 한마디 했다.

양산을 받쳐 들고 있던 미망인도 한마디 했다. "금잔디를 씌울래요. 씨를 보내오기로 했어요."

기자는 무심코 "우리 잔디는 이곳 겨울에 죽지 않을까요?" 하고 또 한마디 했다. 미망인도 무심코 대꾸했다. "죽지 않을 거예요. 북에서도 견디니까."

기자는 윤 씨가 작고하기 얼마 전 서울 갈 채비를 하고 있으므로 취재하라는 신문사 연락을 받고 파리에서 베를린으로 날아와 윤 씨와 긴 시간을 얘기한 일이 있다. 물론 독일에 주재하는 타사 특파원들도 거기서 같이 어울렸다. 기자는 윤 씨를 1945년 해방될 때부터 알고 있다. 그는 통영여학교의 음악교사였고 기자는 통영중학교 학생이었으니까.

그때 윤 씨는 한국으로 간다는 기쁨 때문인지 기분이 좀 들떠 있었고 오만 얘기를 다 나누었다. 주로 '고향 통영'의 얘기였고 일본 유학시절 일본사람들과 싸운 일, 젊을 때 학생운동을 하던 일 등을 막 털어놓았다. 통영의 골목 이름은 옛날 부르던 그대로(옛골, 주전골, 판데—해저터널이 파인 곳) 부르며 신나게 얘기했다. 기자는 그 때 그 얘기를 윤 씨 앞에서 다 녹음했다(이 녹음테이프는 작고 후 미망인이 추모행사 때 틀겠다고 한 벌 가져갔다). 그러나 이때의 얘기에서는 '동백림사건'이나 이북에 대한 얘기가 한마디도 나오지 않았다. 기자도 묻지 않았고 그도 말하지 않았다.

이 회견을 마치고 파리로 돌아온 직후 그의 고향방문은 문제가 생겨 좌절되었다는 소식을 들었다. 그리고 그는 폐렴으로 입원했다고 들었다.

묘역을 나오면서 기자는 해방 후 수다히 납북·월북하여 북으로 간 사람들이 있었던 것을 생각했다. 이 사람들의 음악이나 시는 요즘 해금되어 더러 불리기도 한다. 그러나 이 사람들 자신이 남긴 상처는 아직 다 아물지 않은 것 같다. 정치적 분단, 사상적 대립, 전쟁과 갈등이 만든 상처 중의 상처다. "물들어도 맑음하기"란 얼마나 어려운 일인가. 기자는 베를린의 중심에 있는 브란덴부르크 문과 어제까지 베를린을 갈라놓았던 그 "벽"의 흔적을 찾아 빗속에 차를 몰았다.

한여름의 스케치 ①: 에비앙의 물

파리에서 에비앙까지의 길은 멀지는 않아도 답답하다. 특히 주말이면 '태양의 고속도로'(파리~지중해)나 '백설의 고속도로'(리옹~제네바)는 프랑스뿐 아니라 유럽 곳곳에서 몰려든 차량으로 숨통이 막힌다. 보통 때는 파리에서 5시간이면 가던 길도 주말이던 10일(토)에는 8시간이나 걸려 겨우 에비앙에 도착했다. 백설의 고속도로라는 예쁜 이름의 도로에서 보이는 알프스의 하얀 연봉(連峰)들이 아니었으면 답답해서 운전을 포기했을지도 모른다.

레망호의 남쪽 기슭을 돌아 에비앙에 이르는 길은 언제나 느끼지만 좀 삭막하다. 길가 잡초는 우거지고 집들은 멕시칸 활극에서 나오는 낡은 것들뿐이다. 프랑스가 왜 레망호의 남쪽은 이렇게도 '개발'을 하지 않았는지 모르겠다. 북쪽의 스위스 쪽은 그림처럼 예쁘게 펼쳐져 있다. 그쪽에는 기름이 흐른다. 호수가 남쪽의 대도시라는 토롱을 지나도 별로 탐탁스럽지 않다. 그러다 에비앙 어귀에 들어서자 여기는 남프랑스의 칸이나 니스, 모나코에서 느끼는 호사로움과 풍만감이 확 하고 밀려온다. 물의 도시라는 에비앙이 어째서 이처럼 수다스러울까?

에비앙 '광천수 공장'의 홍보담당 파트리시아 몬로 부인은 광천수 사업을 시작한 지 올해로 꼭 170년이 된다고 설명. 이곳 사보아 지방의 후작이 에비앙의 물을 처음으로 병에다 담은 것이 1826년이었다고 했다. 그로부터 이 광천수 사업은 에비앙 전시(全市)의 사업처럼 번져나갔고 지금은 프랑스의 사업으로 변해가고 있다.

우리나라에도 에비앙의 물은 1994년에 71만 7천 프랑, 95년에 627만 2천 프랑 어치가 팔렸다. 에비앙의 봉이 김선달은 한국의 수출역조에 한몫하지만 에비앙 내에서는 황금알을 낳는 거위다. 물을 퍼서 올리면 돈이 되고 그 돈은 또 시로, 프랑스로 흘러들어간다.

에비앙 시는 레망호 변의 휴양지이고 또 환락가이다. 카바레, 레스토랑, 바가 도시 도처에 깔려있다. 웅대한 카지노가 도심에 가부좌(跏趺坐)를 틀고 있다. 바로 그 옆 로마네스크풍의 시청을 지나 조금 더 가면 우아한 현대식 건물의 에비앙 온천장이 나온다. 건물 앞 언덕 잔디밭에는 에비앙 광천수의 로고가 석회석에 새겨져 있다. 에비앙회사 로고는 시의 로고로 통한다.

이 욕장에 들어가 놀란 것은 그 속에 노인들뿐이라는 것. 노부부들이 쌍쌍이 욕장 여기저기에 흩어져 의자와 탁자를 들고 다니며 서로 얘기를 나누고, 카드놀이를 하며, 해도 쪼인다. 더러는 하얀 타월가운을 벗지도 않고 돌아다닌다. 하나같이 냉수 컵을 들고 다니는 것이 이색. 광천수는 약물로 통했고 치료에도 썼다. 로마시대도 그랬고 카를 4세가 화살을 맞고선 사슴을 따라 찾아든 물도 그랬다. 지금 카를왕의 물터는 체코의 세계적 '카를로비 바리' 욕장으로 되어 있다.

프랑스 안에 LES BAINS(욕장)이라는 접미어가 붙은 도시만도 몇백은 된다. 그 온천시에는 모두 물로 하는 치료시설이 완비되어 있다. 물은 사람에게 친근하면서도 신비롭기만 하다. 사람은 물에 치이기도 하지만 그래도 물을 사랑하게 된다. 아끼는 것만이 모두는 아니다. 물의 효험을 100% 살리는 것이 서구인들의 물에 대한 철학이다. 이 에비앙의 '치수 문화'는 어느새 한국에도 홍수로 밀려들고 있다.

한여름의 스케치 ②: 하이데거의 숲

스위스의 바젤을 지나자 독일의 '검은 숲'(슈바르츠발트)이 코앞에 와 닫는다. 137번 국도를 따라 숲속을 헤친다. 끝나는 곳은 검은 숲 동쪽의 도나우에쉰겐, 도나우(다뉴브)강이 시작한다는 마을이다. 도중에 토트나우 마을이 나오고 거기서 다시 토트나우베르크란 도표를 따라 서쪽으로 꺾어 산을 오르기 시작했다. 산길 중턱에서 내려다본 광경은 장관이라 할까, 거무스레한 색깔이 시야 끝까지 물결친다.

토트나우베르크에 이르러 마르틴 하이데거의 산장(山莊)을 물었다. 마을 사람들치고 모를 사람이 없을 정도다. 동네 산길을 돌고 돌아 근처에 다다랐다. 주위에 보이는 산들은 모두 1,200미터가 넘는 준령들뿐. 산 가운데 집을 가르쳐주면서 자동차를 버리고 걸어 올라가라고 했다. 길은 한창 공사중이었다. 길 이름을 '하이데거의 길'이라고 판자조각에 새로 써 붙인 것을 보면 길 공사가 시작된 지 얼마 되지 않은 것 같다.

언덕 숲속 파란 문짝 집을 찾아 산길을 몇 번이나 오르락내리락 했지만 그 집에 이르는 길을 찾을 수가 없었다. 다시 마을로 내려와 한 부인을 붙들고 길을 물어보았다. 이 부인은 활짝 웃으면서 또렷

또렷하게 일러 주었다. "길은 따로 없어요."

"그럼 어떻게 그 집에 … ?" 부인은 웃음을 참으며 일러주었다. 하이데거의 산장까지 길은 없다고 했다. 하이데거 자신도 산언덕의 풀숲 위를 지근지근 밟으며 산장과 마을을 오르내렸다는 것이다. "손님이 찾아왔을 때나 술자리를 차렸을 때는 자주 우리 집에 왔었지요" 하며, 이 부인은 바로 하이데거의 길 아래 첫 마을의 첫 집을 가리켰다. 술이 거나해서 밤 산길을 휘청거리며 걸어 올라가는 하이데거의 모습을 그려본다. 하이데거는 그렇게 낭만적이었을까?

하이데거에게 낭만은 없다. 그에게는 침묵만이 있었다. 《존재와 시간》이란 거작도 아리스토텔레스를 흔들어가면서 할 말을 다했다. 하지만 끝내는 침묵으로 끝났다. 이 작품은 미완성인 채 깊은 침묵에 잠겨있다. 유태인 피를 이은 파울 첼란이 이 토트나우베르크 산장에서 사흘 밤 사흘 낮을 하이데거와 '대담'했으나 하이데거로부터 나치 찬양론에 대해 한마디 사과나 변명도 얻어내지 못하고 깊은 침묵만을 거두고 하산했다. 1967년 7월의 무더운 날이었다.

하이데거는 길도 없는 이 산장을 즐겨 찾았다. '검은 숲'이 내려다보이는 이 산장에서 그는 숲을 바라보며 몇 시간이곤 사색에 잠겼다고 했다. 지금은 이 산장에 아무도 없다. 초록 페인트칠을 한 덧문이 굳게 닫혀 있다. 하이데거가 노상 받아 마신 물 대롱은 간데없고 물줄기만 도랑이 되어 산중의 적막을 깨고 있었다.

화성(火星)에서 날아온 운석에 생명체의 흔적이 있다하여 요즘 '만물의 영장'을 놀라게 하고 있다. 더구나 이 '생명'은 35억 년 전에 생겨났고 운석은 8만 년 전에 떨어져 지구 남극에 파묻혀 있었다고 했다. 《존재와 시간》에 물리적이건 철학적이건, 생각해보고 더 붙여야 할 것이 갑자기 많아졌다. '검은 숲'의 침묵을 뒤흔드는 작업이 될까?

한여름의 스케치 ③: 도나우의 여명

구 동구권이던 동독과 체코(슬로바키아), 헝가리 등을 돌면서 먼저 눈에 띈 것은 국경세관 앞에 대형 화물자동차가 1~2킬로미터씩 늘어서 있다는 것이었다. 독일에서 체코로 넘어갈 때나 슬로바키아에서 헝가리로 들어갈 때, 헝가리에서 오스트리아로 빠져 나오는 길목의 국경세관 앞에는 어김없이 화물차가 장사진을 치고 있었다. 심지어 체코와 슬로바키아 사이의 국경 검문소도 통관심사를 엄격하게 시행하고 있었다. 바로 얼마 전까지도 "체코슬로바키아"는 한 나라였다.

국경선에서의 화물체증은 날이 갈수록 심해지고 있다 한다. 그 이유는 간단하다. 첫째 구 동구권과 서구국가 간의 교역 물동량이 엄청나게 불어났기 때문이며, 둘째 세관 사열대 등 시설이 미처 확장되지 못했기 때문이라는 것이다. 또 다른 이유로 각국간에 동구권의 벽이 무너진 이후의 상황에 하나도 대비하지 못했다는 점도 들었다.

서구 내에는 EU(유럽연합)다, 셴겐조약이다 하여 사람, 재화, 자본, 용역이 국경선에 불구하고 자유롭게 이동할 수 있도록 미리부터 제도적 장치를 해놓았지만 동서구 간에는 이런 제도가 없다. 물론 서구 안에서도 이런 이동자유가 100% 이행되고 있는 것은 아니지만 적어도 EU국가 내에서 화물차가 검열을 받으려고 장사진을 치고 있는 일은 없다.

체코와 슬로바키아의 국경검문소는 지금 한창 확장공사를 하고 있었다. 구 동구권 내의 경제지표를 보면 동구가 경제성장을 이루려고 얼마나 기를 쓰고 있는가를 알 수 있다. 폴란드는 1990년 초에 국내총생산(GDP)의 증가율이 2.6%밖에 되지 않았지만 작년에는 7%를 이룩했고 루마니아는 마이너스 15.4%이던 것이 플러스 6%로 돌아섰다. 인플레율은 1990년대 초에는 210%까지 치솟았으나 지금은 28% 이내로 축소되었다. 독일(동독)쪽이 제일 빠른 속도로 안정을 되찾아 지금은 인플레가 2%밖에 되지 않는다.

세관을 확장한다는 것은 지극히 당연하다. 그러나 한걸음 더 나아가 세관의 일을 덜고 물동의 자유를 좀더 확장토록 대책하는 것이 더 필요치 않을까 생각되었다. 지금은 구 동구 어디를 가든 상품광고가 홍수를 이루고 있었다. 그 광고 속에서 한국의 자동차, 전기제품, 식품 등이 자주 눈에 띄었다.

인프라라 할 도로, 통신망, 상하수도 공사는 동구의 어느 도시에서든 활발히 진행되고 있었다. 도시의 온 사방을 파헤쳐 놓고 있어 자동차 여행객한테는 지금이 가장 어려운 때라 하겠지만 즐거운 비명이라 해야 하겠다.

도나우강 연변의 여러 동구나라들이 어려운 문제라고 드는 것을 보면 첫째로 실업자 증가, 둘째로 투자유치의 곤란, 셋째로 사회적 목표의 유동 등이었다. 도나우의 여명이 그렇게 밝은 것만은 아니었다.

프랑스의 영화에 대하여

1972년 11월 어느 날.

뜻밖에 아가다 킴(본명 金光顯) 씨한테서 전화가 걸려왔다. 사업가인 킴은 나의 대학 동기동창이었다. 샹젤리제의 고몽영화회사 지하살롱에서 만나자는 내용이었다. 거기에 장 얀느가 나오기로 했다는 것이다. 장 얀느는 영화제작도 하지만 출연도 한다. 연예인치고도 아주 멋쟁이다.

약속된 시간에 나가보았더니 장 얀느가 몇몇 여우를 거느리고, 게다가 영화제작 동업자들까지 불러놓고 기다리고 있었다. 장 얀느는 그때 파리에서 〈세상좋고 인심좋고〉란 영화를 내어 일거에 100만 명이란 공전의 관객을 동원, 성가가 치솟고 있었다.

장 얀느는 〈파리의 한 중국인〉이란 영화를 기획하고 있다고 서두를 꺼내면서 그 줄거리를 설명했다. 1972년이라면 2월 21일에 닉슨 대통령이 중공을 방문했고 그 전해인 71년 7월에 키신저 국무장관이 극비리에 베이징을 찾아가 세상을 깜짝 놀라게 했던 일들로 파리에도 '중공'(中共) '중공'하며 중공 붐에 들떠 있을 때였다. 얀느는 이런 중공 붐을 되뇌면서 이것을 소재로 영화를 만들려 한다고 했다.

아가다 킴이 필자에게 나와 달라고 한 것은 중국인이 대거 엑스트라로 참가하는데 이 엑스트라와 동양인 중공측 배역을 한국사람으로 충당하면 좋지 않겠는가 하여 상의해 보려고 그랬노라고 설명했다. 이에 필자는 엑스트라 동원이나 한국 내에서의 원정촬영에는 찬성이지만 3, 4천 명에 달한다는 그 엑스트라들이 모두 중공군으로 분장하는 데는 저항이 있지 않을까 하고 중공에 대한 한국국민들의 '감정'을 말해주었다.

장 얀느의 기획 중 또 하나 꺼림칙한 것은 파리에 중공 붐이 일고, 혹은 일본인이 눈에 두드러지고 하는 일련의 세태변천을 동·서양 간의 새로운 교차(交叉)라는 깊은 뜻으로 해석하겠다는 것이 아니라 다분히 서구사람의 피해의식 속에서 스펙터클한 면만 골라 상품화하자는 의도가 엿보이는 점이었다. 그는 한국의 영화스튜디오 상태라든지 제작계의 실정이라든지에 관해 알고 싶어하여 필자가 아는 데까지 소상히 설명해 주었다.

장 얀느는 며칠 뒤 제작진을 거느리고 한국을 실지 답사한다고 서울로 떠났다. 그의 영화는 1년 남짓 걸려 완성되었고 1974년 2월 27일부터 파리의 영화관에서 〈중국인 파리에〉가 일제히 상영되었다. 그러나 그는 이 영화에 등장하는 3천 명 가까운 중공군의 엑스트라를 한국에서 구하지 않고 홍콩에서 구했다. 역시 한국 내의 반응이 탐탁지 않았던 모양이다.

〈중국인 파리에〉라는 영화는 개봉도 되기 전에 세찬 비난과 공격의 와중에 휩쓸려들었다. 개봉 이틀 전인 2월 25일 파리의 중공대사관에서 공식성명을 발표하고 이 영화에 제1탄을 쏘아붙였다. 그리고 제2탄을 노골적으로 프랑스정부에 겨누어 쏘았다.

"도대체 이런 영화가 시중에서 여러 시민을 상대로 상영되도록 내버려둔 당국의 태도를 이해할 수 없다. 이런 일로 말미암아 중·불 양국관계에 미치는 영향을 프랑스정부는 무시해서 안 될 것이다."

장 얀느가 시도한 '황화'(黃禍)는 작품 안에서처럼 중공의 무장군이 온 파리를 유린하기도 전에 중공대사관에서 먼저 물결친 셈이다. 프랑스정부는 이 중공측 성명에 입을 다물었다. 당시 프랑스 내에 정부의 검열제도가 없는 것은 아니었지만 중공이 역정을 낼 만큼 심한 비방이 담겨져 있는 것도 아니고, 중공이 지구의 구석구석에 영향을 미치고 있다는 것은 그런대로 영화 깜이 아니겠느냐는 관점을 지니고 있었던 같다. 장 얀느는 중공 성명에 반격보다는 빈정댔다. "내 작품에 대해 비용도 안 받고 미리 선전해 주는 것은 고맙지만 영화를 본 일도 없이 비판부터 먼저 하는 데는 적이 놀랍다"고.

영화의 줄거리는 신판 칭기즈칸 사담(史譚)에 속하거나 그의 가상적인 속편 정도로 알면 된다—유럽전역을 중공군이 휩쓸고 드디어 파리에도 입성, 점령해 버린다. 중공군은 '거만스런 점령군'으로 행세하고 파리의 시민들은(점령군에 반항하는 레지스탕스까지 포함해서) '아첨꾼'으로 등장한다. 황인종(黃人種)이 파리와 유럽에 말세를 빚고 마는 듯한 인상이다. 파리를 구해내는 사람은 레지스탕스들이 아니라 '타락' 바로 그 자체다. 중공 점령군은 술과 계집과 노름과 춤에 흠뻑 빠지고 점령군 사령관은 샴페인이 목구멍까지 차 비틀거리며 전화통으로 북경을 불러낸다. "이건 도저히 감당할 수 없으니 도망쳐야겠소"라고 한다. 베이징의 공산당 중앙당부측은 즉시 긴급회의를 열고 "촌각을 지체치 말고 전원 파리를 철수하라"고 명령을 내린다.

〈우주인의 습격〉이란 영화에서 우주인이 지구의 어떤 과학문명에도 끄떡하지 않았지만 도처에 미만(彌滿)한 지구의 미세균에는 굴복하고 만다는 것을 그리고 있다. 〈중국인 파리에〉에서는 황색민족이 백색민족의 어떤 문명도 다 유린하고 넘어가지만 서구에 넘치는 말세적인 퇴폐풍 앞에서는 두 손을 들고 만다는 풍자가 전편에 흐르고 있다.

그러나 장 얀느의 〈중국인 파리에〉는 흥행면에서 성공을 거두지 못했다. 매스컴에서는 문제작으로 오르내렸으나 관객은 대체로 외면하는 편이었다.

프랑스의 영화산업도 다른 나라와 마찬가지로 위축일로에 있었다. 컬러텔레비전이 보급되면서 다른 곳처럼 영화는 쇠퇴를 거듭했고 특히 1965년부터 75년까지를 영화 산업계에서는 '위기의 10년'이라고 불렀다. 영화관객이 40%나 줄었으니 영화가 될 리 없었다.

1975년 정초 프랑스의 문화담당 차관인 미셸 귀이 씨가 기자회견을 가졌다. 영화정책 전반에 대해 정부의 장려책을 밝히고 갖가지 보조를 통해 영화산업을 육성하고 '위기의 10년'을 10년으로 종지부를 찍겠다고 말했다. 그러나 영화계에서는 귀이 차관의 이런 공약을 귀담아들으려 하지 않았다. 그 정도는 과거 열 번도 더 들어봤고 또 정부가 아무리 진흥책을 세워도 국회가 예산을 삭감해버리는 것이 그때까지의 실정이었으니 공약대로 될 리가 없다는 것이다.

1975년도의 예산안 중 영화진흥비는 총규모의 1만 분의 40이었다. 그래도 귀이 차관은 영화진흥기금을 작년보다 25% 추가하고 영화에 과세되는 부가가치세(TVA)를 경감토록 조치함과 동시에 영화제작업체에 대한 자금대여제도를 쇄신하겠다고 약속했다. 과연 프랑스의 영화산업은 이 정도의 구제조치만 강구하면 살아날 수 있을까?

영화제작업자들은 아직도 의욕이 왕성하다. 앞에 말한 장 얀느도 그중의 한 사람이다. 프랑스영화계는 우선 할리우드에 못지않은 작품을 프랑스밖에 생산할 데가 없다는 대단한 자부심을 가지고 있다. 누군가 투자만 한다, 그러면 뭐든 만든다는 것이 프랑스 영화계이다. 대작은 없다하더라도 문제작들은 언제나 파리의 영화관에 걸려 있다. 포르노에 속할 〈에마뉘엘 부인〉도 프랑스의 모드 사진가인 제스트 제킹이 한 개의 예술품으로 다듬어올려 파리시내에서 개봉 2년 만에 200만 명 가까운 관객을 흡수했고 몇 해가 지난 지금도 상영되고 있다. 1966년에 제작된 〈라 그랑드 바드루여〉는 1,650만 명이란 관객을 프랑스 전역에서 동원했다.

영화가 뛰어나면 관객은 언제나 있는 법이다. 영국영화 〈콰이강의 다리〉는 프랑스에서 1,260만 명, 노르망디 상륙작전을 담은 〈가장 긴 날〉은 1,160만 명, 〈십계명〉은 1,140만 명, 〈벤허〉 1,100만 명, 〈닥터 지바고〉 820만 명, 〈웨스트사이드 스토리〉 640만 명, 〈전쟁과 평화〉(1956년 미국제작) 585만 명 등으로 흥행업자들은 그런대로 성공을 거두고 있다.

흥행에서 큰 성과는 거두지 못했으나 코스타 가브라스(그리스 국적)가 프랑스에서 만든 정치물 〈Z〉(1969년 작), 또 프랑스 안에서는 터부가 되어 있는 소재인 드레퓌스 사건을 대담하게 재현하고 거기에 자기 나름의 추리를 가미한 〈드레퓌스 - 참을 수 없는 진실〉(1975년 장 A. 셰라스 작), 앙리 샤리에르의 실화를 다른 프랭클린 J. 샤프나 감독의 〈빠삐용〉(1973년 작) 등 좋은 작품이 속출했다.

그러나 전반적으로 영화 관람객의 수는 해마다 줄어들고 있다. 1960년 초에는 연간 영화관객이 3억 5,400만 명에 달했던 것이 15년 뒤인 1975년에는 1억 8천만 명으로 반감했다. 75년의 영화 관람료 통계는 15억 6,500만 프랑(약 1,500억 원), 따라서 한 사람이 8프랑 66상팀(800원) 정도밖에 영화에 쓰지 않았다는 얘기가 된다. 2년 전인 73년만 해도 연간 3.3회 영화관을 찾았고 평균 25프랑(2,400원)을 썼다.

영화관객은 줄어들어도 영화의 제작편수는 늘어나고 있다. 1972년에 169편, 1973년에 200편, 1974년에 236편으로 불어나고 있고, 1956년 129편이란 제작수에 비하면 2배 가까운 증가율을 나타내고 있다. 그러나 이런 제작본수의 증가는 그 속에 중대한 의미를 품고 있다. 프랑스 영화산업의 고민이랄까… 74년도의 제작 총편수 236편을 투자내용별로 가르면 다음과 같다.

- 100% 프링스 투자 = 141편(1973년 97편)
- 프랑스가 51% 이상 투자한 합작 = 48편(1973년 56편)
- 외국자본이 51% 이상인 합작 = 47편(1973년 47편)

다시 이들을 투자규모로 보자. 프랑스 자본이 전액 투자되어 제작된 141편의 영화 중 과반인 76편이 제작비 100만 프랑(약 1억 원 미만) 이하인 영세자본으로 이루어진 것들이다. 그리고 300만 프랑 이상이 투자된 작품은 19편밖에 되지 않는다. 나머지는 100~300만 프랑의 통상적인 제작비를 들인 작품들이다. 따라서 적은 제작비로 많은 관객을 흡수하겠다는 혹은 뛰어난 작품을 만들어내겠다는 것은 젊은 제작자들의 어쩔 수 없는 야심인 동시에 대단한 모험이 되고 만다. 100만 프랑 이하의 제작비로는 제대로 도구도 갖출 수 없고 시설도 할 수 없으며 더구나 일급배우를 동원한다는 건 어림도 없는 일이다. 오직 포르노 영화만이 이 정도에서는 수지를 맞출 뿐이다.

제작비를 제대로 쓰고 본격적인 야심작을 만들어 낼 수 있는 것은 '합작영화'다. 프랑스측이 대자본을 들인 48편의 합작물에서는 그 과반수인 26편이 제작비 300만 프랑을 넘어선다. 또 외국자본이 과반으로 구성되어 만든 합작 47편 중에서는 24편이 300만 프랑 이상의 제작비를 투자하고 있는 것이다.

이것은 다시 말해 프랑스 단독자본으로는 영화의 본격적인 제작이 나날이 어려워지는 경향을 보이는 것이다. 사실 프랑스의 국영영화센터(CNC)는 1964~1973년 10년 동안에 프랑스 단독제작영화의 편당 평균제작비용은 208만 프랑에서 156만 프랑으로 줄어든 반면 외국과의 합작영화는 353만 프랑에서 444만 프랑으로 늘어나고 있다고 실증했다.

영화의 다국적화(多國籍化)는 제작분야뿐 아니라 배급과정에서도 두드러진다. 프랑스 영화산업은 제작·배급·흥행으로 3분되어 있다. 이 중 제작단체로 등록이 되어있는 것은 1975년까지 1,476개인데 이것은 다시 장편영화, 단편영화 제작회사로 구분된다. 전자는 486개소가 등록되었으나 제작실적을 올렸거나 제작활동을 계속하고 있는 것은 3분의 1인 185개소뿐이다. 나머지 중 106개소는 몇 해가 가도 한 편의 영화조차 생산하지 않았다. 후자는 990개나 등록되었지만 활동하고 있는 회사는 그 5분의 1인 190개소, 모두가 이름만 걸어놓고 휴면하고 있는 실정이다. 배급계통에서도 이와 유사한 현상을 나타내고 있다. 등록된 배급회사는 프랑스에서 무려 193개사(1975년 현재)나 된다. 그러나 실지 활동하는 곳은 126개사다. 그러나 이 126개사가 다 영화배급으로 고루고루 수익을 올리고 있는 것은 아니다.

1975년도의 영화배급 총수익은 5억 4,960만 프랑이었다. 이 수익

중 약 84%를 17개 배급회사가 차지했다. 17개사도 그 내막을 자세히 보면 '고몽기업', '프랑스 영화배급'의 순 프랑스 2개 회사가 모(母)회사로 되어 있는 11개 지역회사와 6개의 미국계 회사로 되어 있다. 6개의 미국계 회사는 5개의 미국 대기업이 모체가 되었다(즉, '유니버설'과 '파라마운트'가 그룹으로 되어있는 '국제영화공사', '워너-컬럼비아', '예술영화협회', '폭스' 그리고 '월트디즈니'이다). 다시 말해 총수익의 84%를 2개 대(大)계열의 프랑스회사와 5개의 미국회사가 독점하고 있는 셈이다. 2대5의 비율로 외국자본이 프랑스자본보다 우월한 형편에 있다.

프랑스의 영화배급회사는 필름의 복사와 선전, 알선을 하고 흥행주에게 대여하는 것으로 상영된 영화의 관객수입 중 30%를 커미션으로 받아들인다. 또 대자본으로 운영되는 이들 배급회사는 배급뿐 아니라 제작에까지 손을 뻗치는 것이 보통이다. 따라서 배급회사야말로 프랑스 영화산업의 우이(牛耳)를 잡고 있는 셈이다.

배급회사의 엄청난 영향력을 고려할 때 외국자본 계열의 배급회사가 프랑스계보다 월등하다는 것은 그만큼 프랑스영화계에 외국자본의 입김이 세다는 말이 된다. 사실 미국계의 대배급회사로서 프랑스의 영화제작에 손을 댄 것은 프랑스 총제작편수의 20~25%에 달하고 있다. '위기의 10년'이란 말은 '영화산업의 위기'란 뜻과 아울러 '프랑스영화'의 위기를 또한 뜻하고 있다고 보아야 한다.

프랑스에서 상영되는 영화를 보아도 프랑스 영화보다는 외국영화가 점점 늘어나고 있다는 것이 이런 위기감을 더욱 조장시킨다. 1975년에 프랑스의 각 극장에서 상영된 영화는 모두 4,470편에 달했다. 이 중 프랑스영화는 3분의 1이 채 되지 않는 1,420편이었다. 나머지는 전부 미국, 이탈리아, 영국, 서독의 필름이었다.

영화관객도 점점 줄어들고 있다. 영화는 흥행면에서 재미가 없는 산업으로 영락해 가고 있는 것이다. 다시 CNC의 집계를 보면 35밀리미터의 정규필름을 돌리는 영화관이 1961년에는 5,821개소(279만 8,101 좌석)였는데 15년이 흐르는 동안 흥행부진으로 폐관한 곳이 수두룩했다. 우리나라에서도 몇몇 영화관이 카바레로 전락해간 곳이 있었던 것을 생각하면 이런 추세는 이해가 간다. 1975년까지 남은 정규영화관은 4,328개소(175만 5,583 좌석)였다. 그동안 1,500개의 영화관과 100만 석의 좌석이 줄어든 셈이다. 좀더 자세히 말한다면 약 3천 곳의 영화관이 문을 닫았고 그동안에 1,500개의 영화관이 새로 문을 열었다.

새로 문을 연 영화관도 영화관 하나를 본격적으로 건립해서 생긴 것이 아니다. 있던 영화관을 3개 내지 4개의 영화관으로 쪼개어 생겨난 것이 많았다. 이것이 프랑스 영화상영관의 새로운 경영유행이 되었다. 이른바 '꽁플렉스'라는 것이 그것이다. 영화관객은 자꾸 줄어드는데 큰 (좌석수가 많은) 영화관을 그대로 유지하기는 어렵다. 그래서 영화관을 관객수에 맞추어 쪼개내는 것이다. 하나의 경영합리화다. 파리 시내에서도 어떤 영화관에 가보면 SALLE 1. SALLE 2. SALLE 3. … 하고 매표소 위에 써 붙여 놓은 것이 눈에 띈다. 이것이 한 영화관 내의 제 1실, 제 2실, 제 3실 … 하여 그 '실'마다 다른 영화가 상영되는 것이다. 여기가 '꽁플렉스'다. 1974년 한 해에 255개 '꽁플렉스'가 생겼다. 이것이 만들어낸 SALLE는 모두 722개. 말하자면 255개의 큰 영화관이 문을 닫고 그 대신 722개의 작은 영화관이 생겨난 것이다.

'꽁플렉스'는 대도시일수록 그 수가 많다. 아늑한 SALLE의 분위기가 도시생활자의 취향에 알맞다는 것이 그 이유가 되고 있다. 파리도심(20개구)에만 61개 꽁플렉스(167실)가 있고 바로 교외지역에 35개(113실), 대(大)파리구역에 33개(85실) 그리고 항구공업도시인 마르세유에 55개(154실), 리옹지역에 29개(81실), 보르도지역에 19개(57실), 동부도시 스트라스부르에 9개(28실) 등 도시마다 꽁플렉스가 늘어가고 있다.

물론 대극장은 그대로 남아있다. 그런 곳에서는 일시에 관객을 듬뿍 불러들일 수 있는 대작이나 문제작들을 골라서 상영한다. 예컨대 〈포세이든호의 모험〉, 〈대지진〉, 〈지옥의 마천루〉 등 대작품이나 〈영국의 전장〉, 〈워털루 전투〉, 〈대부(代父)〉(그 속편도) 혹은 리바이벌로 기념상영하는 〈가장 긴 날〉, 〈마이 페어 레이디〉, 〈전쟁과 평화〉 등이다.

영화관객은 1974년을 기준으로 했을 때 관객의 평균연령이 꽤 낮아졌다. 관객의 75%는 35세 미만이고 15~24세의 관객이 전체의 절반을 차지한다. 또 일반근로자보다는 직장인, 특히 지식계층의 관객이 압도적으로 많아 영화는 일반대중의 오락물에서 인텔리의 정신적 섭취물로 되어가는 경향을 보이고 있다.

앞서 말한 미셸 귀이 문화담당 차관(프랑스에서는 드골, 퐁피두 대통령 때까지 문화성이 있었고 이 성의 장관이 있었으나, 지스카르 대통령에 이르러 정부기구를 축소하면서 성을 폐지하고 문화정책에서는 차관급의 전담직책만 두었다)은 정부가 적극적인 영화산업 육성책을 펴나가겠다고 공약했다. 그 육성책 중의 하나가 '보조금 제도'이다. 이 기금은 정부예산에서 나오기보다는 우리나라처럼 입장권에 첨부된 영화진흥기금에서 충당한다.

1974년에 징수된 진흥기금은 1억 5천만 프랑(약 150억 원)에 달했다. 이 액수를 귀이 차관은 75년부터 25프랑씩 더 올려 3년 내에 2

억 프랑이 되도록 하겠다고 말했다. 재원은 국영텔레비전의 시청료에서 전입한다는 것이다. 이 기금은 영화산업의 직접보조금이나 대여금으로 지급된다. 가령 한 영화를 어떤 제작업자가 만들었다면 이 비용의 일부분이 비율에 따라 다음 영화제작 때 보조금으로 자동지급된다. 또 흥행업자는 영화관을 꽁플렉스로 개축할 때 역시 자동적으로 보조금을 받게 되어 그 외에도 칸영화제, 고등영화연구소, 단편문화영화제작 스튜디오 건립 등에도 보조금을 받게 된다. 또 영화업자가 은행융자를 할 때 이 기금의 일부가 보증을 서주기도 하는 것이다.

그렇지만 영화산업 육성에는 아직도 제도적으로 불리한 데가 한둘이 아니다. 한 영화인은 정부의 부가가치세율에서도 영화에는 불리한 조건을 붙이고 있다고 신문에 투고했다. 즉 도서출판, 연극극장, 연주회, 쇼 무대 등의 문화분야에 대해서는 7.5%의 세율을 적용하면서 유독 영화에 대해서는 17.6%란 일반세율을 그대로 매기고 있다는 것이다.

프랑스 영화가 위기의 10년을 극복하고 세계시장에 프랑스 영화의 진가를 내보이자고 애쓰는 모습은 도처에서 엿보인다. 문화나 문명의 발달이란 문제에서는 프랑스 국민만큼 열성적이면서도 냉혹한 국민은 없을 것이다. 필자가 파리를 떠날 무렵(1975년 9월), 〈파리마치〉지가 영화행정에 대해 여론조사한 것을 읽어본 일이 있다.

이에 의하면 놀랍게도 프랑스 사람의 59%가 영화에 대한 '검열제도'를 다시 설치하자는 것이었다. 프랑스 영화가 더 위대한 문화의 선구자가 되어가는 것이 아니라 점점 퇴락의 상징처럼 되어가고 있다는 것이 그 이유였다. 지스카르 데스탱 대통령은 그가 취임하자마자 '자유'와 '변혁'을 정책의 대 근간으로 삼으면서 모든 '검열'이나 혹은 '전화도청' 같은 것은 폐지해 버렸었다.

동·서양의 큰 물결이 맞부딪치는 커다란 역사의 국면을, 보라색 짙게 감각적으로만 다룬 〈중국인들 파리에〉는 파리지앵의 냉혹한 '열성'에는 맞지 않는 것이었다.

외국 언론 김일성 비판 신랄했다

북한주석 김일성의 돌연한 사망과 그의 기나긴 장례기간은 서구의 신문 방송에서도 단연 톱뉴스로 다루어졌다. 이들의 보도량 역시 어떤 대형사건 못지않게 매머드급이었다. 보도내용은 그러나 한결같이 김일성이 장기독재자였다는 것을 주조로 한 비판이 두드러진 것들이었다.

북한은 외부세계의 조문객도 사절했지만 외국기자의 방문취재도 거절했다. 따라서 김일성의 사망과 사망 이후의 모든 사건들은 북한의 전파매체가 전한 것을 외부세계에서 방수(放受)하여 제작하고 재탕한 것이 대부분이고 직접 현장에서 기자가 보고 느껴서 보도한 현장뉴스는 전무였다고 해도 맞다. 그러나 김일성의 생전 활동이나 그의 업적 등에 대한 해설기사 혹은 김정일에 대한 소개기사는 평소의 스톡파일에 의지해서 쓴 것이긴 해도 냉정하게 사실에 육박한, 그러면서도 경종적인 내용이 넘치는 것이었다.

김일성의 죽음에 대해서는 앞서 말한 대로 “세기적 독재자의 종말”이라는 범주에서 벗어나지 않았다. 그의 죽음에 놀라기는 했어도 애통해 하지는 않았다. 1천만 명 이상의 북한주민들이 땅을 치고 가슴을 쥐어뜯으며 통곡했을지라도 바깥세상에서는 아무도 호곡(號哭)하지 않았다. 조문(弔問)하지 못해서 안달하는 동맹국도 없었다.

그동안 연일 평양에 운집한 주민들이 대성통곡하며 땅을 치는 장면이 보도(방영)되었지만 측은한 마음이 든 사람이 과연 몇이나 되었을까? 그보다는 그 울부짖는 주민들이 내일 눈물을 거두고 돌아섰을 때 그들의 삶은 잘 펴나갈 것인지, 잘 살게 될 것인지, 하고 전에 하던 걱정을 여전히 해야 하는 세계의 조바심만 더 키워나갔다.

클린턴 미국 대통령이 미국국민을 대신하여 북한국민들에게 애도를 표한다고 말하고 김의 영도력에 경의를 표한다는 말이 떨어지자 세계는 어떤 반응을 보였던가?

파리의 〈르몽드〉는 사설에서 "5만 4천 명의 'GI'가 고혼이 되었는데도" 하면서 미 대통령의 성급한 조의(弔意)를 꼬집었다. 영국의 더글러스 허드 외무장관은 "역사는 이 사람(김일성)에 대해 친근할 수가 없다"고 논평을 일축해 버렸다(〈인디펜던트〉 7월 11일 자). 미테랑 프랑스대통령은 평양을 다녀온 사람이다. 국내보도에 그가 "위대한 인물…"이라고 김일성을 "찬양"한 것처럼 전해졌는데 이는 그런 뜻이 아니었다. 그의 표현은 "수급(首級)에 들 수 있는 인물"이라고 번역해야 했다(〈르몽드〉 7월 12일 자). 김일성을 위대하다거나 세계평화를 사랑한 인물이라거나 한반도의 큰 별이었다거나 하고 아쉬워한 데는 하나도 없다는 것이 옳을 것이다.

오히려 그에게는 평소와 다름없이 혹은 그보다 더 격렬히 비난 섞인 논평이나 기사가 쏟아졌다. 지독한 표현을 보면 일요지 〈텔레그라프〉(7월 10일 자)는 짤막한 사설에서 제목을 "지옥으로 떨어지다"로 뽑고, "스탈린도, 모택동도, 티토도 모두 벌을 받지 않고 편안히 죽었다. … 하느님이여 지옥을 만들어 주시어 정말 감사합니다"

라고 매듭지은 것.

국내에서는 새삼스레 6·25 논쟁이 일어났다. 참 별난 것을 다 씹는다는 인상이었다. 서구 어느 신문치고 김일성의 과거 족적을 되새기면서 한국동란을 김일성이 일으키지는 않았다라고 쓴 데는 하나도 없다. 몇몇 국제적 성가(聲價)를 인정받고 있는 신문들은 관례처럼 김일성의 죽음에 대해 부고기사를 써 주었다. 거의 전면을 차지한다. 그러나 이 난은 통상 망자(亡者)를 기리어 써주는 편인데 "위대한 수령"의 경우 그의 출생시의 본명이 "김성주"라는 것부터 밝혀가면서 만주에서 시베리아로 잠입한 것, 그리고 소련의 조종으로 조선의 수령위치까지 오른 것, 1983년 아웅산 묘소를 폭파한 것, 1987년 KAL기를 폭파한 것, 더구나 1950년 한국동란을 스탈린의 명백한 동의하에 일으킨 것 등을 빼지 않고 기술했다(〈더 타임스〉; 〈인디펜던트〉 7월 11일 자).

남한에서 김일성 조문을 제쳐놓고 6·25 동란 책임론을 펴자 북한은 "상중(喪中)에도 격렬히 남한을 비방하고 나섰다"고 일제히 보도가 쏟아져 나왔다(〈르몽드〉; 〈더 타임스〉 7월 19일 자). 세상이 다 아는 일을 가지고 입에 침이 마르도록 시비나 해야 할 만큼 우리는 한가할까?

지금 세계의 시선은 후계자 김정일의 신변에 쏠려 있다. 그가 탈없이 북한의 전권을 한 손에 장악하고 나아갈 것인지 아니면 도중에 변개나 격렬한 폭발적 사태라도 생길지 여부에 관심이 쏠려있다.

영국 리즈대학의 한국문제 전문가 에이던 포스터 카터 교수는 〈인디펜던트〉에 기고한 글에서 스탈린과 모택동의 경우를 들어 공산정권의 후계자 계승은 3개월을 지나봐야 한다고 예고했다(7월 11일 자). 〈파이낸셜타임스〉는 남한이나 세계는 김정일의 괴이한 계승을 두고 볼 수밖에 없지만 미국은 급격한 혁명적 사태보다는 낫다고 보는 모양이라고 보도했다. 그리고 그동안 많은 신문들이 김정일과 계모와 이복동생 간의 갈등이 노골화될 것이란 추측도 많이 했다. 또 군부를 다 장악하기란 용이한 일이 아니며 일부 테크노크라트(기술관료)가 반기를 들 수 있을 것이라고 예측했다(〈르몽드〉). 모두 가능성을 배제할 수 없는 일들이다.

이런 난국을 돌파하려면 김정일이 경제개발에 치중하고 문호개방을 추진해야 한다고 제시했다(〈가디언〉 7월 11일 자). 이 보도는 북한 국민들이 더는 정부선전만 먹고살 수는 없을 것이라고 말하고 국민들은 "NO"를 외칠 줄 알아야 한다고 주장했다. 연달아 5년째 마이너스 성장을 하고 있는 북한이 김정일 체제 후 살아남으려면 경제교류밖에 택할 것이 없고 그것도 즉시 해야 한다는 것이 서구의 논조들이다. 김일성은 올해 신년사에서도 "흰 쌀밥에 고기국물을 먹고 명주옷을 걸치는 날이 오도록 하자"고 외쳤다. 이 대목은 과거 10년 이상 해마다 되풀이하고 있는 것이다.

핵개발은 중지될 것이다. 그렇지 않고서야 미국과 관계정상화를 기할 수 없기 때문이다. 김정일이 과연 이만큼 이지적으로 사태를 타개해 나갈 수 있을까에 대해서도 두 가지 시각이 나왔다. 김정일에 대해 국제적 견식이 결여된 자이며 말을 더듬고 여성이나 좋아하고 영화관람만 좋아한다는 부정적 시각과, 이와 반대로 김정일은 CNN을 방수(放受)하여 보는 취미가 있어 국제동향에 민감하다는 긍정론도 있다(크리스토프 다레비치 기자의 〈르포앵〉 기고 7월 16일 자). 김정일은 당장에 핵처리 문제로 미국과의 회담을 재개해야 하고 남북한간의 정상회담도 추진해야 한다. 세계는 그의 능력에 대해 전혀 백지상태다. 특히 그의 살아남는 역량에 대해서는 더구나 모른다.

〈정동칼럼〉 1994. 8. 4

민족과 종족이 엮는 전쟁과 평화

안도라에서 프랑스의 서남쪽 국경선은 피레네 산맥의 능선을 따라 흐른다. 능선을 넘는다는 것이 국경선을 통과한다는 말이 되며 바로 스페인으로 넘게 된다. 이 국경선 중간쯤에 기포(氣泡)처럼 국경선을 양옆으로 밀어제치고 '안도라'라는 조그마한 독립국가가 하나 자리잡고 있다. 기포만 하다고는 해도 국토면적은 467제곱킬로미터. 험준한 산과 산 사이의 계곡 두 개를 이용하여 길게 뻗어 있다.

주위에는 준령이 둘러싸 있어 이 분지 속에 한번 발을 들여놓으면 분지를 빠져 나갈 수 없을 정도다. 북쪽의 카바네트 봉이 2,818미터, 그 옆의 멜러 바위라고 하는 산이 2,811미터, 그 서쪽의 퐁타르장트 봉이 2,778미터, 또 그 서편에 솟은 세레르 산이 2,912미터, 거기서 2,900미터대의 산들이 촘촘히 줄을 이어 가다가 제일 서쪽의 코마 페드로사 봉에 이르면 2,946미터로 제일 높다. 눈을 돌려 남쪽을 보면 네그르 산이 2,701미터이고 그 동쪽에 있는 포르테레타 산이 2,905미터로 다시 바늘처럼 솟는다. 그 동쪽으로는 엔발리타 산이 2,825미터로 안도라 초입의 구절양장(九折羊腸) 같은 찻길을 짓누르고 있다.

산간 마을이라 인구는 많지 않다. 고작 4만 7천 명 정도로 우리나라 한 개 읍의 인구가 전 국민의 인구수이다. 이 인구를 주위의 국가별로 나누어 보면 전 인구의 절반을 넘는 2만 6천 명이 스페인계로 제일 많고 그다음이 안도라족으로 1만 3천 명 정도 그다음이 포르투갈계로 약 4천 명, 프랑스계는 의외로 적어 겨우 3천 명 정도이다.

안도라는 공용어가 안도라 말이다. 그러나 대부분의 주민들은 스페인어가 아니면 프랑스 말을 쓴다. 우체국에서 파는 우표가 프랑스와 스페인제의 두 가지이다. 또 정치형태는 봉건적인 형태가 그대로 남아 귀족칭호가 관직에는 꼭 따른다. 국가원수는 우루젤 가톨릭주교이나 태공의 작명을 붙이고, 또 프랑스의 대통령이 상징적으로 안도라 원수를 겸하게 되어 있어 미테랑 대통령은 대통령 전하이다. 공화제와 귀족제가 이 칭호에서는 공존하는 것이다.

공존하는 것은 이것뿐이 아니다. 언어도 잡다한 언어들이 공존하지만 종족도 안도라에서는 떳떳이 공존한다. 더구나 이 나라에서는 주민의 반이 스페인계이고 안도라 순종이라 할 수 있는 주민은 2위로 처져 있으나 그것 때문에 티격태격했다든지 민족 분규가 발생했다든지 하는 일은 없다. 과거와 현재가 병행하는 듯한 정치체제를 그대로 유지하면서 잡다한 종족의 피들이 병풍으로 둘러싸인 산간 분지에서 아무 말 없이 천 년을 살아온 것이다.

지금 아프리카 한가운데의 조그마한 국가 르완다에서는 단 두 종족인 후투와 투씨가 벌써 몇 년째 피를 흘리며 싸우고 있다. 그 싸움도 세상의 조류에 따라 중지하고 두 종족이 하나로 뭉쳐 새로 연립내각을 구성하고 종족을 초월한 국가를 만들자고 이상적인 합의를 이루었으나 채 몇 달이 가지 않아 이런 합의는 헌신짝처럼 버려진 것이다. 정부를 같이 구성하려고 들어갔던 소수종족인 투씨를 대통령궁의 후투족 경비대가 하나하나 찾아내어 학살을 자행했다. 이런 테러대상에는 정부의 총리도 들어있고, 총리를 경호하던 유엔평화군의 벨기에 병사들도 포함되었다. 지난 일주일 사이에 이런 종족말살테러에 희생된 사람만도 몇천 명에 달한다.

이 살육전의 발단은 다른 데에 원인이 있는 것이 아니다. 순전히 소수인 투씨가 어떻게 다수족인 후투와 같은 대접을 받고 좋은 자리에 같이 올라갈 수 있느냐 하는 반감에서 나온 소행이다. 유엔군이 증파되고 미국 해병대가 투입되고 또 프랑스 낙하산부대가 르완다 공항을 급습 장악하긴 했어도 종족간의 적개심을 진정시키고 장악하지는 못했다.

종족간의 가장 치열한 싸움을 전개한 곳으로는 남아프리카를 빼놓을 수 없을 것이다. 이 싸움은 종족간보다 인종간의 싸움이라고 표현해야 옳다. 백인과 흑인의 싸움으로. 그러나 이 싸움도 작년부터 마무리를 짓기 시작했다. 백인과 흑인 간의 연정(聯政)을 세우고 공존하기로.

바로 지금부터 한 달 안에는 전 남아프리카의 흑백통합 총선거가 실시된다. 그러나 바로 한 달 전에는 이런 총선실시에 반대하여 남아프리카의 북부 일대에 깔려 있는 주루족이 반란을 일으켜 300명의 인명이 희생되는 사태가 벌어졌다.

남아프리카의 테클라크 대통령은 총선을 강행하기로 하고 반란을 일으킨 콰주루나탈 지방에 3월 31일을 기해 군대를 투입했다. 앞으로의 사태진전은 예측하기 어렵다. 테클라크 백인대통령과 뜻을 같이하여 만델라 흑인지도자가 사태수습에 적극 협조하여 주루족의 반란을 무마시킨다면 사태는 훨씬 빨리 전환되리라고 기대되나 군대가 투입된 현지에서 어떤 사태가 전개될지는 짐작할 수가 없다. 남아프리카에서는 인종적인 마찰을 수습할 수는 있었으나 종족간의 분쟁은 그보다 더 어려운 문제처럼 되고 있다.

남아프리카에 못지않게 심각하게 종족간의 투쟁을 전개하고 있는 곳이 구 유고슬로바키아 지방이다. 이 지역이야말로 '문명의 충돌'이 일어나는 두 문명의 접경선이 통과하는 지역인지도 모른다. 종족이 다르고 종교가 다르며 그 위에 문화사적인 배경이 다 다른 여러 사람들이 어울려 있는 곳이 유고이다.

이곳의 세르비아인은 왕석(往昔)의 영광된 역사를 되찾겠다는 명분으로 유고의 대부분의 땅덩어리를 공략하여 흡수하려 한다. 그들 세르비아는 옛날 유고뿐 아니라 유고 북쪽의 이탈리아, 헝가리 지방까지 석권한 일이 있었고 또 현 유고지역 안에서는 크로아티아인이나 헤르체고비나인보다는 수적으로 많다. 결국 유고에서 세르비아인이 뭐라 변명할지라도 그들의 대야망이 포기되지 않는 한 그 땅에서의 분쟁은 없어지지 않을 것이다.

유엔이 작년 봄 보스니아의 6개 도시(사라예보와 고라즈데를 포함하여)를 보호지역으로 선포하고 이 속의 이슬람교도를 보호하기로 결정한 이후 세르비아인은 접근이 금지된 사라예보나 고라즈데를 차례로 핑계를 대가며 공략하기 시작한 것이다. 지난 3월 29일 이후 고라즈데를 공격하기 시작하여 그동안 죽은 자가 160명, 부상자가 60명에 이르렀다.

결국 유엔이 최후수단으로 미국 F-18기를 동원 이 세르브 공격군을 맹폭격하도록 했다. 그러나 이것이 세르브와 같은 슬라브계인 러시아의 옐친 대통령의 비위를 심하게 상해 놓았다. 조그마한 문명들끼리 충돌하던 것이 큰 문명끼리의 충돌로 번지지는 않겠지만 심히 우려되는 사태가 유고에서는 전개되고 있다.

이외에도 지금 민족간 혹은 종족간 분쟁이 일고 있는 데가 수다하게 있다. 그런가 하면 유럽에서는 EC를 통해 대민족통합체를 구성해 나가는 역현상도 있다. 여러 종족이 살지만 그래도 조용한 데가 안도라이다. 준령(峻嶺)들에 둘러싸였기 때문일까.

〈정동칼럼〉 1994. 4. 16

프랑스 중소기업 ①

180년 전통의 "르와얄" 도자기 — 100명의 평생사원
들레이그 사장 "가업으로 전수" : "완전무결"이 사시

'리모주' 하면 '도자기'로 통한다. 그만큼 리모주 시는 도자기로 유명하다. 프랑스 안에서만 유명한 것이 아니라 세계적으로도 잘 알려진 이름이다. 리모주 시에서 먼저 상공회의소를 찾아가 리모주 시의 도자기 생산규모를 알아보았다. 여기에는 연구관이라는 직책의 젊은 금발부인이 도자기에 대한 일체의 계수를 줄줄 읊어 주었다.

"직영 도자기 공장수 35개소, 종업원 총수 3,298명, 그중 기능공 2,820명, 간부사원 478명, 1995년도 총매출액 5억 390만 4,106 프랑… 그중 41%가 수출액…."

이런 식으로 예비지식을 공급받고 역사를 자랑하는 한 공장을 찾아가 보기로 했다. 위의 숫자 중 리모주 시내에 있는 공장은 모두 19개로 나머지는 리모주 근교라 할 인근지역에 흩어져 있다. 제일 오래된 공장은 70여 킬로미터 남으로 떨어진 생티리에 라 페르셔 마을에 소재, 18세기 말 처음으로 도자기를 굽기 시작하여 지금까지

계속되고 있기는 하나 현대기술의 침식을 받아 지금은 3개 공장에 종사자 100명밖에 안 되는 소기업으로 영락해 버렸다. 그러나 최초의 공장이라는 것과 제품의 질이 뛰어나다는 점에서 자부심은 대단하다.

기자는 이것과 거의 동시에 창업한 '르와얄' 도자기라는 좀 큰 규모의 공장을 찾아가 보기로 했다. 금발의 이 연구관은 공장으로 가는 도중 연신 리모주 시의 도자기 내력을 펼쳐주었다. 그의 얘기로는 리모주 시에서 최초로 도자기를 굽기 시작한 것은 1710년이었다는 것. 그전에는 '백토'를 주로 귀부인들이 화장지우는 비누 격으로 썼다는 것이다. 연구관은 이 백토로써 도자기를 굽는 기술을 중국에서 배운 것이라고 말했다. 이 백토를 '카오링'이라고 부르는데 이것도 중국말 그대로라고 했다. 알고 보니 카오링은 바로 '고령토'(高嶺土)란 말이다. 지금도 리모주 어디를 가나 카오링이란 말을 쓰고 또 기자가 찾아간 '르와얄' 공장은 리모주 일원에 카오링을 이기어 파는 유일한 원료공급원이기도 했다.

'르와얄 리모주' 도자기회사는 1816년 이전에도 존재했던 GDA와 란테르니에 있는 두 회사를 1960년에 통합하여 재발족했다 한다. 리모주 시내 뷔엔강변에 위치한 '르와얄' 공장은 GDA가 창설한 공장으로 리모주 인근에서는 제일 오래된다. 란테르니에는 원료인 카오링을 전국에 도급하던 회사였다. 그래서 지금도 르와얄이 이 영업을 맡아 계속하고 있다. 장 클로드 들레이그 사장은 도자기의 질을 높이고 생산량을 올리기 위해서는 시설투자가 절대 필요하다고 만나자마자 역설했다.

그에 의하면 1954년까지도 나무와 석탄을 큰 토굴 같은 가마에 집어넣어 도자기를 구워냈다고 말하면서 요즘은 가스와 컴퓨터가

도자기 제조의 요술방망이가 되었다고 말한다. 리모주의 많은 공장들이 거의 다 컴퓨터 제어시스템을 도입했고 아직 못한 데는 그대로 낙오자가 되어버린다고 했다. “전통기술의 유지가 더 급한 일이 아니냐?”는 기자 질문에 그는 “비밀스런 기술은 없다”고 딱 잘라 말하면서 “비결이 없다는 것이 비결”이라고 한바탕 크게 웃었다.

리모주의 도자기를 유명케 한 절대요소는 카오링과 이곳의 물, 그리고 전통을 고수하는 직업의식 이렇게 3가지라고 들레이그 사장은 공개했다. 자기 자신 지금도 가마솥에 불을 지피고 다니지만 자기는 아들을 열 살 때부터 이 공장의 전통을 익히게 했다고 어깨를 으쓱한다. 그의 장자인 리오넬 씨는 지금 영업담당 부사장으로 수주전선에서 뛰고 있다. 작년도 매출총액 2,900만 프랑, 종업원수 100명(그중 여직원이 65명)이며, 매출액 중 절반은 수출에서 온다.

사원은 “모두 종신사원”이라고 들레이그 사장은 다짐했다. 그만큼 단합이 잘된다는 얘기였다. 그는 이 사업을 가업으로 계승시키며 이 규모 이상도, 이하도 바라지 않는다고 ‘확장주의’에 반대했다. 제품의 ‘완전무결’을 유지하는 것이 가업을 존속시키는 비결이라고 말하면서 품질검사가 이 공장의 생명이라고 강조했다. 도자기 제조로 대재벌이 될 수는 없다. 그런 속에서 자기 본분을 지키며 정리(情理)와 전통(가통)을 존중해서 기업한다는 것이 이곳의 지방풍인 듯했다.

프랑스 중소기업 ②

샴페인은 협동생산품, 대-소기업이 2백여 년 공생
5헥타르 포도밭에 5천 병을 팔아도 살아간다고

샹파뉴 지방의 주조가 지하실에서는 지금 한참 술이 익어가고 있다. 올해 포도작황은 평년보다는 좀 우수한 편이라 집집마다 '밀레지메'를 많이 담그고 있다. 샴페인은 한 밭에서 난 포도만으로 담그는 일은 드물다. 남의 밭의 포도와 섞어서 빚어야 한다. 모든 주조가가 꼭 남의 포도를 75%가량 써야 하는 것이다. 말하자면 자기 포도밭에서 거둔 포도는 25%밖에 쓰지 않는다는 얘기다. '밀레지메'는 이런 관행에서 벗어나 한 밭에서 난 포도만으로 담근 술로서 '동기간 샴페인'이라고 할까, 좀 독특하다. 이 '밀레지메'는 작황이 좋았을 때만 담글 수 있다.

이처럼 남의 밭 포도를 섞어야 한다는 오랜 습속이 샹파뉴 지방의 포도 재배가와 주조가(酒造家)가 잘 어울리고 협동하는 체제를 만들어 놓았다. 그래서 주가에서는 해마다 단골로 포도를 팔아주는 농가를 '협동가'라고 부르고 있다.

샹파뉴 지방의 에페르네 시에 있는 '샴페인의 집'(CIVC)은 샴페인 양조가들의 총본산이다. 이 집이 포도재배의 지도에서부터 샴페인의 수출까지를 도맡고 있다. 이 집의 섭외책임자 다니엘 로르송 씨는 샹파뉴 지방의 작황을 샴페인의 생산병수로 알려 주었다.

1995년도의 샴페인 제조실적은 2억 4,663만 1천 병이라는 것. 이 중 프랑스 내에 판매된 것이 1억 6천만 병이고 나머지 8,650여만 병은 전량 수출되었다고 한다. 작황이 좋았던 때가 근래에는 1989년으로 생산량은 2억 4,890만 병이었다. 금년도 좋은 편이다. 그러니 집집마다 밀레지메를 담근다고 법석들인 것이다. 작황이 나쁠 땐 생산량이 1억 9천만 병대로 떨어진다. 1985년이 그랬다.

세계 140여 개국으로 수출되는데 한국도 수출시장으로서는 잘 성장한다고 로르송 씨는 한 눈을 찡긋했다. 한국에는 작년 한 해 6,900여 병이 팔렸다. 일본에 180만 병이 팔린 것과는 비교가 안 된다.

샹파뉴 지방에서만 샴페인이 나는 이유는 간단하다. 토질이 좋고 기후가 알맞으며 사람들이 부지런하다는 것 때문이다. '메르시에' 샴페인의 창업주 어젠느 메르시에 할아버지는 평생토록 새벽 5시면 일어난 것으로 유명하다. 130년 전의 얘기가 지금도 에페르네 마을에서는 자랑으로 전해지고 있다. 이 마을 모든 사람들은 포도와 샴페인으로 생활한다. 포도나무나 샴페인 술은 뻐꾸기시계처럼 정확하게 움직이고 정확하게 시보를 울린다.

3월이 되면 포도나무에 움이 튼다. 마을 사람들은 1제곱미터에 포도 순이 15개밖에 남지 않게 가지런히 자르는 일부터 시작한다. 모두 규칙적이다. 술을 담근 다음에는 매일 한 번씩 술병을 돌려주어야 한다. 한 7~8주 동안 계속한다.

샴페인을 양성하는 기간은 법률로 정해져 있다. 모든 술마다 1년

이상 숙성시켜야 한다. '메르시에' 집에서는 3년 이상을 담근다. 그리고 '밀레지메'의 경우는 적어도 3년을 담그도록 하고 있는데 역시 '메르시에' 집에서는 5년 이상을 익힌다. 이처럼 포도와 사람이 한데 어울려 움직여야 신 포도즙이 단맛과 향기와 거품을 적당히 섞은 명품 샴페인으로 바뀌어 가는 것이다.

에페르네 시의 동쪽에 이름이 '샹파뉴 대로'인 거리가 있다. 이 길 양편에는 100년 혹은 200년씩 묵은 샴페인의 양조가(釀造家) 들이 즐비해 있다. 어귀의 '모에 에 샹동'을 필두로 '페리에 주에', '드모아젤', '폴 로제', '카스텔라네' … 해서 제일 끝에는 '메르시에'가 자리잡고 있다. '모에 …'의 집은 궁궐 같다. 정면 높이에 "1743"이라고 창립연대를 박아놓고 있다. 이 집의 샴페인 조성은 굴속에서 한다. 그 굴의 길이가 28킬로미터에 달한다. '메르시에'가 18킬로미터. 그 속은 전기열차라야 다닐 수 있다.

'샴페인의 집'의 로르송 씨는 샴페인회사가 100개 정도이나 제일 큰집은 열 손가락 안에 들고 나머지는 모두 중소기업들이라 했다. 이들 '기업'뿐 아니라 포도재배가(비녀롱) 가 5천여 집이 되고 이들마다 샴페인을 담근다는 것이다. 기자가 찾아간 디디에 레옹 씨의 집도 5헥타르의 포도밭으로 연간 2만 5천 병의 술을 만들고 5천 병을 직판한다고 했다. 이것으로 생계는 유지된다고 말했다. 그러나 여기 큰 기업은 합병해서 점점 커지고 작은 집은 자족하는 선에 머물고 있지만 대-소기업을 포도생산이 서로 밀접하게 만들고 있다는 것.

프랑스 중소기업 ③

지방 전통음식, 식기류 산업은 불황 몰라
뷔르의 훈제소시지, 치즈, 식기류는 건재

프랑스의 중소기업은 변화가 많다. 특히 경기가 하강추세이고 그로 인해 해고사태가 나며 경우에 따라서는 공장이나 업체의 문을 닫아야 하는 일이 비일비재하다. 1995년도의 중소기업 매출실적을 보면 "실적을 올리지 못했다"고 답변한 기업이 77%에 달했다. 1996년도(10월까지)에는 더 나빠져 적자를 봤다는 업체가 90%에 이르렀다. 말하자면 전체 중 10%가 간신히 흑자경영을 했다는 반응을 보인 것이다.

이런 상황 속에서 필자는 지방의 특유산업이 어떻게 유지되고 있는가를 보기로 했다. 노르망디지역 중에서도 칼바도스 마을로 불리는 뷔르란 소읍(小邑)을 찾아보았다. 이 뷔르는 인구 1만3천 명이 될까 말까 하는 소읍이다. 그러나 이 지방은 노르망디에 들기 때문에 낙농물이 많다. 무엇보다도 뷔르읍에서는 훈제고기나 순대 같은 소시지가 유명하다.

소시지와 "앙두여"라는 훈제소시지는 1713년부터 내려오는 이 마을의 전통 특산물이다. 이 소시지 공장들은 거의 가내공업이라 할 정도로 그 규모에서 너무 소형인 탓도 있지만 아셀로 씨 집이나 '당주의 집' 같은 조그마한 공장들도 세상이 아무리 경기타령을 해도 무슨 바람이냐는 투다. 순대 같은 거무튀튀한 소시지 하나를 연기에 찌는 데는 6주나 8주가 걸린다. 이것을 찔 때는 꼭 너도밤나무만을 사용해야 한다. 옛날에는 이 마을에서 훈제소시지를 만들 때는 하늘에서 해를 볼 수 없었다 한다. 이런 훈제공장이나 가내업은 그대로 작업을 오늘날에도 계속하고 있다. 여기에는 실업(失業)이란 말이나 도산(倒産)이란 말은 해당이 되지 않는다. 200여 년 내내 수제소시지를 꼭 같은 방법과 꼭 같은 원료로 만들어 내고 있는 것이다.

이처럼 지방의 전통산업은 비록 규모가 작고 수입이 적다해도 잘 유지, 존속되고 있음을 알았다. 바깥바람을 타지 않는 것이다.

뷔르의 동북쪽에 상공업 개발단지가 있다. 이 단지 어귀에 잘 알려진 '꾀르 드 리옹'(사자 심장)이라는 상표의 치즈공장이 있다. 이 공장의 지배인인 클로드 뒤마르세 씨 얘기도 치즈공장은 잘되고 있다고 했다. 그는 '카망베르' 치즈가 프랑스 시장에서 19.4%의 점유율을 나타내어 프랑스에서는 단연 사자표 카망베르가 1위라는 것이다. 차점이 17.8%로 이 동업자를 따라내기 위해 프랑스의 상업 텔레비전 방송망을 총동원하여 하루 85스포트까지 사자표 카망베르를 내보냈다고 말했다. 9종의 치즈를 생산하는 중 '쿨롬니에'가 시장 점유율에서 차점을 차지하지만(14.8%, 수위는 16%) 판매신장률에서는 놀랍게도 연간 27%라고 했다. 문제는 어려울수록 홍보가 약이 된다는 얘기를 해주었다.

지금의 공업단지에 제일 먼저 들어선 업체가 '타블드 프랑스'라는 주방기구를 만드는 공장이다. 16세기부터 '그리유스'라는 상표로 식기류를 만들어왔고 1948년에 귀이 드그루네 라는 창업주 후손이 다시 선대의 사업을 계승, 부활시키기로 하고 일군 공장이다. 뷔르 단지로 옮긴 것은 1984년이었다. 식사 때 쓰는 포크, 나이프, 수저, 접시, 물통 등 금속용구를 주로 만들고 이를 도금, 채색한다. 공장을 옮긴 후부터 연간 신장률은 평균 7%로 지금은 프랑스의 주방용기구의 시장점유율 43%를 차지하고 있다. 작년도 매출액은 6억 1,200만 프랑으로 순이익이 2,970만 프랑에 달했다. 매출액에서는 아직도 중기업의 범주에 들지만 신장률, 시장 점유율 그리고 1,500명의 고용원수를 보면 거의 중소기업을 졸업하고 있다. 전통기업이 살아남아 번창한 좋은 예를 보여주었다.

뷔르란 작은 마을에 공업단지까지 만들 정도라면 이 지방의 기업에 대한 열의는 대단한 것이다. 이 단지에는 지금도 중소기업들이 공장을 건설하고 있다. 뷔르뿐 아니라 칼바도스의 타지방에서도 이 단지를 찾아온다고 한다. 6개의 소구역으로 나누고 구역마다 벌써 20개 가까운 공장과 점포들이 들어섰다. 노르망디의 전통치즈와 순대와 식기제작공장이 그중에서도 제일 바쁘게 돌아가고 있다.

프랑스 중소기업 ④

프랑스 향수산업 "제3기"로 줄달음
중소기업에서 탈피, 대기업에 흡수돼 가

칸에서 북쪽으로 언덕길을 버스로 올라간다. 한 40분쯤 달렸을까, 그라스 마을이 띄엄띄엄 눈에 들어온다. 그라스 시내의 비좁은 언덕 광장의 정거장에서 차를 내려 또 걷기 시작했다. 향수협동조합을 찾아서다.

'그라스'라 하면 프랑스 향수의 절반 이상을 생산해 온 마을이다. 마을이 작기는 하지만 건물 하나하나가 모두 화사하고 예쁘다. 향수를 파는 일류상사들이 지은 상점과 아틀리에라서 그런지 모른다. 언덕길을 올라가다 같이 걸어가는 노인을 만났다. 아침산책에 나온 듯했다. "향수공장이 많이 줄어들었다고요?" 하고 기자가 먼저 말을 건넸다. 노인은 걸음을 멈추지도 않고 대꾸해 주었다. "이제 한 스무개 남짓 남았을까…." 노인은 언덕 아래에 보이는 골짝을 가리키며 고개를 내저었다.

마을에 들어서자 향수냄새가 코를 찌른다. 예나 지금이나 마찬가지라 생각했다. 그라스라 하면 향수 외에 다른 것이 없다. 마을 언덕을 넘어 알프스의 고원지대에 가면 봄, 여름, 가을철에는 만화방창(萬化方暢)이란 말 그대로 온 들에 꽃이 수북이 핀다. 이 꽃을 따다 향수를 짜서 전 세계로 팔아 왔었다.

향수조합(정식명칭은 '향료품 생산 전국조합'—PRODAROM)의 과학연구담당관이란 색다른 직함을 가진 샤를 르탕플리에 박사는 향수공장이 줄고 향수산업이 찌들어 가고 있지 않느냐는 기자의 '상식'을 한마디로 부인해 버렸다. "향수산업은 예전과 똑같다"라는 것이 그의 첫 대답이었다. 단지 회사나 공장의 주인은 많이 바뀌었고 또 제품의 종류도 상당히 달라졌지만 산업으로서는 총매출액에 변화가 없다는 것이다. 노인의 '체감수효'라 할까, 공장이 줄어들었다는 말은 여기서는 잘 통하지 않았다.

르탕플리에 연구관의 말에 의하면 프랑스 내의 향수공장은 모두 70개인데 그중 30개가 그라스에 아직 자리잡고 있다는 것이다. 이들 공장의 규모는 그 종업이 고작 500명이 될까 말까 하지만 그런대로 공장마다 자기 제품의 특성을 잘 가꿔왔다는 말이었다. 프랑스 전체의 향수 생산량은 대체로 연 60억 프랑이고, 그중 3분의 2가 향수류이며 3분의 1이 향료류인데 이들 중 그 절반을 그라스 마을에서 아직도 생산하고 있다는 것이다. 프랑스의 향수가 차지하는 세계시장의 비중은 약 16%이다. 그라스에서 생산된 향수나 향장류들은 미국, 독일, 일본 시장에 팔려나가며 향수제조 원료를 중국, 이집트, 이탈리아, 미국 그리고 인도네시아에서 수입하고 있다.

'원료' 가운데는 꽃잎이 대부분이지만 풀, 나무껍질, 뿌리, 열매 그리고 동물 체내에서 뽑은 향료에 이르기까지 다양하다. 르탕플리에 박사는 "이제 그라스에는 꽃 단지가 없다"고 놀라운 얘기를 해주었다. 꽃이 피던 그 자리는 다 갈아서 부동산업자들이 휴양별장들을 짓고 있다고 했다.

꽃으로 그리고 꽃만으로 향수를 만들던 시대는 지나갔다. 오늘날에는 향수의 합성품이 날개를 펴는 세상이 돼버렸다. 합성향수라 하지만 처음에는 여러 생명체에서 뽑은 향취를 '합성'했다(대표적인 제품이 '샤넬넘버5'). 지금은 아예 화학처리로 향수를 만든다. 언젠가는 완전 화학제품이 나올지도 모른다. 그라스에서 향수산업이 명맥을 유지하고 있는 그 그늘에는 제조방법이 다양해진 향수를 만드는 회사도 끼어 있어 그렇다. 생명이 만들어낸 향취와 과학이 합성해낸 향료 간의 경계는 꼭 가운데를 가르고 있지는 않다.

또 향수공장은 자본을 많이 투하해야 하나 규모는 클 필요가 없게 되었다. 그 때문에 외국자본이 그라스에는 물밀 듯이 유입되고 있다. 미국, 독일, 스위스, 캐나다 등은 그라스에서 '다국적회사'를 차렸다. 그리고 일부 회사는 꼭 그라스에 있을 필요가 없다 하여 파리나 리옹으로 옮겨가 버렸다. 외국자본의 침식과 그라스에서의 '액소더스'는 그라스에서 그리 즐겁지만은 않다. 꽃밭이 사라진 그라스. 향수산업의 '제 3기'라 할까, 기자는 과학관이 가르쳐준 '프라고나르' 향수공장을 구경하기 위해 그라스의 언덕을 내려갔다.

프랑스 중소기업 ⑤

사그라지는 리옹의 견직공장… 50여 채 남아
명성 떨친 직공 '카뉘', 지금은 '인간문화재' 격

리옹은 옛날부터 명주천을 짜던 도시로 그 이름을 떨쳤다. 전 프랑스에서뿐 아니라 유럽전체 그리고 한국에서까지 리옹은 실크 생산으로 유명했다. 우리나라의 견직물(絹織物) 산업이 시들해지는 것과 마찬가지로 리옹도 세상의 조류에 따라 '소와'(실크) 공업이 점점 사그라지고 있다. 그래도 실크산업은 리옹에서만 유지되고 있어 리옹의 언덕배기 마을 크로와 루스에 가보면 명주틀 돌아가는 소리가 아직도 요란스럽다.

리옹에는 대소 다 합쳐 지금은 50여 채의 공장들이 남아있다. 그 중 대부분은 소기업들이고 대기업은 4, 5개 정도뿐이다. 대기업이라 해봤자 연간 매출액이 3~6천만 프랑이므로 중소기업에 든다. 소기업 중에서는 명주천도 짜지만 다른 직조를 하는 경우도 많다. 말총으로 신제품을 개발, 재미를 보는 곳도 있다. 전업을 해야 하기 때문이다.

리옹에서 명주천 생산으로 이름난 곳은 '타시나리 에 샤텔' 그리고 '프렐에 시', '티사지 보네', '스파트 에 콩비에' 공장들이다. 이들이 리옹 실크산업의 명맥을 유지하고 있다. 공장규모도 크지만 그 공장을 지켜온 역사가 길다. 한 2, 3백 년은 된다. 여기서는 요즘 고속 직조기를 사들여 새 모습으로 개조하고 있다. 옛날 수공업시절에는 하루 2~3센티미터밖에 짜지 못했고 왕궁에서 주문한 대형벽걸이 타피스리 한 장 짜려면 17년이 걸렸다고 했다. 베르사유궁전 내에 걸려 있는 타피스리, 벽 도배천, 커튼이 대부분 리옹의 땀에 절여진 수제품들이다.

'타시나리 에 샤텔'의 홍보담당인 디미트리 소브리니 씨의 설명에 의하면 옛날 수공업공장이 10단위를 짰다면 20세기에 들어서는 새 기계로 100단위를 짰고, 지금은 울트라 신기계로 1000단위를 짠다고 했다. 리옹에 남아 있는 대공장들은 한참 시설투자에 열을 올리고 있는데 이들은 실크산업이 사양길에 접어들었다는 것을 모르고 있는 것 같다.

실크산업은 직조에서부터 판매에 이르기까지 광범위하게 자체개조를 하고 있다. 물론 대기업 중심이다. 실크산업에서 소기업들은 퇴락하고 대기업이라 하는 중기업들만이 리옹의 옛 영광을 되찾으려는 듯 전력투구하고 있다. 옛날 실크직조의 기술자로 뛰어난 사람들을 '카뉘'라고 했다. 옛날 한참 때는 3만 명이나 되었지만 지금은 공장따라 몇 명 정도가 남아 있다. 리옹의 '인간문화재'들이다. 이들도 새로운 기계가 들어오면 언젠가 또 물러나야 한다.

기계뿐 아니라 컴퓨터도 한몫을 거들고 있다. '타시나리'사에서는 얼마 전(12월 2일)부터 인터넷 컴퓨터를 이용, 세계시장을 상대로 새로운 마케팅을 시작했다. '타시나리'의 사장 장 밥티스트 드 벨르

시즈 씨는 "실크가 군함이나 미사일 혹은 최신 전자기기와 다를 것이 뭐 있는가? 정치적 안목에서 본다면 세계 도처에 파고들어 갈 수 있는 고급상품이다"라고 기자에게 기염을 통했다.

실크와 미사일—마케팅의 좋은 주인공이 될 수 있겠다. 그는 앞으로 얼마가지 않아서 실크도 10억 프랑의 수출실적을 올릴 수 있을 것이라고 말했다. 그가 시작한 인터넷 마케팅으로 벌써 100여 군데에서 주문이 쇄도했다. 이대로라면 매출액을 25% 정도 높이는 데는 문제가 없을 것 같다.

견직물이 아직은 고가품이다. 가격 때문에 시장확장이 어려움을 겪고 있는 것이다. 이에 대해 소브리니 홍보이사는 "신기계의 설치로 가격은 종래의 50% 정도 내려간다"고 장담했다. 이렇게 된다면 실크시장에 또 한 번 폭풍이 불어닥치겠다. 신기술개발, 신기계 가동, 신시장 확보가 지금의 '타시나리'사의 큰 과제이다.

'타시나리 에 샤텔'사는 1680년에 창립되었다. 왕궁의 조도품과 의류를 주로 도맡아 만들었다. 프랑스뿐 아니라 유럽대륙의 곳곳에서 주문들을 했다. 지금도 스페인 왕실은 타시나리 제를 많이 쓰고 있다. 프랑스 대통령 집무실인 엘리제궁을 비롯해 미국 대통령궁인 백악관에도 타시나리의 우아한 제품들이 빛을 내고 있다. 연간 매출액 3,200만 프랑, 고용원 65명에 5명의 '카뉘'가 있다. 작으나 큰 공장이다. 그리고 리옹에서는 견직공장으로 마지막이 될지 모른다.

프랑스 중소기업 ⑥

파리시내의 수출업체 '귀이 발자로티' 가구공장
프랑스 전체 수출의 47%를 중소기업이 담당

파리 남쪽의 종합전시장에는 신년 초 중소기업이 중심이 된 상품 전시회를 연다. 주로 가구생활용품 실내장식품 등 목공업품들이 선을 보이는 것이다.

파리12구의 나숑 광장 근처에 공장을 차려 놓고 있는 귀이 발자로티 씨도 지금 전시회에 내어놓을 가구들을 손질하느라 정신이 없다. 요즘은 야간작업도 해가면서 제품을 만든다나. 이 공장에서는 프랑스의 전통적인 가구들만 만든다. 즉 루이13세, 14세, 15세대와 루이 필립, 제정기, 나폴레옹 3세 등 각 시대의 전통적인 양식을 본뜬 가구를 만들어 내는 것이다. 여기서는 통나무를 크기대로 자르는 외에는 일체의 작업이 손으로 이루어진다. 전부가 수공품이다. 의자 덮개의 천을 두를 때 그 많은 잔못을 직공이 일일이 꼬마망치로 쳐서 박아 넣고 있었다. 전형적인 프랑스 중소기업의 모습이다.

이 공장에서는 직판을 하지 않고 전부 제작만 한다. 큰 덩어리의 주문이 있을 때는 직접 고객과 마주치는데 대회사, 호텔, 대형건물에서 일식으로 내부 조도품들을 주문하는 일이 많다. 공장부지는 5천 제곱미터에 달한다. 파리에서는 2, 3번째 가는 큰 공장이다. 이 공장은 1936년에 현 사장 귀이 발자로티 씨의 부친인 샤르를 씨가 창시했다. 귀이 씨는 선대로부터 사업을 물려받은 것이다.

"우리 공장은 목재 다듬는 일에서부터 조각 본뜨는 일, 파는 일 그리고 칠을 먹이는 일, 천을 고르는 데서부터 못으로 천을 박는 일까지 전부 수작업으로 해 나갑니다. 끌과 망치와 붓과 자 이외는 아무것도 없는 곳이지요." 귀이 발자로티 사장의 얘기이다.

이 공장에서 제작하는 가구의 모델은 무려 800가지이다. 공장 구석구석이 가구의 뼈다귀로 꽉 차 있다. 한 달에 천 개의 각종 가구를 만들어내고 1년에 최소 600가지의 모델을 다듬어낸다고 했다.

이 공장의 종업원은 사장 포함 60여 명밖에 되지 않는다. 생산직이 30명에서 35명이고 행정직이 10명 그리고 재택근무자라 하여 주문생산을 하는 직공이 10~15명이다. 종업원들의 나이는 대체로 많은 편이다. 퇴직기를 넘어서서도 여기서 그의 기능을 발휘한다는 것이다. 귀이 사장은 "우리는 문화재를 만드는 곳이라 다른 데와는 달리 정년 이후의 사람도 특별히 쓴다"고 말했다.

붓으로 니스칠을 하는 한 노인은 한사코 사진촬영을 피하면서도 "내 손이 가지 않으면 이 의자는 빛을 낼 수 없어요"라고 말하면서 재목에 따라 몇 벌 칠을 먹여야 하는지 감촉으로 알 수 있다고 했다.

'귀 발자로티 가구회사'의 연간 매출액은 2,500만 프랑이다. 파리에서 두세 번째 가는 회사의 매출액이 이처럼 적다는 것은 프랑스의 중소기업들이 얼마나 단출한가를 말해 준다. 이 매출액 중 38%는 수출에서 얻은 것이다. 이 공장은 미국에 지사도 하나 두고 있다.

수출선은 미국, 독일, 벨기에 등이고 브뤼셀에는 트이드 마트라는 큰 가구상과 계약, 베네룩스지역에의 '침투'를 돕고 있다는 것이다.

"우리의 목표는 수출확대보다는 내수시장 확장입니다. 온 프랑스에서 우리집 가구를 탐내는 날이 있으리라 믿습니다."

귀이 발자로티 사장의 말에서 프랑스 상공인들의 독특한 긍지를 알 수 있었다. 자기를 자신하고, 자기 제품을 아끼며, 한없이 개발하면서 프랑스가 가지는 높은 가치를 언제나 빛내겠다는 기업인의 자세를 귀이 발자로티 사장은 물론 그동안 기자가 프랑스 전역을 돌아보면서 만나고 취재한 모든 기업인들에게서 그대로 엿볼 수 있었다.

전 프랑스에 217만 개의 중소기업이 있다. 이에 종사하는 인원은 850만 명으로 상공업에 종사하는 인구의 65%를 차지한다. 중소기업이 전 산업에서 차지하는 비중은 크다. 수출에 관계하는 기업은 프랑스에서 14만 개밖에 되지 않지만 전체 수출 중 47%를 중소기업이 담당하고 있어 역시 여기서도 중소기업의 대외적 역할은 상당히 큰 것이다. 중소기업 총연합회 회장인 루시앙 르뷔펠 씨는 11월의 전체회의에서 "프랑스의 수출증대는 정부의 중소기업 지원 여하에 달려 있다"고 정부의 지원을 촉구했다.

제 5 편

특파원이 만난 사람들

특파원이 만난 사람들 ①

특파원은 많은 사람과 접촉하게 된다. 아니 계획적으로 접촉을 갖는다. 그중 하나가 회견(인터뷰)이란 형식을 통한 접촉이다.

인터뷰는 평범한 사교담을 늘어놓는 것과 다르다. 그렇다고 상대와 대면하여 심문하듯 캐내기만 하는 것은 아니다. 인터뷰는 우선 상대방에게 이쪽의 회견이유를 충분히 이해시켜 놓고 가급적이면 상대방이 이 인터뷰에서 자기의 견해를 조리 있게 피력해 나갈 수 있도록 해주어야 한다. 무턱대고 찾아간다거나 갑자기 들이닥쳐서는 제대로 인터뷰를 할 수 없다. 이런 것은 기자가 지녀야 할 기본적인 매너이지만 때때로 이런 '격식'을 꼭 제대로 갖추지 못할 경우도 더러는 있다.

필자가 유럽에 머무는 동안 수많은 인터뷰를 가졌다. 어떤 기획이 머리에 떠오르면 그 일을 지상에 충분히 처리해가는 과정에서 꼭 인터뷰를 갖는 것이 필요한가를 한 번 생각하게 된다. 물론 어떤 기사를 쓰려면 참고로 관계자들을 여러 사람 접촉해야 하므로 그때도 광의의 인터뷰를 갖는 셈이지만 여기서 필자가 말하는 인터뷰는 한

주제에 한 사람이나 소수인원의 선별된 인사에게 집중적으로 견해를 타진하는 협의의 인터뷰를 말한다.

인터뷰를 통해 기사화될 문제를 심층까지 파고 들어가면 독자들에게 체계적으로 문제를 이해시키고 또 소화할 수 있도록 시야(視野)를 넓혀 준다. 인터뷰가 한 사람을 상대로 진행되었을 때 거기서 얻어진 문제의 분석, 추리, 결론 등은 모두 그 사람의 시각에서 이루어진 것이고 꼭 독자들도 그런 시각을 지녀야 한다는 것은 아니다. 독자들이 독자들대로 문제를 파악하는 데 한 방편으로서 인터뷰가 제공될 뿐이다. 인터뷰가 가지는 의의는 사실 거기서 끝난다. 모든 인터뷰는 기사와 마찬가지로 '도그마'가 될 수 없다. 한정된 대상한테서 국한된 견해를 듣고 이것이 전부라고 해서는 안 된다.

인터뷰 가운데는 문제 자체보다는 인터뷰에 응한 인물 자체를 통해 그의 사상 속에 뿌리를 내린 문제의 근원을 캐보는 것이 있다. 우리의 사회나 역사는 사람이 중심이 되어 전개되어가고 발전해 간다. 어떤 문제에는 반드시 중추를 이루는 사상이 있고 그 사상에는 핵심을 이루는 인물이 있다.

〈뉴욕타임스〉의 C. L. 살즈버그 혹은 〈르몽드〉와 〈누벨오브세르바퇴르〉의 기고가 장 라쿠튀르 같은 사람은 이런 인물을 쫓는 인터뷰를 부지런히 가졌던 좋은 예를 보여준 기자들이다.

에드거 스노는 중공(中共)의 생성에서부터 성장을 꾸준히 지켜보면서 중공 속에서 중공의 중추인물과 부단히 접촉했고 거기서 얻어진 중공 내막과 지도층에 대한 기사·저술은 다른 기사들을 압도하여 왔다. 또 오스트레일리아의 다른 버네트 기자는 서방측(특히 미국 국무성이나 국방성)의 비위를 거슬러 가면서도 발이 닿기 어려운 월맹 내부 깊숙이 들어가 월맹에 대한 보도 그리고 인터뷰를 거의 독점적으로 해내었다. 그의 보도태도가 상당히 편향되어 있었다는 흠은 있어도 한 사회집단의 핵심에 부딪치면서 이를 외부세계에 전달하는 기자로서의 임무를 다하는 독특한 전형이 되었음을 부인할 수 없다.

필자도 파리에 머무는 동안 부지런히 인터뷰를 가졌다. 그것은 유럽의 사람을 알자는 것이 첫째의 동기가 되고 그다음으로는 이 사람들의 입을 통해 우리나라 독자들에게 문제의 판단을 직접 들려주자는 욕심이 또 그 이유가 된다. 유럽에서 배워야 하고 유럽사람한테서 뽑아가야 할 것이 많다고 할 때 인터뷰처럼 적합한 방법은 없다. 그래서 필자는 자주 인터뷰를 계획하고 신청했다.

인터뷰 기사란 앞서 밝혔듯이 원자재 이상의 것이 되지 못한다. 독자에게 생소한 것이 되는 수가 왕왕 있다는 결점이 있지만 그 재료를 독자가 마음껏 다루도록 하는 데는 인터뷰 기사보다 더 나은 것이 없으리란 생각에서 인터뷰를 자주 가졌던 것이다.

그러나 인터뷰를 신청했을 때 상대가 다 OK하고 나선 것은 아니다. 필자가 몇 번 시도하다가 끝내 이루어지지 못한 석학, 정치인도 상당히 있다. 인터뷰 거절의 이유는 몇 가지로 생각해 볼 수 있다. 첫째로는 본인이 공교롭게도 시간을 낼 수 없어 응하지 못하는 경우, 둘째로는 인터뷰 자체를 싫어해 응하지 않는 경우, 셋째로는 상대를 선택적으로 대하는 데서 어떤 때는 응하고 어떤 경우에는 거절한다…는 등, 특히 세 번째 경우는 내가 아시아의 분단된 조그마한(적어도 당시에는) 나라의 기자라는 이유도 포함되었다.

유럽문제나 공산권에 관해 권위 있는 견해를 피력해 오는 E. H. 카, 그리고 런던대학의 레너드 샤피로 교수는 필자에게 인터뷰에 호응치 못한다는 이유로서 "저널리스트의 회견에는 응하지 않고 있는 관례를 밝히며 양해를 구하노라"고 거절해왔다. 거절을 당한다 해도 분명한 이유를 대면서까지 사정을 말하는 데는 오히려 번거롭게 한 것이 미안해지는 법이다.

조르주 퐁피두 씨가 드골 대통령의 10년간의 보필(그중 6년간은 수상으로서)에 종지부를 찍고 사임했을 때 필자는 그에게 단독회견을 신청했다. 얼마 후 퐁피두 씨는 자신의 친서로 조용히 지내고 싶어 회견에 응하기 어렵다는 회신을 보내왔다. 그는 사임 후 기자들을 멀리했지만 기자들은 그를 끈질기게 따라다녔다. 그가 로마에서 차기정권을 인수할 생각이 있다는 폭탄선언을 했을 때 그를 쫓던 기자들은 비로소 보람을 느꼈다.

발레리 지스카르 데스탱 씨와 프랑수아 미테랑 씨에게도 대통령 선거가 한참 진행되고 있을 때 특별회견을 희망했다. 지스카르 후보는 지방유세로 특별회견이 어렵다는 사정의 회신을 보내왔으나 미테랑 후보는 아무런 회답도 보내오지 않았다. 물론 이때는 단독회견보다는 단체회견이 번번이 열리고 있을 때라 꼭 아쉬운 것은 아니었으나 차분히 이들 후보의 새 프랑스에 대한 청사진을 들여다보고 싶어 필자는 인터뷰를 특별히 신청했던 것이다.

그동안에 가졌던 수많은 인터뷰 가운데서도 지금까지 하나의 추억으로 남을 수 있는 것은 아놀드 토인비 박사와의 회견이다. 토인비 교수와 처음으로 상면한 것은 내가 파리특파원으로 상주하기 훨씬 전인 1964년이었다. 그해 4월 런던 서북쪽의 스트랫퍼드-어폰-에이번 시에서 셰익스피어 탄생 400주년 기념행사가 대대적으로 거행되고 있었다. 그때 나는 프랑스 중부의 비시에서 열린 세계기자연맹(IFJ)에 우리나라 관훈(寬勳) 클럽을 회원으로 가입시키기 위해 한국대표로서 혼자 참석하고 있었다. IFJ에서 한국 언론단체의 가입이 처음으로 실현되자 본사에서는 곧 발길을 돌려 스트랫퍼드로 달려가 기념행사를 취재하라고 독촉해 왔다.

런던에 들렀을 때 필자의 대학동기동창인 이남기(李楠基) 영사(전 필리핀 대사)를 만나 토인비 교수를 만날 수 있겠는가 타진해 줄 것을 부탁하고 스트랫퍼드로 떠났다. 스트랫퍼드에서는 여러 가지 행사가 벌어지고 있었고 그중에는 연극회와 연주회도 있었다. 좀 여담이 되지만 마침 필자가 트리니티 교회에 닿을 무렵 예후디 메뉴인이 바로크 실내악단과의 연주를 시작하고 있었다. 연주를 마치고 성당 뜰을 나올 때 필자는 메뉴인에게 간단한 인사를 하고 그와 뜰에서 얘기를 나눌 수 있었다. 그는 생면부지의 이방인을 취재기자라는 한마디에 친근한 지기(知己)처럼 대해주었다. 스트랫퍼드하면 지금도 나는 셰익스피어의 생가와 더불어 희대의 대(大)바이올리니스트 메뉴인이 제일 먼저 뇌리에 떠오른다.

런던으로 돌아와 보니 이 영사가 토인비 교수와의 회견일자를 약속해 놓고 기다리고 있었다. 그 날짜 그 시각에 나는 속기사 아가씨를 한 사람 대동하고 토인비 교수를 그의 연구소로 찾았다.

이것이 토인비 교수와의 첫 회견이 되었다. 그때까지만 해도 토인비 교수의 유명한 《역사의 연구》란 사학(史學)의 금자탑 같은 방대한 저술에 관해서는 우리나라에도 잘 알려져 있었으나 그와 직접 대면하여 우리의 입장에서 대화를 나눈 사람은 없었다. 필자는 토인비 교수가 선뜻 인터뷰에 응해준 것이 진심으로 고마웠다. 그때 토인비 교수한테서 받은 인상이 꼭 메뉴인에게 얻은 자상하고 순박하고 정에 넘치는 그런 인상과 너무나 닮았었다.

그 후 토인비 교수와 다시 만난 것이 1968년이었다. 그리고 또 한

번 만난 것이 1972년. 만 4년마다 토인비 교수와 회견을 가진 셈이다. 72년에 만났을 때는 다음 회견이 76년이 되겠노라고 서로 웃으며 말하고 헤어졌다. 75년 정초 토인비 교수는 이사를 했다고 새로 옮긴 주소를 담은 엽서를 파리의 필자 집으로 보내왔다. 그러나 그해 9월 필자는 파리를 떠나 서울에 돌아왔고, 10월 22일 뜻밖에도 토인비 교수가 장서(長逝) 했다는 부보(訃報)를 접했다. 76년으로 잡아두었던 박사와의 '정기회견'은 영영 이루어지지 못하고 말았다.

질문을 하면 바싹 다가앉아 듣고선 높은 소나무 가지에 바람이 스치는 것 같은 목소리로 눈에 광채를 띠며 대답을 해주던 모습은 지금도 잊을 수 없다. 1964년 처음으로 토인비 박사를 회견했을 때는 나나 동행한 친구 이 영사는 두말할 것도 없고 속기사인 영국 아가씨까지 두 손을 들 만큼 박사의 말씨는 무척 빨랐다. 그러던 것이 68년에 만났을 때는 상당히 느렸었고, 72년에는 더 말이 처졌다. 76년에 회견이 이루어졌다면 아마 박사는 가만히 미소만 지었을지 모른다.

돌이켜보면 내가 만난(인터뷰한) 인사들 중 몇몇 분들이 그새 타계했다. 앙드레 말로, 보프르 장군 그리고 예후디 메뉴인….

앙드레 말로는 몇 번인가 편지를 낸 끝에 회견이 이루어졌다. 해외여행, 건강부조 등이 그때마다 이유였으나 1974년 6월에는 때마침 한국일보 창간 20주년이라 이를 기념한 특별회견이라고 우기다시피 하며 응낙을 받아내었다. 그때는 일본 여행중이었지만 소피 드 빌모랭 여사(말로의 연인 루이즈 드 빌모랭의 동생)가 회견에 응할 것이란 회보를 보내온 것이다.

말로는 약물과용으로 언어장애의 증상을 때때로 보여왔고 이따금 텔레비전에 나타났을 때 보면 말 한마디 한마디가 목청을 훑어서 나오는데 여간 고생스러워 보이지 않았다. 필자는 과연 인터뷰에서 고통스러움을 겪지나 않을까 하고 염려했지만 그의 말씨는 거의 정상에 가까워 한 시간 남짓 계속된 회견에서는 누구도 고통스런 지경을 당하지 않고 넘길 수 있었다.

회견도중(만났을 때나 헤어질 때도 그랬지만) 말로 옹은 한 번도 웃지 않았다. 그의 표정에서는 웃음을 찾아볼 수 없었다. 그렇다고 화가 난 얼굴도 아니었다. 웃지 않는 데서 오는 신비감. 드골 장군이 처세의 잠훈(箴訓)처럼 지니고 다닌 말이지만 말로한테도 이런 구석이 바위처럼 도사리고 있다는 것에서 그는 영락없는 "드골 사람"이었다.

질문을 하면 그의 형형한 동광이 더 빛을 내며 뚫어지게 쳐다보곤 했다. 그러고선 엄정한 표정 그대로 또박또박 대답했다. 그의 말이 던지는 상(像)과 의미는 얼핏 포착하기가 어려울 만큼 때로는 밀도 높은 시어(詩語) 같았고 때로는 한갓 예언가의 점사(占辭) 같기도 했다. 어디까지 내려가야 바닥에 닿을지 모를 해구(海溝)와 같은 것이 그의 대답이었다고 형용하면 가장 적합할 것이다.

그때의 회견에서 가장 강렬하게 받은 인상은 말로가 기계(機械)에 대해 무한하게 경이를 나타내면서도 심히 경원하고 있다는 사실이었다. 프랑스 대통령선거 때는 분명히 지스카르 데스탱 후보의 적수였던 샤방 델마스를 지지하고 나섰고 그를 위한 찬조연설을 텔레비전을 통해 전국 유권자들에게 해야 한다고 주장했다. 선거 찬조연설로서는 아무런 가치가 없는 말을 했고 결국 그가 하고 싶은 말을 이 시간을 통해 거지반 해버린 것밖에 되지 않았다.

그러나 그의 말은 전파미디어가 정보문화의 새로운 총아로 등장한다는 것을 선언한 것이고 전파미디어에게 대담하게 교육의 기능을 양도하라고 주장하는 것 같은 내용이었다. 그의 문명관(文明觀)이 튀어 나왔기 때문에 선거에는 소용이 닿지 않았을지라도 연설치고는 드물게 찾아지는 가치를 지닌 한 시대의 예언이었다. 이런 그의 전파미디어라는 기계와 현대문명에 대한 상관관계론이 필자와 만났을 때는 어떤 경고로 변해가고 있었다.

"기계가 인간을 좀먹는다"는 것이 그의 제일성이었다. 텔레비전 연설 때와 견주어 보면 어처구니없을 정도로 반 기계론자가 되어 있었다. 그 후 프랑스 국내기자들과 회견하는 자리에서도 그는 기계의 인간파괴를 쉬지 않고 선언했다. 오늘날의 컴퓨터 발전과 보급의 속도를 보면 사실 새로운 기계반응 시대가 개막되는 것이 아닌가 하고 느껴진다.

이미 컴퓨터는 어느 일면에서 인간이 따라갈 수 없는 머나먼 지적 프런티어에 다다랐다. 인간이 컴퓨터가 내뱉은 데이터에 의해 자신도 모르게 관리되고 있다는 점에서 말로의 우려 또한 옳다고 해야 할 것이다. 필자는 더 이상 반문하지는 않았다. 물론 말로도 경종을 곧 "행동으로" 하고 생각지는 않았을 것이고 또 그의 생각이 마지막이자 전부라고 믿지 않았을 테니까.

토인비와 말로, 이 두 분을 특파원 생활중에 만날 수 있었다는 것이 나로서는 더없이 값진 추억으로 남아있다. 우리 세대의 두 문명비평가와 얘기를 나누고 흉중을 열어보고 역사의 물살을 가늠하고 인간과 사회에 대한 뜨거운 정열을 직접 느낄 수 있었던 것, 그 이상으로 보람된 일이 또 있을까. … 특파원이 누릴 수 있는 인터뷰의 커다란 혜택이다.

특파원이 만난 사람들 ②

단독회견(單獨會見) 하면 무엇이든지 거창하다. 그러나 어마어마하지 않은 상대라도 진지하게 만나야 할 때가 있다. 필요하면 상대가 누구든 만나야 하는 것이 기자다.

1969년 말에 한국일보사는 샹송가수 줄리에트 그레코를 서울에 초청한 일이 있었다. 그가 서울 공연을 위해 파리를 떠나기 전 필자는 서둘러 인터뷰를 가졌다. 특파원으로서 할 활동 가운데는 취재 외에도 본사의 잡무를 처리하는 것도 포함되어 있다. 가령 본사에서 흥행사업으로 이러이러한 것을 계획하고 있으니 파리에서 어떤 일을 주선하라는 지시가 왔을 경우이다. 줄리에트 그레코도 그런 일에 속한다. 그레코의 엥프레사리오(전속 흥행사)를 만나서 서울 흥행문제를 흥정하고 그 진행상황을 본사와 연락해 가면서 서로가 만족할 수 있는 선에서 계약을 맺고 하는 완전히 사업에 나서는 것이다. 여하간 이것을 매듭짓는 데 근 한 달이 걸렸다.

샹송가수를 교섭해서 서울에 보내는 것쯤은 그래도 '점잖은' 잡무에 속하지만 어떤 사의 특파원은 묘목(苗木)을 구해 비행기로 실어 보내는 잡무까지 해야 했으니 특파원들끼리 만나면 서로 빈정대며 한바탕씩 웃는 일이 자주 있었다.

각설하고 줄리에트 그레코를 파리의 7구에 있는 브메여로의 사저로 찾았다. 그의 차디찬 인상 그대로 그의 몸에서는 서릿발이 서고 있었다. 질문을 하면 눈망울 속에 뛰어들듯이 똑바로 쳐다보고 듣는 것이 섬뜩할 정도였다. 쳐다보고 답변하는 말 한마디 한마디가 또한 씹어서 내뱉는 것 같았다.

— 시를 좋아하나요?
"모든 시를 좋아해요. 독서를 즐기는 편이니까요. 모든 것을 알고 싶거든요. 이래 뵈도 꽤 욕심쟁이랍니다."

— 특히 누구의 시를 좋아하나요?
"프랑스 시는 다 좋아해요. 그중에서도 폴 엘뤼아르, 샤를 보들레르, 폴 베를렌을 참 좋아합니다."
이미자(李美子)가 청마(靑馬) 유치환 시를 읊조린다고 할까….

— 검은 옷을 즐겨 입는다는 소문이 있던데 정말인가요?
"예. 저는요 검은빛과 흰빛을 제일 좋아해요. 가진 옷이 거의 다 흰빛 아니면 검은 것이에요. 오늘도 옷가게엘 다녀왔는데 사다보니 검은 옷만 세 벌이나 고르고 말았습니다."
그의 별명이 흑진주다.

— 여태껏 부른 샹송 중 그래도 아끼는 것은?
"나는 언제나 아직 부르지 않은 노래를 가장 아끼지요. 내가 곰곰이 생각하고 구상하고 있는 것…. 배 속에 있는 아기와 같은 거죠."
모성(母性)을 아는 가수다. 그레코에게는 두 아이가 있다. 그래서 아기를 밴다는 성스러움과 신비로움, 이런 것을 아는 어머니이다.

— 샹송이란 도대체 뭡니까?

그는 뚫어지게 쳐다보던 눈길을 아래로 떨어뜨리고 잠시 생각하더니 특유한 저음으로 대답했다.

"4막, 혹은 3막으로 된 연극을 3분 동안에 연출하는 것이죠.…"

엘뤼아르나 보들레르가 들어도 무릎을 치며 좋아했을 명답.

— 좋아하는 샹송가수는?

"에디트 피아프!"

이 정도로 대답하면 피아프가 되려 그레코를 제일 좋아하는 샹송가수로 추어올리지 않았을까?

여기까지는 그 줄거리가 대충 신문에 보도되었다. 그러나 이 진지한 회견에서 들은 말 가운데 꼭 한마디 지상에 내놓을 수 없었던 대목이 있었다.

"가장 즐기는 것은?" 하고 질문했을 때다. 그레코는 냉큼 "××하는 것" 하고 답했다. 나는 그 대답에 내 귀를 의심했다. 정말 서슴지 않고 부끄러움도 없이. 그건 농이겠지 하고 눈만 몇 번 끔뻑끔뻑했지만 그는 예사로이 내 얼굴을 쳐다보고 있었다.

같은 샹송가수로서 아다모를 만난 일이 있었다. 연말께부터 본사의 지시도 있고 해서 아다모의 임프레사리오를 통해 인터뷰하자고 신청해 두었는데 그 역시 목청 하나로 빵을 먹는 유랑가수라 다른 지방의 공연으로 파리에는 다음해 1월 중순이 되어야 발을 들여 놓는다고 들었다. 임프레사리오의 말은 그를 급히, 그리고 틀림없이 만나려면 샹송을 부르는 무대로 찾아가는 수밖에 없다고 일러주었다.

약속된 날 저녁 카퓌신 대로의 올림피아 극장으로 갔다. 올림피아는 주로 샹송가수들의 카네기홀이다. 여기 정식 이름도 '뮤직홀'로 되어 있다. 1893년 역시 뮤직홀인 물랭루주의 창설주인 조세프 올레가 세웠다. 그러나 뮤직홀이라고 이름을 붙이기는 올림피아가 프랑스에서 맨 처음이라고 통하고 있다. 관객석 2천. 모든 샹송가수가 올림피아의 무대를 통해 첫 등장을 했고 병아리 샹송가수들은 이 무대에 한 번 서기를 평생소원으로 삼는 곳이다. M. 아르노, R. 앙토니, C. 아즈나부르, A. 바리에르, G. 베코, G. 브랏상 그리고 J. 그레코와 E. 피아프, A. 실베스트르 등 샹송계의 기라성은 모두 올림피아에서 화려한 광채를 내며 지나갔다. 여담이지만 우리나라의 리틀엔젤스 어린이들이 올림피아의 무대에서 파리의 시민들에게 선을 보였다. 하필이면 리틀엔젤스가 대중적 무대인 올림피아에서 선을 보인다 하고 뒷공론이 나돈 것도 이 때문이다. 출연자들의 전용문을 통해 안내인이 무대 뒤의 분장실로 필자를 이끌고 왔다. 힐끗 쳐다보이는 아다모의 모습을 보니 온통 아래위로 검은 옷차림으로 소매끝에만 금박의 인당초 무늬가 박혀 있었다. 한 손에 마이크, 한 손을 허공에 저어가며 목청이 찢어지게 노래를 부르고 있었다.

> 솔잎 끝 물방울과 넓은 바다 사이에서 멀고 먼 영원과 이 찰나 사이에서 나는 찾으리라. 너를, 너를, 너를.
> 뒤엉킨 무리들과 아무도 없는 사막 사이에서, 깜깜한 어둠과 황홀한 광명 사이에서 나는 찾으리라. 너를.
> 푸른 하늘과 먹구름의 번개, 신(神)과 그리고 악마,
> 그사이에서 나는 찾으리라. 너를. 나는 너를 찾으리라.

땀을 뻘뻘 흘리면서 아다모는 분장실로 돌아왔다. 채 숨도 돌리기 전에 문을 박차고 여성들이 손에 손에 수첩을 들고 홍수처럼 밀어닥쳤다. 아다모도 숨이 가빠 있었지만 사인을 받으려는 아가씨들도 막

숨이 넘어갈 듯이 쌔근거린다. 몹시도 흥분했던 모양이다.

가까스로 사인을 마치고 뒤이어 밀려오는 다른 아가씨들을 밀어내고선 문을 닫았다.

— 대단하군. 젊은이들한테는 여전히 우상으로 군림하는데 ….

첫마디를 던지자 아다모는 땀을 닦으며, "천만에, 내가 젊은이들을 더 좋아하지요. 특히 요즘 세대의 젊은이는 누구나 아름다우니까요. …"

젊은이의 예찬론을 거리낌 없이 쏟아놓았다. "요즘 젊은이는 다 평화주의자들입니다. 나도 평화주의자이고." 이러다간 월남전 시비에 휘말려들 것 같았는데 그는 빨리 결론을 지어버렸다. "평화는 곧 올 거예요. 틀림없죠? 모든 젊은이들이 저렇게 바라니까."

— 상당한 철학을 지닌 것 같은데, 노래할 때도 그런 철학을 부르나요?

"아닙니다. 노래는 철학을 갖고 부르지 않습니다. 나는 철학 따위는 몰라요. 무슨 이상을 그려가며 노래하는 것도 아니고 철학을 가졌다면 나는 노래하지 않았을 겁니다. 그저 나는 나대로, 내가 부르고 싶은 대로, 저 자신을 노래로 부릅니다."

그리고 나서 우리는 그의 신변에 관한 몇 가지 잡담을 나누었다.

줄리에트 그레코는 철학이 밴 노래를, 살바도르 아다모는 철학을 떼어버린 샹송을. 어느 쪽이 더 나을 것도 없고 더 못할 것도 없다. 다 노래를 부르면서 인생의 멋과 맛과 애환을 그리는 것에는 다를 바가 없지 않은가. 철학은 그 뒤에 따라오는 것.

무대 뒤로 찾아가서 샹송가수를 회견해야 하는 특파원 직업인들, 취재라는 목적이 앞선다. 무대 뒤로 찾아갔건, 집에서 만났건, 상대가 철학자이건, 연예인이건, 장군이건 평화주의자이건, 특파원이란 직업 앞에서는 다 취재대상이 되고 똑같은 피회견자이다. 만나는 이외의 다른 철학은 없는 것이다. 어마어마한 상대라야 하고 유명이라야 한다는 철칙은 인터뷰에서는 없다.

때로는 생명부지의 인사를 전화로 불러내어 취재해야 할 때도 있다. 제네바에 본부가 있는 WHO(세계보건기구)에 대한 취재가 그 한 예다. 본사에서는 유럽 일원에 사건이 발생하면 파리에 그 사실을 알려오고 취재를 지시하는 일이 수없이 많다. 당장에 뛰어가야 할 때는 지시가 떨어지기 무섭게 항공사에 전화를 걸고 가장 먼저 떠나는 비행기 좌석을 예약한다. 그리고 기본화기(基本火器)라 할 타이프라이터와 카메라만 들고 취재전선으로 달려간다. 그러나 파리에 앉아서 처리할 수 있는 기사는 현장에 가지 않고 전화로 취재하게 된다.

어느 날 본사에서는 WHO가 한국 서해안 쪽에 창궐하고 있는 괴질이 콜레라가 아니라고 발표했다는 사실을 확인해 달라는 전화가 왔다. 우리 보사부에서는 그것이 콜레라라고 보고 방역대책을 세우고 있는데 UPI통신을 타고 들어온 마닐라의 WHO극동본부의 한 발표는 콜레라가 아니라고 단정한 것이었다.

아침 출근시간이 되자마자 제네바의 WHO에 다이얼을 돌렸다. 때마침 콜레라 방역을 담당하고 있는 이언 D. 카터 박사를 WHO의 교환양이 연결해 주었다. 카터 박사는 마닐라지역본부의 발표에 관해 그런 말을 이미 보고받고 있었다. 마닐라에서는 일주일 전에 한국정부가 "콜레라가 발생한 것이 아니다"라고 한 보고를 토대로 UPI기자의 질문에 대해 "아니다"라고 발표했고, 제네바의 WHO본부는 한국정부로부터 "콜레라다"라는 공식통보를 받고 막 콜레라가 발생했다는 경보를 내고 있는 참이었다. 이 전말을 그대로 알렸고 본사에서는 그 후 조간에 이것을 보도했다. 이 보도로 말미암아 우리나라의 콜레라 시비는 확연히 단락지었다고 후에 본사에서 전해왔다.

어느 해 2월 중순 북한이 일본 상사를 통해 콜레라 세균을 밀수입했다는 정보가 들어와 국내에서 북한과 일상사를 규탄하는 시위가 벌어졌다. 이때도 본사에서는 WHO가 어떤 정보를 입수하고 있는지를 알아달라고 전화가 왔다. 필자는 역시 WHO의 카터 박사한테 전화를 걸었다. 그때는 카터 씨의 사저 전화번호를 알고 있었기 때문에 출근시간을 기다리지 않고 바로 집으로 걸었다. 그는 시원스레 WHO가 취한 조치에 대해 설명했다.

그러나 사건 자체에 대해 가타부타하고 단정을 내리는 데는 아주 신중하여 여하한 자기 의견도 WHO의 공식견해는 아니라는 것을 몇 번이고 다짐했다. 카터 박사는 한 2, 3일 전 마닐라의 지역본부에 긴급 통보하여 일본정부에 대해 콜레라균의 밀수출이 있었는가를 타진하라고 지시했음을 밝혔다. 그 후 필자는 카터 씨에게 마닐라 본부의 보고내용을 몇 번인가 문의했으나 그는 끝까지 입을 다물어 버렸다. 전화 인터뷰의 약점이 바로 이런 데에 있었다.

그해 북한이 백령도 근처 공해상에서 조업하고 있는 우리 어부들을 덮쳐 강제 납북(拉北)한 사건이 일어났다. 모든 국민들이 분격한 것은 물론이다. 이런 국민의 흥분은 파리의 필자에까지 전선을 타고 들어왔다. 당시의 제네바 대표부에 있던 황호을(黃鎬乙) 대사는 외무부 훈령에 따라 곧 적십자국제위원회(ICRC)와 접촉을 개시, 국적(國赤)이 중재하여 우리 어부들의 송환을 실현시켜 달라고 요청했다. '국적'은 북한의 만행에 대해 곧 행동을 취할 것을 약속했고 북한 적십자(北赤)에 대해 절충을 개시하겠다고 말했다.

필자는 황 대사가 '국적'의 로제 E. 갈로펭 위원장과 접촉한 결과를 황 대사와의 전화인터뷰를 통해 취재하고 곧 '국적'의 공식태도를 직접 타진하기 위해 '국적'의 오모두 대변인에게 전화를 걸었다. 오모두 대변인과는 한 번도 만난 일이 없다. 그는 그날 오전에 대한적십자의 긴급전문을 접수했음을 밝혔고 '국적'은 곧 이 전문의 검토에 들어갔으며 다음날에는 어떤 결정을 내릴 것으로 기대된다고 대답했다.

필자는 다시 '국적'에 전화를 걸었고 이때 납북된 우리 어부들의 명단을 한국적십자회에 요구하고 있음을 알았다. 다음날에는 명단이 도착되지 않아 더 전할 말이 없다는 대답을 받았다. 납북어부와 선언들의 명단은 외교 파우치편으로 제네바대표부에 도착, 그 즉시로 황 대사는 갈로펭 위원장을 만나 이를 전달했고 '국적'은 본격적으로 '북적'과의 교섭에 들어갔다.

이처럼 본사의 통보 하나만으로 여하한 수를 쓰든, 알아야 할 사람은 알아내어야 하고 또 만나야 할 사람을 만나야 하는 것이다.

그러나 필자는 딱 한 번, 이런 본사의 지시를 무시해 버린 일이 있었다. 이것은 주간국에서 온 청탁이었는데 프랑스의 유명한 영화감독, 그보다는 레디 킬러로 소문나 있었던 로제 바댕(혹은 바딤이라고도 함)을 만나 그의 엽색(獵色) 행각을 자세히 보내달라는 것이었다. 취재지시 가운데서 "… 레디 킬러 바댕을 만나라"고 한 구절이 마음에 들지 않았다. 그 지시만은 묵살하고 있다가 나중에 편지로 취재하지 않은 경위를 설명해 주었다.

바댕은 1928년생으로 한참 나이지만 그동안 정식결혼을 세 번이나 하고(첫 번째 브리짓 바르도, 두 번째 아네트 스토로아베르그, 세 번째 제인 폰다), 여배우 카트린 드뇌브와 다년간 살다가 아이까지 생겼다. 그가 레디 킬러임에는 틀림이 없겠지만 그의 스캔들에는 손 대기 싫었다.

특파원이 만난 사람들 ③

대체로 국제정치나 전략론(戰略論)을 다루는 인사들의 회견은 쉽게 이루어졌다. 앙드레 보프르 장군, 피에르 갈로아 장군 그리고 렘니처 나토 사령관, 또 레이몽 아롱 교수, 프랑수아 뒤셴 영국전략문제연구소(ISS)소장 그리고 케네트 헌트 부소장, 월남문제의 전문가인 페트릭 오니, 공산권문제 해설가인 빅터 조저, 외교사와 세력균형론의 권위 맥스 벨로프 옥스퍼드대학 교수, 스톡홀름의 국제평화연구소(SIPRI) 소장인 프랭크 바나비 박사, 주권론 또 정치권력론과 미래학에서 원로로 존경받는 베르트랑 드주브넬 옹, 비엔나의 동구권연구소장인 오토 두레체크 박사 등 쟁쟁한 국제문제전문가와 대학자들은 문제가 생겼을 때 시기적절하게 필자의 인터뷰 요청에 응해 주었다.

인터뷰기사는 단순한 해설기사보다 더 소중할 때가 있다. 취재나 기사에 대해 기획할 때는 언제나 어떤 사람을 만나야 하는가를 검토하게 되고 그것이 인터뷰기사로서 가지게 될 가치를 가늠하게 된다. 그래서 인터뷰가 가장 적절한 방법이라는 판단이 서면 대상인사에게 연락을 취한다.

그러나 이따금 본사 쪽에서 생각지도 않은 사람을 만나서 얘기를 들으라는 지시를 하는 수가 있다. 이때는 완전히 본사측의 기획에 따라 움직이지만 본사측은 대상인물만 지적하고 용건을 아주 간략하게 알려오는 것이 보통이므로 기사 구성이나 인터뷰 질문도 혼자서 마련해 내는 수밖에 없게 된다.

1969년이 다 저문 12월 26일 한 통의 지급전보가 날아왔다. 본사 홍유선(洪惟善) 편집국장(전 한국일보사 부회장)이 친 취재지시였다. 그 전보를 원문 그대로 여기에 소개해 본다.

> 동서문학에서의 해학(諧謔)이란 주제로 열리는 PEN대회를 당하여 강동씨로부터 신년특집용 원고지 8매 정도의 장문메시지 같은 것을 받아 보낼 것. 간략한 인터뷰 시도도 가함. —홍

전보를 받자 곧 이브 강동 프랑스 PEN회장에게 전화를 걸었다. 아니나 다를까 크리스마스 휴양으로 시골에 내려가 있었다. 언제쯤 돌아올 것 같은가 알아보니 "내일(27일)이나 모레쯤 한 번 들를 예정"이라는 것. 그래서 이 사실을 본사에 알렸다.

연말연시에, 게다가 크리스마스 휴가 때 사람을 만나라 하는 것처럼 기가 찰 지시가 없다. 이때는 모두가 집을 비우고 여행을 떠나거나 남아있더라도 모르는 방문객을 받지 않는 것이 관례인데, 이런 프랑스인들의 사정을 무시하고 급히 만나서 노역을 시키라고 하는 것이니 적이 당황했다. 27일에라도 올라오기만 하면 떼를 써보기로 하고 26일은 지냈다.

27일 아침이 되자 아파트 우체함에 지급전보의 붉은 쪽지가 붙어

있어 냉큼 열어보았더니 또 본사에서 온 전보였다.

강동 씨의 메시지를 즉시 전보 송고하라. ―홍

여기서는 사람도 만나지 못하고 있는데 벌써 메시지를 지체치 말고 텔렉스로 보내라고 성화를 하니 어안이 벙벙했다.

강동 씨 집에 다시 전화를 걸었다. 28일 오후 1시에 돌아온다고 연락이 왔다는 것이다. 무턱대고 "내일 오후 1시에 갈 터이니 만나자고 전해 달라"고 말하고 일방적으로 랑데부를 정해 버렸다. 인터뷰의 랑데부 신청은 보통 1~2주일 전에 이루어져야 한다. 대놓고 상대가 날짜를 정해주기를 기다리는 것이다. 이번에는 이런 격식은 완전히 무시해버렸다. 실례고 뭐고 완전히 생떼를 부린 것이다.

28일 낮 1시 나는 강동 씨의 집에 카메라와 녹음기를 들고 찾아갔다. 강동 씨는 뜻밖에도 오전중에 집에 돌아와 있었고, 또 뜻밖에도 이 무례한 방문객을 반가이 맞아 주었다. 나는 그에게 구구히 무례했음을 변명했고 그는 손을 내저으며 괜찮다고 말했다. 이렇게 해서 할 수 없는 인터뷰를 강행했다.

이런 인터뷰에는 사람에 따라 다르겠지만 딱지를 놓기 일쑤다. 저쪽에서 마다하면 그것으로 끝난다. 이처럼 인터뷰란, 인터뷰를 할 때보다 인터뷰를 약속받기까지의 과정이 더 힘이 든다. 인터뷰 기사의 기획은 늦어도 지면에 게재되기 15일 내지 20일 전에 이루어져야 한다. 신청편지를 내놓거나 전화로 사정을 말하면 빨라도 1주일 후 일자를 지정받게 된다. 편지일 때는 2주 후가 된다. 인터뷰가 끝나 본사에 우편으로 보내서 기사로 나오기까지 적어도 1주일이 걸리기 때문이다. 따라서 인터뷰 기획은 충분한 여유가 있을 때 가능하다.

이상은 모두 기획물로서 인터뷰 기사의 경우다. 그때그때 예고 없이 뉴스에 관계없이 이루어진 인터뷰는 그 즉석에서 본사에 송고해 버린다. 여러 가지 국제회의(SALT회담에서의 미·소의 대표, 구주공동시장의 정상회담에서의 가맹국 원수들의 회견, 35개국 유럽안보 및 협조회의(CESC) 때의 일부 국가수뇌의 회견, 세계 환경보호회의에서의 각국 대표 및 분야별 전문가들의 회견, 제네바의 GATT회의 등)에서는 주로 공동회견이 여기저기서 이루어지고 때로 몇 개가 거의 같은 시간에 쏟아지는 일도 있다. 이때는 회견이 끝나면 원고를 작성할 겨를도 없이 회견장을 빠져나오면서 머릿속에서 메모내용을 정리하고 먼저 달려가서 텔렉스를 차지하여 키를 두드려야 한다. 기사는 키를 쳐가면서 만들어가는 것이다. 이것은 텔렉스를 이용하여 송고할 경우다.

단독회견은 주로 기획된 인터뷰가 대부분이므로 이때는 취재기획의 일환으로서 이루어지는 앞서 말한 바와 같이 충분한 시간을 계산에 넣고 추진된다.

1968년 8월 바르샤바조약기구 군대가 체코에 침범하고 체코의 자유화를 짓눌렀을 때 필자는 오스트리아의 비엔나에 취재포스트를 정하고 이 침범사태를 커버한 일이 있다. 이때 생각난 것이 바르샤바기구 군대의 대대적인 도발행위에 서방측의 NATO군이 어떤 반응을 보이고 있을까? 하는 것이었다. 이것을 알기 위해서는 NATO 속에 들어가 보는 수밖에 없다는 결론이 내렸다.

당시의 NATO 최고사령관은 라이먼 L. 렘니처 대장이었다. 렘니처 장군은 한국동란 때 참전, 유엔군사령관을 역임했다. 브뤼셀 공관의 문덕주(文德周) 대사에게 렘니처 대장의 회견문제와 NATO

취재계획을 전화로 설명하고 도움을 청했다. 문 대사는 기꺼이 협조를 약속했으며 렘니처 장군과는 언제나 친히 지내고 있는 사이이므로 특청을 하겠노라고 반갑게 주선에 응했다. 사흘 뒤 브뤼셀 대사관에서는 비엔나의 특파원 호텔로 면담이 양해되었다는 사실과 면담장소, 일시를 통보해왔다. 체코사태도 그대로 굳어지고 큰 변동이 없을 것 같아 9월 말쯤 되어 비엔나를 철수, 일단 파리로 돌아왔다가 바로 브뤼셀로 출발했다.

브뤼셀 공항에서 필자의 동창 정순근(鄭淳根) 참사관(전 우간다주재대사)을 만나 그대로 브뤼셀 서남쪽 54킬로미터의 몽스 근처에 있는 NATO 최고사령부(SHAPE)까지 달려가 회견했다.

SIPRI의 프랭크 바나비 소장을 만나기로 한 것 역시 헬싱키에서 35개국 동·서 수뇌가 유럽 안전협조회의를 열고 있는 동안 추진된 것이다. 유럽에서 긴장완화와 데탕트를 그대로 유지하자는 대규모 회의가 과연 성과를 기대할 수 있겠는가에 대해서는 찬반이 엇갈려 있었다. 동·서 양진영이 냉전을 벌이고 있는 와중에 평화를 구가한다는 것은 누가 보아도 자기모순이라고 보고 있었다. 비록 그 규모에서 1815년의 빈 회의 이후 최대라고 했으나 성과에서는 결코 최대가 되기 어렵지 않나 하고 생각되었다.

바나비 박사가 소장으로 있는 SIPRI는 세계의 무장과 평화의 관계에 대해 권위 있는 보고서를 해마다 발표했다. 따라서 무력으로 대치하고 핵(核)을 비축한 상태에서 평화를 모색하는 CESC에 대해 종합적이고 타당하게 분석할 수 있는 사람은 바나비 박사밖에 없을 것 같았다. 파리에 돌아가면서 스톡홀름에 잠시 들르기로 하고 스톡홀름의 유명연(劉明演) 특파원에게 전화로 회견취지를 설명하고 일정을 짜달라는 부탁을 한 것이다.

지금도 생각나는 것은 그해는 온 유럽이 찌는 듯이 더운 날씨였다는 것. 짐을 들고 스톡홀름 공항에서 SIPRI까지 갔다가 다시 회견 후 곧장 공항으로 되돌아오는 동안 땀을 한 말 정도는 흘렸을 것이다.

그날 아침 일찍 헬싱키를 떠날 때부터 날씨는 이상하게도 무더웠다. 파리에 내린 것이 오후 3시 조금 지났는데 샤를 드골 공항에서 시내 터미널까지 가는 에어 프랑스 버스가 전무후무하게도 승강구 문과 온 창문을 열어 제치고 질주했었다.

날씨가 더워 이외의 고생을 사기도 했지만 바나비 박사의 회견은 내가 기획했던 대로 응답을 받아내는 데 적지 않게 고생했다. 그것은 바나비 박사는 국제정치 전공이 아니라 핵물리학이 전문이라 CESC에 대한 전문적인 분석은 처음부터 어려웠다. 그러나 CESC에 관한 한 '평화연구가'로서의 견해는 꼿꼿이 서 있어 그 의견이 많은 것을 일깨우는 데는 조금도 부족함이 없었다.

바나비 박사에 대해 그의 주 전공이 무엇인가를 사전에 검토하지 않고 내가 갖고 있는 일반적인 상식만으로 인터뷰의 대상으로 정했던 것이 애를 먹는 원인이 된 것이다. 그래도 그날의 날씨나 바나비 박사나 조금도 짜증스럽지는 않았다.

전략문제나 동서간의 긴장상태에 이상이 생길 때 필자는 앙드레 보프르 장군이나 피에르 갈로아 장군을 잘 찾았다. 보프르 장군은 전쟁론의 권위자이고 전략문제에 대한 저술도 상당수 이른다. 그의 전략관은 상당히 진취적이고 프랑스의 방위정책 결정에 숨은 영향력을 발휘해왔다.

갈로아 장군은 핵전략론에서 프랑스의 제 1인자이다. 필자는 대학

은사인 이용희(李用熙) 교수께서 파리를 방문, 레이몽 아롱 교수, 쿠브 드 뮈르빌 전 수상 등 프랑스 학계와 정계의 지도인사 등과 순차 면담을 가졌을 때 이 면담을 보도하기 위해 수행하여 두 번째로 만났다. 그 후 SALT(핵전략무기제한회담) 제1차 회담이 미소간에 타결되었을 때 그의 견해를 타진하려고 인터뷰를 신청하여 만났다. 갈로아 장군의 SALT 제1단계 회담의 성과에 대해서는 비판적인 분석을 가했고, 합의내용의 준수에 관해서는 비관적인 전망밖에 할 수 없다고 말했다.

앙드레 보프르 장군은 〈르피가로〉의 사외(社外) 논설위원으로 군사문제에 예리한 필봉(筆鋒)을 휘둘렀다. 장군과는 두 번 만나 단독회견을 가졌다.

보프르 장군은 당시의 상황을 전쟁도, 평화도 아닌 그런 상태라고 보았다. 그러나 핵전쟁이 발발한다고는 보고 있지 않았으며 핵이 동원되지 않는 국지전(局地戰)은 언제, 어디서, 누구와든 일어날 수 있다는 견해를 갖고 있었다. 데탕트란 미·소 양대 세력이 핵의 대결을 회피하는 데서 오는 것이며 완전평화를 뜻하지는 않는 것이라고 정의하고 있었다. 특히 한반도와 주변세력에 대하여 논하면서 "중국은 틀림없이 한반도가 완전히 중립화되기를 바랄 것이다. 그들은 한반도와 동맹관계를 맺기로 희망하지만 동맹관계가 되지 않으면 차라리 중립화되기를 바라고 있다. 그러나 러시아는 그렇지 않다. 어떻게 하든, 한반도와 동맹이 되어야하겠다는 것이 그들의 생각이라고 나는 보고 있다"고 말했다.

보프르 장군만큼 전략론에서 해박한 지식을 가진 이도 드물다. 보프르 장군은 필자가 단독회견을 가졌던 인사 중 가장 명쾌한 대답을 해주던 사람 중의 한 분이다. 1976년 필자가 서울에 귀임하고 있을 때 갑작스런 장군의 부음을 들었다. 지금도 마음에 걸리는 것은 일본특파원들이 꼬박꼬박 회견료를 내고 장군과 단독 인터뷰한 사실을 알고서 필자도 장군에게 얼마간의 회견료를 보내지 하고 마음으로 생각하고 있다가 별세했다는 소식을 들은 일이다. 글로써나마 장군의 명복을 빈다.

드골 ①: 높고 웅장하며 위대한 나라를

샤를 드골 대통령은 그의 《전쟁 회고록》 서두에서 이런 말을 남겼다. "프랑스는 어떤 난관 속에서도 높고 웅장해야 한다. 결국 내 생각으로 프랑스는 위대하지 않으면 프랑스가 아니라고 생각한다."

드골은 원래 군인이다. 군인 가운데서도 깨어있고 선진적이었다. 그는 군사기술 면에서 출중했으며 외교와 역사 면에서도 프랑스의 좌파와 우파의 다툼에 촉각을 세웠다. 뿐만 아니라 2차대전 후의 서구측의 향방에 골똘했었다. 그리하여 한때는 미국의 눈총을 맞기도 하고 또 한때는 영국을 무시하는 일도 서슴지 않았으며, 소련—그의 말대로라면 러시아측에 대해서도 경계심을 일으키게 했었다. 1964년에는 당시 '중공'(中共)으로 통하던 중국을 승인하여 세계의 이목을 놀라게 했었고, 또 2차대전 때까지 불구대천으로 지내던 독일과 손을 맞잡는 일까지 했었다.

그리하여 미소(美蘇) 지배의 냉전구조에 쐐기를 박는가 하면 1951년 유럽석탄철강공동체(ECSC) 조약의 체결과 더불어 유럽경제공동체(ECSC)의 발족이란 거창한 사업으로 발전하는 거창한 횡보도 보였다. 이 사이에 '위대한 프랑스'는 핵무기를 보유해야 한다고 주장하여 1960년 2월 알제리의 사하라 사막에서 핵폭탄의 실험에 성공해 핵 억지력을 미끼로 '자주외교'를 외치게 되었다. '자립'과 '위대함'이란 말은 이때부터 프랑스의 관형사가 되었다.

샤를 앙드레 마리 조세프 드골은 1890년 11월 22일 프랑스 북부의 공업도시 릴르 시의 프렝세스가 9번지에서 탄생했다. 그의 가정은 고귀한 활동과 학식이 풍부한 집안이었다. 4명의 형제와 한 사람의 누님이 있는 집안에서 차남으로 태어났다.

그의 부친인 앙리 드골은 가난해서 장교가 되기를 포기하고 세느도(道)의 지방공무원으로 있었다. 그러나 그의 동료가 공정치 못한 인사에 휘말리자 분개한 나머지 항의를 표시하기 위해 그 공무원직을 사직했다. 그리하여 파리의 보지라르 거리의 예수회 계통의 무염시태(無染始胎) 중학교에 취직하여 거기서 문학, 철학, 수학을 가르쳤다. 그 당시 그리스어로 시를 지어 왕위를 계승할 인물이 학교를 방문하면 그에게 그 시를 바쳤고 그 계승자에 감격한 나머지 정신을 잃을 지경에 이르렀다는 얘기가 전해졌다. 그는 자기 스스로를 군주제 애호자로 불렀다. 그는 또 드레퓌스사건이 났을 때 드레퓌스의 무죄를 주장할 만큼 성미가 꼿꼿했다. 샤를 드골의 깔끔한 기질이 벌써 부친을 닮지 않았나 싶다.

또 드골의 조모인 조세핀 드골 역시 눈여겨볼 만했다. 젊을 때는 장편소설과 수필 그리고 군 장성, 문필가 저명인사의 전기작가로 이름을 떨쳤고 〈가정통신〉이라는 교화 잡지의 발행인으로 활동했다. 그의 〈가정통신〉에는 파리코뮌의 반역자란 자들의 문장을 게재했고 푸르동이 서거했을 때 그에 대한 조사를 거리낌 없이 실었다. 그뿐 아니라 그의 잡지는 언제나 기사에 관한 얘기, 공화국 군대, 가톨릭

교회, 명사의 회고록, 민족주의 혹은 프랑스혁명사 등 독특한 내용을 실었다. 드골 장군이 나중에 애국적 서사시를 읽어내린 것이 무엇보다도 이런 조상들의 유전자 탓인지 모른다.

식탁에 둘러앉으면 드골 장군의 식구들은 모두 기도를 드린 후 라틴어로 작문을 하며 식사를 마쳤다. 매주 목요일 오후에는 가족 모두가 나폴레옹의 묘소를 찾아갔고 또 개선문을 방문했으며 일요일에는 베르사유 궁전을 찾아보기도 했었다. 때로는 1871년 파리 포위전 때 그의 부친이 기마 순찰대 중위로서 부상을 입었을 당시의 전쟁터를 찾아보고 군기나 비문들을 훑어가면서 프랑스인들의 영광과 희생을 되살리고 있었다.

뒤이어 교회와 국가의 분리결정과 국가의 교회재산 몰수처분 같은 일이 벌어져 드골에게는 알자스를 잃은 것과 같은 커다란 충격을 받았으며 그의 젊은 시절의 뇌리에 적지 않은 영향을 받았다. 드골의 부친은 그가 속했던 콩그레가시옹 수도회가 프랑스에서 추방당하게 되자 그도 직장을 옮겼고, 드골 장군은 벨기에의 앙토앙으로 학교를 옮겨서 공부를 계속하다가 곧이어 예수회가 경영하는 파리의 생 주느비에브 학교로 옮겨서 거기서 생시르 육군사관학교의 입학시험 준비에 들어갔다.

그가 생시르 사관학교에 입학하기 전 4년쯤일 때 오른도의 한 문예잡지사가 독자로부터 투고를 모집했는데 여기에 드골 장군은 〈나쁜 만남〉이란 작품을 하나 써서 응모했다. 이 잡지사는 이 〈나쁜 만남〉이란 운문체(韻文體)의 글을 1등상에 매겼고 상금으로 25프랑을 지급했다. 드골 장군이 대외적으로 발표한 글로서는 이 운문이 최초가 아닌가 싶다.

드골 장군은 그가 받은 25프랑으로 당시 지성인들이 자주 찾던 베르그송에 관한 책을 사서 이를 탐독했다. 그가 베르그송에게 받은 충격은 그가 그 뒤 《검의 날》(*Le fil de L'épée*) 이란 저서를 쓰면서 사물의 깊은 곳으로 빠져들 수 있는 본능을 찾았다고 찬사를 던지고 있었다. 1914년에 참모본부가 '충분히 베르그송처럼 될 뻔했으나 그러질 못했다'고 비난한 말투에서도 찾아진다.

베르그송은 그의 저술에서 정신의 자유와 또 직관(直觀)을 중대시 했었다. 드골은 베르그송을 통하여 '프랑스에 대해 어떤 관념'을 깨달았으며 프랑스와 자기의 운명에 대해서도 어떤 위대성을 지니게 된 것 같다. 그가 실제 정치인으로서, 또 군사전략가로서 한 확신에 대해 직관적인 판단과 응용능력을 발휘한 것도 베르그송의 저서 덕분이었다고 말할 수 있다.

베르그송 이외에 바레스와 페귀의 영향도 컸다고 말할 수 있다. 바레스는 민중운동을 중심으로 사회주의적 신념을 강조했으나 드골은 1947년 대중주의적 운동에는 찬동하면서 사회주의로는 빠지지 않았다. 드골은 민중을 언제나 염두에 두고 그의 정치활동을 펴 나갔다. 또 페귀에 대해서는 그가 사회주의자의 신분에서 가톨릭으로 변신하고 또 드레퓌스 지지자로 있다가 민족주의로 탈바꿈하면서 프랑스를 언제나 갸륵한 인격자로 숭배하고 정치란 그의 중요한 한 사업으로 보는 정열적인 측면에 드골은 푹 빠졌다.

드골은 프랑스를 한 개의 전체로서 분리할 수 없으며 자기가 이 전체를 위하여 헌신해야 한다는 정열을 페귀나 바레스 또 베르그송에서 배우고 그대로 실천했다. 프랑스를 위해 봉사해야 한다는 사명감을 드골은 일찍부터 깨달았다.

드골은 생시르 사관학교에 입학하기 전 모든 생도들이 1년간은 다른 외지부대에서 근무해야 한다는 규칙에 따라 아라스의 보병 제

33여단에 한 병졸로 입대했다. 드골은 여기서 고된 훈련을 쌓았으나 이런 훈련은 전혀 무의미하다고 토로하고 있었다. 그의 중대장에게 누군가가 "저 키다리 신병을 진급시키지 않은 것은 뭣 때문인가?" 라고 물었다. 그러자 그 중대장은 "총사령관에나 임명하지 않으면 만족치 않을 사람에게 내가 상사라도 임명해야 하는가?" 라고 대답했었다. 그는 군대에서마저 말쑥하고 품행이 당당한 사람으로 소문나 있었다.

그는 생시르 사관학교를 13등으로 졸업하고 아라스의 제33연대에 지원하여 배속되었다. 그의 연대장은 앙리 필리프 페탱 대령이었다. 페탱과 드골의 이상한 '만남'은 줄곧 평생을 두고 계속된다. 페탱은 육사에서 그의 기본적 전략개념인 기동성, 총검, 공세를 피력한 데 반하여 드골은 화력의 위력이 우선한다는 일견 색다른 의견을 내어 교내를 떠들썩하게 만들었다. 그러나 드골은 페탱의 원수 진급을 마음으로 원했을 만큼 그를 존경했다.

1차대전이 터졌을 때 드골은 중대장으로 전쟁에 투입되어 세 번이나 포격탄에 쓰러졌다. 페탱 장군은 드골이 쓰러지자 "… 적군에 완전히 포위되자 부하병사를 격려하여 맹렬한 돌격과 과감한 돌격전에 돌입했다. 그는 이것만이 군의 명예와 감정이 양립되는 유일한 대책이라고 생각했다. 대위는 여기서 쓰러졌다. 모든 점에서 이에 버금가는 자가 없을 것이다" 라고 격찬했다. 그는 드골이 여기서 전사(戰死) 한 줄 알았다. 그러나 그는 포로가 되었다. 32개월이나 포로생활을 하면서 다섯 번 수용소를 탈출하려고 시도했다. 그러나 번번이 실패했다.

대전 후 드골 장군은 향리로 돌아와 전부 군인이 된 형제들을 만나고 뒤이어 폴란드에서 사령관으로 임명되어 한 병영에서 보병전술을 강의한다. 그리고 나서 카레에서 비스킷 제조를 하고 있는 집의 이본 반드루라는 아가씨와 결혼한다. 그때 나이가 스무 살이었다.

그는 생시르의 사관학교에서 군사사(軍事史) 담당 조교수로 임명되었고 그 후 육군대학으로 옮겨 전술강좌를 담당했다. 여기서 그는 자기의 전술을 조금도 바꾸려 하지 않아 성적순위를 결정하는 시험에서 양(良)을 받았다. 이 성적으로는 모두가 희망하는 육군 국(局)에 들어갈 수 없었다. 그는 시험 당일 모와랑 대령과 전술론으로 다투어 그의 비위를 상하게 하고 말았다. 평점으로 우(優)를 받아야 육군 제3국에 들어가고 출세의 길이 열리는 것이다.

이것을 페탱 원수가 알아차리고 그가 마인츠의 라인 군사령관으로 부임하기 전에 드골을 불렀다. 그는 아라스 시대부터 이 젊은 중위의 기량을 재능 있는 자라고 보고 있었다. 드골은 페탱 원수를 만난 직후 원수 직속부관으로 임명되었다. 원수는 그때 육군부 참사회 부회장 겸 군총감의 높은 자리에 있었다.

페탱은 부임하기 전 드골 장군에게 프랑스 방위에서 요새(要塞) 지대의 역할에 대한 연구보고를 쓰도록 명령했다. 드골 장군은 〈프랑스 요새지대의 역사적 역할〉이란 표제의 논문을 한 달 내에 작성하여 페탱 원수에게 제출했다. 페탱은 이 논문을 보고 다시 한번 국가방위 공식이론가로서의 그의 능력을 엿볼 수 있었다.

그러나 그 자신은 "숫자에 있어 작지만 양질의 요새"가 필요하다는 입장을 취해 당시의 대대적인 성벽을 구축할 것을 주장하던 사람의 뜻에는 어긋나고 있었다. 그의 주장은 일반은 물론이고 페탱 원수의 견해와도 상치되어 있었다. 페탱 원수와의 거리는 벌써 이때 생겨났었다. 드골은 기량의 크기에서 결코 페탱이나 다른 사람에게 뒤지지 않았다. 그렇지만 그는 소령으로 진급하는 혜택을 받았다.

그는 "승진은 즐겁다. 그러나 문제는 그것만이 아니다. 자기의 존재를 표시하는 것이다" 라고 자신의 역사적 가치를 인정함으로써 자위했다.

그리고 조금 지나 육군대학은 그에게 세 번째 강연을 위촉했다. 대학의 전원과 교관, 특히 2학년 학생이 전부 집합하는 자리에서 개성과 위신에 대해 강의했다. 이 자리에는 특히 페탱 원수가 드골을 뒤따라 입장하여 점잖은 말로 "제군, 잘 들으시오. 드골 대위의 말을 주의 깊게 말입니다" 라고 훈시했다. 모든 청중은 페탱 원수의 이런 '신중한 주의'에 귀가 솔깃했다. 그러나 드골의 강의는 그가 쓴 《검의 날》의 내용과 동일한 것이었지만 그 속에서 살아있는 대 지휘관으로서 페탱 원수의 이름을 두 번 지적했다. 전투중의 지휘자를 이야기하고 더구나 단 한 사람을 두 번씩 열거한 것에 듣는 사람들은 모두 어안이 벙벙했다.

이런 강연이 있은 직후 샤를 드골은 페탱 원수(元帥)의 요청으로 일반 청중을 상대(작가, 교수, 정치인, 사교계 부인들)로 소르본대학 강당에서 또 연설회를 가졌다. 그의 강연은 그의 동료들 앞에서보다 훨씬 잘되었다.

그러나 장군과 원수 간에는 어느새 한 단층이 생겨났다. 2년 전에 원수의 요청으로 시작한 프랑스 군대의 역사적 연구를 출판하려고 했는데 원수는 이 출판을 좋아하지 않았다. 그는 소령으로 진급했는데 이 진급과 더불어 독일의 라인강 근처로 옮겼다. 그의 진급은 좀 일렀다. 그가 정예군의 대대장으로 가면서 보병 총감인 마텔 장군이 남긴 말이 있었다. "우리는 미래의 총사령관에게 합당한 대접을 했을 뿐이다" 라고.

드골 장군은 그의 열성적인 연구결과인 《프랑스와 그 군대》라는 저서의 권두언(卷頭言)을 페탱 원수에게 부탁했으나 페탱 원수는 앞서 말한 대로 서문이나 권두언을 거절했다. 그래서 드골 장군은 그의 이름을 내고 그 책을 출판해버려 페탱 원수와는 인연을 끊어버렸다. 그로부터 약 6개월 지나 좌파측의 한 친구가 드골에게 정부의 뒷공작이 진행되고 있고, 페탱이 국방부장관에 임명될 것이라고 귀띔해 주었다. 그때 그 전언자는 드골에게 "국방부 차관이 되는 것이 어떤가" 하고 권유했다. 드골은 이런 말에 깨끗이 거절하면서 "페탱은 믿지 마. 페탱은 무서운 위선자야…"라고 덧붙였다.

페탱은 라발 당시 총리와 손이 맞았던지 스페인의 프랑코 장군하의 프랑스 대사직을 서슴없이 받아들여 부임해갔다. 라발은 국방최고회의 석상에서 대영(對英)동맹과 대동구 원조협정을 끊고 대독(對獨) 접근이란 그의 검은 뱃속을 노골적으로 보였다.

드골은 대령으로 진급하여 메츠 제507 전차부대의 사령관으로 있었다. 그는 메츠의 전차부대 사령관으로 근무하면서 몇 달 전부터 시작된 전쟁의 숨소리를 들으며 살아왔다. 그는 다시 메츠 부대의 사령관에서 바스 알자스 도의 제5군 전차부대 지휘관으로 전임되었다.

폴란드에서는 드골의 저서 《직업군대를 위하여》에서 묘사했던 대로 전쟁놀이가 한참 벌어지고 있었다. 이 제5군 지휘관은 히틀러보다는 스탈린을 쳐야 한다는 세상의 여론을 맞받아쳐가면서 대독(對獨)전력강화를 역설했다. 영국 국회의원사절단이 알자스를 방문하자 그는 이 사절단 앞에서 연설했다. "여러분, 이 전쟁에는 졌습니다. 따라서 다음 전쟁을 준비해야 합니다. 기계화(機械化)부대로!"

드골 장군이 파리에 머무르고 있을 때 당시의 재무장관인 폴 레이노가 레옹 블름 수상과 저녁을 같이하자고 권유했다. 드골 대령은 "다수의 전차는 먼지밖에 되지 않습니다. 우리가 그래도 지체 없이 이 탱크로 대처하지 않는다면 이 전쟁은 비참한 패배를 가져올 것입니다"라고 레옹 블름 수상에게 귀띔했다. 블름은 드골에게 말했다. "당신이 풀 레이노와 손을 맞잡고 행동해야 합니다. 그렇게 해주시오. 부탁입니다." 며칠 뒤 그는 드골 대령의 서명이 든 각서를 한 권 받았다. "… 어떤 희생을 치르더라도 이 이상 지체치 말고 기계화 부대를 조성해야 합니다."

블름과 함께 80명의 민간인과 군인도 "기계화 부대의 출현"이라는 드골의 각서를 전해받았다. 그 내용은 그의 저서인 《직업군대》의 내용과 같은 것으로 "목하 프랑스 국민은 현재의 군사적 수세가 전쟁의 성격에 합당하다는 망상에 빠져 있다. … 이미 시작한 이번 분쟁은 지금까지 지상을 황폐케 한 모든 분쟁보다 가장 복잡하고 격렬한 성격을 띠고 있다. … 이것은 불가피하게 여러 국민의 지위와 국가조직을 완전히 뒤집어 놓을 것이다"라고 쓰여 있었다.

드골 장군이 거느리는 제 4장갑사단의 주력부대는 독일의 구데리안 장군의 제 19군단과 충돌했다. 독일군은 전격적인 스피드로 전차를 구사하고 있었으며 드골 쪽은 털털이 전차만을 놀리고 있었다. 그러나 드골의 군세는 질타와 격려 속에서 지위에 따라 선전했고 독일군으로 쿠터 두 개의 거점을 탈환했다. 그리고 몽코르네로 진격했으나 독일의 급강하 폭격기의 엄습으로 저지되었다.

열흘 뒤 프랑스군이 다 무너진 와해(瓦解) 집단으로 처진 뒤 구데리안의 해안선으로의 진출을 저지하고 또 장갑부대의 구원을 요청했다. 드골은 임시 준장으로 승격해 있었고 장갑차의 증강을 받게 되어 손아래 140대의 탱크를 갖추게 되었다. 더욱이 프랑스 포병의 지원을 받아 아브 빌 교두보의 독일군을 격멸하라는 명령을 받았다.

사흘 동안 격전을 전개한 끝에 드골의 제 4장갑부대는 적진에 큰 타격을 주어 약 400명을 포로로 붙들고 탱크와 대포 등 수십 대를 파괴하는 데 성공했다. 그렇지만 30일 뒤에는 드골 부대도 절반으로 줄어 보베지스로 철수하지 않으면 안 되었다. 새로 부임한 총사령관 웨이강은 드골에게 열렬한 격려와 표창장을 주었다.

폴 레이노 수상은 드골 준장에게 정부에 들어와 일해 달라고 요청했다. 그가 독창성을 발휘하여 역량을 뽐낸 것은 다른 분야에서도 가능하다고 믿었기 때문이다. 파리의 좌파, 우파, 중립지 등 모든 신문은 드골 장군이 육군차관으로 지명된 것을 환영했다. 특히 영국의 〈타임스〉는 "우파에 속하는 강력한 이론가로 전차집단의 활용에 대해 사도(使徒)인 장군은 명석한 관찰력을 지닌 행동가인 동시에 꿈꾸는 인물"이라고 극찬했다.

1940년 6월 5일 드골 장군은 차관에 임명되어 최초의 임무가 부여되었다. 그는 영국에 체류하면서 영국공군이 프랑스에서 전투를 계속케 하는 것과 당케르크에서 영국으로 돌아간 병력들을 즉시 연합국의 전선으로 복귀토록 약속하는 일을 수행하는 일이었다.

9일에 드골은 처음으로 영국의 윈스턴 처칠 수상의 영접을 받았다. 그러나 그가 소망했던 영국의 '약속'들은 거의 거절된 상태였다. 그때 프랑스정부는 독일군에 밀려 수도 파리를 포기해야 할 지경에까지 이르렀다. 처칠과의 최초의 회담이 있은 다음날 드골은 돌아와 전쟁위원회의 회의에 처음으로 참석하여 런던의 교섭결과를 보고했다. 그 결과 총사령관 웨이강과 페탱 원수는 전투중지의 주장을 굳히고 있었다. 페탱 원수는 이날 그 자리에 없었지만 웨이강 총사령관과 드골의 문답은 극도의 긴장 속에서 행해졌다.

웨이강은 항복밖에 다른 길이 없다고 우겼고 드골은 다른 길이 있다고 주장했다. 웨이강은 "귀하는 무슨 다른 대안이라도 가지고 있는가" 하고 물었다. 드골은 상대를 똑바로 쳐다보며 답변했다. "정부에 대해 제안할 것은 없습니다. 다만 명령만 내리면 됩니다."

6월 10일 이탈리아의 무솔리니가 선전포고를 했다. 프랑스정부는 파리를 버리고 남쪽의 투르로 옮겨갔다. 이날을 드골은 "단말마적인 하루" 라고 쓰고 있다. 정부의 다른 요원들이 다 출발한 뒤 몇 시간 만에 레이노 수상과 드골은 차로 오를레앙으로 향했다. 13일 밤 드골은 육군차관직을 사임하기로 결심했다. 드골은 페탱 원수에게 마지막 작별을 고하기 위해 보르도에서 발을 멈추었다. 두 사람 사이에는 말이 없었다. 말없이 회견은 끝났다.

16일 영국의 프랑스 대사는 기묘한 영·불 통합안이란 것을 제시하여 드골은 일시 당황했다. 그러나 그의 정치철학보다는 프랑스 국내의 꾸준한 항전파들을 도울 심리적 충격이 클 것 같아 처칠에게 이를 설명했다. 처칠은 즉시 정부 내의 요로에 이 사실을 알리고 프랑스 레이노 수상에게 전화로 통고했다. 그러나 프랑스측은 페탱, 웨이강 등이 이끄는 휴전파가 밀어붙여 이날 오후 늦게 협상은 결렬되고 말았다. 저녁때 영국에서 보르도에 비행기로 착륙한 드골의 귀에는 그의 친구였던 행정부 수반이 벌써 사표를 내고 페탱 원수에게 정권을 넘겨버렸다는 소식뿐이었다. 그는 벼락을 맞은 것같이 멍하니 서 있었다.

페탱 정부가 취한 최초의 조치는 그가 아끼는 장군을 체포하도록 한 것이었다. 투지만만한 장군인들 이런 정부의 벽력같은 인사조치에는 맥이 풀릴 수밖에 없었다. 아마 웨이강이 그를 체포할 것 같았다.

드골 장군은 17일 아침 런던으로 이륙했다. 그와 동행한 사람은 스페어 장군과 드 쿠르셀 중령 두 사람이었다. 그가 떠나기에 앞서 폴 레이노는 그에게 10만 프랑을 주면서 전별금이라고 했다. 그러나 드골은 이 돈을 돌려주며 브리타니 지방에 가 있는 자기 식구들에게 주어 영국으로 건너오는 데 쓰도록 하라고 일렀다.

런던에서 드골은 사고무친(四顧無親)한 신세를 면할 수 없었다. 영국 외무성은 보르도의 프랑스정부와 관계를 고려하여 드골에는 비우호적이었다. 외무성의 권고에도 불구하고 처칠 수상만은 드골을 곧 초청하여 그를 위로하면서 BBC방송에서 그가 바라는 대로 활동해도 좋다고 허락했다. 그날 페탱 원수는 히틀러에게 화평을 바란다는 항복전문을 발송했다.

1940년 6월 18일 하오 8시, 드골은 그의 말대로 "지울 수 없는 말이 공중에서 춤을 추니 내가 평생 지켜왔던 견고한 프랑스, 둘로 쪼개지지 않는 운명이 끝난다는 생각이 들었다"고 하는 대 프랑스 방송을 시작했다.

> 몇 해 동안 프랑스군의 최고위직을 차지했던 지도자가 정부를 구성했습니다. 그들은 우리 군대의 패배를 이유로 적과 연락하고 전투를 정지했습니다.… 패배는 결정적인 것일까요? 아닙니다. 프랑스는 혼자가 아닙니다.… 이 전쟁은 우리의 불행한 국토에 한정되지 않습니다.… 이 전쟁은 세계전쟁입니다. 우리는 더 나은 기계화 병력으로 이길 수 있습니다.… 무슨 일이 있든 프랑스인의 레지스탕스의 불은 꺼지지 않습니다.… 내일 또 오늘처럼 우리는 런던에서 말씀드리겠습니다.

영국의 벽보들은 이런 방송이 있은 뒤 "프랑스는 전투에서 졌지만 전쟁에는 지지 않았다"라고 대서특필했다. 그리고 6월 말에는 영국정부가 드골 장군에게 "자유 프랑스인의 우두머리"라고 승인했다.

드골 ②: 헌법 개정 또 개정

1944년 6월 5일 새벽부터 연합군의 프랑스 노르망디 상륙작전이 전개되었다. 13일 드골 장군은 쿠레 등 몇몇 막료만을 대동하고 노르망디 캉 시 북쪽의 바닷가에 상륙했다. 드골이 해외로 망명한 지 만 3년 며칠 만의 일이다. 바이외(Bayeux) 시 같은 데서는 그곳 주민들의 열렬한 환영을 받았다. 목소리만 들어오던 드골 장군을 실제로 보았기 때문이다. 미국을 비롯한 연합군들은 상륙작전 수행이 한참인데 그런 전지를 방문하는 것을 처음에는 심히 못마땅하게 여겼다. 그 한편 루스벨트 대통령은 전부터 주장해온 드골의 미국 방문을 열성으로 우겨 드골은 루스벨트의 초청에는 고마워하며 방문키로 결정했다.

프랑스에서의 전쟁이 어느 정도 가닥을 잡자 드골은 먼저 알제리를 방문하고 이어서 이탈리아로 갔다. 이탈리아에서 그는 교황 바오로 12세를 알현했다. 교황청은 프랑스의 비시 정부와 아직 외교관계를 유지하고 있었다. 교황은 히틀러가 드골 장군에게 패망하기를 바랐다. 미국의 루스벨트 대통령은 드골 장군의 방문에 전에 없이 성

대한 의전으로 그를 환영했다. 미국정부는 선언서를 발표하고 "국민해방 프랑스위원회는 프랑스에서 행정을 시행할 자격이 있다"고 공포했다. 이로써 드골의 프랑스위원회는 프랑스공화국 임시정부 자격으로 연합군과 합법적인 군사원조를 받게 되었다.

드골은 미국에서 돌아온 후 프랑스 진격을 서둘렀다. 그는 알제리에서 본토에 오를 날만 기다렸다. 8월 20일 드디어 생로(Saint-Lô)에 착륙하여 먼저 미군의 아이젠하워를 방문했다. 22일 저녁 때 아이크는 파리를 목표로 진격을 시작한 프랑스 전차대를 뒤쫓으라고 벼락같이 호통 쳤다. 그러나 프랑스 전차대는 샤르트르까지 벌써 진격해 있었다. 드골은 23일 해질 무렵 랑부예(Rambouillet)에서 프랑스 장갑차 사령관 르클레르를 만나기로 약속했다. 드골은 랑부예에서 르클레르를 뜨겁게 껴안고 영웅들의 환호의 희열을 맛보았다. "내일 몽파르나스에서 다시 만나자"고 약속한 두 영웅은 파리로의 행진을 계속했다. 8월 25일, 파리의 남쪽인 포르트 도를레앙에 도착한다.

드골을 맞은 레지스탕스들은 즉각 파리 시청 앞의 민중들과 회견하기를 원했다. 그러나 드골은 환호하는 군중이 집결한 시청은 마다하고 생 도미니크 가에 있는 프랑스 육군성으로 발걸음을 재촉했다. 1940년 6월 10일의 레이노 내각의 육군차관은 그가 떠난 지 4년 2개월여 만에 육군성으로 와서 자리를 잡았다. 그는 방을 한 바퀴 둘러보고 나서 파리의 해방에 결정적인 역할을 한 바로 옆의 경시청(警視廳)을 방문하고 위로했다.

그는 경시청을 나와 파리 시청으로 향했다. 드골이 육군성으로 향했던 이유는 저항 운동가들이 정부를 가로채려는 움직임을 보인 것에 반대했기 때문이었다. 그리고 그는 주권자(主權者)로서 무너져

가는 국가의 정통성을 바로 세우겠다는 것을 보여준 것이다. 시청 군중 속의 한 레지스탕스 대원이 "이렇게 모인 사람들 앞에서 엄숙하게 공화국을 선언해 달라"고 요청하자 드골은 "공화국을 그만둔 일이 한 번도 없었다. 비시 정부는 언제나 가치 없는 존재이며 존재하지 않았다"고 되레 쏘아붙였다. "내 자신이 공화국 정부의 수반이다. 내가 왜 공화국을 선언해야 하는가?" 하고 드골은 반문했다.

그 후 그는 레지스탕스 국민평의회와 파리 해방위원회 간부들에게 그들의 조직에 관한 한 역할은 끝났으며, 모두 국가나 정부 혹은 군대에 흡수 통합되어야 하고, 프랑스 국내군(FFI) 같은 것도 국가에 백해무익한 존재가 되기 쉬우므로 "파리사단"이라고 불리는 제10보병사단에 통합되어야 할 것이라고 말했다. 이것은 드골과 혁명파 간의 알력을 줄이는 첫 조치였다. 그리하여 통합과 흡수조치를 취하여 프랑스군의 힘으로 알자스의 독일군을 무찔러야 하며 이로써 세계에서의 프랑스의 위치와 위신을 되살려 갈기갈기 찢긴 국토를 통일하는 데 봉사해야 한다고 믿었다.

1942년에는 저항운동으로 인민전선의 영도자로 추대되었지만 1944년에는 훨씬 폭넓은 대중의 지지를 얻어야 했다. 그에게 적(敵)은 우익(右翼) 외에는 없었지만 이제 그는 중도에 가까운 길을 가야 하는 것이다. 드골은 혁명을 실행하는 인민전선의 대표자는 아니지만 좌파가 지배하는 정부의 주석이며 국내 여러 곳에서 좌파가 다수세력으로 행세하는 세상에 있었다. 레지스탕스 국민평의회는 강령을 내걸고 이를 실천해야 한다고 주장했다. 그들은 금융과 대기업의 국유화를 주장하며 한편으로 전범(戰犯) 추방이란 나치시대의 부역자 색출처벌을 내걸고 있었다.

전범처리는 비시 정부의 우두머리인 페탱 원수, 라발 수장 등을 재판하는 것이었다. 페탱은 처음 독일정부의 알선으로 스위스로 피신했다. 스위스정부는 드골 편에 이 사실을 알렸는데 그때 페탱 원수는 자기 스스로 프랑스로 돌아가 재판받겠다고 했다. 재판결과 사형이 언도되었으나 드골이 이를 감형하여 무기로 만들어 디어섬에 유배시켰다. 라발은 오스트리아, 스페인 등으로 도망갔으나 체포되어 그도 재판정에 서게 되었다. 라발은 물론 사형이 선고되어 그대로 집행되었다.

국유화정책은 상당히 색깔이 엷어지긴 했어도 그대로 살아 새 정부의 주요 정책으로 실현되었다.

1945년 10월 인민투표가 대의원의 연장에 대한 선거인가, 혹은 제헌의회(制憲議會) 선거인가에 대한 투표를 실시했다. 그 결과 제헌의회라는 주장에 다수 국민이 동의하여 제헌의회 선거를 실시하게 되었다. 그에 앞서 드골은 루스벨트의 초청으로 다시 미국을 방문하게 되었는데 이때 트루먼 부통령은 드골에게 "공산당을 빼고 국정이 이루어져야 한다"고 간곡하게 이야기했다. 당시 루스벨트는 와병중으로 트루먼이 대통령 권한을 대행하고 있었다.

새로운 의회는 공산당 158석, 인민공화파(MRP) 152석, 사회당 142석으로 공산당이 제1위를 차지했다. 프랑스 국민들간에는 레지스탕스가 드골의 지휘 아래 프랑스에서 눈부신 활약을 했으며 앞으로도 레지스탕스의 냄새는 가시기 어려울 것이라고 믿는 것 같았다. 국민의회는 555명 전원일치로 드골 장군을 정부 주석에 선출하고 이제부터는 임시정부라는 이름을 지워버렸다. 애국 국민군이나 레지스탕스 해방위원회도 해산을 불가피하게 받아들였다. 공산당은 그뿐 아니라 경제의 좋은 자리에서도 양심 있는 책임자로서 임무를 다하기 시작했다.

그러나 조각에 대해서 모리스 토레즈 공산당 서기장은 드골 장군에게 "외무·국방·내무의 3개 주요 장관을 할당하라"고 요구하고 나섰다. 드골은 이를 거절했다. 토레즈는 정부수반을 비난하여 "프랑스와 자유를 위하여 죽은 7만5천 명의 공산당원을 모독했다"고 말했다. 이에 드골은 라디오방송을 통해 토레즈는 공산당원을 주요 부서에서 일하게끔 하고 싶어했으나 어느 하나도 공산당에 줄 수는 없다고 거절했다.

22개 각료 중 5개 자리를 공산당에 주었는데 그의 서기장인 토레즈는 부총리 겸 국가각료로 임명했다. 그리고 경제각료 중에서 4개 자리를 임명했는데 그중에는 군수장관이 포함되었으므로 국방장관 대신 군수장관이란 자리를 얻은 공산당은 손해 볼 것이 없었다.

드골은 정부수장으로서 개혁에 대해 몇 가지 윤곽을 발표했다. 몇 개의 국유화(프랑스 은행, 5개의 시중은행, 전기, 보험 등)와 경제개혁에 수반한 경제장기계획, 그리고 1946년도 예산개요 등이 포함되었다. 이들 경제개혁안은 별 탈 없이 국회를 통과했는데 예산안에 관해 의회가 제기한 수정안을 드골은 형편없는 것이라고 거부했다.

그는 1946년 정월 초하룻날 앙드레 필리프 사회당의원으로부터 군사예산의 삭감제의를 받았다. 필리프와는 런던에서 독일과 함께 싸우던 동지였다. 그는 필리프에게 "여러분과 나 사이에는 정부와 의회에 관해 근본적인 차이를 가지고 있다"고 말했다. 그리고 나서 드골은 혼잣말로 "내가 이 청사 안에서 이야기하는 것도 이번이 아마 마지막이 될 것"이라고 했다.

그는 1월 20일 소집한 각료들 앞에서 군복을 입고 이렇게 연설했다. "여러 정당에 의한 배타적인 제도가 다시 고개를 들기 시작했습니다. 나는 이런 제도를 비난합니다. 그러나 힘에 의해 독재정치를 쓰지 않는 한 나는 이런 장난을 막을 방법이 없습니다. 그러므로 나는 물러나야 합니다."

드골은 국무총리 자리를 쉽게 내버리고 그의 향리 콜롱베 레 되 제글리즈의 집으로 돌아갔다. 거기서 '대전(大戰) 회고록'을 쓰기 시작했다. 그의 돌연한 사임에 대해 여론은 여러 가지로 추측을 했다. 사회당이 요구한 군사비 삭감의 금액이 문제되었을 것이란 추측이 제일 많았고, 국가의 집행권을 정당의 지배하에 두려는 그 당시의 사상과 원칙에 반발했을 것이란 추측이 그다음이었다. 그는 세상의 추측이 어떻든 이런 문제로 정당과 일전을 치를 생각은 없었다. 드골은 그의 글 중에 이렇게 썼다.

> … 나의 후퇴가 무반성의 결과이거나 노여움 때문임이 아니다. 나는 조용히 물러날 것을 생각했다. 공사간에 싸우는 일 없이 어떤 종류의 공식도, 서훈도, 연금도 받지 않으며 내가 무엇을 할 것인가에 대해서도 발표하지 않기로 결심했다.

드골의 국가철학에 따르면 국가의 정상에 있는 최고 권위는 민주적 선택으로 이루어진 것이라야 하고 일단 정부의 책임을 맡은 이상 대립된 정당간의 싸움에 방해되지 않고 최고의 국가이익을 실현하는 데 전념해야 한다는 것이었다.

정부 수석자리에 있었던 16개월 동안의 실적은 그때의 공업생산이 말해주고 있다. 즉, 1949년 9월의 공업생산은 1938년의 4분의 1에 불과했지만 1946년 1월에는 3분의 2까지 회복했다는 것이다. 그러나 경제사정은 악화될 대로 악화되어 있었다. 공업활동이 전쟁전의 4분의 1 이하인 데다 농업도 비료, 기재, 노동력이 부족해 감소했다. 통화의 유통량은 해방되기 5년간 사이에 1,420억 프랑에서

6,320억 프랑으로 5배 이상 불어났다. 물가는 암시장가가 전부이며 전쟁 전의 7배, 8배, 10배에까지 달했는데 임금은 2배 정도 증가하는 데 그쳤다.

드골의 퇴진결정 후 세상 여론은 흥분하거나 당황하지 않고 그 후계자에만 관심이 쏠려 있었고 정치는 그대로 계속되었다. 드골 은퇴 후 제헌의회는 그 의장인 펠릭스 구앵(사회당)을 555대497표로써 임시정부 수상에 지명했다. 그리고 3당(사회당, MRP 인민공화운동, 공산당)이 어울려 연립내각을 이끌고 나갔다. '3당 정치헌장'에 의하여 3당 간에는 긴밀한 협력을 약속했으나 준비 중인 신 헌법초안에 대해서는 3당이 제각기 따로 놀았다.

1946년 4월 16일 헌법초안은 309대249표로써 제헌국회를 통과했으나 MRP는 반대투표를 했다. 의회를 1원제로 할 것인가 2원제로 할 것인가도 의견이 엇갈려 있었으나 결국 사회, 공산당 주장대로 1원제가 채택되었다. 그러나 5월 5일에 행해진 국민투표에서는 헌법초안에 대해 '농'(부표) 1,027만 2,586표 대 '위'(가표) 910만 9,771표로서 부결되고 말았다.

6월 2일의 제 2차 제헌의원 선거 투표에서 사(社)・공(共) 양당은 모두 지지표를 잃었으나 드골에 회의적인 MRP만은 전차 투표보다 80만 표를 더 얻어 원내 제 1당이 되었다. 이것은 국민중에 사・공 양당측에 너무 깊이 개입하는 것을 달갑지 않게 여기는 사람이 많다는 것을 뜻한다.

드골은 사직 후 처음으로 노르망디의 연합국 상륙지점이었던 바이외 시에서 침묵을 깨고 6월 16일 헌법초안에 대해 자기 의견을 말하는 기회를 잡았다. 정당의 전제정치에 반대하는 여론이 그 당시에는 신문논조에서 급속도로 증가하고 있었다. 그는 이 연설을 통해 프랑스 제1, 제2, 제3공화국이 왜 허물어졌으며 독일의 바이마르 공화제나 스페인공화제가 어째서 무너졌는가 라고 물었다. 그는 "프랑스 새 헌법초안은 전능의 국민의회, 의회정부, 장식에 불과한 대통령을 그려 놓았으나 프랑스연합이 확고한 체제를 구축하지 않으면 조만간 무질서와 독재에 길을 열어 줄 위험이 있다"고 연설했다. 그는 프랑스의 독립은 국가의 확고한 존립과 불가분의 관계에 있다는 그의 신념을 심고 있었다.

신 헌법초안은 9월 30일 제헌의회에 부쳐져 440대106이란 표수차로 의회를 통과했다. 이어서 국민투표에 회부되었는데 드골이 역설한 확고한 국가와 대통령제는 손을 더하지 않은 채 투표를 실시하게 되었다. 그 결과 10월 13일의 투표에서는 투표자 1,719만 2,791명 중 가표 903만 9,032표 부표 783만 369표로 가결되었다. 여기서 주목할 것은 투표자가 전체 유권자의 31.4%에 불과하다는 것이다. 그래서 드골은 "프랑스인의 3분의 1이 어쩔 수 없이 찬성하고 3분의 1이 거부했고 3분의 1이 무시해버렸다"고 평했다.

1947년 3월 30일 드골은 '자유 프랑스'의 구호 아래 불어닥친 위기와 긴장의 시대를 밀어젖히기 위해 노르망디의 브뤼느발의 절벽을 바라보면서 연설했다.

> 전 프랑스 국민이 정당정치의 불필요한 장광설을 뿌리치고 국가에 맞지 않고 국민을 어지럽게 하는 틀을 바꾸는 개혁에 총궐기할 것이다.

그리하여 4월 7일 드골은 정계 복귀를 결심하여 "프랑스 국민연합"(RPF)을 만들 것을 표명했다. 스트라스부르 연설이라는 이 선언은 차분하게 그의 구상을 잘 밝히고 있다. "새로운 정당을 만들지 않고 여러 의견의 상위를 뛰어넘어 프랑스인을 결집하는 연합회를 형성하자"고 제의했다. 4월 15일 RPF의 상설본부가 파리에 개설되자 가입신청자가 쇄도하여 개설 2주일 만인 5월 1일까지 파리에서만 10만 명, 전국에서 80만 명이 신청했다고 한다. 드골은 프랑스인 대중에 대한 자신의 위신이 여태껏 강대하다는 자신감을 갖게 했고 그와 동시에 국민들의 내외정세에 대한 위기감과 불안이 크며 현행제도에 대해 불신하고 있음을 알았다.

RPF는 그 후 10월의 지방선거에서 인구 9천 명 이상의 도회지에서 그 후보자는 40%의 투표를 획득했다. 파리시 의회의 경우 공산당 25, 사회당 8, 인민공화당 5석을 차지한 데 반해 RPF는 52석을 획득했다.

정부구성 면에서도 반공적 성격을 뚜렷이 나타내어 공산당의 제2선 후퇴는 뚜렷이 나타났다. 10월경부터는 물가폭등이 엄청나 임금이 따라가지 못했으며, 임금인상 요구와 더불어 전국에 스트라이크의 물결이 치기 시작했다. 국민경제는 마비상태에 빠졌는데 이것은 공산당이 정권복귀를 위한 파괴활동으로 대탄압을 행했다. 이 때 CGT(프랑스 노동총연맹)가 분열하여 FO(노동자의 힘)라는 반공적 노동조합이 생겨났다.

전 유럽이 공산주의와 싸워야 한다는 원칙 아래서는 프랑스의 입장도 반공세력과 일치하고 있었다. 그러나 이것은 드골에게 너무 보수적인 현체제의 옹호를 뜻하며 신 국가체제를 하루속히 세워야 한다고 생각했다. 1950년 6월 한국전쟁이 발발하자 새로운 세계대전에 대한 그의 위기감은 더욱 깊어졌다. 그는 연말 부르지라는 시골에서 "3개월 전부터 전쟁이 시작되었다. 지금은 먼 아시아로 전쟁은 한정되었지만 저 먼 곳에서 병사들이 쓰러져 가고 국토는 황폐했다.

서로 대적(對敵)하는 열강은 예상되는 충돌에 군비만 확장할 뿐 전망을 잃고 있다. 모든 국민에게 시련의 시대가 시작되었다. … 대서양의 동맹제국은 소비에트러시아가 침략할 경우 효과적으로 방위할 대책을 세워놓고 있지 않다. 우리 국민은 적에 침략되고 우리편에 의해 종속국 취급을 받는 등 완전한 파괴에 직면하고 있다"라고 연설했다.

그러나 1954년 8월 유럽방위공동체(EDC) 조약은 다른 나라에서 비준을 보았지만 프랑스 국민의회는 망데스 프랑스총리가 제출한 이 조약을 부결하고 말았다. 드골은 "프랑스의 위대성의 부활에 대한 희망은 아직 꺼지지 않고 있다"고 오히려 칭찬했다. 그가 쓰고 있던 '대전 회고록'에서도 "연합국의 압박에는 한 발자국도 물러서지 않았다"고 독립에 대한 정열을 불태우고 있었다.

1953년에서 1958년까지의 기간은 프랑스 경제가 팽창하고 낡은 틀이 무너져 내리던 때였다. 인구는 불어나고 완전고용이 거의 실현되며 구매력이 점차 커지던 시기였다. 그러나 그 반면 정국은 그럴 수 없이 불안했다. 어느 것이든 정부가 세워놓으면 몇 달밖에 견디지 못했고 르네 코티 대통령도 13번 투표해서 겨우 선출되었다.

국제 면에서도 실패의 되풀이였다. 인도차이나전쟁도 디엔비엔푸의 굴욕적 패전으로 끝나고, 유럽방위공동체도 미국과 영국의 압박 아래 비참하게 끝났으며, 모로코 독립도 프랑스가 우물쭈물하는 사이에 쟁취해 나갔다. 알제리 전쟁도 주민의 반항 속에서 질질 끌었으며 가지가지의 음모, 고문, 범죄 비극이 잇달았다.

안정된 정권하에서 수미일관(首尾一貫)으로 행동을 취하지 않는 한 알제리에서 프랑스정부는 한 걸음 한 걸음 후퇴하지 않을 수 없었다. 알제리는 제 4공화국의 약점을 비난하거나 개혁을 요구하는 사람들의 집합장소로 변해갔다. 1958년 5월 알제리의 반정부세력은 체제전복이란 목적하에 13일 군사행동을 일으키기로 합의했다. '감시위원회', '구국정부' 등이 그 단체이다. 극우세력의 '7인 위원회'는 '프랑스의 알제리'란 구호를 내걸고 반란에 가담하는 현지군과 함께 반란을 시도하기도 했다. 그러던 중 살랑 장군은 정부청사 앞에 모인 군중에게 연설하면서 "드골 만세"를 외쳤다. 천만뜻밖이다. 그러나 드골에게 정세는 유리하게 돌아갔다. 그는 정계 복귀를 고려하지 않을 수 없게 되었다.

15일 드골은 고향 '콜롱베 레 되 제글리즈'에서 성명을 발표했다.

> 국가의 반통일은 국민의 해체, 군 내부의 동요, 독립의 상실이란 사태로 몰고 간다. 지난 12년간 프랑스는 정당끼리의 거래로 폭풍 앞에 내몰렸다. 일찍이 우리 국민은 구국의 대임을 나에게 맡기어 주었다. 나는 공화국 정권에 나설 용의가 있음을 선언한다.

파리에서는 플렘므랭의 조각을 서둘러 알제리의 구국위원회 등과 대항하고 반란을 진압하기로 작정하고 있었고, 반면 알제리의 극우파 재향군인회와 군 일부는 알제리 청사 일부를 점령할 계획을 세웠다. 본토와 떨어진 코르시카섬에는 알제리에서 파견한 반정부 부대가 장악하여 본국에 대한 진격을 기다리고 있었다. 귀 모래 부총리는 26일 아침 드골에게 편지를 보내어 공공의 자유가 위협받고 있는 사태수습에 참가해 달라고 요구했다. 드골은 곧 회신을 보내 정부와의 사이에 긴밀한 접촉이 있어야 함을 절대로 인정한다고 밝혔다.

5월 31일 한밤중까지 드골과 정부측의 대표인 양원(兩院) 의장, 사회당지도자 간의 협의가 계속되었다. 드디어 1958년 6월 1일 드골은 제 4공화국 마지막 총리에 취임하게 되었다. 곧이어 드골은 새 헌법을 만들 전권위임에 대한 동의를 의회로부터 얻었다. 새 헌법초안은 9월 28일 국민투표에 부쳐져 11월에 국민의회 선거, 12월에 드골 대통령 취임이란 순서로 제5공화국의 기구가 정비되어 나갔다. 제4공화국 헌법은 제2차 세계대전 종료를 눈앞에 둔 정치정세를 반영하여 대통령의 권한이 약화되고 그 대신 국민의회는 강화되었다. 그러나 드골은 이에 반대하여 민주주의 정치가 국민 저변에까지 확산되고 정치세력 관계가 복잡해졌을 때에는 강력한 정치지도가 요청된다고 했다.

제5공화국 헌법은 대통령의 지위를 높이고 총리, 의회의 권한을 낮추고 있다. 정치의 중심은 대통령이고 임기 7년의 대통령은 총리를 자유로이 임명하고 고위공직자를 임명하며 군대의 수장임과 동시에 은사(恩赦)를 베풀 수 있게 했다. 대통령은 국회 양원의원, 지방의회 의원 등에 의해 간접선거토록 했으며, 의회의 권한을 축소하여 이를 해산할 수 있게 했다. 국가 비상사태하에서는 전 권력을 한손에 장악하게 했다. 국민투표 결과 찬성 79.25%, 반대 20.75%로 압도적 승리를 거두었다.

알제리에서는 반혁명, 반의회주의의 바리케이드가 쳐진 지 채 3주도 되지 않아 제4공화국의 종착역이라 할 드골 정부가 들어서 새 헌법의 국민투표까지 마쳤다. 1961년 4월에는 반란군의 조직인 OSA(비밀군사조직)가 “프랑스의 알제리”를 확연히 반대하는 드골을 암살하려는 사건이 발생했다. 그러나 드골은 오히려 알제리와는 130년간의 역사가 묻혀있음을 상기하면서 알제리의 독립을 편들었다.

그사이 드골은 핵무기를 개발했고 중공을 승인하는 등 외교의 술수를 썼다. 또 구주공동시장(EEC)을 만들고 동시에 NATO에서 프랑스 군대의 철수를 주장했다. "알제리인의 알제리"를 주장한 드골은 1962년 3월 알제리 민족대표들과 협상을 시작하여 '에비앙 협정'을 체결하는 데 성공했다. 그리하여 드골이 소원했던 식민지주의의 포기하에 제3세계와의 유대를 강화하는 새 기틀을 만들었다.

1962년 10월 다시 헌법을 고칠 것을 전제로 헌법안을 만들어 국민투표에 부쳤다. 이 헌법개정안은 이제까지 대통령선거를 국회의원과 지방의회 의원들이 치르는 '간접선거'였는데 국민투표로써 직접 뽑는 '직접선거'제로 고치자는 것이었다. 대통령은 국회의원보다 더 우위인 국민들의 직접 관여로 묻도록 만든 것이다. 이런 헌법개정안은 헌법개정 절차상 정궤를 벗어난 것이라고 물의가 많았으나 드골은 강행했다. 프랑스의 전 유권자의 61.76% 찬성으로 이 헌법개정안은 통과되었다. 드골은 국가의 영구성을 보증하는 제도의 실현이야말로 역사가 명(命)하는 자기의 사명이라고 확신했기 때문이었다.

드골 ③: 임종

1969년 4월 27일. 드골 대통령은 지방제도 개혁과 국회 상원제도 개혁을 내걸고 다시 헌법개정안을 만들어 국민투표에 부쳤다. 이 국민투표에는 드골 자신의 제의로 만약 국민투표에서 '농'이 과반수면 대통령 자리를 물러난다는 것이었다. 이때 국민들 사이에서는 대통령 없는 프랑스 정치를 생각했고, 드골 아닌 다른 대타자가 나오더라도 혼란을 막고 일어설 수 있다고 생각했다. 그 대타자로 당시 총리직을 사임하고 구라파 여러 곳을 여행중이었던 조르주 퐁피두를 생각했다. 이번 개헌안에 대해서는 처음부터 가, 부 간에 말이 많았다. 특히 '부'라고 대답하는 사람이 더 많았다. 드골 대통령 자신도 이 투표에서는 '부'표가 더 많을 것이라고 짐작하고 있었다.

대통령궁 안에서도 대통령의 근심이 전해지곤 했다. 국민투표 일주일 전쯤 대통령은 미셸 드브레 외무장관에게 그의 의견이 어떠냐고 물었다. 드브레는 시기적으로 적절치 않으며 프랑스 사람들이 중대시하지 않고 있다고 강조해서 대답했다. 그러자 드골은 "드골이 물러났다고 평할 것이다. 그러나 나의 후퇴는 불명예스러운 것은 아니다"라고 그의 후퇴를 예견했다.

레몽 마르셔랑 내무장관도 각 지사로부터 보고된 비관적인 내용을 일러주었다. 내무장관은 "투표일을 공포했기 때문에 물러설 수는 없지만 대통령의 권위는 떨어진다"고 덧붙였다. 이에 대해 드골은 "주사위는 던져졌다. 다른 방법은 없다. 부어오른 것을 수술하든지 아니면 내가 나가든지 하는 방법밖에 없다"고 아무렇지도 않은 양 이야기했다.

4월 23일 수요일, 이날은 정례 각료회의가 있는 날이다. 별로 토의할 것도 없고 해서 회의는 일찍 끝났다고 한다. 그러나 그 자리에 모인 사람들은 모두 침울하게 말이 없었다. 오직 드골 대통령만이 "내주 수요일에 다시 만납시다. 희망은 있어요. 그렇지 않다면 프랑스는 역사의 한 장을 넘기는 셈이겠지요"라고 말했다.

드골은 그의 향리인 콜롱베로 떠나기 이틀 전, 회의를 마치고 모두 방에 돌아와 차를 마실 때 느닷없이 국민투표에 대해 먼저 말을 끄집어내었다. "이번 국민투표는 중대사건이란 압력 없이 행해지는 것인 만큼 큰 정치적 의미가 있다"고 드골이 말했다. 그리고 "따라서 이번 투표에서 절대다수를 얻게 된다면 제5공화국의 앞날은 튼튼할 것이다"라고 말했다.

그날 저녁 드골 장군은 엘리제궁의 비서실장, 측근 비서관, 육군의 특설참모장 등 4명을 불러 그 자리에서 "이번 국민투표에는 진다는 게 확실한 모양이지…"라고 한마디 했다. 이때 측근 비서관이 그렇지 않다고 한마디 말대꾸를 했다. 그러자 드골은 "우리는 이번 싸움에서 졌어. 나에게 다른 얘기는 하려고 하지마" 하고 입을 막았다. 그리고 "일요일(투표일) 밤, 9시 넘어서 모든 게 확실해지면 그 뒤에 처리하도록 하지"라고 말을 끊었다.

이때쯤 드골장군의 측근 중에는 퐁피두 전 총리에게 국민투표에서 나오더라도 대통령 후보에는 출마치 않을 것이란 성명을 내도록 추진하려고 했다. 이 말을 드골에게 알리면 아마 '말리지 않았을지 모른다'고 다른 측근은 얘기했다.

4월 25일 금요일 오전 11시, 드골 장군은 마지막으로 라디오, 텔레비전방송의 녹화작업에 들어갔다. 그때 장군은 평소와 다름없이 침착하게 얘기를 진행했다고 한다.

> … 국민 여러분, 여러분의 회답은 프랑스 운명을 좌우할 것입니다. … 만약 부표가 나온다면 나는 국가원수로서 임무수행이 불가능해지며 나는 즉시 권력을 행사치 않을 것이고 물러날 것입니다.

1969년 4월 27일 밤, 모든 것이 결정되었다. 프랑스 유권자들은 '가' 46.82% '부' 53.13%로 제안을 부결시켰다. 드골 대통령은 향리집인 보와스리에서 엘리제궁의 측근 비서에게 전화를 걸었다. "내일 오전 11시에 발표예정이던 나의 성명서를 오늘 밤중에 발표해 달라"고 요청했다. 그의 측근은 28일 오전 0시 조금 전에 성명을 발표하고 보와스리로 다시 전화를 걸었다.

모든 직무가 28일이 되자마자 끝났다. 그리하여 드골 장군은 그대로 향리에 머물렀다. 쿠브 드 뮈르빌 총리는 28일 오전 11시, 전 각료를 총리공관에 집합시켰다. 그날 아침에 쓴 총리의 서한을 여러 각료들 앞에서 낭독했다.

> 장군 각하, 각하가 결정을 내린 문서와 서찰을 보고 얼마나 마음이 아팠는지 모릅니다. … 우리가 살아있는 한 일이 끝났다고 생각지는 않습니다.… 나의 찬탄과 감사의 마음을 전하며.

드골 장군은 그 후 집에서 저작물을 손질하며 날을 보내다가 1969년 5월 10일 아일랜드로 출발했다. 드골 장군은 아일랜드에서 처음 2주 정도 남부의 파크나시라의 한 호텔에 머물렀다. 그리고 바위 덩어리의 카시라 지방으로 옮긴 후 다시 호수가 있는 키라니에 머물렀다.

그는 아일랜드에 머물면서 《세인트 헬레나의 회상》(라스카즈 저), 《묘지 저쪽의 회상》(샤토브리앙 저)을 다시 읽었다. 그리고 옛날 친구들에게 편지를 썼다. 6월 18일에는 데 발레라 아일랜드 대통령과 함께 식수(植樹)를 했다. 그리고 나서 아일랜드박물관을 돌아보고 프랑스 대사관으로 향했다. 엠마누엘 달쿠르 대사는 대전 중 런던과 파리를 왕복하면서 연락했던 '해방'의 전우이자 또 해방훈장 위원회의 멤버이다. 그는 연락자 역할을 다하다 발을 다쳐 한 쪽을 절단했다. 두 사람 사이에는 침묵이 흐르다가 대사쪽이 루이 14세의 얘기를 끄집어내어 토론이 시작되기도 했다.

아일랜드를 떠나기 전날 6월 18일 저녁, 드골 장군은 아일랜드의 가톨릭 수장인 윌리엄 콘웨이 추기경을 회견하고 곧이어 데 발레라 아일랜드 대통령이 베푼 대만찬회에 참석했다. 거기서 드골은 영어를 섞어서 몇 마디 인사를 했다. "내 긴 생애 중 가장 심각한 이 시기에 나는 이 땅에서 내가 찾고 있던 것을 발견했습니다. 그것은 자기 자신과 마주 쳐다보는 것이었습니다. 아일랜드가 가장 아름답고 또 우정 어린 방법으로 그 기회를 주었습니다."

그 다음날, 콜롱베로 출발하기 바로 전날 아일랜드 총리 자크 린치가 관저인 더블린 성곽의 레스토랑으로 초청한 오찬이 있었다. 린치 총리는 그의 오찬사를 통해 "드골 장군의 이름은 모든 국민에게 영원히 프랑스의 상징으로 남을 것"이라고 말했고, 답사에 나선 드골 장군은 "내 생애의 중요한 현 상황에서 나를 아일랜드로 향하게 한 것은 일종의 본능이며 내 혈관 속에 흐르는 아일랜드의 피 때문입니다"라고 말했다. 장군은 식사 전 맥카탄 가(家)의 출신인 어머니의 증조모를 통해 혈연관계에 있음을 알았고 또 그 일족 14명을 만났다.

이보다 앞서 5월 15일 드골 장군은 조르주 퐁피두에게 대통령 당선 축하인사를 보냈다. 그는 "국민적인, 또 개인적인 연유에서 충심으로 축하드린다"고 말했다.

1970년 5월 3일 드골 장군은 스페인을 방문했다. 드골은 스페인을 알고 싶어했지만 스페인을 방문한 일은 한 번도 없었다. 이날 드골은 콜롱베를 차로 출발하여 스페인을 북쪽에서 남쪽으로 달렸다. 드골은 부인과 함께 미슐랭의 기드 블루(여행안내서)를 읽고 스페인 주재대사 로베르 지레에게 여행계획을 세우도록 일렀다. 지레 대사는 극비리에 두 번(2월 26일, 4월 25일) 콜롱베에 와서 여행계획에 대해 설명하고 돌아갔다. 드골은 남불(南佛)의 한가한 장소에서 열흘쯤 체재하고 싶다는 대략적인 지시만 주었다.

그는 이번 여행이 극히 사사로운 것이므로 아무에게도 알리지 말라고 일렀다. 사실은 퐁피두 등 요로의 각료들에게 알리지 않고 입을 다물고 있는다는 것은 무리였다. 그래서 드골 장군은 그의 군 파견 막료를 시켜 지레 대사의 두 번째 방문 다음날에 모리스 슈만 외무장관과 레몽 마르스랭 내무장관에게 알리도록 했다. 그 대신 그의 자동차가 국경지방에 도착할 때 여느 때처럼 특별경계 태세는 취하지 말라고 일렀다.

스페인의 총통인 프랑코 장군은 드골의 방문을 누구보다도 반가워했다. 그는 드골과 회견하고 오찬을 같이 한다는 데 감격했다. 드골은 퇴임 후 어느 날 이렇게 말했다. "내가 퇴임하고 나서 세 통의 가장 반가운 편지를 받았다. 그 하나는 로마교황의 편지고, 다른 하나는 닉슨의 편지, 그리고 세 번째는 프랑코한테서 온 편지였다."

드골 장군은 그도 프랑코 장군을 만나는 것을 은근히 바라고 기대하고 있었다. 스페인에 체류하는 동안 스페인정부는 드골의 체류를 일체 비밀에 부쳤으며 드골의 머무는 숙박소는 특별히 점검하고 깨끗이 해둔 전망 좋은 곳으로 지정되었다.

스페인정부는 드골 장군 일행을 손님으로서 맞이하고 싶어했다. 그래서 최초로 들른 호텔에서는 드골 일행이 자고 먹은 비용을 전액 탕감해주었다. 물론 드골이 이 사실을 알고 가만있지 않았다. 그러나 스페인 당국은 전 국가원수를 귀빈으로 모시는 데 돈을 받을 수는 없다고 한다든지, "국영인 호텔의 평판을 떨어뜨릴 수 없다"는 식으로 한사코 거절했다. 드골은 스페인을 떠나기 전날 스페인의 몇몇 사업에 기부한다는 핑계로 돈을 지불했다.

콜롱베에서 아일랜드를 돌아 스페인까지 한 바퀴 도는 데 25일이 소요되었다. 그 사이 두 나라의 13곳에 들르고 1만 킬로미터를 주파했다. 마지막으로 스페인의 이글거리는 태양, 타는 듯한 더위 속에서 때로는 600킬로미터를 달리고 저녁때 시원한 작은 방에 들어앉아 그가 시작한 《희망의 회상》 제 1권의 재독을 되풀이했다. 장군은 《희망의 회상》의 제 1권 "혁신"을 다시 읽어보고 이를 추고했다. 이 원고는 콜롱베에 돌아와 바로 출판사로 넘겨졌다.

1970년 11월 9일 월요일 저녁 오후 7시 25분에 드골 장군은 사망했다. 6시 45분경 서재를 떠나서 언제나 손님과 함께 앉은 건넛방 도서실에 가서 부인과 함께 앉았다. 그는 저녁식사 전 언제나 버릇처럼 카드 탁자 앞에 트럼프를 배열했다. 드골 부인은 그 옆의 조그마한 서류책상 앞에서 무엇을 쓰고 있었다. 6시 50분에서 55분에 이르는 사이에 장군은 아파서 못 견딜 듯이 고함을 질렀다.

"아, 여기가 아프다. 등 뒤야… ."

그리고 손을 등 뒤로 돌리고 오른쪽을 문질렀다. 그는 의자의 옆을 잡고 머리를 숙이고는 옆으로 천천히 넘어졌다. 그의 안경이 떨어졌다. 이 말을 마지막으로 그는 의식을 잃었다. 그는 죽을 때까지 의식이 회복되지 않았다.

드골 부인은 가정부에게 귀 라셔니 의사에게 전화를 걸라고 이르고 그 사이 또 한 사람의 가정부에게 직통전화로 운전기사 프랑시스 마루를 빨리 오도록 조치했다. 드골 부인과 두 사람의 가정부는 의자에 걸터 앉아있는 장군을 도서실의 바닥에 깔려있는 쿠션 위에 눕혔다. 운전기사는 콜롱베의 성당 사제 조제이 신부를 부르러 갔다.

의사가 오고 신부가 들어왔다. 의사는 콜롱베까지 15킬로미터를 10분에 달렸다. 신부는 의사 바로 뒤 객실에 앉아 있었다.

"나는 고통의 숨소리를 들었다. 나는 모든 것이 끝났구나 하고 생각했다. 그 숨소리는 임종의 숨이었다."

의사는 곧 드골의 가슴팍에 청진기를 대고 진찰했다. 아직도 고통을 느끼고 있을지도 모른다고 생각되어 의사는 모르핀을 주사했다. 신부는 종부성사를 시작했다.

"이 기름의 기적으로 주님은 죄를 모두 용서하소서."

모두 장군의 옆에 무릎을 꿇고 앉아 있었다.

드골 장군의 심장은 고동을 멈추었다. 오후 7시 25분이었다. 라셔니 의사는 다시금 드골 부인을 쳐다보며 장군이 운명했음을 알렸다. 부인은 장군에게서 눈을 돌려 의사를 물끄러미 쳐다보았다.

의사는 빠른 진찰결과 드골 장군이 동맥류(瘤)에 의한 복부 대동

맥 파열이라고 진단했다. 11월 10일 오전 9시 40분이 되어 AFP가 드골 장군의 서거 소식을 전했고 11시가 조금 지나 대통령 관저 엘리제궁이 드골 장군의 유서를 공포했다.

> 나는 이 장례식이 콜롱베 레 되 제글리즈에서 행해지기로 희망한다.… 나의 묘는 이미 딸 안이 잠들고 언젠가 내 처가 쉬게 될 곳이다. 묘비에는 '샤를 드골 1890~'. 다른 일체의 말은 쓰지 않도록. 장의는… 극히 간소하게 할 것. 나는 국장(國葬)을 원하지 않는다. 대통령, 각료… 일체 관여하지 말 것. 군(軍)은 때로 의장(儀仗)을 행할 수는 있으나 그 규모는 최소한으로… 일체 군악… 은 하지 마라. 조사는 교회든 어디든 일체 안 된다. 상하양원(兩院)에서 추도연설은 필요치 않으며… 마을 사람을 위한 것 말고는 장의의 자리를 마련하지 말 것. 프랑스와 외국의 남녀가 희망하면 매장에 입회해도 무방하나 침묵을 지킬 것, 나는 진작부터 일체의 표창, 승진, 영예, 서훈, 선언을 국내외를 막론하고 거부한다. 이 중 한 가지라도 나에게 주어진다면 나의 의지를 짓밟는 것이 될 것이다. 샤를 드골

드골 장군의 장남인 필립 드골 해군대령은 그의 부친이 쓰러졌다는 소식을 그날 밤 8시 지나서 사관클럽에서 접했다. 그는 곧 비행기로 출발하려다가 남의 눈이 두려워 야간열차에 의존키로 했다. 파리에 도착하자 그의 모친이 부친의 유지를 곧 발표할 준비를 하라고 일렀다. 그는 엘리제궁에 전화했다.

피에르 르프랑 비서관과 연락이 닿아 그 유서를 부탁했다. 그는 그 유서가 1952년의 것이 맞으며 그 이후에 새로 쓰인 것이 없다는 것과 그것을 엘리제에서 곧 발표해달라고 르프랑에게 부탁했다. 르프랑은 곧 퐁피두 대통령에게 그가 소지했던 드골의 유서를 보이며 필립 드골의 부탁을 전했다. 퐁피두 대통령은 곧 사람을 시켜 자기

집의 귀중품 보관함에 보관되어 있는 드골의 유서 원본을 가져오도록 했다. 그리고 르프랑이 제시한 유언과 자기 집에 보관한 유언장이 일치한다는 것을 알고 이를 대외기관에 발표토록 조치했다.

필자는 드골의 서거소식을 10일 아침 뉴스시간에 처음으로 들었다. 그리하여 즉시 한국의 신문사에 알리고 드골의 자초지종에 관해 취재를 시작했다. 첫날은 그럭저럭 맞추어갔으나 아무래도 현장을 보아야하겠다는 생각이 들어 11일 아침 일찍 차를 몰고 콜롱베로 향했다. 콜롱베까지 한 2시간 30분 걸렸다. 차에서 내려 마을에 들어서니 벌써 동내는 인산인해였다.

사람들 틈을 젖히고 성당이 있는 나지막한 산에 올라서니 거기도 사람들로써 발 디딜 틈이 없었다. 겨우 산꼭대기로 향해 사람들을 헤집고 올라갔는데 그곳이 바로 드골 관이 놓일 자리였다. 그 주위에서 또 사람을 밀쳐서 올라가 보았는데 좀 사람이 뜸했다. 거기가 드골의 유해가 묻힐 곳이라고 옆사람이 가르쳐 주었다. 나는 어느새 사람들 틈에 밀리고 밀려서 드골의 묘 구덩이까지 이르렀다는 것을 알았다.

그 장소는 깨끗이 구멍이 파져 있는데 그 구멍에 기대어 커다란, 붉은 꽃 뭉치가 여럿 놓여 있었다. 그 조화에는 검은 리본이 부는 바람에 흐느적거리고 있었고 그 글씨는 한문이라 곧 눈에 띄었다. 거기에는 "毛澤東(모택동)"과 "周恩來(주은래)"라는 두 글자가 유난히 크게 보였다.

묵주 쥔 채 가신 장면 박사

1996년 초여름, 명동성당의 가톨릭신문사에서 장면(張勉) 전 총리의 서거 30주년을 맞아 장 박사에 관한 추도형식의 글을 써달라고 요청했다. 본인은 장 박사에 대해 평소 취재일선에서 대면한 일도 있고 해서 그 원고청탁을 흔쾌히 수락했다. 이 글은 파리에서 가톨릭신문사로 직접 송고한 내용이다.

찬미예수

지난 주말 원고청탁 팩스를 받고 곧 글을 써보기로 했습니다.

장 박사께서 선종하신 지 벌써 30년의 세월이 흘렀다니 참으로 깊은 감회가 입니다. 장 박사님과는 신문사 일로 많은 접촉을 가졌습니다만 성당일로 만나 뵌 일은 별로 없어 청탁하신 내용에는 다소 미치지 못하는 글이 되지 않을지 모르겠습니다. 그래도 장 박사님에 대해 글을 쓰다 보니 그동안 기회가 없어 털어 놓지 못했던 일들이 자꾸 치밀어 올라와 두서없는 글이 되지 않았나 모르겠습니다. 잘못된 부분이 있으면 이해하시고 질책해 주시기 바랍니다.

경향신문의 최종률 부회장께서 이 글을 자기 앞으로 보내달라고 부탁했습니다만 마침 이 선생께서 팩스번호를 알려와 이 선생앞으로 바로 보내드리므로 최 부회장께는 양해전화를 좀 걸어 주시기 바랍니다. 경구(敬具)

1996년 5월 27일

입 굳게 다물고 묵주 쥔 채 조용히 가신 요안 장면(張勉) 박사.

5·16후 장면 박사를 혜화동 자택으로 찾아뵈옵기는 그날이 꼭 두 번째였다. 그러나 그날은 장 박사가 돌아가셨다는 연락을 받고 황급히 달려갔을 때였다. 박사님은 대청마루 중앙에 반듯이 누워계셨다. 미처 수의(壽衣)도 입히시지 않은 채 평상복 차림이었지만 누워계신 그 자태에는 어디 하나 흐트러진 데가 없었다. 입은 굳게 다물고 있었다. 굳게 다문 그의 입언저리는 그 후 나의 뇌리에 그대로 박혀버렸다. 손에는 묵주(默珠)를 가지런히 쥐고 계신 채.

선종(善終)하시기 전 자택을 처음 찾은 것은 하야(下野) 후 이른바 "이주당(二主黨)사건"이 났다고 하던 때였다. 이 사건은 당시의 군사정권을 전복하기 위해 장 박사가 음모한 것이란 내용이다. 어느 하루 느닷없이 혜화동에서 전화가 걸려왔다. 받아보니 장 박사였다. 곧 좀 올라오라는 것이다. 전화를 놓고 그 길로 혜화동으로 달려갔다.

장 박사는 바깥채 서재에 계셨다. 그렇게 무덥지도 않은데 장 박사는 "좀 덥지?" 하면서 에어컨을 손수 켜셨다. 총리댁의 에어컨치고는 너무 털털거려 켜자마자 소리가 요란스레 울렸다. 장 박사는 "그 사람들이 어쩌자고 알지도 못하는 일을 꾸며서 사람을 또 못 살게 구는데 … " 하시며 세상에 퍼져 돌아다니는 사건의 내막을 물으셨다. 나도 들어서 알고 있는 것밖에 없어 그대로 말씀을 드렸다. 장 박사는 몇 번이고 혀를 차며 고개를 옆으로 내저었다. 장 박사는 당시 성당 다니는 일 외에는 일체 바깥세상과 소식을 끊고 조용히 칩거하고 있었다.

장 박사는 언제나 조용했다. 근엄했다고 할까, 야당생활을 할 때나 부통령으로 재직할 때나 혹은 총리로 재임할 때나 언제나 한결같이 조용했다. 그런 모습은 5·16 당시에도 그랬고, 하야 후 은둔하고 있을 때도 변함이 없었다. 한 번도 격앙하거나 흥분하거나 낙심하는 모습을 보이지 않았다. 장 박사는 평신도이지만 수도자의 자격을 지니고 살아왔다. 사실 그는 언제나 어디서나 수도자와 같이 경건함과 온화함과 그리고 결연함을 나타내 보였다. 선종시 굳게 다문 그의 입술은 이런 모든 것을 얘기해 주고 있었다.

4·19혁명 후 한 반년 지났을 때다. 그러니까 장면 박사가 민주당정부를 세운 지 3, 4개월밖에 되지 않았을 때다. 나는 월남정부의 초청으로 월남에 다녀오게 되었다. 당시의 고 딘 디엠 월남 대통령을 회견하고 홍콩을 거쳐 막 돌아오는데 고 대통령에 대한 군사반란이 일어났다. 이 쿠데타는 곧 진압되었다. 서울에 도착하자마자 나는 이 쿠데타와 월남의 베트콩 준동에 대해 르포를 쓰려고 준비하고 있었는데 총리실에서 전갈이 왔다. 내용은 장 총리께서 월남 쿠데타에 크게 심려하고 있으며 월남의 사태추이에 주의를 쏟고 있으므로 쿠데타 기사로 사람들을 자극하지 않기 바란다는 것이었다.

그때 우리나라에서도 군부 내 일부세력이 정권을 노려 꿈틀거리고 있다는 얘기가 들려왔다. 독재와 부패의 상징으로 되어온 자유당정권을 "못살겠다. 갈아보자"고 한 4·19의 외침으로 쓰러트린 지 얼마나 되었다고 또 무슨 정변이냐는 비판들이 나왔다. 그러나 몇 달 뒤 5·16 군부쿠데타는 기어이 터지고 말았다. 민주당정부가 들어서자마자 조치해 온 군부의 불장난을 장 박사는 끝내 끄지 못한 것이다.

5·16 사태 직후 나는 장 총리가 중앙청 회의실에서 사퇴성명을 읽을 때 다시 마주쳤다. 총리는 "발전된 민주국가를 세워주기 바란다"고 사퇴성명을 읽은 뒤, 부서진 테 안경을 살며시 추스르며 삼엄히 둘러싼 군인들과 함께 뒷문으로 사라져갔다.

장면 총리는 재직시 '부패'하지도 않았고 '무능'하지도 않았다. 국토개발을 해서 경제재건을 하려고는 했어도 국민을 '기아선상'에 몰아붙이지는 않았다. 6·25날 새벽 잠자리에 든 미국 트루먼 대통령을 일깨워 그의 무릎을 붙들고 흔들면서 "한국을 도와주시오" 하고 자유우방의 지원을 요청했던 장 박사. 그는 '반공'을 우리 '국시'(國是) 라고 외친 첨단 주자였다.

백만 시민이 운집한 한강 백사장에서 독재와 부정을 몰아내고 참된 민주국가를 세우자고 외치던 장 박사. 그는 민주투사였다. 민주주의 회복을 위해 그만큼 싸운 사람이 또 어디 있을까.

장 박사에게 지금도 한 가지 한이 있다면 왜 5·16 군사쿠데타가 났을 때 그 쿠데타 세력과 끝까지 싸워 이를 분쇄하려 하지 않았던가 하는 것이다. 언젠가 이렇게 장 박사는 말했다고 들었다. "무수한 시민들이 피를 흘리게 되므로… ."

5·16 쿠데타 후 서슬이 시퍼런 군부세력이 민주당 각료들의 가

택을 뒤져 부정과 부패의 꼬투리를 잡으려 했지만 나온 것은 어떤 장관 집에서 찾아낸 아이스박스 한 개였다. 냉장고도 아니다. 더구나 몇 천억 원이 든 박스도 아니다. 무엇을 보고 "부패"했다고 했을까? 장면 총리는 모든 공무원들이 점심때 외식하러 나가지 말라고 금했다. 자신도 집무실로 도시락을 싸들고 와 점심을 들었다. 야당과 신문이 민주당 내각을 '도시락 내각'이라고 비꼬았다. 도시락 내각은 부패 내각이 아니다.

장 박사는 오래토록 정치생활을 했지만 금전적으로는 티끌 하나 흠잡을 데 없이 청렴하고 결백했다. 부통령 시절 서울시내 순화동 공관에서 당시 민주당 최고위원(조병옥, 박순천, 곽상훈, 윤보선 제씨)들이 회의를 개최해도 그 자리는 차 한 잔 나오지 않았다. 모두가 근엄하게 얘기만 조용히 나누었다. 한 푼도 아낀다는 말은 이것을 두고 한 말인 것 같다. 군사정부와 준군사정부로 점철된 30년의 한국 현대정치사는 어디를 들춰도 그렇게 청렴했던가?

장 박사는 수도자 같은 민주투사였다. 그의 정치인으로서의 포즈는 너무나 꼿꼿했다. 부정과는 절대 타협하지 않았다. 유일한 예외가 있었다면 5·16 군사세력들에게 정권을 물려준 것뿐일 것이다. 그로부터 민주주의는 시들어 갔지만 그가 시민들에게 꾸준히 못박아온 민주주의에 대한 사랑과 민주주의 정신은 지금도 팔팔하게 살아있다. 오늘 우리가 다시 세우려고 하는 민주주의의 모습은 바로 30년 전 장 박사를 위시한 여러 민주투사들이 그려놓은 그 모습임을 우리는 깨닫고 있다. 장 박사는 우리에게 한 경건한 민주주의를 심어 주었다. 세상이 아무리 바뀌어도 이 경건한 민주주의는 모든 사람들의 가슴속에 살아 있을 것이다.

장 박사는 그와 함께 민주투쟁을 해온 많은 사람들을 교회 안으로 맞아들였다. 교회 안에 들어온 모든 정치인들은 5·16 후에도 변함없이 교회 안에 머무르고 또 장 박사를 따랐다. 장 박사는 우리나라 근대 민주주의의 초석이자 또 한국 천주교회의 한 반석으로 길이 남을 것이다.

〈가톨릭신문〉 1996. 6. 2

약력

정 종 식

경남 통영 출생
통영중학교(6년) 졸업
서울대학교 정치학과 졸업
서울대학교 대학원 정치학과 졸업

언론관련

〈경향신문〉 정치부장
〈한국일보〉 외신부장
〈중앙일보〉 정치부장
한국신문윤리위원회 위원
〈한국일보〉 프랑스특파원
〈일간스포츠〉 편집국장
〈연합통신〉 사장
국제신문협회(IPI) 국내위원장
〈경향신문〉 구주본부장

정부 및 사회 참여

국토통일원 정책기획실장
남북 총리회담 실무회담 대표
문화공보부 자문위원
평화통일 정책자문회의 상임위원
대한준설공사 사장
한국공항주식회사 사장
한진그룹 고문

수상

한국독립신문상
국민훈장 모란장